Sara Wheeler lebt in London. Sie begann als Reisejournalistin zu schreiben, wählte dann die größere Form und hat inzwischen sehr beachtliche Erfolge mit ihren Büchern, u.a. über das Leben auf einer griechischen Insel und verschiedene Reisen in die Antarktis. Und immer gewinnt sie ihr Lesepublikum, denn sie besitzt Menschenkenntnis und Kenntnisreichtum und paart alle Tugenden einer Reiseschriftstellerin mit ihrem feinen Humor.

SARA WHEELER

UNTERWEGS IN EINEM SCHMALEN LAND

Eine Frau bereist die extremen Landschaften Chiles

Aus dem Englischen
von Ruth Sander

FREDERKING & THALER

Bibliografische Information Der Deutschen Bibliothek

Die Deutsche Bibliothek verzeichnet diese Publikation in der
Deutschen Nationalbibliografie; detaillierte bibliografische Daten
sind im Internet über http://dnb.ddb.de abrufbar.

NATIONAL GEOGRAPHIC ADVENTURE PRESS
Reisen · Menschen · Abenteuer
Die Taschenbuch-Reihe von
National Geographic und Frederking & Thaler

3. Auflage Oktober 2006
© 2002 Frederking & Thaler Verlag GmbH, München
© 1994 Sara Wheeler
Titel der Originalausgabe: Travels in a Thin Country
erschienen bei Little, Brown and Company, London
Alle Rechte vorbehalten

Aus dem Englischen von Ruth Sander
Text: Sara Wheeler
Titelfoto: The Image Bank, München
Umschlaggestaltung: Atelier Seidel, Altötting
Herstellung: Büro Sieveking, München
Druck und Bindung: Clausen & Bosse, Leck
Printed in Germany

ISBN 10: 3-89405-160-4
ISBN 13: 978-3-89405-160-0
www.frederking-thaler.de

Das Papier wurde aus chlorfrei gebleichtem Zellstoff hergestellt.

Für Mathew Wheeler

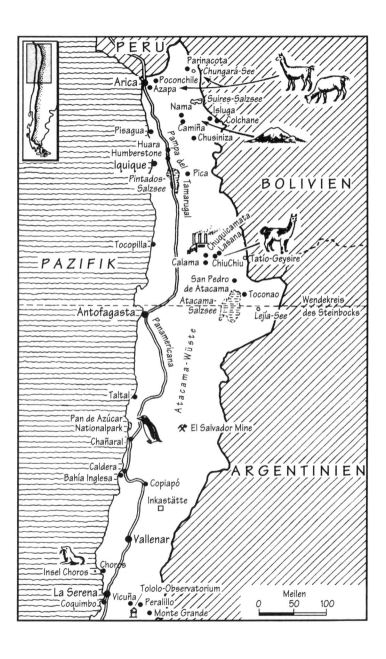

Einleitung

Fleiß und geografische Isolation haben den Chilenen die Bezeichnung »die Engländer Südamerikas« eingebracht. Ein zweifelhafter Ruf möglicherweise; aber wie dem auch sei, ich fuhr hin und lebte sechs Monate lang unter ihnen, und ich fand sie erfreulich unenglisch.

Im ersten Kapitel erfahren Sie, warum meine Wahl ausgerechnet auf Chile fiel. Leider kann ich Ihnen zu Beginn des Buches wohl noch nicht richtig vermitteln, welch leidenschaftliche Gefühle ich gegen Ende meiner Reise für das Land hegte. Ich war nie zuvor dort gewesen. Ich fuhr los mit zwei Reisetaschen und dem Wunsch zu ergründen, was es mit Chile auf sich hatte, und diese drei Dinge trug ich über tausende von Kilometern mit mir, von der Wüste bis hin zum vergletscherten Süden. Das Buch, das daraus entstanden ist, bietet ein subjektives und impressionistisches Porträt; es zu zeichnen war eine reichhaltige und freudige Erfahrung.

Es war kein ununterbrochenes Idyll. Ich bemühte mich, eine Gesellschaft zu verstehen, in der Angst und Hass so tiefe Gräben aufgerissen haben, dass in einigen Kreisen Menschenrechte noch mit Marxismus gleichgesetzt werden. Die außergewöhnliche Polarisierung der Politik verwirrte mich: Die Menschen waren immer erpicht darauf, mir zu erklären, was schwarz und was weiß sei, aber nur sehr wenige sahen auch Grautöne. Ich habe mein Bestes getan, das alles zu verstehen.

Obwohl ich die überseeischen chilenischen Gebiete mehrfach besuchte und diese Reisen zu den eindrucksvollsten und unterhaltendsten Episoden zählen, fuhr ich nicht auf die Osterinsel. Rapa

Nui, wie die Einheimischen sie nennen, gehört zwar zu Chile, aber ihre Kultur ist polynesisch, und da sie wirklich keinerlei Verbindung zu irgendetwas anderem in dem dünnen Land hat, kam ich zu dem Schluss, dass sie mich von der Aufgabe, die ich mir gestellt hatte, nur ablenken würde. Ich liebe Abwechslungen – aber nicht, wenn ich dafür 3800 Kilometer weit reisen muss.

Ich werde oft gefragt, welche der vielen Reisenden, die sich vor mir mutig auf den Weg gemacht haben, ich als meine Vorbilder bezeichnen würde. Ich will einen hervorheben, indem ich seine Worte zitiere, um die Beweggründe meiner Reise noch etwas deutlicher zu machen. Ich habe schon gesagt, dass ich hauptsächlich deswegen nach Chile fuhr, weil ich ein persönliches Porträt eines Landes zeichnen wollte. Peter Fleming hatte ein ähnlich nüchternes Motiv für seine 5700 Kilometer lange Reise durch die Tatarei, die er 1935 mit einem Fremden unternahm, und dann fügte er hinzu: »Der zweite Grund, viel zwingender noch als der erste, war, dass wir reisen wollten – denn auf Grund unserer früheren Erfahrungen glaubten wir, dass man das Reisen genießen sollte. Und damit hatten wir offenbar ganz Recht. Wir haben es wirklich sehr genossen.«

Kapitel eins

Noche, nieve y arena hacen la forma de mi delgada patria, todo el silencio está en su larga línea.

Nacht und Schnee und Sand bilden die Gestalt meines schmalen Landes, alles Schweigen ist in seiner endlosen Linie.*

Pablo Neruda, aus »Descubridores de Chile«
(Chiles Entdecker), 1950

Ich saß auf den rissigen Steinplatten unseres Freibades und schaute versonnen über das malerisch blaue Wasser; das Buch neben mir hatte ich noch kein einziges Mal aufgeschlagen. Es war ein gewöhnlicher Augustnachmittag in Nordlondon. Ein Mann mit dunklem lockigem Haar, gebräunter Haut und nur einem Vorderzahn legte sein Handtuch neben meines, und nach ein paar Minuten fragte er, ob das Wasser so kalt sei wie gewöhnlich. Später, das Buch lag immer noch unberührt da, erfuhr ich, dass er Chilene war und dass er das Land nicht während der politischen Unruhen in den 70er-Jahren verlassen hatte, als alle anderen gegangen waren, sondern erst 1990; solange die Diktatur herrschte, hatte er sich verpflichtet gefühlt zu bleiben, zu tun, was er konnte, aber als alles vorbei war, brauchte er Platz zum Atmen. Er kam aus dem Azapa-Tal, das ist eine der heißesten Gegenden der Erde, doch er behauptete, er fühle sich durch eherne Bande mit jedem Chilenen verbunden, dem er je begegnet sei, sogar mit denen aus den un-

---

* Übersetzt von Erich Arendt, aus: Neruda, Pablo, Der große Gesang. Berlin/-DDR, 1953. – Anm. d. Übers.

menschlich kalten Orten rund um den Beagle-Kanal über 4000 Kilometer weiter südlich.

Ich erzählte ihm, dass mein Buch über eine griechische Insel gerade fertig geworden war – zwei Tage vorher hatte ich das Manuskript abgeschickt. Ich redete von meinem Leben in Griechenland, vom Studium des Alt- und Neugriechischen und so weiter.

Als wir uns am nächsten Tag im Freibad wieder trafen, fragte Salvador: »Warum schreiben Sie nicht einmal ein Buch über mein Land?«

Seit ich 1985 mit einem Kanu den Amazonas hinaufgepaddelt war, wollte ich nach Südamerika zurück. Beflügelt wurde meine Phantasie besonders von dem schmalen Landstrich westlich der Anden, und oft ertappte ich mich dabei, wie ich ihn auf dem Globus auf meinem Schreibtisch betrachtete, wie ich mit dem Finger (das Land war schmaler und länger als mein Finger) die Grenzen verfolgte, die von etwas oberhalb der roten Markierungslinie für den Wendekreis des Steinbocks bis fast hinunter zur kalten Stahlstange an der unteren Achse reichten. In Chile findet man die heißeste Wüste der Erde, einen 1000 Inseln zählenden vereisten Archipel und so ziemlich alles, was man sich dazwischen noch vorstellen kann.

Nachdem Salvador mich auf die Idee gebracht hatte, suchte ich nach Menschen, die mir mehr über das schmale Land erzählen konnten.

»Die Chilenen«, verriet mir ein bolivianischer Arzt, »pflegten zu sagen: *En Chile no pasa nada* – In Chile passiert nie etwas.«

Er knabberte nachdenklich an einem Fingernagel.

»Aber in den letzten paar Jahren habe ich das nicht mehr gehört.«

Ich ging zur chilenischen Botschaft an der Devonshire Street und betrachtete tausende von Dias. Die Anden tauchten auf jedem Bild auf, von der spröden Landschaft der Atacama-Wüste bis hin zu den trostlosen Einöden Feuerlands. Ich nahm einen Bummelzug nach Cambridge und informierte mich bei der Britischen Antarktis-Forschungsgesellschaft über die chilenische Antarktis; die Piloten, die während des Winters auf der südlichen Hemisphäre nach Hause kamen, erzählten mir Geschichten von Ferien im »Wilden Westen Patagoniens«.

Ich war vollkommen fasziniert von Chiles Form (Jung hätte das wahrscheinlich so gedeutet, dass ich davon träumte, selbst lang und dünn zu sein). Ich fragte mich, wie ein Land, das 25-mal so lang wie breit ist, eigentlich funktionieren kann. Als ich eine Umfrage unter meinen Freunden und Bekannten startete, fand ich heraus, dass kaum jemand etwas über Chile wusste. Pinochet fiel allen zuerst ein (»Der ist doch weg, oder?«), dann kramten sie meistens in ihrem Gedächtnis und stießen auf Costa Gavras' Film *Missing*. Als Drittes fiel ihnen Wein ein, den Wein mochten sie alle. Die meisten wussten, dass in Chile Spanisch gesprochen wird. Das war aber auch schon alles. Diese allgemeine Unwissenheit stachelte meine Neugier an.

Ich gestand Salvador, dass mein Spanisch ziemlich eingerostet war, außerdem war es Spanisch, wie man es in Spanien spricht.

»Nun, dann müssen Sie eben ein ganz neues Spanisch lernen! Geben Sie etwa bei der ersten Schwierigkeit auf?«

Das wollte ich nicht auf mir sitzen lassen. Also überredete ich die Verantwortlichen der Linguaphone-Sprachschule, mein Projekt durch einen kostenlosen Kurs in lateinamerikanischem Spanisch zu fördern, und paukte im ersten Monat täglich drei Stunden. Eines Nachmittags im Freibad überraschte ich Salvador damit.

»Dann müssen Sie jetzt hinfahren und sich ein eigenes Bild machen«, erwiderte er.

Auf den Tag genau drei Monate später brach ich auf. Ich hatte mir eigentlich vorgenommen, das Land von einem Ende zum anderen zu durchreisen, deshalb war es ungünstig, dass ich in die Hauptstadt Santiago fliegen musste, die in der Landesmitte liegt.

»Dann mach die Stadt doch zu deinem Hauptstützpunkt!«, lautete ein guter Rat, den ich befolgte.

Ein gemeinsamer Freund in London hatte mir bei Simon Milner und Rowena Brown vom British Council eine Unterkunft besorgt. Sie holten mich am Flughafen ab. Rowena saß lächelnd auf einem Geländer und hielt ein Schild, auf dem mein Name stand. Als wir die grell erleuchtete Halle und die automatischen Glastüren hinter uns gelassen hatten und uns die warme, weiche Luft mit dem Duft von Bougainvillea umgab, nahm sie mich fest in die Arme und sagte:

»Hier fängt dein Chile an. Willkommen!«

Simon und Rowena waren ungefähr in meinem Alter und lebten schon seit einem Jahr in Santiago. Sie wohnten im Norden der Stadt, in einem Penthouse im 13. Stock einer gepflegten Apartmentanlage mit ordentlichem Rasen und Akazienbäumen drumherum. Das war eigentlich nicht ihr Stil – sie schienen sich eher darüber zu amüsieren –, aber in dem Land lebten sie offenbar sehr gern, und ihre Begeisterung für Chile machte mir neuen Mut. Ich ließ mir ein, zwei Tage Zeit zum Eingewöhnen, betrachtete die Andengipfel auf der einen und die Straßenschluchten auf der anderen Seite aus der sicheren Entfernung ihrer großzügigen Balkone. Als ich mich schließlich hinauswagte, fand ich mich umgeben von den üblichen Ausdünstungen einer Metropole – von Autoabgasen bis hin zu Hamburgern von McDonald's –, aber außerdem spürte man überall eine fröhliche Unbekümmertheit, die so typisch südamerikanisch ist, dass man die Stadt unmöglich mit Rom oder Amsterdam oder Chicago verwechseln kann. Ich hätte gern mehr gesehen, aber das Reisefieber hatte mich gepackt; die Stadt konnte warten.

Ich würde mir Santiago aufheben, bis es an der Reihe war, bis ich die obere Hälfte des Landes gesehen hatte; also kaufte ich nach zwei verbummelten Tagen eine Busfahrkarte in den hohen Norden. Ich hatte geplant, direkt und ohne Aufenthalt bis an die peruanische Grenze zu reisen und mich nach Süden vorzuarbeiten, um dann ganz unten den Kontinent zu verlassen und zu dem Teil der Antarktis überzusetzen, auf den Chile einen Anspruch erhebt – obwohl ich bislang noch keine Ahnung hatte, wie ich das eigentlich anstellen sollte. Außerdem hatte ich mir vorgenommen, den kleinen Archipel Juan Fernández zu besuchen, der etwa in der Mitte Chiles 600 Kilometer vor der Küste im Pazifik liegt und dem echten Robinson Crusoe zur unfreiwilligen Heimat geworden war. Ich hatte zwei Verabredungen mit Freunden aus London, eine im Norden, an Weihnachten, und eine im Süden; das waren die Fixpunkte meiner Reise.

Die einzige größere Entscheidung, die ich getroffen hatte – nämlich Santiago sofort zu verlassen –, wurde fast augenblicklich wieder umgestoßen. Eine südafrikanische Fotografin namens Rhonda rief an und erklärte mir, dass sie im Auftrag einer englischen Zeitschrift an einem Artikel über ein Stundenhotel arbeite und von dem Journalisten, der die Geschichte hätte schreiben sollen, im Stich gelassen worden sei: Ob ich nicht einspringen könne? Das Thema war unwiderstehlich, allerdings eine ziemlich ungewöhnliche Einführung in den komplexen und offensichtlich paradoxen katholischen Moralkodex, also ließ ich meine Fahrkarte ändern und blieb noch einen Tag.

In all der hektischen Betriebsamkeit von Santiago gibt es eine feste Institution, ohne die man sich die Stadt überhaupt nicht vorstellen kann. Das unauffällig geheimnisvolle Hotel Valdivia – Besitzer anonym, Service stadtbekannt – ist ein herausragendes Beispiel für das, was mit Stundenhotel nur unzureichend umschrieben ist. Die Idee dazu wurde in Japan geboren, aber erst westlich der Anden zur Vollendung gebracht. Rhonda hatte am nächsten Morgen um zehn Uhr einen Termin beim Manager des Valdivia, und ich sollte so tun, als sei ich ihre Assistentin, denn der Mann hatte nur Fotos erlaubt; er wollte nicht, das irgendjemand über das Hotel schrieb. Und selbst so weit hatte sie ihn nur bringen können, indem sie versprach, die Fotos niemals an eine chilenische Zeitung oder Zeitschrift zu verkaufen.

Das Hotel war so unauffällig wie ein ganz normales Privathaus, deshalb musste ich einen Mann in einem Kiosk danach fragen. Er zwinkerte mir zu und schaute mir lüstern hinterher. Ich traf Rhonda vor dem Hotel. Sie war ungefähr so alt wie ich, trug Armeekleidung und begrüßte mich mit einem freundlichen Klaps auf die Schulter. Punkt zehn kam eine junge Frau aus dem Hotel getrippelt – sie ging seitwärts wie eine Küchenschabe – und scheuchte uns ins Haus.

»Wir haben es nicht gern, wenn die Leute auf der Straße warten«, erklärte sie. »Das erregt nur unnötige Aufmerksamkeit.«

Sie führte uns in ein kleines, fensterloses Büro. Dort erwartete uns ein Mann in den Dreißigern, der einen schwarzen Anzug und eine dezent gemusterte Krawatte trug. Er schüttelte uns die Hand und stellte sich als Herr Flores vor. Er sah überhaupt nicht schmierig aus; ich war ganz enttäuscht. Sein Haar war ordentlich gescheitelt, die Brusttasche zierte ein seidenes Einstecktuch. Er erinnerte mich an einen Versicherungsvertreter, der in Bristol neben uns gewohnt hatte. Auf seinem Schreibtisch standen zwei Fotografien, die hübsch angezogene Kinder und eine lächelnde Ehefrau zeigten, und an der Wand hinter ihm hingen vier Ölgemälde mit ländlichen Szenen, die er wohl selbst schwungvoll auf die Leinwand gebannt hatte. Auf der einen Seite seines Schreibtisches stand ein Bildschirm, auf der anderen stapelten sich fein säuberlich die Papiere.

Ich wurde als Rhondas Assistentin vorgestellt, und Herr Flores notierte jede Einzelheit auf unseren Presseausweisen. Rhonda stellte eine Frage. Herr Flores legte die gefalteten Hände auf den Tisch und machte ein ernstes Gesicht.

»Wir sind sehr stolz auf die Authentizität unserer Räume«, sagte er. »Wir haben insgesamt 54, jeder zu einem anderen Thema. Alles muss stimmen – es könnte doch sein, dass einmal ein Ägyptologe zu Gast ist, und der könnte sich beschweren oder niemals wiederkommen, wenn er feststellt, dass die Hieroglyphen in der Ägypten-Suite falsch sind. Unsere Gärtner kümmern sich um die richtige Auswahl der Blumen und unsere Landschaftsgärtner um die Wasserfälle«, redete er weiter, »wir haben für jede Suite ein eigenes Mikroklima geschaffen.«

Als Rhonda einen Rundgang vorschlug, führte Herr Flores uns durch einen offenen Hof zu einer ganzen Reihe von kleinen Garagen. »Wenn ein Auto hineinfährt, wird der Vorhang zugezogen«, erklärte er, »damit man den Fahrer beim Aussteigen nicht sehen kann. Die Privatsphäre unserer Kunden ist uns heilig.«

Die meisten schrieben sich als Juan Peres ein, ein Allerweltsname in Chile. Von den Garagen kam man in kleine grau gepolsterte Zellen, und von dort führte ein durch Strohmatten aufgeteilter Flur in die verschiedenen Räume. Der ganze Komplex wurde von einer Glaskuppel überspannt.

Die Ägypten-Suite erreichte man über eine Treppenflucht, deren Geländer mit Bronze-Intarsien verziert war, daneben sprühte ein drei Meter hoher Wasserfall feine Regenschleier über eine tropische Vegetation. Herr Flores eilte voran, um das gedämpfte Licht und die ägyptische Musik anzustellen. Auf der einen Seite der Suite befand sich eine Sauna (dass die Chilenen eine Sauna gern mit Sex in Verbindung bringen, sollte ich später noch erfahren), die Minibar war geschickt in einer Sphinx versteckt, und der Whirlpool auf der anderen Seite des riesigen Bettes hatte kleine Pharaonenköpfe auf den Wasserhähnen. Das kunstvolle Wandgemälde hinter dem Whirlpool zeigte eine Sandwüste mit vereinzelten Pyramiden, im Vordergrund segelten Feluken einen Fluss hinunter. Der handwerkliche Standard war ausgezeichnet; ich hatte eher ein Plastikparadies erwartet.

Mir war gänzlich entfallen, dass ich eine Fotoassistentin war. Ich fürchtete, Herr Flores könnte Verdacht schöpfen, deshalb fummelte ich an einem Stativ herum. Später fragte ich Rhonda, ob ich ihr einen Kaffee holen sollte. Da schaute sie mich an, als sei ich verrückt geworden.

In der »Blauen Lagune« war der Whirlpool in den Wasserfall integriert. In zwei riesigen Keramikschmetterlingen blinkten bunte Lichter, Papageiengeplapper tönte aus einem Lautsprecher, der als Bananenbaum getarnt war, und Papageien zierten auch die bunte Glaswand, hinter der sich das Bidet verbarg. Dies war das einzige

Zimmer mit einem Massagebett, und Herr Flores stellte es sofort an und setzte sich darauf. Er erklärte uns, dass man außerdem das Kopf- und das Fußende hochstellen könne, und demonstrierte das, indem er beide Enden gleichzeitig hochklappen ließ. Das erinnerte mich an einen Zahnarztstuhl. Ich fragte mich, warum man wohl Geld für so ein unbequemes Bett ausgeben sollte, aber Rhonda erklärte mir später, dass man normalerweise nur jeweils ein Ende hochstellt und dass Herr Flores uns lediglich alle Möglichkeiten hatte zeigen wollen. Sie schien viel davon zu verstehen.

In der Indianapolis-Suite stand ein Auto. Die Arabien-Suite hatte ein Minarett über dem Bett. Die Schnecken-Suite (ich hielt das für eine versteckte Anspielung) wurde von roten Blitzen durchzuckt, war mit goldenen Sofas möbliert und hatte so viele Spiegel, dass ich mich auf den Boden legen musste, damit das Blitzlicht nicht störte. Ich bekam Kopfschmerzen.

Als wir wieder im Büro waren, hielt Herr Flores uns einen Vortrag über Hygiene, er nannte uns sogar den Namen des Desinfektionsmittels, mit dem die Wasserrohre gespült wurden. Das Hotel beschäftigte 80 Angestellte in Vollzeit und ein ganzes Heer von freien Mitarbeitern je nach Bedarf, wobei es mittags und freitagnachts am meisten zu tun gab.

Herr Flores führte das Hotel nach strengen moralischen Grundsätzen. Pornografische Filme waren verboten, Jugendliche unter 21 hatten keinen Zutritt, und pro Raum waren lediglich ein Mann und eine Frau erlaubt. Er behauptete, die meisten Kunden seien miteinander verheiratet.

»Das Versteckspielen und die fremde Umgebung machen das Eheleben aufregender«, sagte er, »das geht besonders den Frauen so.«

Der hat vielleicht Vorstellungen, überlegte ich. Ich hatte wohl laut gedacht, denn Rhonda trat mir auf den Fuß. Flores sprach gerade vom »Disneyland für Paare«.

»Was wir hier versuchen«, er war jetzt kaum noch zu bremsen, »ist, zwischen Mann und Frau die richtige Atmosphäre zu schaffen. Deshalb lassen wir uns auch bei der Planung der Suiten von einem Psychologen beraten.«

Vor uns stand ein Mann mit einer gesellschaftlichen Mission, eine Mutter Teresa der Matratze.

Als wir aufstanden, zog er zwei Tragetaschen hinter seinem Schreibtisch hervor.

»Kleine Andenken für Sie«, strahlte er.

Dann begleitete er uns zur Tür, reichte uns die Hand und küsste uns auf beide Wangen; ich fürchtete schon, er würde uns nach Hause zum Tee einladen, damit wir seine Familie kennen lernten.

Wir konnten es kaum abwarten, in die Taschen zu gucken. Sobald wir um die Ecke waren, die helle Mittagssonne blendete noch, packten wir die langen dünnen Pakete aus, die oben herausragten. Es handelte sich um Porzellanvasen. Außerdem enthielt jede Tasche einen Zigarettenanzünder, einen Aschenbecher, einen Kugelschreiber, einen Schlüsselanhänger und sogar ein T-Shirt, alles verziert mit dem Schriftzug »Hotel Valdivia«.

Es schien mir ein eigenartiges Marketingkonzept zu glauben, dass Menschen auf diese Weise ihren Besuch in einem Bordell öffentlich machen würden, selbst wenn es sich dabei um ein Luxusbordell handelte.

Ich verbrachte noch einen weiteren Tag in Santiago, bevor ich zu meiner großen Reise aufbrach, denn mir fiel ein, dass ich noch eine Kamera kaufen musste. Ich hatte es fertig gebracht, mir all meine Wertsachen stehlen zu lassen, noch ehe mein Flugzeug in Chile landete. Air Portugal hatte mich freundlicherweise von London nach Rio gebracht, aber dort trennten sich unsere Wege, und ich verbrachte acht traurige Stunden damit, vor einem Glas Champagner zu sitzen und auf meinen Anschlussflug zu warten. Eine Stunde bevor mein Flugzeug nach Santiago starten sollte, bemühte ich mich, den Abfertigungsschalter zu finden. Niemand wusste etwas über den Flug. Dann wurde ich über Lautsprecher ausgerufen. Immer wieder hörte ich meinen Namen, gefolgt von unverständlichem portugiesischem Geplapper, also wandte ich mich an die erstbesten Flughafenangestellten und sagte: »Ich bin Sara Wheeler«, wobei ich in die Luft zeigte, um ihre Aufmerksamkeit auf die Durchsage zu lenken. Daraufhin wies mir eine Frau den Weg zu den Toiletten.

Schließlich erwischte ich das Flugzeug doch noch. Neben mir saß ein Meteorologe, der zweite Chilene, mit dem ich eine richtige Unterhaltung führte. Er war sehr klein und gedrungen, was mich überraschte; offenbar hatte ich mir die Chilenen unbewusst alle groß und dünn vorgestellt. Er entpuppte sich als »Wetterfrosch« der nationalen Fernsehgesellschaft. Ich fragte mich, was er seinen Zuschauern wohl jeden Tag sagte. »Morgen wird es im Süden kalt, sehr viel heißer im Norden und in der Mitte warm«? Er deutete auf die zerfurchten braunen Anden unter uns und nahm einen Schluck Whisky.

»Sehen Sie nur! Die Berge sind eine ebenso unüberwindliche Grenze wie das Meer. Mein Land ist eine Insel!«

Zu meiner freudigen Überraschung tauchte auch mein Gepäck in Santiago auf, und kaum eine Stunde nach meiner Ankunft saß ich mit einem Gin in der Hand auf einem Balkon in Las Condes. Spätnachts, Simon und Rowena waren schon ins Bett gegangen, öffnete ich meine Reisetaschen und entdeckte, dass Kamera, Blitzlicht, Kurzwellenradio, Diktiergerät und Minikassetten gestohlen worden waren – wahrscheinlich während die Taschen auf irgendeinem Gepäckband in Rio lagen. Der Verlust des Radios traf mich am härtesten, die aristokratischen Stimmen des BBC World Service hatten mich oftmals wieder aufgerichtet, wenn ich mich irgendwo besonders fremd und einsam fühlte.

Als ich im Bett lag, fiel mir ein, dass die gestohlenen Kassetten alt waren. Ich hatte sie eigentlich überspielen wollen. Auf den Bändern befanden sich einige Interviews mit den Ehefrauen konservativer Minister, die ich einmal für eine Zeitung gemacht hatte. Was die Diebe wohl damit anfangen würden?

In der Nacht vor meiner endgültigen Abreise traf ich Germán Claro Lyon zum ersten Mal. Zwei Freunde in London hatten mich, unabhängig voneinander, mit ihm in Kontakt gebracht; er war ein in seiner Umtriebigkeit etwas aus der Art geschlagenes Mitglied einer der feinsten Familien Chiles. Ich hatte ihm aus London gefaxt, und in der umgehend eintreffenden Antwort bat er mich, ihn anzurufen, sobald ich in Santiago angekommen sei. Ich kam aber erst zum Telefonieren, als ich schon fast wieder weg war, also sagte ich ihm, ich würde mich bei meinem nächsten Aufenthalt in der Stadt wieder melden. Davon wollte er allerdings nichts hören. Er holte mich um neun Uhr abends ab und machte mit mir eine Kneipentour.

Wir gingen hauptsächlich in schicke Bars in nordamerikanischem Stil, die sich in den vornehmen und reichen Vierteln befanden. Die Barmänner nickten Germán grüßend zu. Er war Mitte 30, über 1,80 Meter groß (selten für einen Chilenen) und recht gut aussehend, wenn auch etwas verlebt. Seit zehn Jahren leitete er auf der Hazienda, die seiner Familie seit dem 16. Jahrhundert gehört, ein luxuriöses Romantikhotel; die Hazienda liegt ein oder zwei Stunden südlich von Santiago, aber er selbst lebte in der Stadt und hatte sein Büro an der Providencia, einer der Hauptstraßen. Geheiratet hatte er nie. Direkt nach einem seiner charakteristischen Lachanfälle gestand er plötzlich mit ernstem Gesicht: »Ich habe nur wenige Freunde. Das ist mir lieber.« Er sagte, was er dachte, und war nicht sehr tolerant, außerdem hatte er ein paar unangenehme Angewohnheiten wie zum Beispiel die, sich immer mit dem Kellner zu streiten und nie darauf zu hören, was andere sagten. Germán hasste Partygeschwätz. Er hatte Minderwertigkeitskomplexe wegen seines Mangels an formaler Bildung und merkte gar nicht, was für einen wachen Verstand er hatte und wie gut er ihn für seine Arbeit nutzte. Er war zweifellos ein schwieriger Mensch und noch dazu immer im Stress, deshalb war er oft so überkritisch; insgesamt gesehen war das sehr schade, denn hinter seiner harten Schale steckte ein butterweicher Kern.

Schließlich landeten wir in einem Restaurant, neben uns drehte sich ein großes Schwein an einem Spieß, es war vier Uhr morgens, und wir hatten keine Zigaretten mehr (er war Kettenraucher). Ich erinnere mich noch, dass er den Scheck für das Essen mit einem riesigen Montblanc-Füller unterschrieb. Als ich den Pförtner weckte, der mich in Simon und Rowenas Wohnblock hineinlassen musste, war es fünf, und um acht ging mein Bus.

Die stets gut gelaunte Rowena brachte mich zum Busbahnhof und versuchte sogar, eine Unterhaltung anzufangen, aber ich war noch gar nicht richtig wach. Am Bahnhof angekommen, kaufte ich an einer Bude eine Flasche Wasser und registrierte nebenbei, dass die chilenische Andenkenindustrie darauf verzichtete, Aschenbecher mit den Umrissen des Landes anzubieten, hier war man (aus nahe liegenden Gründen) auf Lesezeichen als Souvenirs verfallen. Sie bestanden aus Kupfer, und ich kaufte eins, um meine Fahrkarte zu ersetzen, die in Darwins »Reise mit dem Beagle« steckte.

Da die Fahrt bis zur Nordgrenze 30 Stunden dauerte, hatte ich mir eine Fahrkarte für einen etwas komfortableren Bus gegönnt. Das Pärchen, das vor mir einstieg, war richtig herausgeputzt und bat mich, es vor seinen Sitzplätzen zu fotografieren. Dabei erfuhr ich, dass der Mann Gebrauchtwagen verkaufte und Jesus hieß.

Der Fahrer bekreuzigte sich, als wir losfuhren. Ich döste eine Stunde vor mich hin, dann versuchte ich, die Augen offen zu halten. Wir folgten der panamerikanischen Autobahn durch das zentrale Längstal. Es war eigenartig, so nahe der Großstadt Santiago Pferde zu sehen, die einen Pflug zogen, und Frauen, die gebückt auf Feldern arbeiteten. Die gelben Ausläufer der Anden, die in der Hitze flimmerten, waren voller olivgrüner Flecken. Wenn wir anhielten, stürzten sich Menschen auf den Bus, die Avocados, eingemachte Papaya, schmackhafte Pasteten und Süßigkeiten verkaufen wollten.

Die *Panamericana* ist die einzige Straße Chiles, die Süden und Norden verbindet. Mit ihren zwei durchgehend asphaltierten Spuren ist sie wie das Rückgrat des Landes. Sie führt einfach immer nach Norden. Wenn weiter oben nicht hin und wieder ein Stückchen Dschungel dazwischenkäme, könnte man sicher durchfahren bis Vancouver.

Die Mahlzeiten waren im Fahrpreis inbegriffen. Zur Mittagszeit hielten wir vor einem Café auf einer tristen Ebene und aßen wässrige Hühnersuppe, ein Stück Fleisch unbekannter Herkunft mit gekochtem Reis und einen schlappen Salat. Am frühen Nachmittag ließen wir das Haupttal hinter uns, und die Landschaft wurde rauer, die Straße folgte jetzt einer Senke zwischen Bergketten, die an einer Stelle so eng wurde, dass man glaubte, man führe durch einen Tunnel. Die Berge auf der Küstenseite verschwanden manchmal, dann lag nur ein schmales Stück flachen Landes zwischen der Autobahn und dem Meer: Das war Chile. Aber die Anden waren allgegenwärtig, die ewige Konstante in der Landschaft. Die ewige Konstante in jeder chilenischen Landschaft.

Ich versuchte, unserer Route auf der Karte zu folgen. Die chilenischen Kartografen kämpfen immer noch mit dem Problem, etwas sehr Langes und Schmales in benutzerfreundlichem Format zu präsentieren. Sie sollten sich vielleicht auf ein altes System besinnen und die Karten wie Toilettenpapier auf eine Rolle wickeln. Ich besaß drei Karten, und nachdem zwei davon mich an den Rand des Nervenzusammenbruchs gebracht hatten, gab ich auf und schaute aus dem Fenster. Außer Gestrüpp gab es bis zum Dunkelwerden nichts zu sehen. Die Musik wurde ausgestellt, aber wir fanden trotzdem keine Ruhe, denn stattdessen wurde das Fernsehen angemacht, das uns pausenlos mit alten amerikanischen Seifenopern berieselte. Um Mitternacht drückte der Steward mir einen Plastikbon »für das Abendessen« in die Hand, und als der Bus anhielt, marschierten wir in eine geräuschvolle Speisehalle. Mitten im Raum stand ein drei Meter hoher, tadellos geformter Weihnachtsbaum aus fluoreszierendem grünem Draht; mir wurde bewusst, dass es schon Mitte Dezember war. Das Abendessen war genauso wie das Mittagessen.

Als wir wieder losfuhren, schlief ich sofort ein, und ich träumte, ich sei wieder zu Hause, bei meiner Abschiedsfeier. Vor dem Hintergrund der grauen Landschaft draußen wirkten die vertrauten Gesichter und Möbel umso ausdrucksvoller. Im Traum stand ich in meiner Küche, und ein Freund fragte mich, ob ich keine Angst habe. Ich schüttelte lachend den Kopf. (Ich hatte wirklich keine Angst vor dem, was der Freund meinte, nämlich Raubmörder, Vergewaltiger, Krankheit und Diebe. Diese Gefahren konnten mir eher in Mornington Crescent begegnen, wo ich wohne, als in der Atacama-Wüste.) Dann tauchte jemand anderes, den ich nicht erkannte, in der Küche auf und sagte: »In Wirklichkeit fährt sie gar nicht nach Südamerika. Das Ganze ist ein Scherz. Sie macht die Reise nur in ihrem Kopf.«

Ich schreckte ärgerlich hoch und stieß mir dabei den Ellbogen am Fenster.

Als ich das nächste Mal wach wurde, war es hell. Die Luft war so rein und klar, wie man es nur in der Wüste erlebt. Der Himmel wirkte fast weiß, und der nackte Sand wurde nur durch die lange, gerade Straße unterbrochen. Die Wüste im großen Norden, in Chile *norte grande* genannt, bedeckt ungefähr ein Viertel der Landesfläche (den von Chile beanspruchten Teil der Antarktis nicht mitgerechnet). In dieser leblosen Einöde befinden sich die trockensten Stellen unseres Planeten. Die Übergangszone zwischen dem Haupttal und der Wüste wird *norte chico*, kleiner Norden, genannt, und den hatte ich fast vollständig verschlafen.

Nach stundenlanger, ereignisloser Fahrt durch diese eintönige Landschaft, die wir in eher verhaltener Stimmung hinter uns brachten, kamen wir an einen Kontrollposten (Chilenen lieben Zollstationen innerhalb des Landes, das wurde mir später noch klar). Alles, was es dort zu sehen gab, waren zwei oder drei Holzbaracken, zwei Paar Torpfosten, ein dreibeiniger Hund und sechs Frauen in kirschroten Ponchos, die Maiskolben entkörnten.

Der Morgen war halb herum, als sich zu unserer Rechten ein tiefes Tal auftat. Ganz unten konnte man ein grünes Band erkennen, aber der Rest war gleichmäßig karamellbraun und der gegenüberliegende Rand gerade, flach und nackt. Der Abstand zwischen den beiden Rändern vergrößerte sich auf drei, vielleicht sogar vier Kilometer. Später signalisierte ein auf einem Hügel angebrachter Coca-Cola-Schriftzug, dass wir uns Arica näherten, der nördlichsten chilenischen Stadt, fast an der peruanischen Grenze. Dann brach das Kühlsystem für unsere zuckersüßen Getränke zusammen, so als hätte es um das bevorstehende Ende der Reise gewusst.

30 Stunden in einem Bus können ziemlich lang werden. Ein chilenischer Emigrant aus Miami, der vier Reihen vor mir saß, hatte herausgefunden, dass ich Ausländerin war, und rief mir immer wieder zu: »Wie geht's dir, Darling?«

Meine Stimmung stieg wieder, als aus den Baracken Bungalows und aus den Bungalows dreistöckige Wohngebäude wurden und wir in Aricas Busbahnhof rumpelten. Die Bahnhofsuhr war stehen geblieben.

Arica ist die heimliche Hauptstadt der nordchilenischen *Gringo*-Route. (Obwohl das Wort *gringo* eigentlich nur »Fremder« bedeutet – mit gringa bezeichnet man die Weibchen dieser Spezies –, hat es doch im Allgemeinen einen negativen Beigeschmack. In einer Übersetzung habe ich sogar schon einmal »fremdes Arschloch« gelesen. In Chile werden *gringo* und *gringa* regelmäßig auf freundlich herablassende Art als Schimpfworte gebraucht. Fremde, die sich selbst so nennen, zeigen damit eine gesunde Einstellung zur Wichtigkeit ihrer eigenen Person.) Kaum hatte ich meine Reisetaschen in Empfang genommen, als eine aufgeregte junge Holländerin mich aus dem Haufen von Chilenen zog, die nach ihrem Gepäck wühlten.

»Sollen wir uns ein Zimmer teilen? Du reist doch auch allein, oder? Das ist sicher viel billiger.«

Von diesem unerwarteten Überfall überrascht, ließ ich mich zu einem *colectivo* (das sind Schrottautos, die wie Busse bestimmte Routen fahren und feste Preise nehmen) führen, das uns ins Stadtzentrum brachte.

Heeta besorgte uns ein kleines Zimmer mit Blick auf einen Hof voller rosafarbener Blumen, und nachdem sie geduscht hatte, ging sie an den Strand. Ich stellte mich ebenfalls unter die Dusche, aber im Gegensatz zu Heeta kam ich mit den Armaturen nicht zurecht. Sie ragten aus einer großen braunen Kiste, die an ein Radio aus der Vorkriegszeit erinnerte, und produzierten entweder einen kochend heißen oder einen eiskalten Wasserstrahl, sodass ich außer einer mittleren Überschwemmung nichts erreichte.

Als Heeta zurückkam, erzählte sie: »Ich habe einen Kanadier und einen Australier getroffen. Sie holen uns um acht Uhr zum Abendessen ab, in Ordnung?«

Heeta, die beiden Männer und ich trieben uns ein paar Tage in Arica herum, dabei trafen wir immer wieder andere Ausländer, die kamen oder gingen, wie Ameisen in einem Ameisenhaufen. Ich hatte nicht vor, länger mit Rucksacktouristen herumzuhängen, aber diese kurze Zeit genoss ich; es war immerhin ein Anfang.

Arica ist eine typische Grenzstadt. Matrosen streiften in kleinen Gruppen durch die Straßen. Aber eine kühlende Brise vom Meer gab es dort oben nicht, es war immer heiß und so trocken, dass man jeden Augenblick mit dem Einsturz der brüchigen Häuser rechnete. Selbst um zwei Uhr nachts waren die Straßen noch voller Menschen, die vor den Cafés saßen oder zielstrebig irgendwohin gingen. Die Stadt beherbergte ein buntes Völkergemisch: Die glatthaarigen einheimischen Frauen trugen runde Hüte und banden sich Einkäufe und Babys mit grellrosa Tüchern auf den Rücken, aber was man zu essen bekam, sah meistens aus wie ein Hamburger.

Die helle Felskuppe, die die Stadt überragte, wurde *morro* genannt; dort besiegten 1880 im pazifischen Krieg die chilenischen Truppen die Peruaner. In dem Krieg ging es hauptsächlich um die an Salpeter und Guano reichen Gebiete südlich der Stadt, die damals zu Peru und Bolivien gehörten (die beide an Chile grenzen). In einer Phase, in der das Dreiecksverhältnis besonders gespannt war, hatte Peru sich heimlich mit Bolivien verbündet, und als das herauskam, erklärte Chile beiden den Krieg. Durch die darauf folgenden Verträge und Vereinbarungen wurde das chilenische Territorium um ein Drittel vergrößert. Von da an bestimmte Salpeter aus der Atacama-Wüste die sozioökonomische Entwicklung des Landes: Die Arbeiterbewegung gewann an Einfluss, die Gesellschaftsstruktur veränderte sich, die Industrie expandierte, und die Wirtschaft wurde – leider – exportabhängig. Bolivien und Peru sind bis heute nicht über den Verlust hinweggekommen. Einer meiner Vorgänger, ein Reiseschriftsteller aus den 20er-Jahren namens Earl Chapin May, berichtete: »In Arica tauchen neuerdings Schilder auf wie zum Beispiel ›Hunde und Peruaner unerwünscht‹. Präsident Leguia [aus Peru] hat schon einmal eine Anweisung herausgegeben, wonach ›Russen, Chilenen und Prostituierten‹ die Einreise in sein Land verweigert werden soll.«

Auf der palmenbestandenen *Plaza de Armas* hatte man eine Weihnachtsszene mit lebensgroßen Figuren aufgebaut. Die fremdartige Maria trug den traditionellen runden Hut der Andenbevölkerung, und an der Krippe stand ein Alpaka. Wir waren in dem Glauben aufgewachsen, Heilige sähen so aus wie wir.

»Und das sind sicher die drei so genannten Weisen«, lästerte Colin, ein forscher kanadischer Ingenieur, der seinen Job an den Nagel gehängt hatte, um ein halbes Jahr in Südamerika verbringen zu können.

Der Friseur am Platz hatte auch ein paar Stühle nach draußen gestellt, eine Dame mittleren Alters ließ sich dort gerade dünne Wickler ins glänzende Haar drehen. Beherrscht wurde der Platz von einer eigenartigen bunten Kirche, die Gustave Eiffel 1875 entworfen hatte. Jeder einzelne Stein wurde aus Peru herbeigeschafft, nachdem alle Kirchen in Arica durch eine Flutwelle zerstört worden waren. Flutwellen gab es hier öfter, einmal wurde ein amerikanischer Dampfer anderthalb Kilometer weit ins Land getragen. Es war unmöglich, ihn wieder flottzumachen, also verwandelte man ihn in ein Hotel.

Eines Tages nahm ich ein *colectivo* ins Azapa-Tal. Daher kam Salvador, mein Freund aus dem Freibad. Zwei Lamas grasten in einer ruhigen, sonnigen Sackgasse vor den verwitterten Ruinen einer Inkafestung, und eine Frau schob eine Karre mit einem Baby und einer Gasflasche vorbei. Ein kleines archäologisches Museum hinter einem Zaun zeigte, dass der Ort schon seit 10 000 Jahren bewohnt war. In einer der Glasvitrinen lag ein aus Streifen gefertigter Hut aus dem 16. Jahrhundert.

Als ich wieder auf der Straße stand, fragte ich die Frau mit dem Karren, die ohne Gasflasche zurückkam, nach Salvadors Großmutter; ich hatte ihm versprechen müssen, sie zu besuchen. Die Frau schob eine Haarsträhne aus dem Gesicht und zeigte auf ein winziges Adobehaus weiter oben, am Ende der Straße.

Noch bevor ich das Haus erreichte, sah ich sie; sie stand draußen und bückte sich nach einer Pflanze, und als ich näher kam, konnte ich erkennen, dass sie Blätter abriss. Sie trug einen Hut, der genauso aussah wie der im Museum. Dann richtete sie sich auf und schaute mich an, mit einer Hand schützte sie die Augen vor der Sonne. Ich bildete mir ein, Ähnlichkeiten mit Salvador zu erkennen, besonders im Gesicht. Als ich das Gartentor erreichte, stellte ich mich vor und erzählte ihr, dass ich ihren Enkel Salvador kenne, dass wir uns in London angefreundet hätten, dass ich Chile kennen lernen wolle und dass er mich gebeten habe, sie aufzusuchen und von ihm zu grüßen.

»Kommt er bald nach Hause?«

Ich starrte auf den Torpfosten.

»In nächster Zeit nicht. Aber er kommt bestimmt eines Tages zurück. Und es geht ihm sehr gut.«

Sie winkte mich herein, ich setzte mich auf einen Holzstuhl in den Schatten eines Bananenbaumes, und sie holte zwei Gläser mit einem herb-bitteren Getränk aus der Küche. Ich erzählte ihr von Salvadors Leben in London und beschrieb die Stadt, so genau ich konnte; sie sah mich unverwandt an und unterbrach mich mit Fragen. Als ich fertig war, hob sie die Hände und zog die Augenbrauen hoch, als wolle sie sagen: »Das ist ja alles ganz gut und schön, *aber wo bleibt er?*«

Danach wurde sie etwas gesprächiger, sie erzählte von anderen Familienmitgliedern, von den Lamas, die sich von einer langen Virusinfektion erholt hatten, und von den Problemen, die sie in diesem Jahr mit der Bewässerung ihres kleinen Besitzes hatte. Nach einer Stunde stand ich auf, um zu gehen, und sie umarmte mich, aber erst als ich die Straße hinabging, rief sie hinter mir her: »Vergessen Sie nicht, ihm von den Lamas zu erzählen.«

Kapitel zwei

Jahre der Unterdrückung durch die letzte preußische Armee der Welt haben die Chilenen ihrem Lande nicht entfremdet. Die Militärbefehlshaber haben sie daran gehindert, ein menschenwürdiges Leben zu führen, aber sie haben sie nicht davon abhalten können, wie echte Chilenen zu überleben.
Die Chilenen sagen, dass das Leben sich in den Kirchen, in den Gerichtssälen und auf den Friedhöfen abspielt. Der Rest ist Überleben. Sie werden General Pinochet und die Diktatur überleben, denn sie wissen, dass sie für Chile leiden.

Jacobo Timerman, Chile, 1987

Als ich nach Arica zurückkam, schwitzten die Weihnachtsmänner an den Straßenecken zum Gedudel von »White Christmas«, mürrische Geldwechsler klapperten die Treffpunkte der *gringos* ab, und die allgegenwärtigen Straßenhändler verfolgten uns mit allem Möglichen – von falschen Rolex-Uhren bis hin zu lebenden haarigen Spinnen. Eines Abends wurden uns in einem Hafencafé sogar bunte Kondome angeboten, deren Mindesthaltbarkeitsdatum schon vor einem Jahr abgelaufen war. Da unterhielten wir uns gerade über die schlimmste Lastwagenfahrt, die wir je mitgemacht hatten.

»In Griechenland habe ich mal vier Stunden auf 20 Kisten frisch gefangenem Fisch gesessen«, gab ein italienischer Kunststudent zum Besten. »Und ich«, sagte Paul aus Tucson, Arizona, den niemand mochte, »bin in Kurdistan auf einen Lastwagen gesprungen, der gefrorene Schweinsfüße transportierte.«

Ich zwang mich dazu, mich von diesem einfachen und angenehm lässigen Leben zu trennen und die Sache endlich richtig anzufassen. Ich wollte nach Osten, direkt in die Anden, zu den atemberaubend hohen Vulkanen, eiskalten Seen, seltsamen Flechten, den grünen Torfmooren und zahlreichen Kameltieren. Dorthin ging nur einmal die Woche ein Bus. Einen Tag vor der nächsten Abfahrt kaufte ich Kerzen, Proviant, Wasser und eine Busfahrkarte, sagte den anderen »Auf Wiedersehen« und ging früh zu Bett.

Noch vor Tagesanbruch verließ der Bus den Bahnhof. Später, im Dämmerlicht, kamen wir an Geoglyphen vorbei, Scharrbildern von Menschen und Tieren, von einem Nomadenstamm in die Hügel gekratzt, Jahrhunderte bevor die verhassten Spanier auf dem Kontinent auftauchten. Wir hielten in den Luzernefeldern eines Dorfes namens Poconchile an einer Zollstation; ich lehnte die Stirn an das schmutzige Busfenster und sehnte mich nach den *gringos*. Sie hatten mir den Übergang erleichtert.

Wir fuhren durch ein weites grünes Tal. Als wir an einer Boraxmine vorbei höherstiegen, verzerrten sich die runzligen Hügel zu braunen Schieferformationen, aus denen hin und wieder ein Kandelaberkaktus ragte. Die Landschaft war so traurig und trocken, dass der Kontrast zwischen der fruchtbaren Talsohle und den rauen braunen Felswänden und Abhängen geradezu schockierte. Das geheimnisvolle Dämmerlicht hatte sich schnell in gnadenlose Wüstensonne verwandelt, und sooft ich auch daran herumputzte, meine Sonnenbrille war ständig mit einem dünnen Staubfilm bedeckt. Im Restaurante Internacional, wo räudige Hunde über den sonnenverbrannten Lehmboden hinkten, aßen wir trockenen Zwieback und tranken Kokablättertee, eine Mixtur, die bei Höhenkrankheit helfen soll. Monate später erfuhr ich, dass man einen Katalysator braucht, damit dieses Gebräu irgendeine Wirkung hat.

Drei Straßenarbeiter, an denen wir vorbeigefahren waren, kamen herein. Sie trugen Overalls, die an Schneeanzüge erinnerten, und zusätzlich noch Baumwollhüte und Schutzbrillen. Ich fragte mich: »Wovor verstecken die sich bloß?«, aber als ich wieder nach draußen blickte, ging mir auf, dass sie sich einfach vor allem versteckten – vor der Sonne, dem Wind, der Kälte und dem Staub. Dort oben war es so unwirtlich wie auf einem anderen Planeten.

Mit den Oregano- und Kartoffelfeldern von Socoroma änderte sich die Vegetation erneut. Socoroma ist ein typisches Andendorf, in dem Aymara und Mestizen (Chilenen gemischter Abstammung, die unter ihren Ahnen sowohl Eingeborene als auch Europäer haben) ihre Adobehäuser um eine verwitterte weiße Kirche herum gebaut haben. Der Bus hielt an, und der Fahrer stieg aus, um einem Aymara ein Päckchen zu geben. Der nahm es mit ausdruckslosem Gesicht entgegen und drehte sich dann auf dem Absatz um.

Die verschiedenen Gruppen der Aymara, die wahrscheinlich aus der Gegend um den Titicacasee stammen, sind vor Jahrhunderten nach Chile gekommen und kämpfen seitdem unter den menschenfeindlichen Bedingungen der Hochanden um ihre Existenz. Viel weiß man nicht über sie; die vorhispanische geschriebene Geschichte der meisten eingeborenen Völker westlich der Anden ist lückenhaft, zumindest verglichen mit der der Hochkulturen der nördlicheren lateinamerikanischen Länder. Erst als ich wieder zu Hause war und historisch interessierte Freunde mich fragten, welche »Sehenswürdigkeiten« ich denn besucht hätte, wurde mir bewusst, dass es gar keine gab – oder nur sehr wenige. In Chile entwickelten sich keine großen Reiche und Zivilisationen wie die berühmten Kulturen von Mexiko, Zentralamerika und Peru; es war nur spärlich besiedelt von heterogenen (aber oft verwandten) Völkerstämmen, die sich in unterschiedliche Richtungen entwickelt hatten. Die meisten von ihnen gerieten später in Vergessenheit. Nur im Süden existierte eine außergewöhnlich starke Kultur, die der Mapuche, die bis heute überlebt hat, aber nicht einmal dort gab es jemals eine zentrale Regierung. Die anderen eingeborenen Völker lebten zu verstreut, um gegen die Spanier geschlossen Widerstand leisten zu können. Mit Ausnahme der Mapuche, kleiner

Gruppen anderer Araukaner (die Mapuche sind nur *ein* Zweig der Familie) und der Aymara im Norden wurden die Ureinwohner Chiles ziemlich schnell assimiliert.

Verglichen mit anderen Gebieten des spanischen Reiches war die Rassenmischung Chiles also sehr früh abgeschlossen. Es kamen nur sehr wenige schwarze Sklaven ins Land. Ungefähr 65 Prozent der heute 13 Millionen Chilenen sind Mestizen, 30 Prozent sind weiß, und fünf Prozent sind Eingeborene (sie gehören meist zur untersten Gesellschaftsstufe). Ich musste daran denken, wie wichtig die Rasse in Brasilien genommen wurde. In Chile, mit seiner auf dem Kontinent nahezu einzigartigen ethnischen Gleichartigkeit, gibt es so etwas eigentlich gar nicht.

Die welligen Hochflächen der Zentralanden, die meist mehr als 3500 Meter über dem Meeresspiegel liegen, werden Altiplano genannt. Dieses Wort hat sogar Eingang in die englische Sprache gefunden und bezeichnet ursprünglich die gesamte unregelmäßige Kette von Hochebenen und Senken, die sich von Südkolumbien bis Nordchile erstreckt. Die Hochgebirgswüste im »Dreiländereck« von Chile, Peru und Bolivien, auch als Puna bekannt, ist das größte Tafelland außerhalb Tibets.

Als wir in diese Gegend kamen, sahen wir langhalsige Vicunas (enge, aber wild lebende Verwandte der Lamas), die sich an Büschelgras gütlich taten, und Felsen, die mit der seltenen Llareta *(Laretia compacta)* bewachsen waren, eine dicht wachsende, moosähnliche, hellgrüne Pflanze, die pro Jahr nur einen Millimeter Wasser braucht und sich vor der Umwelt schützt, indem sie hart wird und sich »einigelt«. Ich entdeckte ein Vizcacha – ein Nagetier mit grauem Fell, das aussieht wie ein Hase mit langem Schwanz –, das sich auf einem Stein neben einem Moospolster sonnte. Glitzernde Vulkane umrahmten Seen, über die die schwarzköpfigen Andenmöwen und Riesenblässhühner hinwegflogen, und am Chungará-See, mit 4500 Metern über dem Meeresspiegel der höchstgelegene Binnensee der Welt, stieg ich aus dem Bus und winkte ihm nach, wie er Richtung Bolivien davonrumpelte.

Tiefe Stille. Ich ging zu der kleinen Holzhütte, die der Busfahrer mir gezeigt hatte. Dort wohnte ein freundlicher Angestellter der CONAF, der staatlichen Forstverwaltung; er hieß Umberto und erlaubte mir, im so genannten Büro auf dem Boden zu schlafen. Kaum hatte ich mich zu ihm vor die Hütte gesetzt, fing ein lachsrosa Flamingo an, über dem See zu kreisen.

Der veränderte Luftdruck hatte die Tinte aus meinem Füller auslaufen lassen. Ich fragte mich, was wohl mit meinem Körper passieren würde. Ich trank sehr viel Wasser, bewegte mich in den folgenden 24 Stunden so wenig wie möglich und beobachtete die Vicuñas in der Nähe der Hütte. Das Büschelgras, das sie fraßen, war hart wie Granit und dorniger als Stechginster. Umberto kannte sie alle persönlich. Er sagte, sie seien viel netter als ihre Verwandten, die Guanakos, die in niedrigeren Höhen leben – Guanakos spucken.

Der Sonnenuntergang hüllte den direkt vor uns liegenden Vulkan in einen rosafarbenen Strahlenkranz.

Am zweiten Tag ließ Umberto die chilenische Flagge am Fahnenmast wehen.

»Wieso tun Sie das?«, fragte ich.

»Wir machen das gern, weil wir so nah an Bolivien sind«, erklärte er. »Die letzte ist vom Wind zerrissen worden. Und außerdem kommt morgen der Chef.«

Am nächsten Morgen schrubbte er die Hütte, rasierte sich und zog ein sauberes Hemd, Krawatte, Hosen mit Kniff und ein CONAF-Sweatshirt an. Wir saßen draußen und beobachteten die Bergfinken mit den weißen Kehlen, die auf dem Schiefer herumhüpften. Der Chef ließ sich nicht blicken. Das schien Umberto nicht weiter zu kümmern. Man konnte sich kaum vorstellen, dass ihn jemals etwas aus der Ruhe brachte; er wirkte so abgeklärt, dass ich mich fragte, ob er irgendwelche Drogen nahm, und wenn dem so war, dann wollte ich auch einmal davon probieren. Seine Großmutter mütterlicherseits war eine reinrassige Aymara, sein Großvater und die anderen Großeltern Mestizen; er kam aus einem Tal in der

Nähe. Er war ziemlich schüchtern, aber offensichtlich vollkommen zufrieden mit sich und seinem einsamen Leben. Ich fragte, wie es ihm gefalle, allein, so weit weg von anderen Menschen zu wohnen, und er lachte.

»Ist doch besser als die Stadt! Saubere Luft!«

»Dünne Luft!«, konterte ich.

»Für Sie vielleicht, für mich nicht. Meine Lungen sind daran gewöhnt.«

»Wann gefällt es Ihnen besser, wenn Sie hier oben Besuch haben oder wenn Sie allein sind?«

»Wenn ich allein bin. Ich liebe die Ruhe. Ich lasse meine Gedanken schweifen und schreibe Gedichte.«

Ich ging zum Seeufer und zählte die Nester der Riesenblässhühner, die auf dem Wasser trieben.

Als ich am fünften Tag aufwachte, stellte ich erstaunt fest, dass es mich fortzog; es drängte mich, mehr vom Land zu sehen. Leider standen mir ein paar Berge im Weg, ich musste einen Schritt zurückgehen, um vorwärts zu kommen, also bereitete ich mich auf ein Wiedersehen mit Arica vor. Aber kaum war meine Tasche gepackt, hatte ich einen Anfall von Höhenkrankheit, in Südamerika *soroche* genannt. Ich musste mich übergeben, fühlte mich ziemlich elend und hatte drückende Kopfschmerzen, gegen die Aspirin nichts half. Nicht nur der Sauerstoffmangel machte einem dort oben das Leben schwer, nachts war es außerdem noch erbärmlich kalt. Ich hatte mich vollständig bekleidet schlafen gelegt, selbst Hut und Handschuhe ließ ich an. Jeden Morgen war der Boden draußen gefroren, aber tagsüber schien eine gnadenlose Sonne. Ich hockte still in der Hütte und wartete auf Besserung, Umberto versuchte mich aufzuheitern, indem er mir Prinzessin Annes Eintrag im Gästebuch zeigte und mich fragte, ob ich sie kenne. War sie wohl auch höhenkrank gewesen?

Am frühen Nachmittag ging es mir besser, und ich machte mich doch noch auf den Weg nach Arica. Ich verabschiedete mich von

Umberto und ging die Straße hinunter. Natürlich hoffte ich darauf, dass ein vorbeikommender Wagen mich bis zur Küste mitnehmen würde. Umberto stimmte ein Lied an. Irgendwann setzte ich mich auf einen Stein und schaute zurück, um die Vulkane hinter dem See noch ein letztes Mal zu betrachten. Einer davon ist der höchste Vulkan der Erde. Chile hat über 2000 Vulkane, ungefähr 50 davon sind aktiv; die primitiven Völker verehrten sie alle als Götter, vielen von ihnen gaben sie sogar Namen und einen eigenen Charakter. Zwei der Vulkane spiegelten sich im kristallklaren Wasser des Sees. Unter Pinochet wurde der Versuch gemacht, den See trockenzulegen, angeblich um die Menschen in Arica mit seinem Wasser zu versorgen. Da es sich dabei um Salzwasser handelt, man aber gar keine Entsalzungsanlagen baute, war der Plan nicht sonderlich überzeugend. Schließlich stellte sich heraus, dass das Wasser für ein Wasserkraftwerk gebraucht werden sollte, das man privatisieren wollte. Das ganze Projekt wurde fallen gelassen.

Der Wind wirbelte kleine braune Staubschleier auf. Eine Stunde später quälte sich ein Lastwagen über den Bergkamm. Ich wusste sofort, dass es sich nur um ein bolivianisches Fahrzeug handeln konnte, denn in diesem Teil der Anden dient praktisch der gesamte Straßenverkehr dazu, Fracht aus dem vom Meer abgeschnittenen Bolivien in chilenische Häfen zu bringen. Bolivien verlor seine Küstengebiete im Salpeterkrieg und muss heute seine Flotte am Titicacasee stationieren. Über 100 Jahre nach Kriegsende vergiftet die Forderung nach freiem und uneingeschränktem Zugang zum Meer immer noch die bilateralen Beziehungen. Mehrmals hatte man mir schon den traurigen Witz von den drei bolivianischen UN-Repräsentanten erzählt, die ihre Beschwerde – so die Chilenen – aus unerfindlichen Gründen in Englisch vorbrachten, was sich in chilenischem Spanisch wiederum so ähnlich anhört wie: »Arme Kastrierte.«

Der Lastwagen kam ein paar Meter vor mir zum Stehen, wobei er einen mittelschweren Wirbelsturm auslöste, und ich kletterte in die schmierige Fahrerkabine, wo mich zwei schwitzende, lächelnde

Männer mit dunkelbrauner Haut begrüßten. Meiner Schätzung nach würden wir ungefähr acht Stunden bis Arica brauchen. Aber es kam ganz anders.

Der Laster hatte 34 Tonnen Holz geladen, das für die USA bestimmt war. Simón und Rodríguez saßen auf den beiden Vordersitzen, und ich zwängte mich auf das enge Holzbett dahinter. Vom Rückspiegel baumelte die betende Jungfrau Maria, ihr Plastikkörper umwunden mit fluoreszierenden Rosen. (Dieses südamerikanische Gegenstück zum Glückswürfel aus Plüsch sollte ich im Laufe meiner Reise noch oft zu Gesicht bekommen.) Die meisten Metallteile im Innern der Kabine waren abgenutzt und verbeult und an jeder nur möglichen Stelle von runden Aufklebern geziert, die mit kernigen bolivianischen Sprüchen bedruckt waren, wie zum Beispiel »Kommt 'ne Jungfrau in mein Zimmer, ist sie's nimmer«. Alle paar Minuten steckten die Männer ihre dicken Finger in zerknitterte Papiertüten, die auf dem Armaturenbrett herumrutschten, und fischten schmutzig bunte geleeartige Bonbons heraus. Ich habe einmal eins davon probiert. Es schmeckte wie Schmierseife.

Ich hatte die Schnelligkeit von 34 Tonnen Holz überschätzt. Außerdem spürte man jedes Schlagloch (davon gab es reichlich), und oft musste ich vor Schmerz die Augen schließen, weil die *soroche* sich wieder bemerkbar machte. Bei Sonnenuntergang machte ich aus meinem Schlafsack ein Kopfkissen, und dann verwandelte der in allen Rottönen leuchtende Himmel der Anden meine Folterkammer in einen Palast.

Langsam wurde mir bewusst, dass es mit dem Schneckentempo des Wagens noch etwas anderes auf sich haben musste, denn bergab fuhren wir am langsamsten. Jedes Mal wenn wir einen Abhang hinuntermussten, traten Simón Schweißtropfen auf die Stirn, dann stemmte er seinen Fuß auf die Bremse und schaltete zurück in den ersten Gang.

Als wir an zwei anderen bolivianischen Lastwagen vorbeikamen, die am Straßenrand standen, hielten wir auch an. Anscheinend brauchten beide Autos einen Reifenwechsel – ein seltenes Zusammentreffen –, und man machte sich gemeinsam an die Arbeit. Das dauerte zwei Stunden. Ich setzte mich auf einen Stein, übte mich in Geduld und las Gavin Youngs »Slow Boats Home«.

Als wir wieder losfuhren, schätzte ich, dass Arica bis Mitternacht noch zu erreichen wäre. Ich fragte Simón, wann wir es geschafft haben würden. »*En un ratito*«, antwortete er, eine Redewendung, die ich in Chile schon oft gehört hatte. Sie bedeutet in etwa dasselbe wie *mañana* in Spanien (ohne den dringlichen Unterton, wie Scherzbolde gern erklären). Das war die Erste einer ganzen Reihe von Etappen, die viel länger dauerten, als ich es mir am Anfang hätte träumen lassen, und nach einem halben Jahr in Chile erschien es mir schon wie ein Erfolg, überhaupt irgendwo angekommen zu sein.

Als wir gegen zehn Uhr wieder anhielten, konnte ich im Dunkeln ein Gebäude erkennen, vor dem lauter bolivianische Laster parkten. Simón winkte mich hinein, vorbei an einer Aymara-Familie, die hinter einer Strohwand Fernsehen guckte. Im vorderen Teil des Raumes saßen an einem langen Tisch ungefähr 15 Landsleute von Simón und Rodríguez, zu denen wir uns nach der Begrüßung setzten.

So kam es, dass ich in einer kalten Nacht in 4000 Metern Höhe im Herzen der Anden mit 17 bolivianischen Lastwagenfahrern zu Abend aß. Sie alle hatten glänzendes, glattes schwarzes Haar, dunkle Haut, dünne Schnurrbärte, hohe Wangenknochen und große, gerade weiße Zähne. Wir bekamen *cazuela*, ein bekanntes chilenisches Gericht aus Kartoffeln, Mais und Fleisch in einer würzigen Fleischbrühe, das sehr gut schmeckte. Die Fahrer waren in bester Stimmung (obwohl sie keinen Tropfen Alkohol anrührten) und versuchten immer wieder, ihren seltsamen Gast in die Unterhaltung mit einzubeziehen, aber ich hatte mich gerade erst an die chilenische Aussprache gewöhnt, und das bolivianische Spanisch war augenblicklich zu viel für mich. Der Lautstärke und Gestik nach zu urteilen, drehte sich die Unterhaltung allerdings wohl kaum um Feinheiten der bolivianischen Verfassung.

Als wir das Haus verließen, verkündete Rodríguez froh, dass es jetzt nur noch vier Stunden dauere. Das deprimierte mich trotzdem, denn die Pension, in der ich meine Taschen gelassen hatte, war nur bis nachts um zwei geöffnet. Ich wälzte mich in meinem hölzernen Bett herum. Nach ein paar Stunden erreichten wir einen Straßenabschnitt, der nur einspurig befahrbar war, und mussten eine halbe Stunde in einer Schlange warten, bis wir schließlich doch noch vorbeigewunken wurden. Und dann, um ein Uhr, fuhren wir auf einen Lastwagenparkplatz, und Simón erklärte, dass wir uns jetzt alle »ein paar Stunden aufs Ohr legen« würden. Rodríguez, dessen einzige Funktion offensichtlich darin bestand, sich von Simón herumkommandieren zu lassen, wurde mit ein paar Decken in den Laderaum geschickt. Ich musste mich auf den Vordersitz setzen, während Simón dahinter das Bett machte. Er legte sich laut schnaufend hin. Ich saß stocksteif auf meinem Platz.

»Warum kommst du nicht rüber?«, lockte er. »Hier ist es viel bequemer.« Nach zwei oder drei weiteren Versuchen, mich zu überreden, schlief er schließlich ein. Ich versuchte, es ihm auf dem Beifahrersitz nachzutun, aber der Mann hätte jeden Schnarchwettbewerb für Bolivien gewonnen, also zog ich meine Skihandschuhe über und betrachtete die Sterne, bis sich am tintenschwarzen Himmel die ersten perlgrauen Schatten regten und die Sonne ihre Strahlen schickte.

Ein Hahn krähte, aber es schien ein sehr alter Hahn zu sein, denn sein gequälter Schrei erstickte in einem Röcheln. Die Dämmerung enthüllte eine kleine Milchfarm. Ein Mann jagte Kühe durch einen Pferch. Mit einem letzten Schnarcher erwachte Simón, und sofort ärgerte er sich darüber, dass er zu lange geschlafen hatte. Er rief nach Rodríguez, spuckte auf den Boden des Führerhauses, stieg aus und lief in der Kälte herum, um seine Kollegen in den anderen Lastern zu wecken. Bei unserer überstürzten Abreise, die unter lautem Gefurze vor sich ging, kamen wir an dem Mann vorbei, der die Kühe gejagt hatte. Er stand jetzt in der

Sonne, konzentrierte sich auf einen Spiegel, der an einem Torfosten hing, und bearbeitete sein Kinn mit einem Furcht erregend großen Rasiermesser.

Es wunderte mich schon gar nicht mehr, dass unsere Dreierkolonne nach einem knappen Kilometer wieder anhielt. Alle stiegen aus und schrien sich an. Ich lernte ein paar bolivianische Schimpfwörter und konnte mir zusammenreimen, dass die Chilenen am Kontrollposten von Poconchile eine Brückenwaage betrieben. Jeder bolivianische Laster, der zu viel geladen hatte, wurde ordentlich zur Kasse gebeten. Unsere Laster transportierten viel mehr Holz, als sie durften, und die Fahrer hatten nicht genug Geld, um die Strafe zu zahlen – deshalb hatte man geplant, an Poconchile vorbei zu sein, bevor die Beamten ihre Arbeit aufnahmen. Aber die Fahrer hatten verschlafen, und jetzt mussten sie den ganzen Tag am Straßenrand herumlungern, damit sie den Kontrollposten bei Nacht passieren konnten, wenn er nicht besetzt war.

Wir brauchten nicht weiter darüber zu reden, dass sich unsere Wege hier trennen würden. Ich schätzte die Entfernung bis Arica auf etwa 38 Kilometer. Obwohl ich bis zur nächsten Siedlung mit einem strammen Marsch rechnen musste, wobei ich zwischen extremer Kälte und extremer Hitze nur für kurze Zeit mit angenehmen Temperaturen rechnen konnte, wollte ich nicht noch einen Tag mit den Bolivianern verplempern. Simón begegnete mir betont gleichgültig. Er knabberte noch an der Abfuhr, die er in der Nacht erhalten hatte, außerdem brachte die Verzögerung seinen Fahrplan durcheinander, da konnte er nicht auch noch für eine *gringa* das Kindermädchen spielen. Meine Tasche war nicht sehr schwer, und ich vertraute darauf, dass ein anderer, besser organisierter bolivianischer Laster vorbeifahren und mich auflesen würde. Sollte ich kein Glück haben, konnte ich die Reise ja noch in Poconchile unterbrechen.

Simón rülpste vernehmlich, als ich mich davonmachte. Ich marschierte auf der verlassenen Straße durch das Lluta-Tal, hin und wieder winkten mir Menschen mit Strohhüten zu, die auf den Feldern arbeiteten. Als ich nach etwa acht Kilometern die Brückenwaage erreichte, war es schon warm, aber noch gar nicht richtig hell. Die Beamten winkten mich grinsend durch, und schon bald hielt ein anderer Laster neben mir. Der bolivianische Fahrer strahlte vor Freude, dass es ihm gelungen war, durch geschickte Umverteilung seiner Holzladung kurz vor der Brücke die altertümliche chilenische Waage zu überlisten.

Um die abgelegeneren Regionen der nordchilenischen Anden zu erreichen, braucht man einen allradgetriebenen Geländewagen. Hertz hatte einen für mich – den ersten einer ganzen Reihe von Wagen, die mich zu den unwegsamen Gebieten der verschiedenen chilenischen Landschaften bringen sollten –, also konnte ich den nächsten Abschnitt der Reise in Angriff nehmen. Bevor ich den hohen Norden verließ, wollte ich noch einmal landeinwärts fahren, daraus ergab sich eine Art Zickzackkurs gen Süden. In der Nähe des bolivianischen Grenzpostens Colchane sollte es ein Gelände vulkanischen Ursprungs geben, das unzugänglich war. Das reizte mich natürlich.

Da es noch einen *gringo* gab, der nach Süden wollte, fragte ich ihn, ob er mich bei meinem Abstecher in die Berge begleiten wolle. Matthew war Australier, schlaksig, Mitte 30, Programmierer von Beruf, und wir hatten in Arica schon ein paar Mal zusammen gegessen. Er war schnell von Begriff, etwas pedantisch, und außerdem hatte er zu allem eine vorgefasste Meinung, was mich immer etwas vorsichtig macht. Aber er war offen, freundlich und humorvoll, kurz: Man konnte mit ihm Pferde stehlen. Spanisch sprach er gut, und er bemühte sich sehr um die Chilenen. Jedes Mal wenn ihn jemand fragte, woher er komme, imitierte er ein Känguru, indem er Männchen machte und auf dem Boden herumhüpfte.

Wir packten das Nötigste ein, Wasser, Notfallausrüstung und 50 Liter Ersatzbenzin, und fuhren mit offenen Fenstern über die menschenleere Panamericana, aus den Lautsprechern tönte eine dubiose australische Kassette, die mit »Verschiedene Interpreten«

beschriftet war. Unsere gemütliche Reise auf dieser gut ausgebauten Straße führte uns vorbei an blauen Bergen, die in der Hitze flimmerten, an einer glatten karamellfarbenen Wüste und immer wieder an roter und brauner Pampa. Einmal mussten wir unser Obst an einer »Obstkontrollstation« abgeben. Matthew bekam eine Quittung für eine Orange und fragte sich, ob er die beschlagnahmten Lebensmittel wohl wiederbekommen würde, falls er umkehre. Ausweise, Führerscheine und andere Dokumente wurden kontrolliert. An der Pinnwand im Aufenthaltsraum der Beamten prangten Fotos von schauerlichen Unfällen.

Trotz der schrecklichen Hitze hielten wir in Chiza, um uns den Geoglyphen anzuschauen, der einen Menschen darstellt, dabei kam ich mir vor wie Gulliver in Brobdingnag. Der Wind wehte so heiß, dass wir kaum schlucken konnten. Als wir wieder im Jeep saßen, legte ich eine Ry-Cooder-Kassette ein: Das war die richtige Musik für die Wüste. In dieser unendlichen Weite schien die Zeit gar nicht mehr zu existieren, und wir merkten gar nicht, wie der Nachmittag verstrich. Später suchten wir in einem Tal unterhalb der Straße nach einem britischen Friedhof aus dem 19. Jahrhundert, einem traurigen Denkmal für all die Familien, die nach Chile kamen, um ihr Glück im Bergbau zu machen. Unsichtbare Hunde gaben Laut, als wir vor einem einsamen Haus hielten. Ein alter Mann, der auf der Schwelle stand, sah uns mit zusammengekniffenen Augen entgegen. Er ahnte schon, was wir wollten, und deutete auf eine kleine Oase am Fuße der Berge. Dort, wo die Wüste wieder anfing, fanden wir ein geschwungenes schmiedeeisernes Tor.

Kleine Kinder, die Amy und Hubert hießen, waren gestorben, ehe sie sprechen konnten. In diesem Klima hatten die meisten Siedlerkinder nicht überleben können; auf einem verwitterten Grabstein entzifferte ich die Namen von vier Brüdern, die keine zwei Jahre alt geworden waren. Sie müssen das Land gehasst haben, diese Viktorianer mit ihren unzähligen Schichten von Kleidern und ihrer britischen Steifheit; aber an jenem Nachmittag, als die hohen Grabsteine in der senkrecht stehenden Sonne nicht den leisesten Schatten warfen, hasste ich es auch; es war einfach mörderisch. Ich legte eine Wüstenblume auf einen zersprungenen Gedenkstein, und als ich mich umdrehte, sah ich die Inschrift. Sie war aus dem 16. Kapitel des Buches Numeri und lautete: »Ist es nicht genug, dass du uns aus einem Land, in dem Milch und Honig fließen, hergeholt hast, um uns in der Wüste sterben zu lassen? Willst du dich auch noch als unser Herrscher aufspielen?«

Der Besitzer des einsamen Hauses wartete auf uns, als wir zum Jeep zurückkehrten, und stellte sich als Señor Keith vor. Er war der chilenische Enkel eines Iren und seiner schottischen Frau, die 1875 ins Land gekommen waren. Sein Großonkel hatte mit Nitraten ein Vermögen gemacht, davon zeugten die verstaubten Fotografien an den Wänden des Hauses, die prosperierende Bergwerke zeigten. Señor Keith, der kein Wort Englisch sprach, mich aber ständig als *compatriota* bezeichnete, behauptete, ich sähe aus wie Jackie Kennedy, und nannte mich beim Tee auch die ganze Zeit so; die echte Jackie wäre sicher nicht geschmeichelt gewesen, und Matthew lachte Tränen.

Wir fuhren weiter die Panamericana hinunter, vorbei an der Abzweigung nach Pisagua, wo 1990 Massengräber aus der Zeit der Diktatur entdeckt worden waren. Nach der Wiedereinführung der Demokratie im März jenes Jahres war das Ausgraben von Massengräbern zu einer ziemlich alltäglichen Angelegenheit geworden. Nach einer dieser Entdeckungen wurde Pinochet gefragt, was er davon hielte, dass man mehrere unidentifizierte Leichen in einem Grab gefunden habe. Er antwortete: »Das ist doch sehr ökonomisch!«

Dann wandten wir uns landeinwärts und kämpften uns 70 Kilometer lang über erbärmliche Pisten in der Hoffnung, auf Camiña zu stoßen, ein Bergdorf, in dem uns einer unserer Reiseführer eine Herberge versprach. »Abseits der Panamericana« war nicht nur eine Wegbeschreibung, sondern meinte auch eine andere Form der Fortbewegung. Es bedeutete, dass man anfangen musste zu reisen, im wahrsten Sinne des Wortes, anstatt einfach von einem Ort zum anderen zu fahren, es bedeutete, dass ich mich so langsam fortbewegen konnte, wie ich wollte (oder zu einem viel langsameren Tempo gezwungen wurde, als mir lieb war), und es bedeutete, dass der Straßenzustand sich dramatisch verschlechtern würde. Erst in der glühenden, toten Wüste dort oben wurde einem in aller Deutlichkeit bewusst, dass die Panamericana Chiles Nabelschnur ist, von der man sich nicht ungestraft entfernt.

Wir nahmen einen Bauern und seine Frau mit, die von ihrem Fleckchen Land am Talgrund zu einem Treffen der Adventisten vom Siebenten Tag unterwegs waren. Ich war erstaunt, dass es diese Religionsgemeinschaft in einem erzkatholischen Land wie Chile überhaupt gab.

Direkt neben der Straße fiel die Böschung steil ab. Unter dem dunklen, weiten Sternenhimmel zwischen den schwarzen Felsen kamen wir uns wie Zwerge vor; uns wurde so unheimlich, dass wir eine ganze Weile schweigend dem Motor lauschten, inständig hoffend, dass er uns nicht im Stich ließ. Schließlich schob Matthew eine Kassette der »Talking Heads« in den Rekorder, als Erstes sangen sie: »We're on a road to nowhere«. Die Nacht um uns herum war stockfinster. Gegen zehn Uhr entdeckten wir in den Vorbergen endlich ein flackerndes Licht. Matthew warf vor Freude die Arme in die Luft. Camiña lag vor uns.

Die Pension existierte tatsächlich. Aber die zwei Männer, die in der dazugehörigen offenen Küche in einem Suppentopf rührten, teilten uns lakonisch mit, dass der Besitzer nicht da sei und die Räume deshalb nicht vermietet würden. Hilfe suchend klingelten wir am Haus des Bürgermeisters (ein alter Trick), und dieser, ein behäbiger Mann, der in seiner Jovialität an Mr. Pickwick erinnerte, hörte sich unsere Geschichte an, nahm einen Schlüssel von einem Haken neben seiner Haustür und führte uns zu einer unbewohnten Lehmhütte auf der anderen Straßenseite. »Habt ihr Kerzen dabei?«, fragte er, während er sich den Hintern kratzte. Hatten wir, wir holten sie aus dem Jeep und folgten ihm ins Haus, wobei wir mehrere Dutzend Mäuse aufscheuchten. Matthew zündete die Kerzen an, und wir setzten uns auf zwei Feldbetten, die mitten im vorderen Zimmer standen.

Der Bürgermeister beäugte eine Maus in der Ecke. »Ich hoffe, ihr fühlt euch hier wohl«, sagte er, obwohl man ihm ansah, dass er das für ziemlich unwahrscheinlich hielt. »Wenn ihr etwas essen wollt, fragt nach Violeta, am oberen Ende der Straße. Tja, dann werd ich mal gehen.«

Da es in Camiña keine einzige Bar, kein Café und kein Restaurant gab, kochte Violeta, die wir später aufsuchten, für Durchreisende. (Daran verdiente sie wohl nur sehr sporadisch, denn ich konnte mir nicht vorstellen, dass in einem Jahrzehnt mehr als ein Dutzend Fremde »durchreisten«.) Der Raum, in den sie uns führte, hatte unverputzte Wände, und das Mobiliar bestand lediglich aus drei hochlehnigen Stühlen und einem Tisch mit einem Wachstuch darüber. Während wir auf das Essen warteten, kamen fünf oder sechs Männer herein, schüttelten uns die Hand und unterhielten sich laut und unverständlich, ob mit uns oder nur miteinander, konnten wir nicht herausfinden.

Violeta trug das Essen auf. Wir bekamen gekochten Reis mit einem leicht angebrannten Spiegelei darauf, altes Brot und Kaffeeersatz aus Gerste (produziert von Nestlé, wie so vieles, was die Chilenen essen). Das war der Moment, in dem Matthew mir gestand, dass er vergessen hatte, den Wein zu kaufen. Vor unserer Reise hatte jeder einen Teil des Proviantes besorgen müssen, und der Einkauf von Wasser, Salztabletten und Wein war Matthews Aufgabe gewesen. Erst als ich ihn um die Wagenschlüssel bat, um die erste Flasche zu holen, fiel ihm ein, dass er etwas vergessen hatte. Er schien das aber nicht sonderlich tragisch zu nehmen. Von da an sah ich ihn mit anderen Augen.

Zum Frühstück in dem kahlen Raum, der jetzt in helles Sonnenlicht getaucht war, gab es Kondensmilch, die noch die Form des Behältnisses hatte, aus dem sie kam, serviert auf einem blauen Plastikteller mit zwei Teelöffeln, und dazu das Brot vom Vorabend, das jetzt noch acht Stunden älter war, obwohl acht Stunden eine so kleine Spanne seines Lebens waren, dass das geschmacklich kaum noch einen Unterschied machte. Dann begaben wir uns zur Begleichung unserer Rechnung in den Gemeinschaftshof hinter unserer Hütte, denn dort stand unsere Gastgeberin an der Mangel, um sie herum eine Szene wie aus einem Breughelschen Gemälde: Verbeulte Kessel kochten über rauchenden Feuern, kleine Kinder spielten mit leeren Blechbüchsen, Babys krochen im trockenen Staub herum, Frauen kneteten Teig, Männer tranken Bier, und ein Polizist fummelte in einer Ecke an einem Gewehr herum.

Bevor wir weiterfuhren, besuchten wir die Kirche auf dem Dorfplatz, die voll gestopft war mit den obligatorischen blumenbekränzten Statuen und dem Plastikschmuck, den der südamerikanische Volksglaube so liebt. Seit 1935 wurde die Kirche nahezu ununterbrochen restauriert. Zwei Männer, die am gepflasterten Boden arbeiteten, erklärten uns, dass es augenblicklich nicht genug Sand gebe, um den Zement für die Steinziegel zu mischen. Wir wunderten uns, dass mitten in der Wüste ausgerechnet daran Mangel herrschte. Neben einer Pfingstlerkapelle um die Ecke entdeckten wir ein Geschäft, das aussah wie ein großer Kleiderschrank, und ergänzten unsere Vorräte: Büchsen mit Lachs, hartes Brot, das mir eigenartig bekannt vorkam, und ein Kilo verschrumpelte Äpfel.

An der Straße, die uns in die Berge führte, arbeiteten die Dorfbewohner auf ihren Knoblauchfeldern, während die Alpakas, die nahebei an Baumstämme gebunden waren, dumpf vor sich hin stierten. Wir begannen unseren langen, langsamen Aufstieg über eine kurvige und steile Schotterstraße in sengender Tropenhitze, dabei schauten wir immer wieder auf die Temperaturanzeige unseres Jeeps, eines forschen japanischen Modells namens Rocky, dem aber die Umstände offenbar weniger zu schaffen machten als uns.

Die Piste wurde immer schlechter. Die Gegend, in die wir wollten, der Isluga-Nationalpark, war noch mehrere Stunden entfernt, als Rocky einen Platten hatte; während wir den Reifen wechselten, brannte die Sonne noch heißer als vorher. Nach der Abzweigung zu einem Ort namens Nama, der auf keiner Karte verzeichnet war, wurde der Weg derart holprig, dass er schließlich nur noch aus einem Haufen großer schwarzer Steine bestand. Ein Schild für Fahrer, die aus der entgegengesetzten Richtung kamen, warnte davor, Obst aus Bolivien einzuschmuggeln. Wer jemals über diese Piste aus Bolivien gekommen war, verdiente eine Tapferkeitsmedaille. Unseren Ersatzreifen hatten wir schon aufgezogen, und wir wussten nicht, was die Achse aushielt. Ich wollte eigentlich weiterfahren, aber Matthew, der ewige Pragmatiker, überredete mich dazu, umzukehren und zu versuchen, den Park über eine andere Zufahrt zu erreichen. Als Friedensangebot schlug er einen Besuch in Nama vor, das fünf Kilometer unter uns am Grunde des Tales lag. Ich war bitter enttäuscht und sprach kein Wort mehr.

Eine zufällige Bemerkung, die dieses Schweigen durchbrach, führte zu einem Streit über das Futur eines unregelmäßigen spanischen Verbs. Matthew hielt an, um das Wörterbuch nach vorn zu holen, aber ich hatte es unter meinem Feldbett vergessen. Als er wieder einstieg, klemmte er sich den Fuß in der Tür.

In Nama parkten wir vor einem kleinen, neu aussehenden Bungalow. Eine junge Frau in Jeans kam heraus. »Hallo«, grüßte sie. Ich fürchtete schon, Matthew würde sie nach dem Verb fragen. Die Frau erzählte uns, dass sie die Dorflehrerin sei, und zeigte uns die Schule im Bungalow. Sie hatte zwölf Schüler, deren buntstiftgezeichnete Selbstbildnisse neben einem gerahmten Foto von Pinochet hingen. Matthew und ich tauschten verstohlene Blicke, als wir vor diesem eigenartigen Arrangement standen. Die Lehrerin behauptete, sie dürfe das Foto nicht abnehmen, aber sie führte das nicht näher aus, und wir fragten auch nicht weiter.

Auf einem Schild an dem altersschwachen Gebäude neben der Schule stand MUSEO. Die Lehrerin trug einem herumlungernden Kind auf, den zuständigen Beamten zu holen, der bald darauf mit zwei Kollegen erschien. Dieses Triumvirat schüttelte uns die Hand und ließ uns nicht aus den Augen, während wir durch die zwei kleinen Räume des Museums schlenderten. Jemand hatte in einem Schulheft einen handgeschriebenen Katalog angelegt. Eine mumifizierte Frau lehnte an einem kleinen Adobehaus, ihre fleischlosen Finger hielten eine *zampoña*, ein Musikinstrument, das einer Panflöte ähnelt. Einer der alten Männer nahm sie aus ihrer Hand und spielte uns etwas darauf vor.

Wir verzehrten unsere Lachsbrote auf den Mauern einer kleinen Kirche, die auf einem Hügel stand, und eine ältere Frau, die auf den fruchtbaren Feldern weiter unten gearbeitet hatte, gesellte sich zu uns. »Du sollst nicht trinken«, predigte sie, »oder Unzucht treiben, so steht es geschrieben.« Ich necke Matthew damit, dass er hier offensichtlich einer Seelenverwandten begegnet sei. Die Frau klärte uns unter anderem darüber auf, dass sie Adventistin vom Siebenten Tag sei, und schloss ihre Liste der von der Bibel verbotenen Aktivitäten mit »Fernsehgucken«.

Als wir wieder abfahren wollten, bat uns die Lehrerin, ein Päckchen mit nach Camiña zu nehmen. Auf dem Land wurde ich oft mit solchen Botengängen betraut. Die Dörfer liegen so einsam, dass jedes Fahrzeug als öffentliches Transportmittel herhalten muss. Ich stiftete der Schule noch drei Füller, dann fuhren wir los, an den weißen Steinen vorbei, die auf dem Hügel zu riesigen Buchstaben aufgeschichtet waren, die das Wort »Nama« ergaben. Die chilenischen Dorfbewohner legen gern solche Mosaike, um die sie sich genauso liebevoll kümmern wie um ihre Miniaturmuseen – sie haben viel Gemeinschaftssinn.

Wir gaben das Päckchen – wie gewünscht – in der örtlichen Verwaltung von Camiña ab. Da Weihnachten bevorstand, fand dort gerade eine der üblichen Feiern statt. Die Belegschaft war bereits bester Stimmung, und der Adressat des Päckchens lud uns zu einem Glas *cola de mono* ein, das ist ein beliebtes Weihnachtsgetränk aus Milch, klarem Branntwein, Kaffee und Zimt. Als ein paar Minuten später eine Nonne eintrat, deuteten unsere Gastgeber auf uns und redeten aufgeregt durcheinander. Ein Mann versuchte, mit zwei Teelöffeln die Nationalhymne zu spielen. Die Nonne drehte sich überrascht zu uns um und fragte in schönstem Yorkshire-Akzent: »Stimmt das wirklich, sind Sie Engländerin?«

Matthew und ich hätten uns fast an unseren Cocktails verschluckt. Wir stellten uns vor. Die Nonne, die begeistert in die Hände klatschte, lud uns zum Abendessen ein. Wohlwollende Kommentare der Dörfler begleiteten dieses glückliche Zusammentreffen von *gringos*.

Wir baten den Bürgermeister, der *cola de mono* auf seinem frisch gestärkten Hemd verschüttet hatte, wieder auf den Feldbetten schlafen zu dürfen, die wir am Morgen verlassen hatten; den Abend verbrachten wir mit zwei Missionsschwestern vom St.-Columban-Orden, der sein Stammhaus in der irischen Grafschaft Wicklow hat.

Matthew, der offenbar unsere moralische Integrität unter Beweis stellen wollte, betonte immer wieder, dass unsere Beziehung rein platonischer Natur sei. Er sagte, wir hätten uns zu einer gemeinsamen Reise in die Anden entschlossen, um uns »gegenseitig zu helfen«, und ich konnte sehen, wie sich der Blick der Nonnen verschleierte, als er diese Hilfe bis in Einzelheiten beschrieb, die mir selbst bislang unbekannt waren. Ich bin sicher, dass sie ihm kein Wort glaubten; er redete einfach zu viel.

Die Nonne mit dem Yorkshire-Akzent, die lange genug in Südamerika gelebt hatte, um zu wissen, dass man nicht allzu viel erwarten durfte, erzählte uns, dass das Tal seit über 100 Jahren keinen Priester hatte. Die chilenische Kirche war nicht nur arm, sondern auch chronisch unfähig, Priester anzuwerben. 1968, im schlimmsten Jahr, wurden im ganzen Land lediglich zwei Priester geweiht. Da verwunderte es nicht, dass die Adventisten so viel Zulauf hatten. Sie waren in ein Vakuum gestoßen.

»Die Pfingstler«, fuhr sie fort, »haben für viel Unruhe gesorgt, besonders auf der Hochebene. Sie sind sehr zahlreich.« Wie bei anderen Fundamentalisten auch, passte religiöse Toleranz nicht in die Weltsicht der Pfingstler. »In einem großen Küstendorf bauten sie einmal während der katholischen Messe eine Bühne auf und spielten uns mit ihrer Musik einfach an die Wand! Aber eins muss man ihnen lassen – sie haben viele Erfolge vorzuweisen. Sie bekehren die schlimmsten Trunkenbolde, wenn sie sie erst einmal in den Fingern haben.«

Katholische Männer – die meisten jedenfalls – tranken derweil munter weiter.

»Allerdings wollen die Pfingstler die gesamte Dorfkultur abschaffen«, fuhr die Nonne fort, »sie verbieten sogar die Fiestas, und Sie können sich sicher vorstellen, dass die für eine arme ländliche Gemeinde eine psychologische Notwendigkeit sind.«

Auf dem gesamten Kontinent werden die Kirchen im Allgemeinen nicht besonders gut besucht; das war schon immer so. Die eingeborene Bevölkerung ist nur oberflächlich christianisiert worden. Die Konquistadoren verwandelten die heidnischen Heiligtümer einfach in Kirchen und erzählten den Leuten, dass sie jetzt Katholiken seien. Also vermischten sich im Laufe der Zeit heidnische und christliche Bräuche und tradierten sich bis heute. Zum Beispiel gehen die Bewohner von Camiña noch jedes Jahr am 1. November zum Friedhof und legen Lebensmittel, Getränke und Zigaretten auf die Gräber ihrer Ahnen.

So lauwarm das Verhältnis der chilenischen Katholiken zu ihrem Glauben auch war, schien doch jeder, mit dem ich sprach, die Kirche für eine ausgesprochen wichtige nationale Einrichtung zu halten, sowohl in der Vergangenheit wie auch heute. Das hatte mit Glauben nicht viel zu tun, es war eher ein Gefühl oder ein Bewusstsein, das sie von ihren Vorfahren geerbt hatten. Diese Einstellung hat die Säkularisierung überlebt, durch die die Kirche Mitte des 19. Jahrhunderts ihre privilegierte Stellung verlor, die sich noch aus dem mittelalterlichen Europa herleitete, und sie überlebte die Verfassungsänderung von 1925, die nach fast 50 Jahren politischer Kontroverse Kirche und Staat offiziell trennte. (Diese Trennung war nicht nur für die europäische, sondern auch für die südamerikanische Entwicklung charakteristisch; in Chile verlief der Übergang besonders reibungslos.) Trotz der Tatsache, dass die katholische Kirche Chiles sich während der folgenden Jahrzehnte mehr zur Mitte hin orientierte, blieb sie der herrschenden und besitzenden Klasse bis in die 60er-Jahre eng verbunden – und dann wurde sie von einer kleinen Revolution überrascht.

Noch bevor wir die Haustür erreichten, konnten wir den gebratenen Schinken riechen, und dieser Duft ließ mich die Anden vergessen. Die Schwestern hatten uns zum Frühstück eingeladen, obwohl wir sehr früh losmussten, und sie vollbrachten sogar das Kunststück, ein typisch englisches Frühstück aufzutischen. Ich hätte niemals gedacht, dass ich als Kaffeeliebhaberin einmal froh sein würde, Nescafé zu trinken, aber alles war besser als dieser Ersatz aus Gerste.

Noch vor elf Uhr befanden wir uns wieder auf der Panamericana und erfreuten uns am Komfort einer geteerten Straße. Wir ließen das Ersatzrad in einer Werkstatt reparieren und versuchten, unser Ziel in den Anden über eine südlichere Route zu erreichen. Wir kamen an den Rastplatz von Huara, einer Art Geisterstadt, die wirkte, als könne hinter jedem Busch ein Massenmörder lauern. Dort bogen wir ab und folgten einer leeren, breiten Straße, die mit beunruhigenden weißen Linien bemalt war. Zuerst dachten wir uns nicht viel dabei, aber dann sagte Matthew: »Ich möchte dich ja nicht beunruhigen, aber ich frage mich die ganze Zeit, warum diese Straße wie eine Startbahn aussieht.« Kurz darauf verlief die Teerdecke einfach im Sand, und dieses eigenartige Stück Autobahn blieb uns ein Rätsel.

Eine Abzweigung führte zu einem Hügel in der Pampa, also fuhren wir hin. Auf der Südseite befand sich der »Riese von Atacama«, mit über 100 Metern Länge der größte Geoglyph der Welt. Der Riese hat einen rechteckigen Kopf, aus dem zwölf Strahlen kommen, und scheint sich zu bücken. Die Kreatur an seiner Seite sah aus wie ein Affe. Niemand weiß, wozu diese Geoglyphen dienten oder ob sie überhaupt eine Funktion hatten. Für Matthew mit seiner praktischen Veranlagung war klar, dass diese Darstellungen einmal einen Sinn gehabt haben mussten. Mir dagegen erschien es genauso plausibel, dass sie rein ästhetischer Natur waren und dass die Hügel so etwas wie eine frühzeitliche Kunstgalerie gewesen waren. Meine Bewunderung hielt sich in Grenzen, denn ich bin im englischen Westen aufgewachsen, wo es von vorgeschichtlichen Kreidezeichnungen nur so wimmelt. Die weißen Pferde, die durch meine Kindheit galoppierten, schienen mir ebenso zu den sanften englischen Hügeln zu passen wie diese düsteren Fremdlinge zu der rauen, unheimlichen Wüste.

Der heiße Wind, der schon den ganzen Tag durch den Jeep wehte, blies am späten Nachmittag, während wir uns die Serpentinen nach Chusmiza hinaufquälten, stärker. In dem Bergdorf sollte es direkt neben den Thermalquellen ein hübsches Hotel geben, das unser chilenischer Reiseführer mit blumigen Worten beschrieb. Genauso gut hätte er uns ein französisches Restaurant versprechen können, aber man lernt ja nie aus. Als wir an einer kleinen Wasserabfüllfabrik vorbeikamen, lief ein Mann über den Hof und winkte uns anzuhalten.

»Hallo«, grüßte er.

»Hallo«, antworteten wir.

Dann entstand eine Pause. Wir grinsten uns etwas dümmlich an.

»Ist das der richtige Weg zum Hotel?«, fragte Matthew schließlich.

Der Mann zog einen Schlüssel aus der Tasche, auf dem die Zahl Sieben eingraviert war.

»Ja«, antwortete er und reichte uns den Schlüssel. »1000 Pesos, immer geradeaus, dann fahren Sie direkt darauf zu.« Er lächelte wieder. »Es ist ein sehr ruhiges Hotel. Angestellte gibt es nicht. Und Gäste habe ich auch schon länger nicht mehr gehabt.«

Auf der Weiterfahrt überließen wir uns unseren Träumen von diesem wunderbaren Ort. Die Fahrbahn endete vor einem langen, schmalen Gebäude, das von einem Gebirgsvorsprung in ein flaches Tal blickte. Wir parkten unseren Jeep auf dem kleinen Vorhof und gingen durch die Tür mit der roten Sieben in das Hotel. Sie führte in einen Raum mit hoher Decke und drei Einzelbetten. In dem Badezimmer dahinter stand eine anderthalb Meter tiefe, weiß gekachelte Badewanne, in der ein hölzerner Stöpsel und eine ganze Salamanderfamilie lagen. Das Wasser für die Wanne und für den einzigen Hahn über dem Waschbecken kam aus der heißen Schwefelquelle, selbst die Toilette wurde mit heißem Wasser gespült. Wir hatten ein Hotel ohne kaltes Wasser entdeckt.

Das Dorf war so arm, dass die Dächer der erbärmlichen Hütten aus Orangenkisten gemacht werden mussten. Später trafen wir vor der Wasserabfüllfabrik einen Priester namens Vater Miguel. Er nahm uns mit in ein Truckercafé. Ein Mann verschwand im hinteren Teil und kehrte mit dem Menüvorschlag »Lamabraten und Reis« zurück. Vater Miguel erklärte begeistert, dass Lama cholesterinfrei sei.

Wir starteten einen neuen Versuch, den Isluga-Nationalpark zu erreichen. Es waren drei schwierige Stunden, bis wir die 3700 Meter Höhe erreicht hatten. Die Fahrbahn war so zerwühlt und zerfurcht von bolivianischen Lastwagen, dass wir oft gezwungen waren, die Geschwindigkeit auf 15 Stundenkilometer zu drosseln. Für das Frühstück hatten wir uns beim Lamamann mit ein paar Paketen Erdbeerwaffeln eingedeckt. Diese Dinger sind ein Triumph der Wissenschaft, denn sie schmecken nach absolut gar nichts. Wir hatten die ganze Zeit Durst. Das ständige Gerüttel und die Hitze zerrten an unseren Nerven. Matthew machte seinen wohl hundertsten Witz über Frauen am Steuer, und diesmal fing ich an zu meckern. Hinter seinem weltgewandten und offenen Äußeren verbarg sich ein erzkonservativer Mann. Er bekannte freimütig, dass er das Leben »mehr aus der rechten Ecke« sehe, und hielt seine Einstellung zu Frauen schon dann für liberal, wenn es ihm nichts ausmachte, den Trichter zu halten, während ich das Benzin einfüllte. Auf unserer Reise fragte er mich eines Tages, was ich bei meinem mehrmonatigen Australienaufenthalt Anfang des Jahres für einen Eindruck von den australischen Männern gewonnen hätte. Nachdem ich ihn darüber aufgeklärt hatte, sprach er zwei Stunden lang kein Wort mehr.

In Isluga selbst, einem für die Hochebene typischen Dorf am östlichen Eingang des Parks, bildeten strohgedeckte Lehmhütten einen Halbkreis um die weiße Tuffsteinkirche. Auf der obersten Stufe der ausgetretenen Treppe zum Glockenturm stehend, ließ ich zum Angelus die zwei kupfergrünen Glocken läuten. Auf der grünen Wiese neben der Kirche hatte man eine Tribüne gebaut. Tribüne und Wiese waren leer, es war überhaupt nirgendwo eine Menschenseele zu erblicken. Die Viehhüter der Hochebene bauten ihre Dörfer eigentlich nur für Feiern und Beerdigungen, ansonsten lebten sie die meiste Zeit in der Nähe ihrer Lamas und Alpakas und kamen nur zu besonderen Gelegenheiten ins Dorf zurück. Diese Tradition war nun fast überall durchbrochen worden; durch Schulen und andere Einrichtungen wurde die Dorfbevölkerung sesshafter.

Nachdem wir uns darüber gestritten hatten, ob ein Kamel in der Ferne ein Lama oder ein Alpaka war, picknickten wir an einem schnell dahinfließenden Fluss und ließen uns darüber aus, wie anders dieser Park doch wirkte als die Landschaft um den Chungará, der nur etwa 100 Kilometer weiter nördlich lag (aber erst nach vielen Stunden anstrengender Reise zu erreichen war). Zunächst einmal gab es kaum Schnee, dafür aber mehr Tiere, mehr Wasser, kurzes grünes Gras im Überfluss und eine unglaubliche Menge von Fliegen. Alles wirkte weniger karg und unwirklich.

Bei einem Besuch in einem anderen Dorf ließ uns eine kleine Gruppe von Aymara-Kindern, die in den Kartoffelfeldern gespielt hatten, nicht aus den Augen. Ein schmächtiger 14-Jähriger, der einen schwarzen Hut mit schmaler Krempe trug, erklärte uns, dass ihre Eltern zum Markt nach Colchane gegangen seien. Andere Kinder hatten schützend den Arm um ihre Geschwister gelegt. Ein Mädchen zog uns in eine Hütte, um uns ein kleines

Bündel Webstoffe zu verkaufen. Ihre Mutter saß in einer Ecke und stillte ein Baby mit langem, schwarz glänzendem Haar. Ich kaufte ein grellbuntes dickes Wollband, und als das Mädchen es mir reichte, sah ich, dass die Haut an seinen Händen ganz trocken und schuppig war, wie bei einem Reptil. Die Kinder, die kein einziges Mal lächelten, starrten uns nach, als wir in einer Staubwolke verschwanden.

Wir näherten uns der Salar de Surire, einem riesigen Salzsee, und spazierten eine Weile kurzatmig darauf herum. Auf dem Vulkankegel des Isluga lag Schnee. Später, als wir zurückfuhren, kamen wir an der Grenzstadt Colchane vorbei, einem staubigen, planlos wachsenden Ort voller Laster und rostender Autos, in denen sich Bolivianer drängten, die ihre Besitztümer in prallvollen Pappschachteln mit sich herumschleppten. Colchanes Durchgangsstraße, die von Bolivien nach Chile führt, ist ein bekannter Schmuggelweg für Kokain, zumindest für Kokainbasis oder -paste. Manche Leute tragen nur ein oder zwei Pfund in der Tasche herum, andere fahren ganze Wagenladungen durch die Gegend. Peru und Bolivien – beide direkte Nachbarn Chiles – liefern den Löwenanteil der weltweiten Kokablätterernte. Chile produziert zwar kein Kokain in nennenswerten Mengen, aber es liefert die für die Produktion benötigten Ausgangsstoffe, und sowohl Verbrauch als auch Handel des Endproduktes sind üblich. Die einheimischen Händler verkaufen es in Einheiten, die sie *empanadas* nennen, nach den mit Fleisch, Gemüse oder Schaltieren gefüllten delikaten Teigtaschen, die es überall auf dem Kontinent zu kaufen gibt.

Auf der langen Fahrt zurück zu unserem Hotel kamen wir an offenen Lastern vorbei, auf deren Ladeflächen sich vielköpfige Familien aneinander drängten, die in der Abenddämmerung fröstelten und ihre wollenen Mützen mit den Ohrenwärmern unter dem Kinn festgebunden hatten, da sie kräftig durchgeschüttelt wurden. Die Sonne versank hinter dem westlichsten Kamm der Anden direkt vor uns und umgab die Berge mit einem Strahlenkranz, während der Himmel sich in eine aufregende Symphonie aus Rosa, Rot und Purpur verwandelte.

In einem Rasthaus aßen wir eine Portion *cazuela,* die mit Koriander gewürzt war, aber sie schmeckte uns nicht, denn sie war zu kalt und zu fett. An der Lehmwand hingen nebeneinander zwei Poster, das eine zeigte Jesus mit der Dornenkrone und das andere, auch eine Nahaufnahme, das Filmsternchen Samantha Fox in gelbseidener Reizwäsche. Das überraschte mich weniger als die Adventisten: Die friedliche Koexistenz von Religion und Schund hatte ich erwartet. Beides gehört ja zu den Säulen des öffentlichen Lebens, die Religion – wenn schon nicht als gelebter Glaube, so doch als Konzept – steht noch nicht im gesellschaftlichen Abseits. Damals dämmerte mir, dass ich die Bedeutung des Glaubens für die Chilenen noch nicht richtig erfasst hatte. Die Schwächen der katholischen Kirche waren offensichtlich; viel schwieriger war es zu verstehen, welch fundamentale Grundlage sie für viele Chilenen darstellte. Die Häufigkeit des Kirchenbesuches sagte darüber gar nichts aus.

Als wir am Hotel ankamen, waren wir selbst und alles, was wir mitgenommen hatten, mit einer dicken Staubschicht bedeckt. Tagsüber hatte uns die Sonne verbrannt, in der kalten Nachtluft froren wir bis ins Mark, und außerdem fühlten wir uns wegen der schlechten Straßen vollkommen zerschlagen. Es war ein harter Tag gewesen.

»Prima«, lobte Matthew. »Du hast nicht schlappgemacht.«

»Das kannst du dir sparen«, dachte ich. Er war angelegentlich damit beschäftigt, seine Fingernägel zu schneiden, und ich scheuchte einen neuen Zweig der Salamanderfamilie aus der Seifenschale, ließ mir ein Bad einlaufen und stieg hinein; Dampf füllte den Raum, der von einer einzigen Kerze erleuchtet wurde. Einer schönen kalten Flasche Champagner wäre ich jetzt nicht abgeneigt gewesen. Ich hätte mich auch mit einem Gläschen warmem, chilenischem Sauvignon blanc begnügt, aber ich hatte gar nichts, nicht einmal eine Zigarette, denn ich hatte mein letztes

Päckchen an eine alte Aymara auf einem liegen gebliebenen Laster verschenkt. Selbst Kaffee wäre mir noch recht gewesen. Ich spielte sogar mit dem Gedanken, Matthew zum Baden einzuladen und so, in Ermangelung einer besseren Idee, aus dem Abend doch noch ein Ereignis zu machen. Aber schließlich entschied ich mich dagegen und aß stattdessen ein halbes Paket der geschmacksneutralen Erdbeerwaffeln.

Kapitel drei

> Das Walross und der Zimmermann
> Sie kamen dort vorbei
> Und schluchzten beide bitterlich
> Weil's hier so sandig sei.
>
> Lewis Carroll, »Alice im Spiegelland«*

Während wir uns wieder zur Panamericana hinunterarbeiteten, kam ich einem eher unauffälligen, aber umso wichtigeren Merkmal Chiles auf die Spur: Die geografischen Unterschiede zwischen Nord und Süd – derentwegen ich um die halbe Welt gereist war – waren nicht die einzigen Unterschiede, die es gab. Damals fiel mir auch der Kontrast zwischen Hinterland und Küstenebene auf – ein Kontrast, der sich in Landschaft, Wirtschaft, Infrastruktur, in der sozialen Organisation und sogar in der Mischung der Rassen zeigte. Denn allgemein gilt: Je höher man kommt, desto dominanter das indianische Blut. Dieser Unterschied zwischen den Bewohnern der Berge und denen der Ebene schien den Menschen sehr bewusst zu sein: In Arica hatte ich öfter gehört, dass die Einwohner sich als *costeños*, Küstenbewohner, bezeichneten. Christopher Isherwood ist diese Unterscheidung auch in anderen südamerikanischen Ländern aufgefallen. In seiner ausgezeichneten Reisebeschreibung »The Condor and the Cows« nennt er die zwei Menschengruppen die *Ups* und die *Downs*.

---

* Übersetzt von Barbara Teutsch, aus: Carroll, Lewis, Alice im Wunderland und was Alice hinter dem Spiegel fand. Hamburg, 1991. – Anm. d. Übers.

Man kurvt viel in der Wüste herum. Es geht gar nicht anders. Man muss weit fahren, wenn man etwas anderes als Sand sehen will, und ist man schließlich irgendwo angekommen, ist dort absolut nichts los. Das machte uns erstaunlicherweise gar nichts aus, als wäre unser Hirn ebenso ausgetrocknet wie der Boden. Das grelle Licht der Sonne verscheuchte all unsere Ängste, das ganze Leben schien einfacher zu werden. Und doch lag über der Wüste eine gewisse Spannung, ein Hauch prickelnder Energie.

Wir hielten an einem halb verfallenen Gebäudekomplex; ein »Kein Zutritt«-Schild baumelte an einem Nagel neben dem Eingang. Das war die einstmals blühende Stadt Humberstone. Seit dem Niedergang der Salpeterindustrie und dem Verschwinden der Menschen verkamen die Häuser zu leeren Hüllen und wurden so zu beredten Zeugen der Vergänglichkeit. Ein offenes Schulheft lag noch auf dem Boden des Klassenzimmers, die Seiten waren verblichen, und in den Fußspuren unter dem Basketballkorb spielte der Sand. Die Sonne narrte uns; wenn man den Kopf zu schnell drehte, glaubte man, noch ein Kind durch die Straßen laufen zu sehen oder ein Pärchen beim ersten Kuss unter den gusseisernen Laternen.

Die Bodenschätze in der Wüste haben den nördlichen Provinzen (etwa ein Drittel der Landesfläche) eine Bedeutung verliehen, die in keinem Verhältnis zu ihrer geringen Bevölkerungsdichte steht (weniger als 15 Prozent der Chilenen). Die auf Salpeter aufgebaute Industrie war ein Phänomen des 19. Jahrhunderts. Als die Chilenen das Land im Salpeterkrieg eroberten, fing alles an. 1883 wurde dort oben im Norden die chilenische Arbeiterklasse geboren.

Auf den kleinen Metallschildchen an den rostenden Maschinen stand »Made in Lancashire« oder »Cobb & Son, 1897« – bei Señor Keith hatte ich ein altes Foto gesehen, das seinen Großonkel bei einem Treffen in Humberstone zeigte. Er stand neben sechs Viktorianern mit gezwirbelten Schnurrbärten, die in ihren Wollhemden schwitzten.

»Dünger«, murmelte Señor Keith dabei gedankenversunken. »Er hat mir erzählt, dass es bei der Versammlung darum ging, wie man das nitrathaltige Mineral am besten zu exportfähigem Dünger machen könnte.«

Die Regierung gewöhnte sich schnell an die Steuereinkünfte aus dem Salpeterboom – dafür musste sie das sozioökonomische Auf und Ab in Kauf nehmen, das aus der Abhängigkeit vom Weltmarkt resultierte, auf den sie keinen Einfluss hatte.

Die Bevölkerung des Nordens verdoppelte sich innerhalb von 20 Jahren, denn für den Abbau und die Aufbereitung des Salpeters brauchte man Arbeitskräfte. Die Arbeiter wurden in bekannter Manier gnadenlos ausgebeutet, aber sie erhoben auch zum ersten Mal gemeinsam ihre Stimme zum Protest und bescherten Chile 1890 den ersten Generalstreik. Die Arbeiterbewegung ergriff auch die neuen Fabriken im Süden, ein Verstädterungsprozess setzte ein, und schon bald hatte man die gleichen Probleme wie die meisten fortschrittlichen Länder an der Schwelle zum Industriezeitalter. Der schnelle Wandel führte immer wieder zu wirtschaftlichen Konflikten.

Im Ersten Weltkrieg versuchten deutsche Wissenschaftler, Stickstoff synthetisch herzustellen; ihr »Kunstdünger« stürzte die chilenische Industrie in eine schwere Krise. Statistiken des Völkerbundes belegen, dass die Weltwirtschaftskrise in den 30er-Jahren Chile am härtesten traf. Damals kehrten viele Briten in die Heimat zurück. Señor Keiths Großonkel hatte man buchstäblich in der Wüste stehen lassen. Von dem Zeitpunkt an wurde Chile in fast allen Bereichen von den USA abhängig.

1960 wurde Humberstone offiziell geschlossen und die Geisterstadt zu einem Nationaldenkmal erklärt. Eins hatte ich mittlerweile gelernt: Wenn die Behörden mit irgendetwas nichts anzufangen wussten, erklärten sie es kurzerhand zum Denkmal und legten fortan die Hände in den Schoß.

Wir kletterten wieder in unseren Rocky und fuhren weiter, die hitzeglühende leere Fläche zog uns in ihren Bann. Später bogen wir von der Autobahn ab, um das Landesinnere zu erkunden. Auf unserer kurzen Reise gen Süden hatte sich der Baustil der Kirchen auffällig verändert. Vorbei war es mit der Einfachheit der weißen strohgedeckten Kapellen des Hochlandes; was Matthew hier fotografierte, waren protzige Gebäude aus Eisen mit großen runden Kuppeln und stuckverzierten Säulen. Dann verschwanden die Bäume, und wir kamen in eine Bilderbuchwüste, bis zum Horizont nichts als fein geriffelter Sand und flimmernde Luft. Wir schwitzten bei offenen Fenstern und verbrachten viel Zeit damit, Wasser nachzufüllen: Aber so viel wir auch tranken, es schien nie genug zu sein. In der Ferne tauchte ein Dorf auf, eine dunkelgrüne, klar umgrenzte Oase, in der wir anhielten, um in den Obsthainen frisch gepressten Orangensaft zu trinken.

Auf dem Rückweg nahmen wir eine andere Route, obwohl das kaum einen Unterschied machte, denn wir sahen über 30 Kilometer nur Sand und noch mal Sand. Später, am Rande des Salzsees Pintados, durchbrach eine ganze Reihe von Geoglyphen – es waren fast 400 verschiedene Darstellungen – die sandige Oberfläche der Hügel. Um dorthin zu kommen, mussten wir eine längst stillgelegte Eisenbahnstrecke überqueren, auf der früher Chilesalpeter transportiert wurde. Die ersten Eisenbahnlinien, die Mitte des 19. Jahrhunderts in Chile entstanden, dienten hauptsächlich der Kupferindustrie, aber bis 1880 hatten auch die Salpetergruben Anschluss an die Meereshäfen. Die meisten Strecken wurden von britischen Eisenbahningenieuren gebaut. 100 Jahre später hatte eine Familie sich in zwei übrig gebliebenen Eisenbahnwaggons eingerichtet, die neben den unkrautüberwucherten Schienen vor sich hin rosteten, während auf ihren langen Achsen Wäsche trocknete.

Rocky, der Jeep, wurde bei Hertz in Iquique erwartet, wo ich ihn abgeben wollte. Er war schon lange nicht mehr weiß. Matthew, der auch erheblich dunkler war als zu Beginn unserer Reise, würde ebenfalls in Iquique zurückbleiben. Ich wollte einen Nachtbus

Calama nehmen, einer weiter südlich in der Atacama-Wüste gelegenen Stadt, denn dort hatte ich mich mit meinem Freund James Lloyd verabredet, der aus London anreiste, um seine Weihnachtsferien mit mir zu verbringen. Es war Sonntag, der 22. Dezember. Lastwagen, aus denen »Jingle Bells« dröhnte, fuhren hupend durch Iquique, während von ihren Ladeflächen schwarzhaarige Weihnachtsmänner und ihre verkleideten Helfer den Kindern auf der Straße Bonbons zuwarfen.

Ich kaufte mir eine Fahrkarte für den Bus, der um Mitternacht fuhr. Bevor ich es mir mit Matthew in einer Bar gemütlich machte, bewunderte ich die noblen alten Residenzen der Salpeterbarone und das von Eiffel gebaute Opernhaus. Verglichen mit den vertrockneten und verwitterten Zweckbauten von Arica, war Iquique von geradezu pariserischer Eleganz. In den gut sortierten Geschäften drängten sich die Kunden, und der Verkehr auf den geteerten Straßen war lebhaft. Ich hätte gern gewusst, ob der offensichtliche Wohlstand auch zu dem Vorfall geführt hatte, auf den ein 1878 in der *Chilean Times* erschienener Artikel anspielte, der in düsteren Worten von Iquique als dem »Sodom und Gomorrha der Pazifikküste« sprach. Die Stadt hatte den Zusammenbruch der Salpeterindustrie überlebt. In den 60er-Jahren wurde sie zum Zentrum für Fischfang und Fischverarbeitung (die Küste ist so reich wie das Land unfruchtbar), und in den 80er-Jahren war Iquique nach offiziellen Angaben, am Umschlag gemessen, der größte Fischereihafen der Welt.

Um halb zwölf gab Matthew mir einen Abschiedskuss und setzte mich in ein Taxi zum Busbahnhof. Ich verließ ihn nur ungern; wenn man bedachte, dass wir uns fünf Tage lang ununterbrochen gesehen und uns vorher kaum gekannt hatten, waren wir recht gut miteinander ausgekommen – trotz seiner eigenartigen Einstellung zu Frauen. Er war ein wirklich guter Reisegefährte, die Schwierigkeiten der Reise und das Angewiesensein aufeinander hatten ein Zusammengehörigkeitsgefühl entstehen lassen, ob wir das nun wollten oder nicht.

Im Bahnhof wimmelte es von Menschen. Ich fragte mich, wo sie alle herkamen. Die meisten waren offensichtlich einkaufen gewesen, denn sie schleppten sich mit elektrischen Gerätschaften in riesigen Paketen ab, die sie in der Freihandelszone vor Iquiques Toren gekauft hatten. (Übrigens bedeutet Iquique in Aymara »Ruhe und Erholung«.)

Sobald wir losfuhren, schlief ich ein, allerdings mussten wir um drei Uhr nachts an einer Zollstation wieder aussteigen. Das gesamte Gepäck wurde auf eine lange Bank gestellt, und ein Beamter kontrollierte es, indem er mechanisch in jede Tasche fasste, dabei ließ er keinen Blick von einem Mädchen im Minirock auf der anderen Seite des Raumes. Wir standen herum wie die Zombies, mit blassen Gesichtern, die von blauen Neonwerbungen für gezapftes Bier, *empanadas* und Zigaretten auch noch unschmeichelhaft beleuchtet wurden.

Ich kannte James von der Universität, und wir hatten uns, trotz unserer ziemlich blasierten Einstellung zu Rendezvous, im Laufe der Jahre an verschiedenen Orten der Welt getroffen. Unsere Maxime lautete: »Lose Verabredungen sind besser, denn dann kann nichts dazwischenkommen.« Ein klarer Fall von Selbstüberschätzung. Diesmal hatte ich ihm aufgetragen, direkt nach seiner Landung in Santiago einen Bus zu nehmen, ich wollte ihn 24 Stunden später in Calama treffen.

In Calama kamen pro Tag 17 Busse aus Santiago an, sie hielten an fünf Endstationen in verschiedenen Teilen der Stadt. Ich hatte auf alle 17 gewartet, aber James hatte ich nicht getroffen. Ich wusste, dass er zum Fremdenverkehrsamt gehen würde, wenn er mich verpasste, aber das war andauernd geschlossen, deshalb steckte ich einen Zettel unter die Tür, auf dem in großen Buchstaben sein Namen prangte, und beschwerte ihn mit einem Stein. Auf dem Zettel stand die Adresse meines Hotels. Ich verbrachte den Tag damit, zwischen den Bushaltestellen zu pendeln. Einmal freundete ich mich mit einem kleinen Mädchen an, das mir sagte, sein Name sei

Laydee. Als die Mutter auftauchte, erklärte sie mir, dass sie ihre Tochter nach Lady Di benannt habe.

Wenn ich zwischendurch etwas Zeit hatte, kaufte ich Weihnachtsgeschenke für James. Ich entdeckte einen Seesack aus pinkfarbenem Tuch – das war meiner Ansicht nach genau das Richtige für einen Rechtsanwalt – und dazu passend eine pinkfarbene Plastiksonnenbrille, dann erstand ich noch eine Flasche klaren Branntwein und ein spezielles Weihnachtsbrot. Als ich am Postamt vorbeiging, fiel mir plötzlich ein, dass ich meiner Familie und meinen Freunden geraten hatte, mir im Dezember postlagernd nach Calama zu schreiben. Drinnen listete ein ordentlicher Aushang die Namen derer auf, die Post bekommen hatten. Da mein Name nicht dabei war, ging ich zum Schalter und fragte, ob man noch einmal nachschauen könne. Die Postbeamtin hatte nichts dagegen, und nachdem sie ein paar Minuten in ihrem Schreibtisch herumgekramt hatte, förderte sie zwei Briefbündel zu Tage, die mit Gummibändern zusammengehalten waren. Nachdem sie diese erfolglos durchgeblättert hatte, gestand sie, dass im Keller noch eine große Kiste mit Briefen darauf wartete, sortiert zu werden. Ich bat sie, mich selbst suchen zu lassen. Nach einigem Hin und Her führte sie mich, wohl eher um mich loszuwerden, in die Niederungen des Postamts und zeigte mir eine Apfelsinenkiste, aus der die Briefumschläge schon herausquollen. Auf dem Boden der Kiste fand ich eine Apfelsine und einen Brief von meinem Pastor. Triumphierend schwenkte ich meine Post; die Beamten waren offenbar begeistert, dass einmal jemand in der Kiste fündig geworden war. Wahrscheinlich wird die Geschichte heute noch gern erzählt. Da ich beim Hinausgehen den Brief las, stieß ich mit einem Dreirad zusammen, das zwischen den beiden Vorderrädern ein Blech voller Rumkuchen balancierte. Vater Tom schrieb, dass man mich in St. Mark's vermisse, und wünschte mir »Frohe Weihnachten«.

Am Abend saß ich um halb elf allein in meinem Zimmer und machte mich mit einem Zahnbecher über James' Weihnachtsgeschenk her. Wie zum Hohn hieß diese Sorte Branntwein auch noch »Kontrolle«. Ich hatte schon ein paar Mal nachgesehen, ob meine Nachricht immer noch am Fremdenverkehrsbüro lag; zusätzlich hatte ich Zettel auf den Herrentoiletten der Bushaltestellen hinterlassen und alle Angestellten genauestens über einen großen, rothaarigen *gringo* informiert, außerdem hatte ich noch James' Mutter in Kenilworth angerufen, um herauszufinden, ob er tatsächlich abgereist war. Um Mitternacht stand ich in der entlegensten Endstation und erwartete den letzten Bus, aus den Lautsprechern klang Puccini, aber auch das brachte James nicht herbei.

Es war Heiligabend, die Geschäfte schlossen gerade, da stolperte ich förmlich über einen unrasierten James, der aus einer Bar kam.

»Ich habe deine Nachricht bekommen. Ich hatte dir das falsche Ankunftsdatum gesagt, tut mir Leid!«

Innerhalb von zehn Minuten waren wir aus Calama heraus. Schon einige Wochen zuvor hatte ich ein Zimmer in einem der wenigen guten Hotels in der Atacama-Wüste reserviert – Weihnachten in einer Oase war einmal etwas anderes. Die Erleichterung, die ich nach den Aufregungen des vorangegangenen Tages verspürte, ließ meine Vorfreude noch größer werden.

Ich besorgte bei Hertz einen neuen Jeep, und wir fuhren zwei Stunden durch die Wüste, um die Oase zu erreichen.

Im Oktober 1973 wurden 26 politische Gefangenen irgendwo an dieser Straße hingerichtet. Es handelte sich um Journalisten, Rechtsanwälte, Gewerkschaftler – die üblichen Gefangenen also –, die in einer nahe gelegenen Einrichtung des Militärs gefangen gehalten worden waren. Das alles passierte während der heute berüchtigten Hubschraubertour des Generals Sergio Arellano Stark, bei der er sechs solche Einrichtungen im Norden besuchte. Er hatte angeordnet, den 26 Gefangenen am nächsten Tag den Prozess zu machen, aber noch während er in Calama zu Abend aß, wurden sie ermordet. Hat er gewusst, was passieren würde? Er bestreitet das. Er wurde »der Wolf« genannt. Als die Junta an die

Macht kam, war Pinochet erst seit drei Wochen Oberkommandierender des Heeres, also musste die Säuberung schnell vor sich gehen. Arellano startete zu seiner Tour und machte den Armeeangehörigen klar, was sie zu tun hatten, wenn sie überleben wollten.

Natürlich kam auch die Zeit, in der der Wolf überflüssig wurde. Pinochet ließ ihn allerdings nicht ermorden, sondern stoppte einfach seine Karriere.

An Dalí erinnernde, bizarre Felsformationen führten nach San Pedro de Atacama, ein altes, fruchtbares Oasendorf mit etwa 1000 Einwohnern. Wenn man in eine Oase kommt, fühlt man sich, als erwache man aus einem Traum: Alles ist anders, und zunächst ist man ein bisschen durcheinander, dann erleichtert. Das Hotel, das ich ausgesucht hatte, war ziemlich bekannt, aber es hatte kein Flair, überhaupt nichts Besonderes, und das Essen war auch nicht gut. Schlechtes Essen kann man ertragen, wenn es billig ist – aber wenn es viel Geld kostet, ärgert man sich. An jenem ersten Abend aßen wir allerdings auf dem Dorfplatz. Er wurde von Pimentbäumen gesäumt, und um elf Uhr fingen ein paar junge Leute an, zu militärisch anmutendem Getrommel um die Kirche zu tanzen. Eine andere Gruppe Jugendlicher, die im Besitz eines Verstärkersystems war, führte die Weihnachtsgeschichte auf, während einige kleine Schafhirten ein sich wehrendes Lama zur Krippe zerrten.

Kurz vor Mitternacht folgten wir den anderen Zuschauergrüppchen in die weiß gestrichene Kirche, die im 18. Jahrhundert aus riesigen, unförmigen Felsbrocken zusammengefügt worden war. Die Tanztruppe (wegen des Priestermangels von einer Frau angeführt) hampelte während der Messe im Seitenschiff herum; gegen Ende begannen die Tänzer, sich schnell im Kreis zu drehen, und jedes Mal wenn eine Pfeife ertönte, wechselten sie das Tempo. Die Jungen, die die Mädchen in allem ausstachen, trugen schwarze Satinwesten, auf die ein Kreuz genäht war.

Am Anfang vergaßen wir beide, dass Weihnachten war. Nach dem Frühstück bepackten wir Rocky II mit den wenigen Weihnachtsgeschenken, die wir hatten, einem spartanischen Picknick, einem zehn Zentimeter großen aufblasbaren Tannenbaum, zwei Knallbonbons, die James mitgebracht hatte (trotz seiner Befürchtungen, dass man sie als Feuerwaffen beschlagnahmen könnte), und zehn Flaschen Wasser. Dann fuhren wir nach Süden, über die grau-braune Salzfläche der Atacama, in der es gelegentlich weiß glitzerte, ansonsten war rings um uns herum nichts als endlose Leere. Die Sonne brannte bereits gnadenlos. Ein Polizist winkte uns an einem Kontrollposten vorbei (er hatte Lametta durch die Gürtelschlaufen seiner Hose gezogen), und wir hielten in einer anderen Oase, um auf den unscheinbaren Glockenturm aus dem 18. Jahrhundert zu klettern, der aus Vulkangestein und Kaktusholz gebaut war. Danach schauten wir einer Frau zu, die draußen an ihrem Webstuhl saß und Lamawolle verarbeitete; um den Hals trug sie eine Kette aus Kaktusholz.

Jeder Tag war heißer als der vorherige, so jedenfalls erschien es uns Europäern. Östlich des Dorfes zogen wir unsere Schuhe aus und schlenderten an einem seichten Fluss in einer Senke entlang. In der unbewegten Luft, die zwischen den hohen Felsen gefangen war, hing der Duft der Obsthaine.

Oben in den Bergen, an der Grenze zu Argentinien, liegt ein See, der Laguna Lejía genannt wird; an seinen Ufern sollte unser Weihnachtsessen stattfinden. Die Straßen waren schrecklich. Irgendjemand hatte den Wendekreis des Steinbocks mit einem Haufen Lavasteinen markiert, die in seltsamen Winkeln aneinander zementiert waren. Wir befanden uns auf einem Gebirgspass, von dem aus man kilometerweit sehen konnte; es hätte uns nicht gewundert, hätten wir in der Ferne eine Herde Yaks erblickt. In etwa 3800 Metern Höhe tauchte der See auf, im seichten Wasser standen hunderte von Flamingos. Manchmal flogen sie auf, dann zogen zarte rosa Wolken vor der dunklen Kulisse der Vulkane vorbei und ließen sich an einer anderen Stelle des spiegelblanken Sees wieder nieder.

»Das ist besser als die Ansprache der Königin«, konstatierte James.

Der Wind pfiff über die Berge, und die Partyhütchen aus unseren Knallbonbons waren bald davongeweht, sie flogen den Rüsselblässhühnern und den Gänsen am Ufer um die Ohren. Wir lasen uns gegenseitig die in den Knallern gefundenen Witze vor. (Mann am Telefon: »Ist dort die Nummer vier vier vier, vier vier vier vier?« Stimme am anderen Ende: »Ja, richtig.« Mann: »Könnten Sie wohl mal herkommen? Mein Finger steckt in der Wählscheibe fest.«) Dann packten wir unsere Geschenke aus und setzten uns in den Ufersand, um unser Weihnachtsessen zu verzehren: alte Käseplätzchen, einen kleinen, rohen Plumpudding, den meine Mutter mir vor der Abreise in die Tasche gesteckt hatte, offenbar in der Annahme, dass ich ständig einen Backofen zur Hand haben würde, und Cherimoyas. Dieses Obst gehörte mittlerweile zu meinen Lieblingsspeisen. Es hat eine warzige olivgrüne Schale, saftiges weißes Fleisch und glänzende schwarze Kerne; es gehört zur Familie der Annonen, die korrekte Bezeichnung lautet *Annona cherimola*, und schmeckt etwa so wie Birnen mit Honig.

James war begeistert, denn er glaubte, am anderen Ufer einige James-Flamingos gesehen zu haben, die seltenste Spezies der Welt. Er hatte extra einen ornithologischen Führer mitgebracht, um diesen Vogel identifizieren zu können. Ich habe ihm nie geglaubt, dass er tatsächlich einen gesehen hat.

Nach all dem Salz und dem Borax fingen die Berge auf dem Heimweg an wie poliertes Kupfer zu glänzen. Wir waren so fasziniert, dass wir Rocky in den Sand setzten. Das war in der Nähe von Zapar, einer kleinen Oase, die versteckt in einem Tal liegt. Der Polizist mit dem Lametta hatte uns querfeldein zu diesem Ort geführt, er war mit seinem Jeep vor uns her gebraust, als gälte es, einen Grand Prix zu gewinnen. Jetzt war er fort, und wir saßen fest, vier Stunden Fußweg trennten uns von der nächsten menschlichen Behausung. »Frohe Weihnachten«, wünschte James. Und dann geschah das Wunder: Zwei kleine Jungen kamen aus einer zerfallenen Hütte und holten Zweige, die wir unter die Hinterräder legten. Ein Stein fiel uns vom Herzen, als wir das Fahrzeug schließlich freibekamen. Wir gaben den Jungen ein riesiges Trinkgeld, ließen die prähispanischen Ruinen in Zapar Ruinen sein und fuhren so schnell wie möglich nach Hause, um uns in San Pedro zur Feier dieses besonderen Weihnachtstages einen ordentlichen Schluck zu genehmigen.

James und ich waren aneinander gewöhnt. Wir konnten bis drei Uhr nachts bei einer Flasche Wein zusammensitzen und lesen, ohne viel dabei zu reden. An einem Abend hatten wir es uns draußen vor unserem Zimmer an einem Tisch gemütlich gemacht, kein Lüftchen regte sich, sodass wir bei Kerzenlicht lesen konnten. Da tauchte plötzlich Colin auf, der kanadische Ingenieur aus Arica.

»Frohe Weihnachten«, wünschte er. »Ich habe mir schon gedacht, dass ich dich hier finden würde.«

Ich freute mich, ihn zu sehen. Er hatte einen Deutschen im Schlepp und gestand mir sofort, dass Paul aus Tucson auch bald auftauchen würde. Es war ihm nicht gelungen, ihn abzuschütteln. Paul war derjenige, den keiner von uns *gringos* in Arica hatte leiden können. Er war Anfang 40, ein ziemliches Großmaul und hatte einen gut bezahlten Job als Konstrukteur von Industrieklimaanlagen aufgegeben, um sich ein oder zwei Jahre die Welt anzuschauen. Einmal hatte er uns ausführlich von seinem letzten Sexabenteuer mit einer Chilenin berichtet. Er wollte damit nicht angeben; ganz im Gegenteil, er gab zu, dass er dabei keine besonders gute Figur gemacht hatte (obwohl das nicht seine genauen Worte waren). Es ist ja allgemein bekannt, dass es nichts Interessanteres gibt als das Liebesleben anderer Leute. Aber Paul schaffte das Unmögliche. Bei seiner Erzählung haben wir uns zu Tode gelangweilt.

Es kamen noch sechs oder sieben andere *gringos*, die kistenweise Wein anschleppten, da fiel Pauls Gegenwart gar nicht mehr auf.

»Wir brauchen keine Adressen auszutauschen«, sagte Colin Stunden später, als er in der Dunkelheit verschwand, »wir treffen uns sowieso unterwegs noch einmal.«

Aber wir sahen uns nie wieder.

Verglichen mit anderen indianischen Kulturen in Chile gibt es für die Zivilisation der Atacama-Wüste, die viele Spuren konservierte, zahlreiche historische Belege. Das Museum von San Pedro zeigt eine Mumie, »Miss Chile«, die sogar ihr langes schwarzes Haar noch hat. Das Museum vermittelte den Eindruck, man brauche nur nach draußen zu gehen, mit den Fingern ein bisschen im warmen Sand herumzustochern, und schon hätte man eine Tonscherbe oder einen menschlichen Knochen in der Hand. Der an der Oberfläche so karge Sand verbarg ungeahnte Schätze. Vor dem Museum ist dem Begründer der Archäologie in der Atacama, dem belgischen Jesuiten Gustav Le Paige, ein Denkmal gesetzt worden (er sah genauso aus wie Gordon Jackson aus der Fernsehserie »Das Haus am Eaton Place«). Außer ein paar Worten zur Würdigung seines Lebenswerkes war dort zu erfahren, dass es sich bei den Atacameños um Bauern und Hirten gehandelt habe, die schon vor der Eroberung durch die Spanier von anderen Stämmen unterdrückt worden seien. Ihre kaum erforschte Sprache, *Kunza*, wurde noch bis Ende des letzten Jahrhunderts gesprochen.

Nördlich des Dorfes kam man in ein ruhiges, steiniges Tal, wo sich an den sumpfigen Ufern eines Flusses saphirblaue Libellen tummelten. Wir kletterten auf die Ruinen der Festung Pukará de Quitor, die um 1200 entstand. 340 Jahre später wurde sie von Spaniern angegriffen und von nur 40 Berittenen erobert.

Die präkolumbischen Menschen kannten keine geografisch definierte Nationalität. Die Stämme im heutigen Peru bezeichneten das weiter südlich gelegene Land manchmal als Chilli oder Chile. 1535, 43 Jahre nachdem Kolumbus zum ersten Mal über den Atlantik gesegelt war, tauchte dort der erste Konquistador mit seinem Pferd auf. Diego de Almagro, ein Bauer und Analphabet wie viele der spanischen Eroberer, hatte südlich von Peru ein Stückchen Land zugewiesen bekommen, das die Spanier Nueva Toledo nannten. Seine Expedition in dieses unbekannte Land, in dem es keine Berge aus Gold und Silber gab wie in Peru oder Mexiko, endete in einem Desaster; und was er von Chile erzählte, war so abschreckend, dass man die dort lebenden Stämme in den folgenden fünf Jahren in Ruhe ließ. (Almagro wurde später von gegnerischen Konquistadoren erwürgt.) Aber 1540 machte sich Pedro de Valdivia – nach dem 400 Jahre später das Stundenhotel in Santiago benannt wurde – vom peruanischen Cuzco aus auf den Weg, in seinem Gefolge ein bis zwei Dutzend Spanier, hunderte von Eingeborenen und seine Geliebte Inès. Der junge Kellner aus dem Café in San Pedro, in dem wir morgens unseren Nescafé tranken, behauptete, dass das Haus auf der gegenüberliegenden Seite des Dorfplatzes Valdivia gehört hatte, und vielleicht stimmte das sogar, denn bei den Spaniern galt: Je näher man an der Plaza wohnte, desto höher die gesellschaftliche Stellung.

Valdivia nannte das Land Nuevo Extremo oder Nueva Extremadura nach seiner Heimat in Spanien, der rauen Extremadura, aus der viele der hungrigsten Konquistadoren stammten. 1541 gründete er die erste Kolonie, die er Santiago nannte. Ein halbes Jahr später hatten die Ureinwohner sie schon wieder zerstört, aber so schnell gab Valdivia nicht auf. Er wartete zwei Jahre auf Verstärkung, baute die Stadt wieder auf und machte sich zum Gouverneur. Im folgenden Jahrzehnt wurde sein Territorium, das von Copiapó bis nach Osorno reichte, als Königreich von Chile anerkannt. Nach und nach kamen die Siedler, fast alle ins zentrale Längstal. Das Zentrum des spanischen Kolonialreiches blieb allerdings in Peru, und Chile, das zumindest teilweise in einer Art doppelter Sklaverei dem Vizekönig in Peru und dem König in Spanien unterstand, galt als eine Art Anhängsel des riesigen Reiches – obwohl Valdivia ein bisschen Gold fand. 1553 wurde er von Indianern ermordet, angeblich flößten sie ihm geschmolzenes Gold ein.

Bei Sonnenuntergang kamen wir in das Mondtal, wo heiße Winde das weiche Gestein geformt und den Sand zu einer Landschaft aufgetürmt haben, die selbst in der Atacama-Wüste ihresgleichen sucht. Eine Düne erschien so hoch und so unberührt, dass man meinte, jeden Moment müsse Julie Andrews oben auf dem Kamm erscheinen und »The Hills Are Alive« singen.

Im Dunkeln waren die Tatío-Geysire natürlich nicht zu finden, also heuerten wir einen Führer an, der uns am nächsten Tag in unserem Jeep begleiten sollte. Er holte uns, wie vereinbart, morgens um Viertel nach vier im Hotel ab; wir wollten die Geysire bis sieben Uhr erreicht haben, denn um die Zeit sind sie am eindrucksvollsten.

Es war sehr kalt und sehr früh, daher weigerte sich James aufzustehen. Ruben, der Führer, der ein schwarzes Stirnband trug, bot sich als Fahrer an und schob sofort eine Salsakassette in den Rekorder. Er war etwas schüchtern, und bei laufender Musik brauchte er nicht zu reden. Wenn er überhaupt sprach, dann sehr überlegt. Meiner Schätzung nach hatten wir in etwa das gleiche Alter. Er war groß und kräftig, humpelte aber ein bisschen, und mir kam es vor, als mache dieses Humpeln ihm ziemlich zu schaffen. Nach ungefähr einer Stunde erhellte sich der Himmel. Den farbenprächtigen Sonnenaufgang in den Anden kann man einfach nicht verschlafen. Vor einem stahlblauen Himmel rauchte ein Vulkan, eine zarte gelbe Linie markierte den Krater.

Die Fumarolen des El-Tatío-Geysirfeldes, mit 4290 Metern das höchste der Welt, gurgelten, gluckerten und spien zischende Dampfsäulen empor, Mineralablagerungen bedeckten den felsigen Grund mit Krusten, Kegeln und Terrassen und ließen eine eigenartige Miniaturwelt entstehen. So wirkte die verrostete Entsalzungsvorrichtung mitten darin wie ein Denkmal; sie war ein Überbleibsel des gescheiterten Vorhabens, aus der Energie der Geysire Elektrizität zu gewinnen. Ruben hatte zwei Eier mitgebracht, legte sie ins seichte Wasser eines Geysirs und ging zurück zum Jeep, um an die Motorhaube gelehnt eine Zigarette zu rauchen. Eine Viertelstunde später servierte er mir ein gepelltes hart gekochtes Ei, das nach Schwefel schmeckte.

Je später es wurde, desto weiter entblätterten wir uns. Um sieben hatten wir uns noch die Wollmütze bis über die Ohren gezogen, und um halb elf schwitzten wir schon im T-Shirt. Stundenlang kletterten wir auf ausgetretenen Pfaden über Gebirgsweiden, bis wir kurz vor dem Andendorf Caspana einen Friedhof erreichten, der allerdings mit seinen düsteren Kränzen und grellbunten Grabbeigaben eher an eine Geisterbahn erinnerte. Das Dorf selbst schien sich seit der Gründung um zirka 800 vor Christus kaum verändert zu haben. Die winkligen Häuser waren strohgedeckt, unter uralten Zypressen standen wabenförmige Öfen, und an den Berghängen wurden die traditionellen Andenterrassen bebaut (das Wort »Anden« ist abgeleitet von dem Namen für diese von den ersten Bauern angelegten Terrassen). Ein Junge hockte im Pampagras neben dem Fluss und spielte mit seiner Peitsche aus Lamahaar, während er drei grasende Esel hütete.

Auf der überdachten Tribüne stillte eine Frau ihr Kind, aber wir kletterten weiter zu den schiefen Häuschen des Ortskerns und zur Kirche mit ihrem baufälligen Chor aus Kaktusholz. Eine Kanalisation stand für die Behausungen an den holprig gepflasterten Straßen nicht zur Verfügung, dafür gab es am Rande der Klippen drei Toilettenhäuschen, die einfach, aber genial waren. Sie bestanden aus Steinen, die man um Felseinschnitte herum aufgeschichtet hatte, als eigentliche Toilette dienten hölzerne Kisten, und wenn man den Deckel hochnahm, konnte man ins Tal hinuntersehen.

Für mittags hatte ich uns ein Picknick mitgebracht, das wir am Flussufer verzehrten, während wir uns lärmender Lamas zu erwehren suchten, die in den Stall getrieben wurden. Ruben wies mich darauf hin, dass es in Caspana 500 Einwohner, aber nur vier Familiennamen gab. Die Sonne schien ihn aufzutauen, denn er fing an, von sich zu erzählen. Er war Büfettier von Beruf und vor fünf Jahren als Urlauber zum ersten Mal nach San Pedro gekommen. Der Entschluss, nie wieder in den Lärm und Gestank Santiagos zurückzukehren, ließ nicht lange auf sich warten. Da es in der Wüste allerdings wenig Nachfrage nach seiner Spezialität, Kanapees, gab, arbeitete er als Fahrer.

Auf der langen Heimreise beobachteten wir Lamas und Wildenten an den salzigen Ufern des Flusses Putana, dann entdeckten wir einen Nandu oder Pampastrauß und erschreckten neun kleine

Bergrebhühner, die ihrer smaragdgrünen Mutter hinterherliefen. In den alten Schwefelfabriken stocherten wir in Häufchen aus giftgrünem Puder herum, und gegen Abend ließ Ruben sich eine Zigarette schmecken, während ich mich in den Thermalbecken von Puritama räkelte, am Grunde eines tiefen, menschenleeren Tales eine Stunde nördlich von San Pedro.

James hatte beschlossen, Chuquicamata zu besuchen, die größte Kupfertagebaumine der Welt, also packten wir unsere Sachen und fuhren dorthin, bevor wir Rocky wieder zu Hertz nach Calama bringen mussten. Von weitem sah Chuqui aus wie ein Krater in der Wüste. Es war, als würden wir uns einer Umweltverschmutzungsfabrik nähern. Als wir dort ankamen, fanden wir leere Straßen und eng stehende Reihenhäuser, die wie Gefängniszellen durchnummeriert waren. Wir spazierten ein bisschen herum. Aber außer den Verarbeitungsstätten und der Siedlung gab es nicht viel zu sehen – nur die Adventistenkirche, die einem Flügel des Opernhauses von Sydney ähneln sollte, die Doppelhäuser der Manager und mittendrin die Armeebaracken, die von Soldaten bewacht wurden, die uns ansahen, als hätten wir gerade ihre Kinder ermordet. Chuquis farblose, monotone Architektur und die freudlosen Straßen, in denen ein einsamer Hund hinter einer Plastikverpackung herjagte, erinnerten mich an die Vororte von Warschau. Ein Mann radelte auf einem Fahrrad vorbei, er fuhr in Richtung der dicken Schlote, die die Häuser in eine gelbe Wolke hüllten.

Die Stadt verdankt ihre Existenz dem Kupfer, und die Größe der Anlage war mit nichts anderem in Nordchile zu vergleichen. Salvador Allende, Präsident von 1970 bis zu seinem Tod 1973, bezeichnete das Kupfer als »Chiles Gehalt«. Der Abbau in großem Rahmen begann im 19. Jahrhundert, das dafür notwendige Kapital kam hauptsächlich aus dem Ausland. Trotz des kurzfristigen Salpeterbooms eroberte Kupfer seine Vormachtstellung als Hauptexportgut des Landes wieder zurück: Bis Mitte der 70er-Jahre stellte es zwischen 70 und 80 Prozent der Deviseneinnahmen Chiles, und 1991 waren es immer noch etwa 40 Prozent. Die Abhängigkeit vom Weltmarktpreis für Kupfer war schon immer ein nationales Problem.

Wichtiger noch ist, dass die Mine jahrelang in US-amerikanischem Besitz (der Tochterfirmen zweier mächtiger Gesellschaften) war und somit der für Chile so wichtige Rohstoff den Interessen eines anderen Landes diente. Durch diese vielfältigen Verstrickungen war Kupfer selbst in Blütezeiten ein umstrittenes Thema. Ernst wurde es dann zwischen den Kriegen, weil die US-Regierung sich nur am internationalen Kapitalmarkt orientierte.

Es war offensichtlich, dass Chile an Kupfer nicht so viel verdiente, wie es gesollt oder gekonnt hätte, und den chilenischen Politikern wurde bewusst, dass sich die Machtverhältnisse ändern mussten. 1964 startete Präsident Frei, ein Christdemokrat, ein Übernahmeprogramm, aber es gelang ihm nicht, die Minen unter chilenische Kontrolle zu bringen, die US-amerikanischen Mutterfirmen fuhren weiterhin riesige Gewinne ein. Die nächste Regierung – unter Allende – verstaatlichte die großen Gesellschaften kurzerhand. Das war einer der wenigen Anträge, den die linksgerichtete Koalitionsregierung mit großer Mehrheit durch den Kongress brachte. Den meisten der nordamerikanischen Ex-Besitzer wurden für die folgenden 30 Jahre Kompensationszahlungen versprochen, aber den beiden größten wollte Allende gar nichts erstatten; seiner Meinung nach hatten sie schon viel zu viel genommen und hätten eigentlich etwas zurückgeben müssen. Aber damit waren noch längst nicht alle Probleme der Kupferindustrie gelöst: Sie war jetzt zwar unabhängig, aber sie musste sich immer noch auf dem Weltmarkt behaupten.

Die nordamerikanischen Geschäftemacher brauchten nicht lange zu warten. 1974 investierten sie wieder in chilenisches Kupfer. Pinochet reprivatisierte die Kupferminen jedoch nicht, er brauchte sie selbst. In seiner Verfassung von 1980 forderte er zehn Prozent vom Kupferverkaufspreis (nicht vom Profit) für das Militär, um insbesondere den Kauf von Waffen zu finanzieren.

Als wir Chuquicamata verließen, fiel uns ein großes Schild an der Polizeiwache auf: Die Polizei Chiles wünschte uns »frohe Weihnachten«. James hätte das gern fotografiert, aber er fürchtete, erschossen zu werden, wenn er aus dem Wagen stieg.

Wir fuhren auf Umwegen nach Chiu Chiu, an Salzseen, Vulkanschlacken und kleineren Bergbausiedlungen vorbei. Chiu Chiu war eine Oase mit gepflasterten Straßen, eine davon führte zur San-Francisco-Kirche aus dem frühen 17. Jahrhundert, angeblich die älteste im Land, vor der wir zu Mittag aßen. Noch weiter im Landesinnern, in der Nähe von Lasana, besuchten wir eine Festung aus dem 12. Jahrhundert und beobachteten von dort aus die Feldarbeiter am Talgrund. In der Nähe war gerade ein Fußballspiel im Gange; es war mir schon aufgefallen, dass selbst das kleinste Dorf in Nordchile noch ein Spielfeld und eine Minitribüne besaß. Wie diese winzigen, abgelegenen Ortschaften es fertig brachten, zwei Mannschaften aufzustellen und außerdem noch die Tribüne zu füllen, blieb mir allerdings immer ein Rätsel.

Alles, was wir in den ersten zwölf Stunden unserer Busreise nach La Serena sahen, war Sand und eine Wasserpipeline. Bei Antofagasta, dem größten Hafen Nordchiles, machte der Bus einen kleinen Abstecher ans Meer, dabei kamen wir durch einige schmutzige Vororte, die schon über den Rand des Beckens wucherten, in dem die eigentliche Stadt lag. Antofagasta war ein schmieriges, düsteres Loch. In einem Führer las ich, dass »Stadtrundfahrten« angeboten wurden, die drei Stunden dauern sollten.

Wir hatten Hertz den Jeep zurückgegeben und einen durchgehenden Bus nach Süden genommen, um unsere letzten gemeinsamen Tage in angenehmerem Klima zu verbringen. Dieser Sprung war mir eigentlich zu groß, aber wir mussten uns von den Strapazen der Wüste erholen; ich wollte dann nach James' Abreise noch einmal ein bisschen nach Norden fahren.

Der Ton der US-Filme, die im Bus gezeigt wurden, war so schlecht, dass man nicht einmal feststellen konnte, ob die Filme synchronisiert waren oder nicht. Überall roch es nach Terpentin (das kam von der Frau hinter uns, die Mangos aß). Es gelang mir zu schlafen, aber James hatte weniger Glück, deshalb war er sehr schlechter Stimmung, als wir kurz nach Tagesanbruch in La Serena, einer wohlhabenden Kolonialstadt am Eingang zum Elqui-Tal, ankamen. Wir nahmen sofort ein *colectivo* ins Bergdorf Vicuña, wo wir uns in einem »Hotel« einmieteten, das seinen Namen, »Yasna«, wohl Tolstoi zu verdanken hatte. Die Wände unseres Zimmers bestanden aus Hartfaserplatten, das Badezimmer war von außen abgeschlossen, und wenn wir das Licht ausmachen wollten, mussten wir die Birne herausdrehen. Außerdem lehnte eine Tafel mit Getränkepreisen am Türrahmen, und am frühen Abend taumelte ein Betrunkener herein und verlangte ein Glas Wein.

»Hier ist ja alles grün!«, staunte James, als wir die Umgebung des Ortes erkundeten. Nach der Wüste waren die blühenden Felder Balsam für die Augen. Es war, als würde ein schwarz-weißes Fernsehbild plötzlich farbig. Die Hügel waren sanft geschwungen und dicht bewachsen mit Büschen und Bäumen, die wir kannten. Es kam uns vor, als könnten wir hier freier atmen, als ob der dürre Norden uns erstickt hätte, denn obwohl es auch hier heiß war, war die Hitze gut zu ertragen. Erst als ich in dieser gemäßigten Zone ankam, ging mir auf, welche Gefahren die Wüste barg, Gefahren, die direkt unter ihrer Oberfläche lauerten. Es war wie eine sehr intensive Beziehung, ich hatte die Wüste leidenschaftlich geliebt und war doch froh, dass ich jetzt von ihr weg war.

Im Elqui-Tal gedeihen Muskatellertrauben prächtig. Sie werden gepresst und zu Pisco verarbeitet, einem klaren Branntwein, der im ganzen Land (und im übrigen Südamerika) so beliebt ist, dass man ihn als Nationalgetränk bezeichnen könnte. Ich mochte ihn auch sehr gern, hauptsächlich als Pisco Sour, mit Eiweiß, einer Prise Zucker und Zitronensaft gemixt.

Am dritten Tag fuhren wir mit dem Bus durch die Weinberge nach Monte Grande und pilgerten zum Grab von Gabriela Mistral. Sie gehört zu den größten chilenischen Dichterinnen und war die Erste, die einen Literaturnobelpreis nach Lateinamerika holte (nach ihr gelang das noch vier weiteren – Asturias, Neruda, Márquez und Paz). Sie wurde in Vicuña geboren und ging in Monte Grande zur Schule. Das Klassenzimmer, das sie besuchte, ist heute als Museum hergerichtet, in der Ecke stand ein polierter Holzabakus, und an der Wand hing eine zwei Meter lange Karte von Chile, die an den Stellen der Andengipfel, auf die Generationen von Kinderfingern gedeutet hatten, kleine Löcher hatte. Im Garten hinter dem Haus standen Pimentbäume, die die dunkelrosa Früchte kaum tragen konnten, deren papierartige Hülle an unseren Händen kleben blieb.

»La Gabriela«, wie man sie hier nennt, hatte darum gebeten, in ihrem »geliebten Monte Grande« beerdigt zu werden, und ihr Grab in einem Laubhain wurde von ehrfürchtigen Dörflern sorgfältig gepflegt. (So groß kann die Liebe zu Monte Grande allerdings nicht gewesen sein, denn sobald sie berühmt wurde, zog sie nach New York.) Ein Mann mit einem Holzbein begoss eine blau schillernde Winde. »Wissen Sie, ich kannte sie. Als wir noch klein waren, hat sie mit uns am Fluss gespielt. Mit elf zog sie von hier weg, aber sie blieb immer eine von uns.«

Das hätte ihr sicher gefallen, denn sie hat sich eher zu normalen, bodenständigen Menschen hingezogen gefühlt als zum literarischen Establishment. Ihre Gedichte sind lyrische Ergüsse, die spirituelle Leidenschaft und eine romantische Weltsicht erkennen lassen; sie hatte etwas Aristokratisches an sich. Ihr richtiger Name lautete Lucila Godoy Alcayaga. Sie war Lehrerin von Beruf (Neruda ging in Temuco bei ihr in die Schule) und wurde später, wie viele südamerikanische Schriftsteller, Konsulin im Auswärtigen Amt. Mit 20 verliebte sie sich unsterblich in einen Mann, der später Selbstmord beging; sie heiratete nie, denn sie konnte nicht vergessen. Die Menschen hielten sie für exzentrisch. Ihr Werk ist nie ins Englische übersetzt worden: Vielleicht kommt es ja eines Tages soweit, aber ich teile eher die Ansicht der amerikanischen

Kritikerin Margaret J. Bates, die über »La Gabriela« schrieb: »Sie schuf eine Pflanze, die auf englischem Boden nicht gedeiht.«

Das Nachbardorf Pisco Elqui hieß früher Unión, aber 1939 änderte man den Namen, um Pläne der Peruaner zu durchkreuzen, die den Namen »Pisco« gesetzlich schützen wollten. Er ist abgeleitet aus dem Quechua-Wort *pisku*, das so viel bedeutet wie »fliegender Vogel«. Müde vom Wandern, ruhten wir im Schatten eines weinumrankten Spaliers im Innenhof eines orange-grün gestrichenen Gasthauses aus. Es hatte einen großen Holzbalkon, unter dem ein Mann saß, der unentwegt sein altes Grammofon aufzog und zerkratzte französische Platten aus den Siebzigern spielte.

Wir entdeckten eine Pension, die in jeden Gespensterroman gepasst hätte. Sie stand in einem verwilderten Garten, hatte ein hohes, spitzes Dach und Rundbogenfenster mit zersplitterten Scheiben; ein verwittertes Schild, auf dem der Name »Don Juan« nur noch mühsam zu entziffern war, schaukelte quietschend im Wind, als wir ankamen. Wir blieben eine Nacht dort, in der Obhut einer alten Dame, die 40 Jahre in dem Haus gelebt hatte. Treppen und Vertäfelungen waren aus massivem Mahagoni, die Wände unseres Schlafzimmers waren obenherum aus Glas, und in vielen der samtbehangenen Räumlichkeiten unten ruhten dicke Staubschichten auf den getönten Porträtfotos.

An Silvester fuhren wir nach Vicuña zurück. Der Bus war überfüllt und hielt alle paar Minuten, um die einen aus- und die anderen einsteigen zu lassen. Diejenigen, die im Bus saßen, klammerten sich meist an zerdrückten, mit Schnur zugebundenen Pappschachteln fest. Die Kinder am Straßenrand bastelten Affen aus Lumpen und Pappe, die an Neujahr verbrannt werden sollten. Uns zog es zurück ins »Yasna«, in dessen Innenhof wir eine Flasche kalten chilenischen Champagner tranken. Ich freute mich, dass ich den Silvesterabend mit einem alten Freund verbringen konnte.

Später, beim Abendessen, freundeten wir uns mit einem gesprächigen jungen Kellner an. Seine Familie gab zu Hause eine Party, und er lud uns ein, nach Dienstschluss um Mitternacht mit ihm zu kommen. Bis dahin vertrieben wir uns die Zeit aufs Angenehmste.

Der Kellner und seine Mutter lebten in einem kleinen, modernen Haus, das jetzt von einer Unzahl von Tanten, Onkeln, Vettern und Nichten bevölkert wurde. Wir mussten mit jedem Einzelnen tanzen, und sie brachten uns sogar dazu, den Nationaltanz *cueca* (der auch nicht mehr das ist, was er einmal war) zu versuchen, obwohl wir die Schrittfolge überhaupt nicht kannten. In der Hauptsache ging es wohl darum, einen Hahn beim Balzen nachzumachen und dabei ein Taschentuch zu schwenken. Sehr viel später machten die meisten sich noch zur Gemeindehalle auf, wo eine sechsköpfige Musikkapelle eine schwungvolle Mischung aus Rock und Folkmusik zum Besten gab und auf jedem Tisch eine Flasche Pisco stand. Der einzige kritische Augenblick des ansonsten rundum gelungenen Abends kam einige Stunden später, als unser Kellnerfreund James eröffnete, dass er ein sehr schlechter Tänzer sei; aber dadurch ließen wir uns die Stimmung nicht verderben. Fast das ganze Dorf war bei dieser Gelegenheit auf den Beinen, und alle feierten noch kräftig, als wir uns gegen halb fünf davonstahlen und den mürrischen Besitzer des »Yasna« aus dem Bett trommelten, der uns im Schlafanzug die Tür öffnete, ohne auf unsere Neujahrswünsche zu reagieren.

Kapitel vier

> Zumindest ist Chile ein Land, in dem man sich selbst finden kann, und man kann andere Menschen finden, die mit beiden Beinen im Leben stehen.
>
> Victor Jara, Liedermacher, 1970

> Das Leben in diesem Land ist mit nichts zu vergleichen.
>
> Pedro de Valdivia, in einem Brief an
> Karl V. von Spanien, 1545

Leider war unsere Abreise am nächsten Morgen so früh geplant, dass wir den alten Mann noch einmal wecken mussten, damit er uns hinausließ. Ich hatte mir in den Kopf gesetzt, eine jener Kommunen aufzustöbern, die angeblich versteckt am oberen Rande des Tales lebten. Davon hatten mir schon die Chilenen in London erzählt, die ich während der Vorbereitung auf die Reise befragt hatte; alle schienen von diesen Kommunen zu wissen, aber niemand war je in einer gewesen, und nicht einmal in Santiago konnte ich verlässliche Informationen bekommen – obwohl auch dort jeder davon gehört hatte. Ich musste selbst nachsehen. James wollte eine Woche im Süden verbringen, also verabschiedeten wir uns auf dem Dorfplatz ohne großes Bedauern, so sehr steckte uns die vergangene Nacht noch in den Knochen. »Ich mache noch schnell ein Foto von dir«, sagte er, »vielleicht sieht man dich ja nie wieder.«

Dass die Kommunen (wenn es sie gab) sich diese Gegend ausgesucht hatten, war alles andere als ein Zufall. Die oberen Regio-

...en des Elqui-Tales sind zu einer Art mystisch-spirituellem Zentrum geworden, das eine ganze Reihe von Sinnsuchern anzieht – von wedischen Sekten bis hin zu UFO-Gläubigen. Schon im Tal waren uns verschiedene Hippies aufgefallen, die auf ihren Gitarren spielten und vor Geschäften sangen, in denen Frauen in Kaftanen Räucherstäbchen verkauften. Eine Kombination geografischer und atmosphärischer Faktoren – besonders der Humboldtstrom vor der Küste, die riesige, wolkenlose Atacama-Wüste im Norden, die Laminarströmung über den Anden (was immer das ist) – macht den Himmel über dem Elqui-Tal zum klarsten der Welt, deshalb hat man es auch »Fenster zum Himmel« und »Magnetzentrum der Erde« getauft, und deshalb pilgern die Jünger spiritueller Sekten dorthin. Selbstverständlich sind auch die Naturwissenschaften vertreten, drei der wichtigsten astronomischen Zentren der südlichen Hemisphäre sind, mit ausländischem Kapital, in dieser Gegend gebaut worden.

Man könnte das Elqui-Tal also durchaus als astronomisches und spirituelles Mekka bezeichnen.

Es war ein kleines Wunder, dass der Bus nach Monte Grande tatsächlich auf dem Dorfplatz auftauchte. Von Monte Grande aus spazierte ich einfach ein paar Kilometer weiter bergauf. Ich dachte, wenn ich mich etwas abseits der Dörfer hielte, würde ich vielleicht eine Kommune finden – oder zumindest irgendetwas. Ich hatte einen solchen Kater, dass ich glaubte, diesmal hätte wirklich mein letztes Stündlein geschlagen, und wie jeden Neujahrsmorgen nahm ich mir vor, nie wieder einen Tropfen zu trinken. Dann geschah ein noch größeres Wunder (1992 ließ sich gut an) – ein nagelneuer Wagen hielt neben mir. Dem entstieg ein schicker Mittvierziger mit schütterem Haar, der sich verneigte und mir dann begeistert die Hand schüttelte, während er sich als Bauer aus dem Süden (dem Aufzug und dem Wagen nach zu urteilen ein wohlhabender) vorstellte. Pedro reiste allein, er brauchte ein paar Tage Ruhe, um sich über sein Leben klar zu werden, und hatte sich dazu auf den gleichen ungewöhnlichen Weg begeben wie ich. Keiner von uns wusste, wo die Kommunen sein sollten oder ob es sie wirklich gab, aber wir hatten beide vor, der Sache auf den Grund zu gehen, also taten wir uns zusammen. Das war ein großer Glücksfall für mich, denn ohne Pedro hätte ich nie eine Kommune gefunden. Das Auffälligste an ihm war, dass er ununterbrochen redete. Sein Lieblingsthema war die Geschichte. Während wir uns in einem stickigen Wagen auf einer Rüttelpiste einen Berg an der Grenze zu Argentinien hochquälten, fragte er mich nach meiner Meinung zum Fall des Römischen Reiches.

Wir landeten immer wieder in Sackgassen und mussten rückwärts fahren, bis wir gegen Mittag an einer Himbeerhecke hielten. Eine alte Frau tauchte auf, von der wir erfuhren, dass ihr Sohn in der Nähe des Hauses eine Kommune leitete. Sie hatte 30 Enkel, zwei davon scheuchten gerade Hühner durch die Himbeeren. Während wir einem Fußpfad am Fluss entlang folgten, hörte Pedro nicht auf zu reden. Schließlich erreichten wir einen Hof mit einem halben Dutzend Hütten darum herum; in der Mitte stand ein Aprikosenbäumchen, auf dem zwei Kinder saßen, die die Äste schüttelten, dass die Früchte in den Staub plumpsten. Aus einer Hütte trat ein gut aussehender jüngerer Mann, der uns lächelnd bedeutete, auf zwei alten Rohrstühlen im Schatten Platz zu nehmen.

Pedro übernahm es, unser Kommen zu erklären. Der Mann sagte schließlich: »Ihr seid willkommen hier. Wir sind Chilenen und praktizieren das Agnihotra, eine alte wedische Heilkunst. Augenblicklich lebt nur meine Familie bei mir. Unsere Zeremonien werden bei Sonnenaufgang und Sonnenuntergang abgehalten. Ihr könnt mitmachen oder einfach nur zusehen, ganz wie ihr wollt.«

Wir einigten uns schnell auf einen kleinen Unkostenbeitrag, dann zogen Pedro und ich in zwei kleine Holzhütten am Flussufer. Von der einen Seite aus blickte man auf das grüne, fruchtbare Tal, von der anderen auf den Pfad über den Bergpass nach Argentinien, auf dem hin und wieder winzige berittene Schäfer mit Strohhüten auftauchten, die ihre zerlumpte Schafherde auf das Weideland in der Andenkordillere trieben. Wir aßen mit dem weißhaarigen Leo und seiner Frau in ihrer Hütte; die Mahlzeiten, die in einem Loch in der Außenmauer gekocht wurden, bestanden hauptsächlich aus würzigen Gemüseeintöpfen, Aprikosentee und Brot. An den Wänden der Hütte hingen zwei Bilder von heiligen Hindu-Männern, die halb tot wirkten, und ein lebensgroßes Poster von Christus.

Die Zeremonie (richtiger: »Homa«) fand in einem nackten Raum weiter oben am Hang statt. Wir saßen mit gekreuzten Beinen auf purpurroten Kissen, während Leo in einer Kupferpyramide Feuer entfachte, als Brennmaterial diente getrockneter Kuhdung in einer Hülle aus Butter, und im Moment des Sonnenuntergangs begann er, das erste Mantra zu singen. Der richtige Zeitpunkt ist offenbar sehr wichtig; das Agnihotra-Hauptquartier in den Vereinigten Staaten verschickt sogar Computerausdrucke, in denen er für jeden Tag entsprechend dem Breiten- und Längengrad sekundengenau festgelegt wird. Während Leo das Mantra sang, warf er in Butter gewälzte braune Reiskörner in das Feuer. Beim nächsten Mantra verfuhr er genauso, dann wurde meditiert. Die Anhänger des Agnihotra glauben, dass Feuer die Atmosphäre reinigt und somit Heilkräfte freisetzt: »Heile die Atmosphäre, dann heilt die Atmosphäre dich.« Manche essen nach der Zeremonie die gesiebte Kuhdungasche, doch das blieb uns erspart.

Leo war es gleichgültig, was wir während des Homas taten, solange wir uns nur ruhig verhielten. Die Anhänger des Agnihotra kennen keine Hierarchie und keinen Priesterstatus; jeder darf an der Zeremonie teilnehmen, und jeder darf sie ausführen. Pedro erzählte mir hinterher, dass er sich im Homaraum vollkommen entspannt gefühlt habe (aber als ich ihn fragte, woran er während der ersten Zeremonie gedacht habe, sagte er, dass er sich überlegt habe, ob seine Kühe wohl gefüttert würden).

Als wir an einem Abend noch spät zusammensaßen, erklärte Pedro ganz nüchtern, dass er versuche, sich darüber klar zu werden, ob er seine Freundin heiraten solle. Deswegen hatte er die

Kommune gesucht: um mit sich ins Reine zu kommen. Er wollte meine Meinung wissen.

»Bist du in sie verliebt?«, fragte ich, weil ich nicht so recht wusste, was ich eigentlich sagen sollte.

»Ich denke schon. Aber ich möchte meine Unabhängigkeit nicht verlieren.«

Er kam aus einem kleinen Bauerndorf, in so einer Umgebung war ein unverheirateter Mann in seinem Alter sicher etwas Ungewöhnliches. Ich war wohl kaum die richtige Ansprechpartnerin, wenn es darum ging, ob man seine Unabhängigkeit aufgeben sollte oder nicht, ich kann nicht einmal mit jemand anders zusammen einkaufen gehen.

Wir saßen am Flussufer, und um uns herum wisperte die Nacht. Die Sterne wirkten wie ein Hauch Puderzucker. Pedro erzählte von dem Dorf, in dem er aufgewachsen war. Es dauerte nicht lange, bis er auf das Jahr 1973 zu sprechen kam.

»Sie erschienen, um ein Mitglied der Volksfront Allendes zu verhören, erwischten aber aus Versehen einen anderen Mann mit demselben Namen. Sie ließen ihn über den Dorfplatz gehen – unserer ist sehr alt, an drei Seiten von Buchen gesäumt –, schossen ihm zuerst in das eine Knie, dann in das andere. Und er musste weiter vorwärts kriechen, bis sie ihm in den Kopf schossen!«

Tagsüber saß ich oft unter der Weide am Flussufer, manchmal gesellte Leo sich zu mir, um Forellen zu fangen. Er war ein ruhiger, charismatischer Mensch, der sich ganz der »Selbsterkenntnis« verschrieben und einen Lebensstil gewählt hatte, den man in der Stadt wohl in die »alternative« Schublade gesteckt hätte. Zwar war ich von der Idee, Kuhdung zu verbrennen, nicht sonderlich angetan, aber ich bewunderte seine hingebungsvolle Beschäftigung mit dem Transzendenten in sich selbst. Außerdem gefiel mir, dass er nicht versuchte, andere zu bekehren, denn er glaubte, dass es viele Wege zur Selbsterkenntnis gebe und dass sie alle zum selben Ziel führten. Nach drei Tagen fuhr er mich den Berg hinunter und setzte mich in Monte Grande ab. Als ich seinen Anhänger mit vier winkenden Kindern darauf verschwinden sah, war ich selbst erstaunt, wie traurig mir zu Mute war.

Ein anstrengender Tag lag vor mir, denn da mich niemand mitnahm, musste ich zwei Stunden auf den Bus nach Vicuña warten. Dort angekommen, holte ich meine andere Tasche aus dem »Yasna«, nahm ein *colectivo* nach La Serena, wo ich mir den Presseausweis besorgte, der mir am nächsten Tag Zutritt zum Observatorium verschaffen sollte, und mir Rocky III von Hertz lieh, dann besorgte ich mir ein Zimmer in der Stadt. Der Leiter des örtlichen Fremdenverkehrsbüros hatte mir den Ausweis verschafft. Das Observatorium ist sehr berühmt, denn dort steht das größte Teleskop der südlichen Hemisphäre. Außerdem war es berühmt dafür, dass man nicht hineinkam, und das hatte für mich natürlich einen besonderen Reiz.

Die Besuchsregeln des Tololo-Observatoriums setzten die Ankunftszeit an der Pförtnerloge am Talgrund höflich, aber bestimmt auf Punkt neun Uhr morgens fest. Es stellte sich heraus, dass man von diesem Eingang bis zum Observatorium selbst noch eine dreiviertelstündige Fahrt vor sich hatte. Als ich vor der Schranke anhielt, kam ein uniformierter Angestellter aus dem Pförtnerhäuschen, nahm eine Liste zur Hand und machte einen Haken hinter meinen Namen. Dann ging er wieder an seinen Arbeitsplatz, telefonierte kurz, kam zurück und erklärte mir, dass die Straße sehr gefährlich sei, dass ich aber, falls ich mit meinem Auto liegen bliebe, nicht aussteigen dürfe. Der Mann im Fremdenverkehrsbüro, der Mann bei Hertz und der Mann an der Hotelrezeption hatten mir alle schon genüsslich und in allen Einzelheiten geschildert, wie gefährlich diese Straße sei. Sie waren offenbar noch nie auf den Andenstraßen im Norden unterwegs gewesen. Diese Straße war hundertmal besser als die, an die die Rockys und ich gewöhnt waren.

An jenem Morgen war neun Autos die Einfahrt erlaubt worden. Im Konvoi quälten wir uns bis auf 2000 Meter Höhe, wo wir aus den Wolken tauchten, die schnell durch das Elqui-Tal zogen. Oben auf dem Berg ruhten drei Kuppeln auf tadellos weißen Säulen, wie futuristische Moscheen, und eine Reihe ebenso fleckenloser weißer VW-Käfer glänzte im Sonnenlicht. Die sauberen weißen Kieswege waren abgesperrt. Einer der Fahrer aus dem Konvoi, der zwischen zwei Kuppeln stand, störte mit seinem Husten die Stille, und während ich den grandiosen Ausblick auf die Berge unter uns genoss, stockte mir fast der Atem.

Ein Mann in einem weißen Kittel kam durch eine Tür, die sich in einer der Säulen öffnete, und stellte sich vor. Er war Astronom, hieß Gonzalo und würde unser Führer sein. Im Gänsemarsch verschwanden wir im mittleren Pfeiler. Ich hatte mir vorgestellt, dass man uns durch große schwarze Teleskope schauen und interessante Dinge sehen lassen würde, aber da hatte ich mich geirrt. Das Ganze ähnelte eher einer Führung durch ein Kernkraftwerk. Die Linse des größten Teleskops hat einen Durchmesser von dreieinhalb Metern und kann Licht auffangen, das 14 Milliarden Jahre entfernt ist. Sein beweglicher Teil wiegt ungefähr 300 Tonnen und sah aus wie das Spielzeug eines Riesen, doch es war so fein ausbalanciert, dass Gonzalo es mit zwei Fingern bewegen konnte, wenn er die Bremsen löste.

Ich hatte auch angenommen, dass ich Sterne sehen würde. Ich hatte gar nicht bedacht, dass es ja Tag war.

Die Wissenschaftler in Tololo rechnen an 150 bis 200 Nächten im Jahr mit uneingeschränkter Sicht in die Unendlichkeit. Das große Teleskop hat schon einmal die Geburt eines Planeten fotografiert. »Wir sind diejenigen, die die Vergangenheit erkunden«, sagte Gonzalo. »Astronomie ist Anthropologie – wir beobachten die Geburt oder den Tod eines Sternes und lernen dadurch uns selbst besser kennen.« Letzteres hätte auch von Leo stammen können.

Tololo wird von der US-amerikanischen Universitätsvereinigung AURA (Association of Universities for Research in Astronomy) finanziert. Chilenischen Wissenschaftlern werden zehn Prozent der Nacht zugestanden. Astronomen aus der ganzen Welt pilgern hierher, allerdings müssen sie sich ein Jahr vorher anmelden. Gonzalo erzählte von einem japanischen Wissenschaftler, der kürzlich für eine Nacht angereist war, aber in der Nacht war es zu bewölkt, um irgendetwas sehen zu können, deshalb musste der Mann unverrichteter Dinge wieder nach Hause fahren. Alles lachte, und Gonzalo schaute zufrieden drein.

Da ich nun schon einmal tief ins Tal vorgedrungen war, entschloss ich mich beim Verlassen der Sternwarte, noch ein bisschen weiter landeinwärts zu fahren, denn für den Nachmittag hatte ich sowieso noch keine Pläne. Der Tag war so makellos, dass nicht einmal eine Reifenpanne meine Stimmung trüben konnte. Ich lag gerade unter Rocky und kämpfte mit dem Wagenheber, als ein paar blaue Bootsschuhe in mein Blickfeld gerieten. Neben denen tauchte bald ein Gesicht auf, das mich fragte, ob es helfen könne.
Der Mann war etwa so alt wie ich, hatte schwarzes, lockiges Haar, das ihm bis auf die Schulter fiel, und sah aus wie Salvador Dalí in jungen Jahren. Sein Name war Pepe, sein Lächeln gefährlich charmant. Nachdem wir das Rad gewechselt hatten, gingen wir zum Wochenendhäuschen seiner Schwester, um uns zu waschen. Er fragte, wo ich hinwolle, und als ich ihm sagte, dass ich einfach geradeaus durchs Tal wolle, riet er: »In die Richtung fahren Sie besser nicht. Der Fluss dort oben ist tot. Verschmutzt durch die Abwässer aus der Goldmine. Ich werde Ihnen etwas Besseres zeigen.«
Er war Agronom, hatte sich kürzlich selbstständig gemacht, und obwohl er in Santiago wohnte, verbrachte er jede freie Minute im Elqui-Tal. Pepe hasste Santiago. Der Umweltschutz lag ihm am Herzen, das merkte man an der verhaltenen Leidenschaft, mit der er von den zahlreichen skandalösen Ausbeutungen der Natur sprach, für die er sein Land verantwortlich machte. Er wusste viel über diese Dinge und hatte sich vorgenommen, noch mehr darüber

zu lernen. Die Vorstellung, mich aufzuklären, eine Ausländerin, die dann fortgehen und sein Wissen wieder an andere weitergeben würde, reizte ihn sehr. Die Aussichten, bei seinen Landsleuten ökologisches Bewusstsein wecken zu können, erschienen ihm eher düster.

Wir wanderten an den Ufern eines sauberen Flusses entlang zu einem einsamen Hain voller steifer grüner Farnwedel, der Boden war mit einer dünnen Schicht süßer Aprikosen und den weißen Früchten der ersten Feigenernte bedeckt. Weiter flussaufwärts besuchten wir einen Freund von Pepe, einen Schauspieler aus Santiago. Er kampierte einen Monat am Flussufer und lag gerade in seinem Zelt. Zur Begrüßung reichte er uns ein Glas warmer Aprikosenmarmelade, die er auf seinem Spirituskocher hergestellt hatte, und zwei Löffel.

»Sind Sie aus Nordamerika?«

»Ich bin aus England.«

»*Es mejor, por lo menos.*« (Das ist wenigstens etwas besser.) Die Betonung, die auf diesem »Etwas« lag, gab mir zu denken.

Pepe führte mich zu einer Höhle im Hügel. Auf dem Schild draußen stand: »Wir gedenken unserer Ahnen, die uns ihren Namen gaben.« Drinnen waren lebensgroße Nachbildungen dieser Ahnen aufgestellt. Von der Höhle aus konnte man das Dörfchen Diaguita sehen. Das war der Name des Volkes, das in grauer Vorzeit in diesem Tal gelebt hatte. Die Diaguita, die *Kakan* sprachen, waren hauptsächlich im Nordwesten des heutigen Argentinien beheimatet. Nur einige wenige kamen über die Anden. Ihre Kultur wurde wahrscheinlich von den Inkas ausgelöscht, lange bevor die Spanier das Land eroberten.

Die Dorfbewohner befanden sich alle in einem großen Schuppen. Sie waren mit dem Verpacken von Tafeltrauben beschäftigt. Die Frauen saßen – mit Haarnetzen auf dem Kopf – in einer langen Reihe und verlasen das Obst, und die Männer besprühten das, was sie übrig ließen, mit Schwefel, der dann in kleinen Wölkchen ganz langsam gen Himmel stieg.

Wir besuchten Freunde, die in halb fertigen Häusern in den Bergen lebten, Kräutertee tranken und sich nach guter alter Elqui-Tal-Tradition bekifften. Im Herzen war Pepe ein Hippie. Er besaß nichts, er stellte keine Ansprüche ans Essen, er interessierte sich nicht für Politik, da er alle Politiker für korrupt hielt, und er verachtete die Werte, nach denen er erzogen worden war. Seine Eltern, angelernte Arbeiter, waren tot. Er hatte noch zwei Schwestern, die verheiratet waren und mit ihren Kindern in der Stadt wohnten. Sie konnten nicht verstehen, dass er noch kein Haus, keine Frau und keinen Vollzeitjob hatte.

In einem der Hippiehäuser im Tal entdeckte ich am Boden meiner Teetasse eine winzige Schnecke. Aber ich sagte nichts – vielleicht sollte das ja so sein. Aus dem tragbaren Kassettenrekorder unserer Gastgeber dröhnte Pink Floyd. (Die Leute sprachen mich oft auf Pink Floyd an, wenn sie mich kennen lernten. Irgendwann begriff ich, dass das meist die einzigen englischen Worte waren, die sie kannten.)

Bevor ich wieder zu meinem Hotel in La Serena fuhr, gingen wir in den Club von Peralillo, um uns bei einem Glas Wein vom Balkon aus den Sonnenuntergang anzusehen. Peralillo ist ein schäbiges Nest, aber der Club dort ist sehenswert. Wir thronten auf einem herrschaftlichen Bastsofa zwischen blauen Seidenkissen, vor uns lag das ganze Tal und das Bergpanorama, und ein Kellner mit offener Hose servierte eine Flasche Hauswein.

Pepe und seine Schwester, eine lebhafte Frau, die gerade im Tal war und ihr Baby ausnahmsweise einmal der Obhut ihres Mannes überlassen hatte, holten mich früh am nächsten Morgen in La Serena ab, um mit mir einen Tagesausflug zu machen. Das hatten wir im Club von Peralillo ausgeheckt. Pepe meinte, wir müssten das Tal des Entzückens besuchen, das ein paar Stunden entfernt in der Halbwüste liegt.

Als wir dort ankamen, trat ein Mann ohne Vorderzähne aus einer Hütte. Pepe ging hinein, um die Eintrittsgebühr zu bezahlen, und als beide wieder herauskamen, beäugte der Mann mich misstrauisch. »Ist sie Ausländerin?«, forschte er. Jetzt sagt er gleich, dass nur Chilenen hineindürfen, dachte ich. Dann begriff ich, dass man sich als Ausländer ins Gästebuch einzutragen hatte. Das passierte mir andauernd, und ich fragte mich langsam, ob diese nationale Sammelleidenschaft wohl mit der geografischen Isolation des Landes zu tun hatte.

Im Tal war es so still wie in einem Mausoleum. Eine dicke Schicht runder Steine bedeckte den Boden. Dazwischen standen Kakteen mit kugelförmigen Blüten auf den Spitzen. Pepe interessierte sich sehr für den San-Pedro-Kaktus, der für seinen halluzinogenen Samen bekannt ist – die gesamte Landschaft wirkte wie eine Halluzination.

Die ungewöhnlichen klimatischen Bedingungen der Region schaffen nicht nur ideale Voraussetzungen für Astronomen, wie etwa in Tololo, an der Küste weiter südlich ermöglichen sie sogar einem kleinen Regenwald das Überleben in der Halbwüste. Auf unserem Weg zum Meer kamen wir wie gewöhnlich durch trockenes, kaktusgespicktes Land, am Straßenrand boten hoffnungsfrohe Händler Garnelen und große Rollen Ziegenkäse feil. Wenn man den Fray-Jorge-Wald betrat, war es, als träte man durch einen Spiegel in eine andere Welt – eine üppige grüne Vegetation erwartete uns, winzige rote und gelbe Blumen blühten, und klebrige Insekten saugten sich an unseren Knöcheln fest. Fray Jorge ist ein Regenwald in einer Zone, in der der jährliche Niederschlag manchmal nur 80 Millimeter beträgt. Küstennebel, der entsteht, weil sich nahebei warmes Flusswasser in den kalten Ozean ergießt, ersetzt die 600 bis 900 Millimeter Regen pro Jahr, die so einen tropischen Wald erst gedeihen lassen.

Wir waren alle drei hungrig, deshalb fuhren wir nach Tongoy, einem beliebten Ausflugsort ohne jeden Charakter. Wir ließen dicht bevölkerte Strände und zahlreiche Schnellimbisse samt Coca-Cola und Frikadellen hinter uns, bis wir einen ruhigeren Strand am schlechteren Ende der Stadt fanden. Sogar der Sand war hier grober. Aber dafür gab es einen Fischmarkt und ein Restaurant, in dem wir *paila marina* aßen, eine Bouillabaisse voller Krabben, die zu meinem chilenischen Lieblingsgericht werden sollte. Dazu gehören kleine Zitronen und eine Flasche kalter Weißwein. Abgerissene Gestalten stahlen sich herein, um in feuchte Tücher gehüllt, illegal gefangene *locos* anzubieten, chilenische Mollusken, die man gemeinhin als Abalonen bezeichnet, denen sie ähneln. *Locos* sind so begehrt, dass ihr Fang während der Brutzeit verboten ist, und wenn die Polizei einmal so eine Fischbeute sicherstellt, wird das in den Medien behandelt wie ein Kokainfund.

Der Heimweg nach La Serena war mit Sonnenanbetern verstopft. Wir befanden uns in einer der gut erschlossenen Gegenden des Landes. Dort wimmelte es von Ferienapartments, Villen, Pizzerien und Strandbars. Ein besonders hässlicher Baukomplex an einem Ort namens Penueles wurde hauptsächlich von urlaubenden Argentiniern bewohnt (das konnte man an den Nummernschildern der davor parkenden Autos sehen). Pepe hatte etwas gegen argentinische Autofahrer. Eigentlich mochte er überhaupt keine Argentinier. Ähnlich erging es, soweit ich das beurteilen konnte, der gesamten chilenischen Nation.

Pepe und ich beschlossen, ein oder zwei Wochen nach Norden zu fahren. So kehrte ich also wieder um, eine einmalige Abweichung von meinem stetigen Vormarsch gen Süden. Es machte Spaß, mit ihm zu reisen. Über alles, was mit der Natur zusammenhing, wusste er außergewöhnlich gut Bescheid, und sein ausgeprägter trockener Humor machte ihn zu einem sehr angenehmen Begleiter. Er reiste genauso gern wie ich, also schien es ganz natürlich, dass wir uns zusammentaten.

Wir liehen uns ein Zelt und einen Gaskocher, kauften Proviant, stöberten im Schuppen seiner Schwester eine Kühltasche auf, besorgten uns Schaumgummimatten, prüften Rockys Reifen, füllten unseren Vorrat an Cherimoyas (die Birnen- und Honigfrucht, die eine alte Frau in Peralillo in der Ecke eines fensterlosen Raumes am Ende einer Passage verkaufte) wieder auf und setzten uns in den Club, um die Straßenkarten zu studieren. Ich war sicher, dass ich die Entscheidung, mit Pepe zu reisen, nie bereuen würde.

Außer Papayas priesen die Verkaufsstände, die die Ausfallstraße von La Serena säumten, Folgendes an: Papayahonig, -sirup, -saft, -bonbons, -kuchen, -riegel und in Zuckersirup eingelegte geschälte Papaya. Offenbar gab es nichts, was nicht aus Papayas hergestellt werden konnte. Wir kauften etwas Saft und fuhren nach Norden, bis Pepe eine Sandpiste entdeckte, die zum Dorf Choros abzweigte. Dort saßen sämtliche Bewohner auf den Treppenstufen vor ihren Häusern und starrten uns an. Um nach dem richtigen Weg zur Landspitze zu fragen, hielten wir an einer »Sodaquelle«. Sie entpuppte sich als ein kleiner Tanzsaal mit makellos sauberem Dielenboden, in dem ein Mann, dessen viel zu große Hose nur durch Hosenträger in der richtigen Höhe gehalten wurde, die – wie üblich warme – Limonade servierte. Vom welligen Dach baumelten Nacktfotos aus Kalendern der 70er-Jahre und Wimpel der Fußballmannschaft von Choros.

Wir folgten ein paar Reifenspuren im Sand zu einem kleinen windumtosten Denkmal, das mitten in der dornigen Halbwüste errichtet worden war. Auf dem umzäunten Flecken stand ein großes Kreuz, davor ein Strauß frischer Blumen in einer angelaufenen Silbervase. Ein Fischer erklärte mir später, dass dieses Denkmal die Toten der *Itata* ehren sollte, die 1922 in der Bucht gesunken war. 70 Besatzungsmitgliedern gelang es, an Land zu kommen, aber später starben sie doch – an Austrocknung. Auf dieser öden Halbinsel gedieh nichts. An der windigen Küste flatterten Totenkopfflaggen über ein paar vorsintflutlichen Schuppen. Ich fragte eine alte Frau, die im Sand saß und Netze flickte, was diese Fahnen zu bedeuten hätten. Sie sagte, sie seien noch aus der Zeit, als Piraten die Küste heimsuchten, und fügte düster hinzu, viele von ihnen seien Engländer gewesen.

Wir fanden einen geeigneten Strand und parkten Rocky auf

dem weißen Sand. Ich hätte mir denken können, dass ein Zelt, das man sich von einem Bewohner des Elqui-Tales leiht, nur ein Vorkriegsmodell sein konnte, an dem die meisten Reißverschlüsse schon lange kaputt waren und überhaupt nur noch mit rostigem Draht an Ort und Stelle gehalten wurden. Es war ein riesiges Zelt aus dickem braunem Segeltuch, wie man es aus alten Westernfilmen kennt, und es hatte keine Spannschnüre. Am Boden klebte noch hier und da Marihuana. Wir behalfen uns mit Plastikseilen, von Pepe mitgebracht (er muss es gewusst haben), die wir um Steine schlangen. Das Zelt sank natürlich sofort wieder in sich zusammen. Daraufhin überließen wir uns für den Rest des Nachmittags der tödlichen Kombination von heißer Sonne und kaltem Bier.
Die von Dünen und verwitterten grauen Felsen gerahmte Bucht bildete einen vollkommenen Halbkreis. Bei unserem Abendspaziergang über die Felsen trafen wir einen anderen Wanderer. Er war in den Vierzigern, groß und schlank, und hatte ein wettergegerbtes Gesicht. Er stellte sich sofort vor. Nachdem wir uns ein paar Minuten unterhalten hatten, lud er uns zu einem Drink in sein Zelt ein. Er wohnte dort mit zwei Freundinnen, die uns bei unserer Ankunft auf beide Wangen küssten. Chilenen sind ganz wild auf diese Begrüßungsküsschen, sie bringen das südländische Temperament bestens zum Ausdruck, besonders wenn man es mit unserem britischen Händedruck vergleicht. Plötzlich fiel mir eine Unterhaltung wieder ein, die ich während der Vorbereitungen zu meiner Reise geführt hatte. Ich hatte in Dorset einen Mann halb chilenischer, halb britischer Abstammung namens Tony besucht, dessen Vorfahr José Miguel Carrera gewesen war, eine der einflussreichsten Persönlichkeiten der Unabhängigkeitsbewegung und Spross einer alten aristokratischen Familie. Während wir seine Fasane draußen fütterten, sinnierte Tony: »Wissen Sie, es ist schrecklich schwierig, gleichzeitig Chilene und Brite zu sein. Ich fühle mich wie zerrissen, und es gibt keine Verbindung zwischen meinen beiden Hälften.« Bei meiner Ankunft hatte er Pfeife ge-

raucht – wie ein englischer Bilderbuch-Gentleman. Nach einer Stunde wandte sich die Unterhaltung der chilenischen Geschichte und Bernardo O'Higgins zu, einem anderen Helden der Unabhängigkeitskämpfe, dessen Beziehung zu Carrera sich zu einer öffentlichen Auseinandersetzung entwickelte. 1821, auf dem Höhepunkt der Unruhen beim Kampf um die Selbstbestimmung, wurde Carrera hingerichtet, wie schon seine zwei Brüder vor ihm. Tony sprang von seinem Stuhl auf und wanderte durch die Küche, fuchtelte mit den Armen und erzählte mir, dass seine Familie an O'Higgins' Geburtstag zum Schlachthof zu gehen pflegte, um einen Eimer Blut zu kaufen, den man über sein Denkmal kippte. »Und selbstverständlich«, fügte er hinzu, während er sich einen strammen Scotch einschenkte, »käme niemand von uns auf die Idee, die O'Higgins-Briefmarke richtig herum auf einen Brief zu kleben.«

Wir saßen im Sand und beobachteten ein Pelikanpärchen, während Rafo Zitronen ausdrückte, um Pisco Sour zu mixen. Er hatte *locos* gefangen, die eine der Frauen in Meerwasser kochte und mit offenen Schalen servierte. In Asien hatte ich schon einmal Abalone gegessen, aber auf den nussig-süßen Geschmack der *locos* war ich trotzdem nicht vorbereitet. Ich verstand jetzt, warum sie eine so wertvolle Beute waren. Während wir tüchtig zulangten, erzählte Rafo, dass er Schriftsteller sei und dass er während der Diktatur meist im Exil gelebt habe. Obwohl er keiner Partei angehörte, hatte er Allende lange Jahre öffentlich unterstützt und in den ersten Monaten gegen die Militärregierung protestiert. Für Schriftsteller in Chile war es schwierig, apolitisch zu sein. José (bekannt als Pepe) Donoso, einer der bekannteren zeitgenössischen Autoren und Mitglied einer Gruppe, die sich in den 60er- und 70er-Jahren zusammentat, als der lateinamerikanische Roman »internationalisiert« wurde, sagte, dass »berechtigtes politisches Engagement literarisches Engagement auf den zweiten Platz verweist«. Insgeheim wurden diejenigen, die Chile freiwillig verließen, für Verräter gehalten. Donoso sagte auch, dass südamerikanische Literaturkritiker »einem Emigranten selten vergeben«. Ich fragte Rafo, ob er auch der Ansicht sei, dass Intellektuelle getrennt würden in jene, die geblieben, und jene, die gegangen seien.

»Aber sicher, und die eine Gruppe will mit der anderen nichts zu tun haben. Sie denken, wir hätten uns gedrückt, und wir denken, wir hätten im Exil mehr gelitten. Das war eine der perfidesten Waffen des Regimes, verstehst du, uns gegeneinander aufzuhetzen. Nicht direkt, sodass man den Finger darauf hätte legen können, sondern mehr hintenherum. Das hat uns daran gehindert, unsere Kräfte zusammenzutun.«

»Könntet ihr euch jetzt nicht wieder näher kommen?«

»Das braucht seine Zeit. Wie bei einem Körper, der sich von einem schweren Trauma erholen muss. Wie auch immer, einige von uns – ich zum Beispiel – sind der Auffassung, dass wir damals unsere kreativste Zeit hatten – potenziell natürlich –, und die ist verloren. Das Problem ist«, fuhr er fort, »dass du immer Emigrant bleibst, auch wenn du wieder zu Hause bist. Es wird zu einer Geisteshaltung. Im Kopf bist du Emigrant. Ewigen Reisenden geht es meist auch so.«

Er schenkte mir noch einen Drink ein.

»Tja, man muss nicht unbedingt irgendwohin auswandern, um diese ständige Entfremdung zu spüren. Vielleicht ist das mentale Exil sogar das Schlimmste.«

Am nächsten Morgen nahm uns ein Fischer mit zu einem unbewohnten Inselchen, das wir vom Zelt aus erspäht hatten. Wir verstauten das Zelt, den Gaskocher, Brot, Wein und 20 Liter Wasser im Boot, und die anderen Fischer unterbrachen das Ausbessern der Netze und Boote, um uns in tieferes Wasser zu schieben. Die Fahrt dauerte 20 Minuten, und der Bootsbesitzer, der uns an einem langen weißen Strand absetzte, vereinbarte mit uns, uns am nächsten Tag bei der Rückkehr vom Fang wieder abzuholen. »Hoffentlich denkt er auch dran«, unkte Pepe, während wir ihm nachwinkten.

Wir hatten unsere Insel schnell erkundet. Es gab viele Kaktusfrüchte, schwarze Eidechsen, Walknochen und Tölpel, die in den Klippen nisteten. Wir bauten das Zelt wieder auf und fingen mit einer Nylonschnur und Brotkrumen ein paar Fische. Die Tölpel beäugten uns dabei misstrauisch.

Im Wein war Sand. Es war immer Sand im Wein; Sand auch in all unseren Taschen, in unseren Ohren und in fast allem, was wir aßen. Sand war ständig um uns herum, es fiel uns schon gar nicht mehr auf. Wir verzehrten den Fisch unter einem opalblauen Himmel, an dem langsam die Sonne unterging, und fühlten uns auf unserer Privatinsel wie Könige.

Nach dem Essen war es noch warm genug, um draußen liegen zu bleiben. Das Meer wurde von einer leichten Brise gekräuselt wie ein Weizenfeld. Es war unbeschreiblich friedlich. In jenem Augenblick gab es keine Trauer um die Vergangenheit und keine Sorge um die Zukunft; ich hätte alles hinter mir lassen können, um den Rest meines Lebens auf dieser Insel zu verbringen – außer vielleicht den Plastikbecher voll Wein in meiner Hand.

Als ich Pepe diesen Gedanken ins Spanische übersetzte, sagte er: »Dann tu's doch. Ändere dein Leben.«

Für ihn war das Leben ganz einfach, nicht etwa weil er unfähig gewesen wäre nachzudenken, sondern weil er seiner Ansichten so sicher war, dass er sich mit anderen Meinungen gar nicht mehr auseinander setzte. Schließlich erzählte er mir von seiner Jugend. Er wuchs während der Diktatur auf. Er gestand, dass er sich wie gelähmt fühle, wenn er an die frühen Jahre dachte, und erzählte lange Geschichten von seinem Onkel, den er sehr liebte und der »verschwunden« war.

»Ich glaubte immer, er würde eines Tages einfach wieder durch die Tür kommen. Sie hat uns ausgelaugt, diese Ungewissheit, bis auf die Knochen, als hätte man uns in eine langsam wirkende Säure gelegt.«

Ihm zuzuhören, wie er den Schmerz beschrieb, den ein Verschwinden auslöst – möglicherweise der brennendste Schmerz von allen –, war, als müsste man Stacheldraht schlucken.

»Weißt du, auch Leere hat eine Form. Sie existiert.« Die ganze Familie hatte acht Jahre lang mit der Angst gelebt, dann erst war ihnen der Tod des Onkels bestätigt worden. Jeder ist aus dieser für Südamerika so düsteren Zeit stark verändert hervorgegangen.

»Manchmal kommt es mir so vor, als hätte ich seither nichts mehr richtig gesehen«, schloss er.

Der Fischer hatte uns nicht vergessen. Als er uns abholte, fragte er, ob wir Vampire gesehen hätten. Ich hielt das zunächst für einen Scherz und war ganz entsetzt, als ich feststellte, dass er die Frage durchaus ernst gemeint hatte.

»In den Höhlen da oben leben Vampirfledermäuse«, erklärte der Fischer. »Sie kommen an der ganzen hiesigen Küste vor und ernähren sich von Tierblut – hier gibt es ja nur Seelöwen. Aber Sie brauchen keine Angst zu haben – normalerweise greifen sie keine Menschen an.«

Auf der Rückfahrt fuhren wir noch an der Insel Choros vorbei, der größten der drei Inseln vor der Küste. Dort lebte eine kleine Kolonie Humboldt-Pinguine. Sie standen in einer Reihe, wie Priester, die bei einer Synode ihre Stimme abgeben müssen. Ich hatte Pinguine bisher nur im Zoo gesehen. Ein Stückchen weiter, im unwegsamen Felsgelände, lagen etwa 100 Seelöwen mit ihren speckigen Hälsen und ausdruckslosen Gesichtern. Sie heulten und grunzten, und ihr Geruch war atemberaubend. Solange sie an Land blieben, sah es aus, als hätten sie ein haselnussbraunes, kurzes Fell, aber wenn sie nass wurden, wirkten sie schwarz und glitschig wie Gummireifen. Die jüngeren Bullen hatten sich zusammengeschart und saßen etwas entfernt von den anderen auf einer hohen Felsbank. Und an einer Rinne, aus der das Wasser spritzte, räkelte sich der Patriarch der Herde, einsam und unergründlich. Er war etwa so groß wie ein kleiner Elefant, hatte einen besonders langen Bart und Falten um die Augen, die wirkten, als trüge er eine Brille.

Rafo wartete am Strand, als wir anlegten. Die Fischerboote kamen auch gerade vom Fang zurück. Pepe kaufte haufenweise Mu-

scheln, aber ich traute mich nicht, rohe Schaltiere zu
ich Angst vor Cholera hatte. Rafo versuchte, mich zu i
»Schau, das Meer hier ist sauber. Nur in der Nähe d
zentren sind die Schaltiere verseucht. Was hier aus dem
gezogen wird, kann unbedenklich gegessen werden.«

Die Fischer, die sofort von Katzen umringt wurden, begannen, große Fische wie die fetten Regenbogenforellen auszunehmen. Rafo, seine zwei Freundinnen, Pepe und ein kleiner Junge benutzten ein kieloben liegendes Boot, um darauf Muscheln zu knacken. Sie lösten den Körper von den zähklebrigen Muskeln, gaben einen Spritzer Zitrone auf das perlmuttfarbene Fleisch, schluckten es hinunter und spülten mit Bier nach. Zurückhaltung war noch nie meine Stärke, also machte ich einfach mit.

Auf einem langen Spaziergang durch die rot geblümten Dünen kamen wir am nächsten Tag an dem viel besprochenen Projekt vorbei, das Wasser aus dem *Camanchaca*-Küstennebel gewinnen soll. Der Nebel entsteht durch das kalte Oberflächenwasser des Humboldtstromes, durch das sich die warme Luft abkühlt und kondensiert. Um diese kondensierte Luft aufzufangen, waren zwischen Masten auf einer Hügelspitze vorhangähnliche, dicke, schwarze Netze gespannt und darunter halbierte Abflussrohre gelegt, die das Wasser auffangen sollten.

Wir hatten geplant, an dem Tag abzureisen, und wir fuhren auch los, aber da war es schon so spät, dass wir unser Zelt ein paar hundert Meter von der Panamericana entfernt in der Steppe aufschlagen mussten. Sobald die Sonne unterging, sank die Temperatur so drastisch, dass man das Quecksilber in einem Thermometer hätte fallen sehen können. Wir konnten die Hand vor Augen nicht sehen, und das Zelt wurde in der Nacht umgeweht. Bei der Rettungsaktion verletzte ich mich an einem Kaktus, und eine Stichwunde am Arm entzündete sich später.

Als wir an einem Schild vorbeikamen, das das Verlassen der vierten Region anzeigte, schimpfte Pepe über die phantasielose Durchmmerierung des Landes, die den Bürokraten zu verdanken war, die Chile 1977 in 14 Regionen eingeteilt hatten. Ich erinnerte mich, dass wir uns in Bristol auch aufgeregt hatten, als »Avon« erfunden wurde. Das schien uns nichts anderes als die Erfindung von Beamten, ohne Charakter, Bedeutung oder Geschichte. Aber es war immer noch besser als »Region vier«.

Auf der Reise nach Norden kam ich mir vor wie ein Lachs, der in der falschen Richtung den Fluss hinaufschwimmt. Hier gab es Bergketten, die die Anden und die Küstenkordillere verbanden, wie die Sprossen einer Leiter. Das kam uns aber sehr gelegen, denn wir hatten kaum noch Benzin und ließen den Wagen bergab rollen. In Copiapó, einer Stadt am Rande der Wüste, die durch den Bergbau groß geworden war und immer noch gedieh, tankten wir wieder auf. Pepe beschrieb die Stadt als reich, gefährlich und voll mit Kokain. Die erste Messe auf chilenischem Boden wurde in diesem Tal gelesen, als Diego de Almagro 1535 einritt.

In Caldera, einem hässlichen Dorf, berührt die Panamericana wieder die Küste. Hier war gerade eine Obstverladerampe fertig geworden, Männer gossen Eisenerz in einen Trichter: Im Landesinnern gab es überall Mineralerzablagerungen. Das Dorf besaß eine Holzkirche mit einem gotischen Turm. Irgendetwas daran kam mir bekannt vor, und später fand ich heraus, dass sie von englischen Zimmerleuten erbaut worden war, die an der Eisenbahnlinie gearbeitet hatten.

In jener Nacht kampierten wir im Pan-de-Azúcar-Nationalpark, allerdings durften wir unser Zelt nur auf dem dafür vorgesehenen Platz aufschlagen. Dieser von einer roten Ziegelmauer abgetrennte Teil war nur 20 Meter vom Meer entfernt, und außer uns war niemand da. Am Morgen fuhren wir mit einem Fischer hinaus, der zu der kleinen Gemeinschaft gehörte, die noch im Park lebte. Die Ureinwohner der Gegend waren die Chango (wahrscheinlich Urgroßeltern unseres Begleiters), nomadisierende Fischer, die Schutz gesucht hatten an den steinigen Abhängen der Zuckerhut-Insel – der *pan de azúcar* – in der Bucht. Auf der Insel, wo sich die südamerikanischen Pelzrobben drängten, studierte die CONAF die Brutgewohnheiten der Humboldt-Pinguine, die hier in der größten Kolonie des Landes lebten.

Am nächsten Tag sammelten wir Scheidenmuscheln und wuschen unsere Kleidung im Meer. Ich hatte ein umweltschonendes Waschmittel speziell für Wäsche im Meer dabei, mit dem ich mich auch selbst einseifte. Die Kälte und das Salz konnte man ja noch ertragen, aber schlimm waren die Kormorane und die grauen Möwen, die mich lauernd umkreisten. Auch ein Pazifischer Seeotter paddelte vorbei, sein Baby umklammerte seinen Hals, und sein langer Rücken ragte aus dem Wasser wie der des Ungeheuers von Loch Ness.

Ich drängte darauf, das Innere des Parks zu erkunden, aber Pepe war ungewöhnlich zurückhaltend, was einen längeren Ausflug anbetraf, denn das Terrain war nicht ungefährlich, auch wenn man Vierradantrieb hatte. In der Abenddämmerung kletterte ich zu den CONAF-Büros oben auf der Klippe und brachte den freundlichen Oberaufseher dazu, uns für den nächsten Tag einen Führer zur Verfügung zu stellen.

Früh am Morgen fuhren wir los, begleitet von einem Ranger, der schon zehn Jahre im Park arbeitete. Der steinharte Boden war übersät mit Kakteen. Es gab hunderte der verschiedensten Arten, manche waren größer als wir, andere kleiner als unser kleiner Finger, manche waren plump, andere zart, manche weich und andere warzig. Am häufigsten kamen die *copiapoa* vor, die wohl zu zehntausenden wuchsen: niedrige, kugelige Kakteen mit faltigem Fleisch und schlaffen runden Früchten, die am Scheitel ein kleines Loch haben, aus dem eine gelbe, wachsartige Blüte sprießt.

Wir fuhren über Ebenen, Wasserrinnen und vulkanische Geröllhalden, durch getrockneten Schlamm und bis an den Rand der Klippen. Die Guanakos legten die Ohren an und machten sich aus dem Staub. Guanakos können in Gegenden leben, in denen niemals ein Tropfen Regen fällt. Sie fressen Pflanzen, die den Küstennebel absorbieren, und Kaktusfrüchte, die in weichen weißen Hüllen auf dem Boden lagen und aussahen wie Tennisbälle. Die Aufseher der CONAF lassen sich ihr Wasser von Tankwagen bringen. Langstielige zartlila und gelbe Wüstenblumen wiegten sich im Wind, in dieser kargen Landschaft wirkten sie besonders verletzlich, und plötzlich sahen wir in der Ferne auch einen breiten orange-roten Streifen. Aber der *camanchaca* schlich sich vom Meer herein, als wir darauf zufuhren, und hüllte alles in einen undurchsichtigen weißen Schleier.

Wir hatten beschlossen, nicht noch weiter nach Norden zu fahren, da wir auf der Rückfahrt übernachten wollten. Ein paar Schaltiertaucher, die in ihren nassen Sachen am Ufer zusammenstanden und sich unterhielten, winkten uns hinterher. Wir fuhren südlich bis Bahia Inglesa – der Name des Dorfes erinnert an den englischen Piraten Edward Davis, der 1687 mit seiner *Bachelor* hier anlegte. Die Reiseführer wiesen alle auf einen »englischen Pub« im Dorf hin, und ich war jetzt schon lange genug von zu Hause fort, um mich nach so etwas zu sehnen. Aber wir konnten diesen geheimnisvollen Pub nicht finden, und er schien auch nie existiert zu haben – obwohl er auf zwei meiner Karten eingezeichnet war und das »Handbuch Südamerika« nicht nur die verschiedenen Angebote (Darts, Domino, Pints ...), sondern auch Name und Adresse der englischen Besitzer auflistete.

Ich klopfte an die Tür des Hauses, in dem eigentlich der Pub sein sollte. Keine Reaktion. Wir fuhren wieder aus dem Dorf heraus, an ein paar Campern vorbei, bis wir an einen Strand mit den Ausmaßen eines kleinen Nationalparks kamen, wo wir unser Zelt aufschlugen. Pepe ging los, um Fischer und Schaltiere aufzutreiben, und kam eine Stunde später mit *locos* und Krabben zurück. Mich zog es zurück zu dem nicht vorhandenen britischen Pub. Diesmal öffnete eine große, attraktive Frau die Tür des blau gestrichenen Holzhauses, und ich fragte, ob sie die Besitzerin dieses Geisterpubs sei.

»Ja, wir sind gemeint«, antwortete sie mit einem Akzent, der nicht englisch war. »Ich hole mal meinen Mann.« Aber noch bevor sie sich umgedreht hatte, schoss eine Art Höhlenmensch aus dem Haus und baute sich direkt vor mir auf.

»Ja?«, fragte eine Stimme aus einem langen Bart.

»Hm, ich suche nach dem englischen Pub und wollte wissen, ob...«

»Mein Gott, Sie sind Engländerin!«

Das hörte sich an, als käme ich von einem anderen Stern.

Wie sind Sie bloß hierher gekommen?

Er erwartete gerade seinen Rechtsanwalt, deshalb verabredeten wir uns für später; ich würde sie abholen, denn sie wollten lieber zu unserem Zelt kommen, als sich irgendwo im Dorf mit uns zu treffen. Ich kehrte triumphierend zu Pepe zurück, der sich mit den *locos* und einer Scheuerbürste im unruhigen Meer abmühte.

Der Höhlenmensch hieß Tom Clough, früher war er Posaunist in London. Als ich wiederkam, um ihn mitzunehmen, schleppte er eine große braune Kiste herbei.

»Ich habe eine Überraschung für Sie«, kündigte er an.

Es handelte sich um eine Kiste Bateman's Triple X, die er mitsamt stilechtem Flaschenöffner und Biergläsern importiert hatte. Ich war begeistert, mit so einem Anblick hätte ich an einem heißen, windigen Strand in einer Gegend, die Tom die »dunkelste Ecke der dritten Region« nannte, nie gerechnet.

»Ist das Bier?«, fragte Pepe, als wir uns vor dem Zelt zuprosteten.

Tom war vor einigen Jahren durch eine Liveübertragung im Radio in Großbritannien zu zweifelhaftem Ruhm gelangt, damals spielte er im Symphonieorchester der BBC, das ein neues Stück von Edward Cowie vorstellte. Er war erster Posaunist, aber leider auch besoffen; und als der ehrfürchtige BBC-Sprecher seine Moderation mit den Worten schloss: »Dies war die erste Aufführung«, rief eine Stimme aus dem Orchestergraben: »Und die letzte!« Ich hatte im *Guardian* davon gelesen (das war der Traum eines jeden Musikkritikers). Als man ihn zur Rede stellte, leugnete Tom so lange, bis man ihm seine Stimme auf Tonband vorspielte. Trotzdem behielt er seine Stelle.

Da ein kalter Wind vom Meer hereinwehte, machten wir im Zelt den Gaskocher an, und Pepe, der durch nichts zu erschüttern war, holte noch ein paar Schaltiere hervor, während Tom uns die Geschichte des »English Pub« erzählte.

»Wir hatten alles gut durchdacht, wir kauften das Haus und importierten das Wichtigste aus Großbritannien – dann ließen wir ein großes Wirtshausschild mit Mrs. Thatchers Konterfei malen, besorgten Schirme für den Biergarten und was sonst noch nötig war, und einigten uns mit Bateman's wegen des Exklusivvertriebs von Triple X. [Er war Gründungsmitglied der CAMRA, einer Vereinigung von Bierbrauern.] Unsere Pläne waren bescheiden; Zielgruppe sollten die Ortsansässigen sein.«

Er machte noch vier Flaschen Bateman's auf.

»Als wir uns hier niederließen, wurden wir begeistert empfangen – alle luden uns ein oder kamen vorbei. Dann handelten wir mit dem Bauunternehmer zwei Häuser weiter einen Vertrag aus, der den Umbau des Hauses und den Anbau der zwei Schlafzimmer für das ›Bed & Breakfast‹-Angebot regeln sollte. Für den Gerüstaufbau an der Vorderseite zahlten wir ihm ein erkleckliches Sümmchen – das hatten wir vertraglich so ausgemacht. Dann fing der Ärger langsam an. An dem Tag, an dem wir die nächste größere Zahlung leisteten – sonst wären wir vertragsbrüchig geworden –, stoppten die Behörden die Bautätigkeiten, denn sie waren illegal. Zwei Nachbarn klagen gegen uns, weil der Bauunternehmer ihre Hauswände beschädigte. Unser Geld bekommen wir nicht zurück – wir warten natürlich auf ein Gerichtsurteil, aber das kann fünf Jahre dauern, und bis dahin dürfen wir die Schäden nicht beheben lassen. Jetzt können wir also weder vor noch zurück, wir haben einen offenen Kanal im Hof, und unser Geschäft ist ruiniert. Man hat uns von Anfang an belogen. Keiner spricht mehr mit uns. Wir sind vollkommen isoliert – ihr könnt euch das nicht vorstellen.«

Selbst der Architekt war angeblich total inkompetent. Die Geschichte ging weiter mit anonymen Telefonanrufen und wies mittlerweile alle Anzeichen eines persönlichen Rachefeldzuges auf. Tom und Teresa (sie war Bolivianerin) sagten, dass ihnen noch niemals so grausame Menschen begegnet seien.

»In Bolivien haben wir so viele Revolutionen gehabt, dass das schon niemanden mehr aufregt. Aber hier – so eine Paranoia habe ich noch nie erlebt.«

Wir sollten am nächsten Morgen vor unserer Abreise zum Frühstück kommen. Es gab echten Kaffee, nach dem ich geradezu süchtig bin und der mir hier sehr fehlte. Ich konnte überhaupt nicht begreifen, warum er Chilenen anscheinend nicht schmeckte, wo doch die größten Kaffeeproduzenten den Kontinent mit ihnen teilten. Sogar die besten Restaurants in Santiago boten einem Nescafé an, wobei sie sich von den weniger guten Häusern nur darin unterschieden, dass sie das Pulver in einer kleinen Silberschale reichten und somit den Gast zur Selbstbedienung aufforderten.

Es war Sonntag, und im Dorf war es noch friedlich; als wir abfuhren, waren nur die Stimmen der paar Arbeiter zu hören, die einen Hotelkomplex in der Hauptstraße purpur strichen. In Santiago wird oft der Begriff »Yuppie« gebraucht, um die Leute zu beschreiben, die in Bahía Inglesa Urlaub machen. Sie fallen aber nur im Februar in das Dorf ein. Der chilenische Sommer ist erstaunlich kurz – und auch eher eine Einstellungssache als eine Jahreszeit. Im Dezember und Januar hatte ich häufig sagen hören: »Wenn der Sommer kommt...«, wo ich als dumme *gringa* glaubte, der Sommer sei längst da.

Tom und Teresa winkten uns so lange nach, bis wir in einer Südkurve verschwanden.

»Manchmal«, hatte Teresa geklagt, »fällt es einem sogar schwer aufzustehen.«

Nach Copiapó machten wir einen Umweg in ein fruchtbares Tal mit hunderten von Weingärten, wo Millionen der frühesten Trauben schon auf Stoffstreifen lagen und zu Rosinen trockneten. In einem Weingut hielten wir an, und nach ein paar Minuten tauchte ein Mann auf. Als Pepe fragte, ob wir einige Trauben kaufen könnten, ging der freundliche Mann unter das Spalier und schnitt ein paar purpurrote Bündel ab. Wir bezahlten mit Schaltieren, die wir vom Meer mitgebracht hatten. Neben dem Weingut stand ein Haus mit zerbrochenen Fenstern, einer Veranda und einer hölzernen Aussichtsplattform, mit kleinen dorischen Säulen rundherum. Von hier aus konnte man eine der schönsten Kirchen Chiles sehen. Sie hatte einen Giebel, kannelierte Säulen und einen sechseckigen Holzturm, aber hinter der Fassade, die einsam aufragte, war alles zusammengebrochen, sodass man sich vorkam wie auf einem Filmset. Hinter einem Jacarandabaum kam eine Frau hervor, und als Pepe unsere Bewunderung für das Haus zum Ausdruck brachte, bat sie uns herein. Es war um einen Hof voller Aloe Vera herum erbaut und ursprünglich die *casa patronale*, das Herrenhaus, aber die Besitzer waren 1942 enteignet worden, als Chile wieder einmal eine Landreform versuchte, bei der der Besitz in kleine Parzellen aufgeteilt wurde. In der Eingangshalle stand ein Telefon aus Olivenholz, an dem die Klingel noch funktionierte.

Die Frau fragte mich nach meinem Namen.

»Ah! Sarah Ferguson!«

Die Begeisterung der Chilenen für das britische Königshaus war mir schon aufgefallen. Dieses Phänomen begegnete mir auf der ganzen Welt. Am Tag der königlichen Hochzeit 1981 stand ich als Anhalterin am Straßenrand, um vom See Genezareth an die libanesische Grenze zu kommen (ich hoffte, das sei weit genug weg), und ein israelischer Armeeoffizier las mich auf. Sobald er erfuhr, wo ich herkam, sagte er, ich sähe aus wie Lady Diana. Man müsste sich schon ziemlich anstrengen, um eine Kaukasierin zu finden, die weniger Ähnlichkeit mit Prinzessin Diana hat als ich – aber so wurde mir immerhin bewusst, wie sehr doch das Großbritannienbild von der königlichen Familie geprägt wird.

Viel weiter oben im Tal, in den Überresten einer Schmelzstätte der Inkas, standen wir auf der Plattform des Häuptlings, die von der Sonne angestrahlt wurde wie von Scheinwerfern. Unter uns breiteten sich von Kupferablagerungen grün verfärbte Bergketten aus. Hier hatte sich nicht viel verändert seit der Ankunft der Inkas, die unter ihrem Führer Topa Inka in der zweiten Hälfte des 15. Jahrhunderts aufgetaucht waren. Sie kamen ungefähr bis zur Mitte des Landes und unterwarfen die Aymara und wahrscheinlich auch andere Völker. Aber obwohl sie Tributzahlungen erhielten und die meisten Stämme des Nordens und der Mitte beeinflussten, war ihre Macht beschränkt und ihre Bedeutung für die zukünftige Entwicklung des Landes und seiner Menschen minimal.

Dies war unser letzter Halt vor der langen Rückreise ins Elqui-Tal, und deshalb ließen wir uns Zeit, um das Ende noch ein wenig hinauszuzögern. Am nächsten Tag musste ich Rocky zurückbringen und nach Santiago fahren, meiner Basis in der Mitte. Ich würde Pepe später wieder sehen, wenn auch er wieder dorthin kam. Ich konnte kaum glauben, dass ich die Hälfte schon geschafft hatte.

Pepes Schwester war mit ihrer Familie bereits nach Santiago zurückgekehrt, und das Wochenendhaus im Elqui-Tal stand leer. Ich war sehr müde, deshalb ging ich, sobald wir Rocky ausgeladen und die zwei letzten Krabben verspeist hatten, ins Bett. Ich hatte gerade die Kerze ausgeblasen, als zehn Hippies ins Haus trampelten, die laut die Erkennungsmelodie von Mr. Men pfiffen. Es waren Freunde von Pepe aus Santiago, und sie hatten sich schon das ganze Wochenende im Haus aufgehalten. Wir befanden uns schließlich im Elqui-Tal.

Kapitel fünf

saldremos para negarte el pan y el agua
saldremos para quemarte en el infierno

Brechen wir vor, dir zu verweigern Wasser und Brot,
brechen wir vor, dich zu verbrennen in Höllenglut.

Pablo Neruda, an die Adresse der Vereinigten Staaten,
in »Canto general«, 1950*

Lateinamerika erging es wie einem Kind:
Man wollte es wohl sehen, aber nicht hören.

Seymour M. Hersh, »Kissinger: the Price of Power«

Ein Buch, das man auf einer Reise liest, fällt einem oft zusammen mit den Urlaubserinnerungen wieder ein. Als ich in den Bus nach Santiago stieg, hatte ich gerade drei Romane der chilenischen Schriftstellerin Isabel Allende gelesen, von denen einer noch überladener war als der andere, deshalb wandte ich mich jetzt dankbar einer Ausgabe von »Herz der Finsternis« zu, die in meiner Reisetasche schon Eselsohren bekommen hatte.

In Santiago wurde ich wieder von Simon und Rowena aufgenommen, die so taten, als sei es ganz normal, dass wildfremde englische Frauen in abgerissenen Klamotten plötzlich auf ihrer Schwelle stehen. Beatriz, die freundliche Haushaltshilfe, nahm Rowena zur Seite.

---

* Übersetzt von Erich Arendt, aus: Neruda, Pablo, Der große Gesang. Berlin/DDR, 1953. – Anm. d. Übers.

Beatriz (verschwörerisch): »Ich habe Miss Saras Sachen Vorwäsche in die Maschine gesteckt. Sie rochen.«
Rowena (forsch): »Nun, das wundert mich nicht. In den letzten zwei Monaten hat sie entweder in den Bergen gelebt oder am Strand kampiert.«
Beatriz (geschockt): »Sie hat doch wohl nicht allein gezeltet?«
Rowena: »Nein, sie hat einen Chilenen getroffen, der mit ihr gereist ist.«
Beatriz (entsetzt): »Ich verstehe.«

Nachdem ich zum ersten Mal in zwei Monaten wieder ordentliche Sachen angezogen hatte, besorgte ich mir einen Besuchstermin in La Chascona, dem einstigen Wohnsitz von Pablo Neruda – Heroe der modernen chilenischen Literatur und bekanntester südamerikanischer Dichter überhaupt. Außerdem war er Kommunist, Diplomat und erklärter Genussmensch; seine Wurzeln lagen im grünen und fruchtbaren Süden, und er sagte von sich, dass er die Sprache der Wüste nicht verstehe. Als er kurz nach dem Militärputsch starb, behaupteten seine Anhänger gern, sein Herz sei gebrochen, aber in Wirklichkeit hatte er Prostatakrebs. Das Haus wurde nach seiner großen Liebe und letzten Ehefrau, Matilde Urrutia, »Frau mit verwuscheltem Haar« genannt. Nach dem Tod ihres Mannes wurde sie zur Ikone jener Generation linker Schriftsteller, die Neruda wie einen Gott verehrt hatten; Pepe Donosos Roman »Die Toteninsel« zum Beispiel handelt von ihrer Beerdigung.

La Chascona liegt am Ende einer ruhigen Sackgasse am Fuße des San-Cristóbal-Hügels im Herzen der Stadt. Einer seiner Jünger von der Pablo-Neruda-Stiftung führte mich herum, ein leidenschaftlicher Mann mit festen Ansichten, der alles über den Meister wusste. Neruda suchte sich das Grundstück 1953 aus, und alle erklärten ihn für verrückt, weil es am Abhang des Hügels lag und somit seiner chronischen Venenentzündung nicht gut bekam. Entstanden war weniger ein Haus als eine Ansammlung kleiner

Gebäude, die sich auf mehreren Ebenen um einen unregelmäßig geformten Hof scharten. Das Ganze war in erster Linie ein Denkmal seiner obsessiven Sammelleidenschaft. Neruda pflegte sogar seine Freunde einzuspannen, wenn er glaubte, dass sie in der Lage seien, ihm bestimmte Dinge zu beschaffen – und er vergaß es nie, wenn sie ihn enttäuschten. Unter anderem besaß er Sammlungen von Gläsern (seiner Meinung nach schmeckte sogar Wasser aus farbigen Gläsern besser), Schiffseinrichtungen, Belle-Époque-Postkarten, Briefbeschwerern – und natürlich Büchern. An der Wand der Bibliothek hatte er vier Porträts seiner literarischen Vorbilder aufgehängt: zwei von Whitman und je eins von Rimbaud und Baudelaire. Trotz der Fülle der Kunstgegenstände aus der ganzen Welt hatte das Haus doch ein einheitliches Thema: Nerudas Liebe für das, was er das »dünne Land« nannte.

Er war ungemein gesellig. Überall gab es Bars, und der Esstisch hatte riesige Ausmaße. An den Wänden hingen die Werke bekannter chilenischer Künstler, allesamt mit freundlichen Widmungen versehen. Darunter waren auch zwei großformatige und ausgesprochen schöne Bilder seiner zweiten Frau Delia del Carril, einer Argentinierin, die 20 Jahre älter war als Neruda. Er traf sie 1934 und verließ sie 21 Jahre später wegen einer sehr viel jüngeren Frau.

Im Wohnzimmer lehnten drei Puppen an der Wand. Neruda nahm sie immer mit ins Bad, wenn er in die Wanne stieg. Als man ihn nach dem Grund fragte, antwortete er, dass er gern in Gesellschaft schöner Frauen bade. Der Führer hielt das für einen besonders gelungenen Witz.

Wenige Tage nach dem Putsch drangen Soldaten in La Chascona ein und verwüsteten es. Kurz darauf starb der Dichter im Krankenhaus, und man brachte seinen Leichnam für die Totenwache zurück in sein geschändetes Heim. Als ich abfuhr, stellte ich mir vor, wie die Straße während dieser Totenwache ausgesehen haben mochte – verwirrte und bestürzte Trauernde neben Pinochets Truppen.

Die Seilbahn, die auf den San Cristóbal führte, war so nah, dass ich beschloss, sie zu benutzen. Sie zählte zu den großen Touristenattraktionen der Hauptstadt. Auf dem Gipfel befand sich seit 1908 eine riesige Madonnenstatue. Scheußlich. Alles dort oben war einfach scheußlich, angefangen bei den Andenkenbuden – die Souvenirs waren nicht einmal typisch chilenisch, sondern es gab den üblichen, weltweit verbreiteten, unausrottbaren Kitsch – bis hin zum smogverhangenen Blick auf diesen Moloch von Stadt. Selbst die Andensilhouette war kaum sichtbar, als wäre es der Stadt gelungen, sie auch noch verschwinden zu lassen.

Je besser ich Santiago kennen lernte, desto öfter hielt ich mich bei den *marisquerías* (Fischlokalen) des Zentralmarkts auf, wo ich, nachdem ich einen Berg Schaltiere und ein Glas Weißwein zu mir genommen hatte, ungestört an meinem gedeckten Tischchen sitzen und auf die nassen Theken gucken konnte, auf denen sich glänzende exotische Fische häuften, für die es im Englischen gar keinen Namen gibt, daneben massenweise Langustenschwänze und stachlige Seeigel. Männer mit schwarzen Kappen bearbeiteten riesige Hackbretter mit ihren Macheten, andere, eingehüllt in weiße Stiefel und wadenlange weiße Gummischürzen, schoben Karren in den Gängen herum. Straßensänger unterhielten die Besucher des Lokals mit Volksliedern von Violeta Parra, und die Kellnerin redete mich mit einem südamerikanischen Kosewort an. Ein paar Angestellte liefen in Anzügen herum, aber sonst regierte im *mercado* noch die alte Schule: Pomade im Haar, Strickweste und Einkaufstasche mit Henkel. Ich gewöhnte mir sogar an, ein Löffelchen Meerwasser von den Schaltieren in meinen Wein zu träufeln.

Eines Abends nahmen Rowena und Simon mich mit zu einer »Gastarbeiterparty«, bei der ich einen britischen Bergbauingenieur kennen lernte. Wir standen auf dem ordentlichen Rasen herum, aufmerksame Kellner reichten uns diskret die Tabletts mit den delikaten Häppchen, und der Ingenieur erzählte mir, dass er beiläufig gefragt worden sei, ob er für Chile Kricket spielen wolle, weil die Chilenen nicht genug Leute für eine Mannschaft zusammenbringen konnten. Vier Australier hatten schon zugesagt. Das Team war nur aufgestellt worden, weil Brasilien die nicht existierende chilenische Mannschaft zu einem Länderspiel eingeladen hatte – der Ingenieur würde also am nächsten Tag nach São Paulo fliegen.

Ich verbrachte ein paar nette Abende mit Germán Claro, dem quirligen Aristokraten mit dem Haziendahotel, den ich schon am Ende meiner ersten Woche in Chile getroffen hatte. Er hatte sich in den Kopf gesetzt, mir Zugang zu Orten zu verschaffen, die ich offiziell eigentlich nicht zu Gesicht bekommen durfte, und es war ihm gelungen, für mich eine Privatführung durch die Moneda, den Präsidentenpalast im Herzen der Stadt, zu arrangieren.

»Find ich toll, dass sie jeden hergelaufenen Ausländer hereinbitten, uns aber draußen vor der Tür stehen lassen«, nörgelte Pepe, der wieder in Santiago war. »Einige unserer wichtigsten Kulturgüter sind da drin – ich würde auch gern mal einen Blick drauf werfen.«

Ich fand das ebenfalls nicht fair, deshalb senkte ich verlegen den Blick. Dann fiel mir ein, dass ich ihn einfach mitnehmen könnte.

»Du könntest mich in irgendeiner Funktion begleiten«, schlug ich vor.

»Als Fotograf!« Er war begeistert.

»Hast du denn eine Kamera?«, zögerte ich.

»Natürlich.«

Es stellte sich heraus, dass es sich bei der Kamera um eine ostdeutsche Instamatic handelte, die *mindestens* 15 Jahre auf dem Buckel hatte. Ich konnte mir nicht verkneifen, laut darüber nachzudenken, ob diese Art von Ausrüstung wohl geeignet sei, die Beamten von seinem Status als professioneller Fotograf zu überzeugen.

»Wie wär's denn mit Dolmetscher?«

»Aber du kannst doch gar kein Englisch. Was ist, wenn sie dich wirklich bitten zu übersetzen?«

Wir einigten uns schließlich auf die etwas nebulöse Rolle des Fremdenführers, damit konnten wir sicher durchkommen.

Am Eingang zur Moneda wurde ich von einem Trupp bewaffneter Offiziere abgeholt, die alle weit über 1,80 Meter groß waren. Sie trugen kakifarbene Hemden, kniehohe schwarz glänzende Stiefel und weiße Handschuhe mit messerscharfen Falten. Nach eingehender Befragung und Leibesvisitation mit Metallsuchgerät erschien ein Mann in Zivil und fragte nach Mrs. Wheeler. Er schüttelte meine Hand mit typisch chilenischer Heftigkeit, sodass ich fast laut aufgeschrien hätte, stattdessen stellte ich Pepe als meinen Führer vor. Der Mann stutzte.

»Sind Sie ihr Dolmetscher?«, fragte er.

»Ja!« Pepe war in Panik geraten, und mich verließ der Mut.

Der im 18. Jahrhundert als Münzprägeanstalt erbaute Palast wurde von dem italienischen Architekten Joaquín Toesca entworfen, der am Königspalast in Spanien gearbeitet hatte. Der König schickte ihn hauptsächlich deswegen in die Neue (neu für die Spanier) Welt, weil er in Santiago eine Kathedrale bauen sollte. Die Münze wurde 1850 unter Manuel Bulnes Sitz des chilenischen Präsidenten. Von außen wirkte das Gebäude sehr streng; wenn es in Paris stünde, wäre es sicher Armeebibliothek an einem der von Haussmann entworfenen Boulevards. Die Farbe machte auch nichts besser: dunkles Stahlgrau. Diese Fassade signalisierte: »Kommt besser nicht herein.«

Innen verloren sich die scharfen Kanten – hier herrschte reiner, wunderschöner Neoklassizismus. George Vancouver nannte es »das schönste Gebäude der gesamten spanischen Kolonien«, und Maria Graham, eine lebhafte Engländerin, die in den 20er-Jahren des 19. Jahrhunderts in Chile lebte, fragte sich in ihrem (später veröffentlichten) Tagebuch, ob es nicht »zu großartig für Chile« sei. Hinter Bogen, Säulen und Außentreppen verborgen, lagen zwei Ebenen mit deckenhohen Räumen, die um große Innenhöfe herum gruppiert waren, über die Regierungsangestellte flanierten, vom gut gekleideten Beamten bis hin zu drei Männern mit blauen Hüten, die einen Korb mit Wassermelonen trugen. Nach dem ersten Hof besichtigten wir die sparsam dekorierte Kapelle des Präsidenten.

Der Führer deutete auf einen austernfarbenen Samtstuhl und sagte irgendetwas Unverständliches über den Papst. (Obwohl Johannes Paul bei seinem letzten Besuch ein- oder zweimal versucht hatte, etwas gegen die Militärregierung zu sagen, war Pinochet, der an das bevorstehende Plebiszit dachte, der Propagandacoup gelungen, sich bei der Segnung der Kapelle durch den Papst kniend mit der First Lady ablichten zu lassen.) Als er merkte, dass ich ihn nicht verstand, kramte der Führer seine Englischkenntnisse hervor.

»Der Papst«, sagte er, »nackt hier bei letztem Besuch in Chile in 1987.«

»Nackt?«, entfuhr es mir.

»Nackt?« Der Führer schaute sich Hilfe suchend nach Dolmetscher Pepe um.

»Nackt«, wiederholte Pepe mit Nachdruck.

»Ich verstehe«, nickte ich ernst. Ich habe nie herausgefunden, was die beiden meinten.

In den Salons, in denen unsere Schritte dröhnten wie in einem Museum außerhalb der Öffnungszeiten, zeigte uns der Führer chilenische Ölbilder, französische Kerzenleuchter sowie Bronzeuhren aus der Zeit Napoleons III., und vom berühmten Gelben Zimmer her, eigentlich dem »Salon Varrera«, in dem der Präsident Staatsoberhäupter empfängt, betraten wir den Kabinettsaal. Er war sehr lang, grün und düster; die plumpen und altmodischen Philips-Mikrofonkästen und die dicken Netzvorhänge, die an Osteuropa erinnerten, wirkten unpassend.

Im Orangenbaumhof zeigte uns der Führer wild gestikulierend, wo in den Bäumen die Baldachine aufgehängt wurden, wenn der Präsident dort Gäste unterhielt. Pepe inspizierte die Obstbäume.

»Diese Bäume«, dozierte er später mit ernstem Gesicht, »waren krank. Sie haben Läuse. Die Orangen der Republik sind schlecht.«

Bis zum 11. September 1973, als Salvador Allende in seinem Büro in der Moneda starb, befand sich das Hauptquartier hinter dem Orangenhof. Die Drahtzieher des Militärputsches ordneten die Bombardierung des Palastes an. Es gilt als ziemlich sicher, dass Allende sich mit einer Maschinenpistole erschoss, die Castro ihm bei einem Chilebesuch schenkte, obwohl die extreme Linke immer noch behauptet, er sei niedergeschossen worden; eine Version, die ironischerweise auch Castro gern verbreitet. Zweifel wird es immer geben, und Allendes Tod ist heute schon ein Mythos. In den unruhigen Wochen vor dem Putsch sagte er Folgendes zu einem Oppositionsführer: »Sie wollen die Militärdiktatur. Ich glaube nicht an ein Leben nach dem Tode, aber sollte es eines geben, werde ich von oben auf euch alle hinunterschauen, wenn ihr eure Diktatur habt, und beobachten, wie ihr alle nach einem Weg sucht, den Militär davonzujagen, den ihr auf meinen Platz gesetzt habt... Denn es ist ganz einfach, ihn an die Macht zu bringen, aber, bei Gott, es wird euch einiges kosten, ihn wieder loszuwerden.«

Wir spazierten im ersten Hof herum. »Knips mich vor dem Tor«, zischelte Pepe. Ich versuchte es, als der Führer nicht aufpasste. Er sprach gerade mit einem untersetzten Mann in einem dunklen Anzug. Ich kannte diesen Mann aus der Zeitung, ein umstrittener und unpopulärer Minister – und ziemlich dumm. Innerhalb der nächsten Sekunden wurde mir klar, dass der Führer beabsichtigte, mich diesem Mann vorzustellen. Ja, jetzt drehte er sich um...

»Señor, darf ich Ihnen einen besonderen Gast aus Großbritannien vorstellen?«

Ich sah, wie Pepe den Politiker verächtlich anstarrte.

»Señora, gibt es irgendwelche Fragen, die Sie dem Minister gern unterbreiten würden?«

Ich suchte verzweifelt nach passenden unverfänglichen Themen. John Cleese fiel mir ein, wie er in »Fawlty Towers« eine Ohnmacht vorgetäuscht hatte, als ihm bei einer Vorstellung der Name eines wichtigen Gastes nicht mehr einfiel. Aber ich hatte Glück. Ein Assistent eilte herbei, belegte den Minister mit Beschlag, und unsere Chance war vertan.

Wir schlenderten weiter. Ich fragte, wo die Bomben gefallen seien. Das schien dem Führer nicht so recht zu gefallen.

»Tja, die erste schlug dort drüben ein, links vom Eingang zum ersten Hof.« Pause. »Die Zerstörungen waren beträchtlich. Wir haben alles originalgetreu restauriert. Jetzt können wir nur noch hoffen, dass wir die... symbolische Bedeutung auch wiederherstellen können. Für viele Menschen, und ich halte das für sehr schade, steht die Moneda für die Ereignisse von 1973.«

Im 20. Jahrhundert wählte Chile traditionell nach dem Dreidrittelmodell: Ein Drittel wählte links, ein Drittel rechts, und das restliche Drittel wählte die Mitte. In den 60er-Jahren, einer Zeit wachsender sozialer Spannungen, führte die Reformpolitik der christlichdemokratischen Regierung unter Eduardo Frei zur Entfremdung der Linken wie der Rechten und damit zum endgültigen und entscheidenden Kollaps der politischen Mitte. Salvador Allende, ein Marxist, Führer der Sozialistischen Partei und der linksgerichteten Volksfrontkoalition, wurde 1970 im Kontext dieser Polarisation gewählt.

Die Volksfrontpartei war aus der Volksaktionspartei hervorgegangen, einer anderen linken Koalition, und wollte den »friedlichen Weg zum Sozialismus«, den einige Theoretiker auch *la vía chilena* (den chilenischen Weg) nannten. Sie übernahm ein Land mit großen wirtschaftlichen und sozialen Problemen. Allende gewann keine absolute, sondern nur eine relative Mehrheit, und er konnte sein Amt erst antreten, nachdem die Christdemokraten im Kongress für ihn gestimmt hatten. Schon bald kamen sie zu dem Schluss, dass sie da einen Fehler gemacht hatten, und fingen an, gegen ihn zu arbeiten. Die Christdemokraten stellten während Allendes gesamter Amtszeit in beiden Häusern die größte Partei, und so waren ihm oft die Hände gebunden.

Chile war damals – und noch lange danach – eins der Hauptschlachtfelder des Kalten Krieges, die CIA hatte ihre Spione überall. Washington reagierte hysterisch, als die Aussicht auf einen marxistischen Präsidenten in der Moneda Wirklichkeit wurde: erst Kuba, dann Chile und am Ende womöglich ganz Lateinamerika. Der Journalist Seymour M. Hersh zitiert in seinem Buch »Kissinger: the Price of Power« ein damaliges Mitglied des Nationalen Sicherheitsrates, Roger Morris, mit folgenden Worten: »Ich glaube, dass niemand in der Regierung verstand, wie ideologisch Kissinger über Chile dachte. Ich glaube, niemand hat völlig begriffen, dass Henry in Allende eine ernstere Bedrohung sah als in Castro.

Eine linke Regierung wurde als Gefahr für die ökonomischen Interessen der USA gesehen. Der mächtigen International Telegraph and Telefone Corporation gehörten 70 Prozent der chilenischen Telefongesellschaft, und noch bevor Allende seinen Amtseid geleistet hatte, war ein ausgefeilter Plan erarbeitet, der ihn zu Fall bringen sollte. Darin kamen auch die folgenden Ratschläge und Anweisungen vor: 1. Banken sollten Kredite nicht erneuern oder zumindest eine Erneuerung verschleppen. 2. Firmen sollten sich Zeit lassen bei Geldüberweisungen, Lieferungen, Ersatzteilsendungen etc… 4. Jegliche technische Hilfe sollte eingestellt werden…«

Washingtons Politik zielte darauf, die existierende Polarisierung zu nutzen und die enttäuschten Politiker und Wähler des »mittleren Drittels« – die Christdemokraten – von Allende wegzulocken. Diese Strategie hatte Erfolg. Viele Christdemokraten unterstützten den Putsch von 1973, weil sie glaubten, dass Pinochet das Land von den Linken säubern und es dann ihnen zurückgeben würde.

Bei späteren Anhörungen vor dem Kongress in Washington stellte sich heraus, dass Nixon, Kissinger und zahlreiche andere an Manipulationen der chilenischen Wirtschaft und Politik durch die

CIA direkt beteiligt waren. Kissinger machte seine heute berühmte Bemerkung: »Ich kann nicht einsehen, warum wir tatenlos zusehen sollten, wenn ein Land durch die Unverantwortlichkeit seiner Bewohner kommunistisch wird«, und Nixon instruierte den Direktor der CIA, Richard Helms, dahingehend, dass eine Regierung Allende in Chile »für die USA inakzeptabel« sei.

Das Weiße Haus und die CIA hielten ihre Pläne so geheim, dass nicht einmal der US-Botschafter in Chile wusste, dass Allendes Machtübernahme verhindert werden sollte. Hersh vergleicht das Verhalten des Weißen Hauses in Bezug auf Chile mit seinem Verhalten in der Watergate-Affäre: Schweigegelder bei Verbrechen der CIA, Beseitigung von Beweismitteln und Fälschung von Dokumenten, Falschaussagen vor Untersuchungsausschüssen des Kongresses und Zusammenarbeit mit skrupellosen Verbrechern. Hatte Washington etwa Angst um die zwei streng bewachten Einrichtungen des Geheimdienstes, die vor der chilenischen Küste lagen und unter anderem zur Beobachtung sowjetischer Unterseeboote dienten? Beide wurden über Nacht evakuiert, als Allende an die Macht kam. Nein, es waren nicht die geheimen Sicherheitseinrichtungen, die im Weißen Haus solche Leidenschaften freisetzten. Die Reaktion kam tief aus dem Bauch heraus – es war ein weiß glühender Schrei des Hasses. Nixon hatte eine pathologische Antipathie gegen Chile entwickelt; David Frost berichtet in seinen Memoiren, dass Nixons Assistenten ihn vor einem Interview warnten, den Präsidenten auf das Thema anzusprechen. Diese hochgradige Feindseligkeit fand ihren Ausdruck selbstverständlich in der Politik und in kultureller Indoktrination, die mit Millionen Dollar unterstützt wurde und so weit ging, dass auf den Straßen chilenischer Städte und Dörfer Comics verteilt wurden, die die »guten« USA über den »bösen« Kommunismus siegen ließen.

Mitte 1973 wankte Allendes Regierung, obwohl die verschiedenen Fraktionen der Opposition auch ihre Schwierigkeiten hatten. Ein für Juni vorgesehener Putsch, den die rechte *Patria y Libertad* zusammen mit Offizieren des zweiten Heeresregiments geplant hatte, wurde abgeblasen, nachdem der Plan durchgesickert war, aber drei Kampfgruppen inklusive Panzer rückten doch gegen das Stadtzentrum vor. Der damalige US-Botschafter Nathaniel Davis berichtete, dass alle Fahrzeuge gehorsam an roten Ampeln hielten und mindestens ein Kampfwagen an eine normale Tankstelle fuhr, um nachzutanken.

Bei vielen ihrer Ziele – der Land- und Besitzreform zum Beispiel – konnte die Volksfront an die Arbeit der vorhergehenden Regierung anknüpfen. Allerdings ging sie viel radikaler vor, und manchmal versuchte sie sogar das Unmögliche. Der Zusammenbruch des Weltkupferpreises gefährdete Allendes ohnehin schon schwieriges Unterfangen noch zusätzlich. Über die drei Jahre seiner Regierung ist mehr geschrieben worden als über jede andere Periode der chilenischen Geschichte, und über die Gründe seines Scheiterns entbrennt noch heute erbitterter Streit. Dass er gescheitert ist, darüber ist man sich relativ einig. Bis 1973 hatten galoppierende Inflation sowie eskalierende wirtschaftliche, politische und soziale Unruhen das Land gelähmt, doch trotz dieser extremen Schwierigkeiten gewann die Regierung bei den Wahlen im März 1973 eine noch größere Mehrheit von 43,4 Prozent. (Bei den allgemeinen Wahlen in Großbritannien 1992 stimmten 41,85 Prozent der Wähler für die Konservativen, die damit an der Regierung blieben.) Einige Ideen aus dem Kabinett der Volksfront waren viel zu theoretisch, um erfolgreich in die Praxis umgesetzt werden zu können. Die extreme Linke schwächte die sozialistische Bewegung. Die Koalition war sich selbst nicht einig, musste sich aber gegen eine Presse verteidigen, die sich, dollargestützt, fast ausnahmslos in der Opposition zusammengefunden hatte. Allende ignorierte die ständigen Warner aus den eigenen Reihen, die ihm rieten, die Reformen langsamer anzugehen, um einen Rechtsruck zu vermeiden. Die Agrarreform erregte die Oberschicht. Die Schürung des Klassenkonflikts durch die USA zeigte außergewöhnlichen Erfolg. Im September 1973 brauchte Washington sich keine Gedanken mehr darüber zu machen, ob es einen Putsch direkt unterstützen sollte: Das Land war dermaßen destabilisiert, dass man alles Weitere getrost den Chilenen selbst überlassen konnte.

Als Jimmy Carter 1977 gewählt wurde, vier Jahre nachdem die Junta die Moneda besetzt hatte, versuchte er, die Amerikaner mit dem, was sie Chile angetan hatten, zu konfrontieren. Schon im Oktober '76 hatte er in einer Wahlkampfdebatte behauptet, dass unter Nixon und Ford »gewählte Regierungen wie die Chiles zerstört wurden«. Über diese Machenschaften und die darin verwickelten Personen kamen in den USA immer wieder unschöne Wahrheiten ans Licht, die von verbissenen öffentlichen Diskussionen und schier endlosem Presserummel begleitet waren.

Allende hatte versucht, Reichtum und Besitz in Chile zu Gunsten der Armen neu zu verteilen; sein Ziel war die Schaffung einer gerechteren Gesellschaft, und deswegen gab es viele, die immer zu ihm hielten. Seine Regierung bedeutete Hoffnung für die wirtschaftlich Entrechteten und Ausgebeuteten, und das wiederum war der Grund dafür, dass diejenigen, die um ihr Stück vom Kuchen bangten, ihn und seine Ziele hassten. Aber er gab seine Hoffnung für das Volk niemals auf. An seinem Todestag hielt er über den letzten Radiosender, der ihm treu war und noch funktionierte, eine Ansprache in Churchill-Manier: »Ich sage Ihnen heute, ich bin sicher, dass die Saat, die wir im ehrlichen Bewusstsein abertausender Chilenen gepflanzt haben, einmal aufgehen wird.« Seine Stimme, fuhr er fort, würde bald zum Schweigen gebracht werden (die Jagdbomber hatten schon abgehoben): »Sie werden mich auch in Zukunft hören. Ich werde immer bei Ihnen sein.«

Es war wohl eine Ironie des Schicksals, dass der erste demokratisch gewählte marxistische Präsident der Welt bei seiner letzten öffentlichen Rede die gleichen Worte benutzte wie Jesus, als er die elf Jünger auf einem Berg in Galiläa zum letzten Mal sah.

Germán, der so viele meiner logistischen Probleme mit einem einfachen Anruf bei einem Cousin oder einem alten Schulfreund aus der Welt schaffen konnte, dass ich ihn insgeheim schon Mr. Alleskönner nannte, hatte auch eine private Weintour für mich organisiert. Ich hatte ihn nur gebeten, mir zwei oder drei Weinkellereien zu empfehlen, die öffentliche Führungen anboten – aber wenn Germán etwas machte, dann mit Stil. Meine Tour zusammenzustellen kostete ihn nicht mehr als andere Leute der Anruf bei ihrem Zahnarzt, denn offenbar war er mit den meisten Weingutbesitzern verwandt. So ging das bei den etwa 40 »alten« chilenischen Familien; da wirkte Chile wie ein Dorf.

Ich wurde eine Woche lang durch sonnenglühende Weinberge und modrige Keller geführt, zuerst im Maipo-Tal vor den Toren von Santiago, ein Name, der heute als Synonym für guten chilenischen Wein steht. Dort besuchte ich Cousiño Macul, eine Firma, die sich in Familienbesitz befindet, die besten Weinberge des Landes hat und obendrein noch einen 50 Hektar großen privaten Park. Wie bei vielen chilenischen Weingütern kam das Kapital zur Geschäftsgründung aus den Gewinnen beim Bergbau, in diesem Fall waren es Silber und Kohle. Arturo Cousiño, der Exportmanager der Firma und Sohn des augenblicklichen Besitzers, kam zur Rezeption, um mich zu begrüßen, und das so untadelig gekleidet, mit Tweedjackett und polierten Schuhen, dass er für ein Foto in *Country Life* hätte Modell stehen können. Er war Mitte 30, gehörte zu der Generation von Winzern, die innerhalb eines Jahrzehnts den Absatz von chilenischem Wein im Ausland um fast das 15fache steigerten und damit das Land zum drittgrößten Weinexporteur auf den ausgedehnten nordamerikanischen Markt machten, wo Chile nur noch von Frankreich und Italien übertroffen wird. Der Weinkritiker der *New York Times* beschrieb Chile kürzlich als das »momentan wahrscheinlich aufregendste Weinanbaugebiet der Welt«, und die gerahmten Zertifikate voller Medaillen und Rosetten an den Wänden von Arturos Büro kamen aus aller Herren Länder.

»Der einzige Grund, warum unser Industriezweig innerhalb Chiles überhaupt ernst genommen wird, ist dieser Exporterfolg«, erklärte er, als wir zwischen den feuchten Rebstöcken spazieren gingen. »Der inländische Weinkonsum ist nicht nur verschwindend gering, sondern in den letzten zwei bis drei Jahrzehnten auch noch dramatisch gesunken, von ungefähr 60 Litern [80 normal große Flaschen] Jahresverbrauch pro Kopf auf 28 Liter [37 Flaschen].«

Ich dachte nur: »Das ist ja gar nichts.«

»Bier ist immer beliebter geworden, und aus dem Ausland kommen süße Limonadengetränke. Außerdem sind die Menschen jetzt viel gebildeter als früher, und damit wuchs auch das soziale Bewusstsein. Anders gesagt, es gibt eine ganze Anzahl von Faktoren, die zu diesem drastischen Rückgang beim Weinkonsum beigetragen haben. Dazu kommt noch, dass es zwischen 1938 und 1974 bestimmte Gesetze gab, die die Anlage von Weingärten ganz verboten – auf diese Art und Weise wollte die Regierung den Alkoholismus in den Griff bekommen!«

Jeder Weinbauer, mit dem ich sprach, beklagte die fehlende Weinkultur im Land. »In Chile kennt sich niemand mit Wein aus«, sagte einer. »Sie meinen, eine Flasche dürfe nicht mehr als 1000 Pesos [keine fünf Mark] kosten.«

Später fand ich heraus, dass man die guten Weine, die ich während meiner Tour gekostet hatte, in den Supermärkten gar nicht kaufen konnte. Sie waren nur für den Export bestimmt.

Traditionell waren die Chilenen eigentlich große Weintrinker, ihr Verbrauch an *País*-Trauben, die die Konquistadoren mitgebracht hatten, war enorm. Der meistgetrunkene Wein ist immer noch dieser Landwein, der in der Regel auf unbewässertem Land gedeiht; die Qualitätsweine, inklusive fast aller Exportweine, stammen aus Ablegern, die im 19. Jahrhundert vor der Reblausplage aus Europa eingeführt wurden.

Arturo erzählte eine Geschichte, die verdeutlichte, dass die Behörden und die Weinbauern diese Industrie ernst nehmen, auch wenn die Spekulanten es nicht tun. Als im Oktober 1991 im Maipo-Tal ein ungewöhnlicher Frosteinfall zu verzeichnen war, bot die Armee ihre Hubschrauber an, die über den Weinbergen aufstiegen und so lange Wind machten, bis der Frost taute. Das war eine der freundlicheren Gesten Pinochets (er war noch Oberkommandierender des Heeres).

Die dünnen Zweige bogen sich schon unter der Last der Trauben. »Ja«, sagte Arturo, als ich dazu eine Bemerkung machte, »obwohl unsere Durchschnittsernte für chilenische Verhältnisse ausgesprochen gering ist, fällt sie doch viel höher aus als jede Bordeaux-Ernte. Wenn wir bei unserer Erntefülle schon so guten Wein produzieren, können Sie sich sicher vorstellen, was wir aus den niedrigen Erträgen von drüben machen würden!«

Wir kamen zu einer Reihe brandneuer rostfreier Stahltanks, die draußen vor den Ziegelkellern standen. Den Ruf des Landes hatte Rotwein begründet, hauptsächlich deswegen, weil niemand genug Geld hatte, um in die für gute Weißweine notwendige Technologie zu investieren, aber im Laufe der Zeit schafften sich die meisten größeren Erzeuger doch die nötige Ausrüstung an, und der Erfolg weckte dann auch das Interesse des Auslands an Investitionen und Beteiligungen. Cousiño Macul, das für sich in Anspruch nahm, die einzige Weinkellerei im Maipo-Tal zu sein, die keine fremden Trauben zukauft, wurde von Moët & Chandon umworben, aber der Besitz war seit 1856 unabhängig und sollte es nach dem Willen der Familie auch bleiben. Arturo drückte es so aus: »Wir können auch allein guten Wein machen.«

Germán begleitete mich, als ich Errazuriz Panquehue besuchte, das einzige Weinanbaugebiet im Aconcagua-Tal nördlich von Santiago. Der Önologe lud uns zum Essen ins örtliche Restaurant ein, das einem alten Väterchen gehörte, das früher in Santiago Schweine an der Tür verkauft hatte. Er hatte das Restaurant mit einem einzigen Tisch im Vorderzimmer angefangen und setzte jetzt monatlich mehr als vier Millionen Pesos um. Das Essen war berühmt, und alle Zutaten kamen aus dem Garten hinter dem Haus. Besonders stolz war er auf sein *arrollado*, Schweineroulade mit in weißem Essig eingelegten Zwiebeln. Als wir schon dachten, wir wären fertig, kam er noch mit einem Teller *alcayota* samt Haselnusspüree und Walnüssen aus der Küche geschlurft. *Alcayota* ist ein dunkelgrünes kürbisähnliches Gemüse mit weißem knackigem Fleisch, das aussieht wie eine Melone. Dazu wurde *chicha* gereicht, ein halbfermentierter, dunkelorangefarbener und sehr süßer Traubensaft.

Als ich zu Concha y Toro kam, dem weitaus größten Weinproduzenten des Landes, war die Belegschaft in heller Aufregung, denn es regnete schon seit zwei Tagen ununterbrochen, und die Rebstöcke nahmen langsam Schaden. Später, bei meiner Rückfahrt (Hertz hatte mir wieder geholfen, allerdings mit einem normalen Auto und nicht mit einem meiner Rockys), geriet ich selbst in Panik, denn ich entdeckte, dass die Straßen in Santiago keine Abflüsse haben. Die Geschwindigkeit, mit der alle Funktionen im Süden der Stadt zusammenbrachen, war erstaunlich: Straßen hatten sich in Wildbäche verwandelt, verlassene Autos standen bis zu den Türgriffen im Wasser. Not macht bekanntlich erfinderisch, schon war aus dem Nichts eine ganze Armee von Männern aufgetaucht, die Holzbretter auf ihre Dreiräder gelegt hatten, um die Menschen wohlbehalten über die Straßen zu bringen.

Ich brauchte Stunden, um nach Hause zu kommen, und selbst in den heftigsten Regenschauern kamen noch Menschen auf Krücken ans Wagenfenster gehumpelt, um zu betteln. Ich saß im Dunkeln, in einem Stau, in einem hässlichen und unbekannten Teil der Stadt, die Straßenlaternen spiegelten sich verzerrt in den öligen Regenbogen auf dem draußen vorbeiwirbelnden Wasser. Ich fror und war völlig unfähig, den Wagen zu bewegen; es traf mich wie ein Schock, dass mir so etwas nur wenige Kilometer vom Stadtzentrum entfernt passieren konnte, und zum ersten Mal seit Monaten hatte ich Angst.

In den Tagen nach meiner Weintour waren die chilenischen Zeitungen, die ich bei einer Tasse Nescafé in den lauten Straßenlokalen studierte, voll von einer neuen Entwicklung im lang andauernden Drama um die politischen Gefangenen. Von fast 400 *presos políticos*, die noch im Gefängnis waren, als Patricio Aylwin 1990 das Land von den Militärs übernahm, waren ungefähr 350 schon freigelassen worden. Da die meisten, die noch einsaßen, wegen Bluttaten verhaftet oder verurteilt worden waren (trotzdem wurden sie politische Gefangene genannt), musste die Regierung – die dieses emotionsgeladene Thema am liebsten ein für alle Mal vom Tisch gehabt hätte – sie eingesperrt lassen. Einige warteten noch auf ihren Prozess, andere kannten ihr Urteil schon, manchen wurden mehrere Verbrechen zur Last gelegt, und alle Fälle waren schwierig.

Durch die Zeitungsartikel und durch meine Gespräche in den Straßencafés wurde mir klar, dass die Frage, was mit den politischen Gefangenen passieren sollte, immens wichtig war, sie war zu einem Symbol für den nationalen Heilungsprozess geworden. Das Gefängnis, in dem die meisten von ihnen festgehalten wurden, lag mitten in Santiago, und so kam ich auf die Idee, dass ich dort einen Besuch machen und einige dieser berühmten Gefangenen treffen sollte. Mein Gefühl riet mir, mich in dieser Angelegenheit besser nicht an Mr. Alleskönner zu wenden.

An einem ungewöhnlich kalten Sommermorgen stand ich dann tatsächlich vor dem klotzigen alten Gefängnis, das viktorianischer wirkte als alles, was unter Queen Victoria gebaut worden war, und als ich klopfte, öffneten zwei Männer mit dunklen Augen eine Luke in der Tür und pressten die Nase an das Gitter. Neben der Tür standen Frauen Schlange, die wortlos auf den Beginn der Besuchszeit warteten. Sie durften nichts mit hineinnehmen, und so hatte eine verkrüppelte Alte mit Geschäftssinn sich einfach auf den Bürgersteig gehockt, um für ein kleines Trinkgeld auf Handtaschen, Körbe und Kinderwagen aufzupassen. Ich wedelte mit meinem Presseausweis wie mit einer Waffe und leierte die Namen herunter, die mir bei meinen unzähligen Telefonanrufen und frustrierenden Besuchen im Innenministerium begegnet waren, bis man mich hereinließ, dann wurde ich von »Gefängniswärtern«, die verdächtig nach Soldaten aussahen, von einem Raum in den anderen gescheucht. Nach vielem Türenknallen gelangte ich endlich zur letzten verwaltungsmäßigen Überprüfung in die *Dirección Nacional*, eine Art staatliches Büro, wo man mir einen bei den chilenischen Bürokraten so beliebten *papel* (Schein) aushändigte. Nachdem man mich so auf den verschiedenen Ebenen dieses Gebäudes genügend Autorität hatte spüren lassen, wurde ich mit der Botschaft, man habe den Direktor angerufen, ins eigentliche Gefängnis zurückgeschickt: Ich war drin.

Der Direktor war ein kleiner, schielender Mann mit Halbglatze und einem Eifleck auf der Krawatte, und er schien zu glauben, ich sei seinetwegen gekommen. Eine halbe Stunde ließ er mich auf dem Dralonsofa in seinem Büro zappeln, bis er mich einem Aufseher übergab, der mich durchsuchte und durch einen von hohen Mauern umgebenen Innenhof führte, der an Colditz erinnerte. Ein Wärter mit scharf geschnittenem Gesicht hielt eine graue Metalltür auf, ich betrat einen Raum mit hoher Decke, von dessen Wänden der Putz bröckelte und der bis auf einen Plastiktisch und drei Stühle vollkommen leer war. Sonnenlicht, das durch das einzige, hochliegende Fenster fiel, vergoldete die gegenüberliegende Wand, und in dem Lichtstrahl standen zwei Männer.

Sie trugen Jeans und Sweatshirts und gingen mit ausgestreckten Armen auf mich zu; ihre Hände waren kalt, und sie küssten mich auf beide Wangen, während sie sich als Vertreter des Nationalen Koordinationskomitees für politische Gefangene vorstellten. Wir setzten uns.

»Danke, dass Sie zu uns gekommen sind«, sagte der Jüngere. Er hatte schulterlanges lockiges Haar und große dunkelbraune Augen, und er war ein *mirísta* – ein Mitglied der Bewegung der Revolutionären Linken – Ende 20. Der andere Mann, ungefähr 40, war untersetzter, sein kurzes schwarzes Haar klebte am Kopf. Er sagte, er sei Kommunist, und später erfuhr ich, dass er zur Patriotischen Front Manuel Rodríguez gehörte, der kommunistischen Guerillaorganisation, die sich 1983 gebildet und nach einem Unabhängigkeitshelden benannt hatte. (Dieser Mann musste später zwischen freiwilligem Exil in Belgien oder lebenslanger Freiheitsstrafe wählen, er verließ Chile Ende 1992.) Beide waren seit sechs Jahren in Haft.

»Unsere Organisation«, erklärte der *mirísta* mit leiser Stimme, »besteht aus Kommunisten, Sozialisten, *mirístas* und unabhängigen Linken. Wir kämpfen für faire Bestrafung aller, die wegen Folter und Unterdrückung unter der Militärregierung abgeurteilt worden sind, für die Anerkennung der Menschenrechte – speziell für den Kampf gegen die Armut – und für die Freiheit aller politischen Gefangenen.«

Sie hielten die Rettig-Kommission, die Menschenrechtsverstöße während der Militärdiktatur untersuchen sollte, für einen Witz; sie behaupteten, die Regierung habe nicht die Absicht, sich mit der Rechten anzulegen, da sie sich fürchte. Das Aylwin-Regime beeindruckte sie in keinster Weise, nach ihren Angaben waren die Repressionen noch genauso schlimm wie unter Pinochet. Das hörte sich ziemlich absurd an – schließlich verschwanden Menschen nicht mehr einfach vom Erdboden –, aber ich glaube, sie meinten in erster Linie die Repression der Gerichtsbarkeit, wie sie sich zum Beispiel bei den Schwierigkeiten zeigte, die Folterer vor Gericht zu stellen. Und zweitens meinten sie das Fehlen einfachster Menschenrechte in bestimmten Bevölkerungsschichten, etwa der der stigmatisierten Ex-Häftlinge, die wegen ihrer Überzeugungen eingesessen hatten, oder bei jenen Chilenen, die in der Armutsspirale festsaßen. Über die Verzweiflung in den Slums sprachen sie ausführlicher.

»Viele von denen, die einst für die Demokratie protestierten, während andere schwiegen«, sagte der Kommunist, »gehören zu den Armen des heute demokratischen Chile, und obwohl immer wieder stolz verkündet wird, es gebe keine Menschenrechtsverletzungen mehr, dürfte es bei etwas weiterer Interpretation des Begriffs doch schwer fallen zu behaupten, dass diese Menschen überhaupt irgendwelche Rechte haben.«

Der *mirísta* war 1989 gefoltert worden; man hatte ihm Stromstöße durch den Kopf gejagt. Er brauchte deswegen immer noch Tabletten. Der Kommunist hatte eine durchlöcherte Leber, seit er Anfang der 80er-Jahre zusammengeschlagen worden war, und hätte eigentlich mikrochirurgisch versorgt werden müssen. Seine Frau war in einem Konzentrationslager gestorben. Ich habe nie herausgefunden, aus welchem Grund sie in Haft waren, aber ich wusste, dass beide eines ernsten Verbrechens schuldig befunden worden waren.

Die Reinheit von Visionen ist oft verführerisch. Ich musste mich dazu zwingen, an die Mordanschläge zu denken, die sowohl von der Manuel-Rodriguez-Front als auch von *Mir* verübt worden waren – vielleicht sogar von einem der beiden Männer, die da vor mir saßen. Dahin hatte die absolute Ideentreue dieser Gruppen also geführt – zu intellektueller Arroganz und politischem Selbstmord. Trotzdem konnte ich mich des Gefühls nicht erwehren, dass jeder, der sich weniger über Armut und Ungerechtigkeit erregte, in seinem Leben einen Kompromiss geschlossen hatte.

Über die Haftbedingungen beklagten sie sich nicht; sie wurden im Gefängnis gut behandelt. Als ich sie fragte, ob ich ihnen etwas besorgen könne, antworteten sie, persönlich bräuchten sie nichts, aber als ich noch einmal nachhakte, wünschten sie sich leere Kassetten, die sie besprechen und dann an ausländische Hilfsorganisationen schicken könnten. Ihre Gesichter gingen mir tagelang nicht aus dem Kopf, und all die schmerzlichen Romane, die während der Militärdiktatur entstanden waren, fielen mir wieder ein.

Die chilenische Regierung kümmert sich nicht um den Strafvollzug bei Frauen; vor über einem Jahrhundert übergab sie, wahrscheinlich mit einem tiefen Seufzer der Erleichterung, der Kirche in diesem Punkt die Verantwortung, und seitdem hatte sich nichts geändert. Der in Angers gegründete Orden des Guten Hirten übernahm die Aufgabe. Sheila Cassidy wurde 1979 nach ihrer Verhaftung in Santiago der Obhut der Schwestern vom Guten Hirten übergeben. Sie war eine britische Ärztin, und man hatte sie in einem Haus gefangen genommen, das den Mönchen vom Columban-Orden gehörte, weil sie einen verwundeten Revolutionär behandelt hatte. Die Haushälterin wurde ermordet, Sheila Cassidy verschleppt und mehrmals gefoltert. Dann, nach drei Wochen Einzelhaft, wurde sie ins Tres-Alamos-Gefängnis verlegt. Dort waren noch 80 andere Frauen, und am Heiligen Abend stellten sie sich, wie vereinbart, um zehn Uhr auf die Tische und sangen den Gefangenen im Männertrakt auf der anderen Seite der stacheldrahtbewehrten Betonmauer Lieder vor wie »Take Heart, Joe, My Love«. Die Männer warteten schon darauf, und kurze Zeit später trug der Wind ihr Antwortlied herüber. Der britische Botschafter brachte Sheila einen Weihnachtskuchen von Harrod's.

Das Frauengefängnis, das ich besuchte, war das größte in Chile. Die Mutter Oberin und Anstaltsleiterin, grauhaarig und gütig, erklärte, Ziel der Inhaftierung sei, die Frauen mit Gott zu versöhnen. Wer das in Europa als Regierungspolitik verkaufen wollte, hätte sicher einiges zu erwarten. Viele Frauen saßen wegen bewaffneten Raubüberfalls und viele auch wegen Rauschgifthandels und -besitzes; in diesen Bereichen hatten während *madres* Amtszeit die Verbrechen explosionsartig zugenommen. Das Gefängnis war nicht streng, ja nicht einmal straff organisiert, es handelte sich eher um eine kleine moderne Gemeinschaft. Wir spazierten höflich plaudernd zwischen den Gebäuden umher und machten hin und wieder Überraschungsbesuche bei den Näh- und Töpfergruppen, und als wir im hellen Sonnenlicht durch den Garten schlenderten, fragte ich *madre*, ob die Regierung ihrer Ansicht nach nicht größere Verantwortung für das Strafsystem übernehmen sollte.

»Dazu habe ich keine Meinung«, entgegnete sie, als hätte ich sie gefragt, ob man Limonen oder Zitronen in einen Pisco Sour tun soll. Kurz danach blieb sie stehen, legte mir die Hand auf den Arm und schaute mir tief in die Augen. »Ich möchte Sie etwas fragen«, sagte sie verschwörerisch. »Stimmt es, dass Andreas und *La Fergus* sich trennen?«

Bevor ich antworten konnte, wurden wir von einer fröhlichen jungen Frau in einem rot gestreiften Kleid unterbrochen, die, wie ich später erfuhr, eine *lautarísta* (Mitglied einer anderen terroristischen Vereinigung) war und schon acht Jahre einsaß, weil sie eine alte Frau ermordet hatte.

Kapitel sechs

Doch all dies hatte keinen Einfluss auf mich, oder zumindest nicht genug, um meinen sehnlichsten Wunsch zu bändigen, der mir anhaftete wie eine chronische Krankheit: Ich wollte die Welt sehen.

Daniel Defoe, »Das Leben und die seltsamen Abenteuer des Robinson Crusoe«

Es war einer dieser Tage... an denen ich all meine Sorgen vergaß, meine Fehlschläge und meine Angst vor dem Schreiben. Ich war genau da, wo ich sein wollte, und tat, was ich am liebsten tat. Ich war so weit vom Ufer entfernt...

Paul Theroux, »Die glücklichen Inseln Ozeaniens«*

Eine Bekannte von einer Bekannten, die in einem Reisebüro arbeitete, rief mich eines Morgens bei Simon und Rowena an. »Es gibt noch einen freien Platz in einem Lufttaxi, das morgen zum Juan-Fernández-Archipel fliegt. Sie müssen sich sofort entscheiden.«

Die sofortige Zusage war kein Problem. Immerhin hatte ich seit meiner Ankunft in Chile versucht, auf diese nur schwer erreichbaren Inseln zu gelangen. Sie liegen 650 Kilometer vor der Küste im Pazifik, und dort gab es 550 Einwohner und zwei Autos. Die größte und einzige bewohnte der drei Inseln heißt Robinson Crusoe, denn sie wurde dem temperamentvollen schottischen See-

---

* Übersetzt von Erica Ruetz, aus: Theroux, Paul, Die glücklichen Inseln Ozeaniens. Hamburg, 1993. – Anm. d. Übers.

mann Alexander Selkirk, der Vorbild für Defoes Romanfigur war, vier Jahre lang zur Heimat.

Also machte ich mich früh am nächsten Morgen auf den Weg zu einem kleinen Flughafen vor den Toren Santiagos, wo es von Luftwaffenangehörigen nur so wimmelte. Mein Pilot brauchte nicht lange, um mich zu finden, ich war die Einzige, die keine hellblaue Uniform trug. Er war ein Mann in den besten Jahren mit einem freundlichen Gesicht und strohfarbenen Haaren.

»Hi«, grüßte er, als er mir die Reisetasche abnahm. Die Sonne kam durch, und ein goldglänzender Sechssitzer erwartete uns auf dem Rollfeld. Der Pilot platzierte mich im Cockpit, auf dem Platz des Copiloten, um genau zu sein; hinten saßen schon vier Inselbewohner angeschnallt auf ihren Sitzen.

Sobald das Flugzeug das Tal von Santiago verlassen und die Küstenkordillere überflogen hatte, schwebten wir über den Wellen des Pazifiks, die wirkten wie glänzend blaues geschmolzenes Kerzenwachs mit einem kleinen Staubrand aus weißer Asche. Figuera, der Pilot, flog diese Strecke schon seit 25 Jahren. Bevor 1977 die Landebahn aus dem Fels gesprengt worden war, hatte er dazu ein Wasserflugzeug genommen. Als er uns später im Sinkflug durch eine dicke Wolkendecke steuerte, konnten wir direkt vor uns undeutliche Umrisse erkennen. Es handelte sich um eine kleine Bergkette, die aus dem Ozean ragte.

»Robinson Crusoe!«, rief Figuera uns über den Lärm der Maschine hinweg zu.

Jetzt konnte ich selbst sehen, warum es so schwierig gewesen war, einen Platz für eine Landebahn zu finden. Die Landmasse bestand fast ausschließlich aus hohen Klippen, rasiermesserscharfen Bergspitzen und Steilwänden, und beim Näherkommen verwandelte sich das einheitliche Braun in einen Flickenteppich aus allen erdenklichen Brauntönen. Selbst für Juan Fernández wird es wohl ein Schock gewesen sein, als er die Insel vom Mast seines Schiffes aus zum ersten Mal erblickte. Er war ein spanischer Priester und Navigator, der irgendwann zwischen 1563 und 1574 dort anlegte, allerdings dauerte es noch fast 200 Jahre, bis Spanien die Inseln offiziell in Besitz nahm.

Figuera landete auf einem rot-braunen Streifen Land neben einer Holzhütte, wobei er ein paar Hühner von der Piste jagte. Feuchtkalte Böen schüttelten uns, als wir auf die Erde sprangen und unser Gepäck auf einen schrottreifen Jeep packten; die beißend kalte Luft schmeckte nach Frost. Da die einzige ebene Fläche für die Landebahn sich am westlichen Ende der Insel befand und die einzige Ortschaft mit einem Fahrzeug unmöglich zu erreichen war, eine Fußwanderung aber fünf Stunden gedauert hätte, musste jeder, der mit dem Flugzeug ankam, mit dem Boot zur Nordküste fahren. Figuera, der auch als Jeepfahrer fungierte, kutschierte die Fracht zum Strand, und wir liefen hinterher.

In der leuchtend blauen Bucht spielten Juan-Fernández-Pelzrobben um eine verwitterte Mole herum. »Ihre Landsleute«, sagte Figuera, »haben sie fast ausgerottet.«

Ich hatte mich schon daran gewöhnt, für die Verfehlungen der gesamten britischen Nation verantwortlich gemacht zu werden. Das gehörte offenbar zum Job. Er spielte auf die Seeleute an, die im 18. und 19. Jahrhundert den Pazifik unsicher machten und die Juan-Fernández-Pelzrobben wegen ihres dichten, zweilagigen Fells und ihres Trans jagten. Die Pelze schickten sie nach China, wo man Filz daraus machte, und der Tran wurde zu Öl verkocht. Die geschäftstüchtigen Nordamerikaner konnten der Versuchung auch nicht widerstehen, und so wurden in einem Zeitraum von knapp fünf Jahren um die Jahrhundertwende herum drei Millionen Pelzrobben auf Juan Fernández ausgerottet.

Der Fischer, der neben dem kleinen blauen Boot wartete, hob den Deckel von einem Kasten, den Figuera aus dem Flugzeug mitgebracht hatte. »Tomaten!«

Die Inselgemeinschaft war abhängig vom Festland: Fast alles musste eingeflogen oder von den unregelmäßig verkehrenden Frachtschiffen gebracht werden. Wir hatten sogar ein Dutzend Eier dabei.

Es regnete. Wind und Regen gehören auf diesem Archipel genauso zum Leben wie auf den Shetland-Inseln. Während wir aus der Bucht hinaus auf den Ozean fuhren, hüllten sich die ocker gestreiften Klippen und Felsen, auf denen die Pelzrobben hockten, in einen feinen Nebel. Bei der anderthalbstündigen Überfahrt wurden wir kalt und nass. Auf halbem Wege begegneten uns die ersten Holzkähne, die nach *langostas Juan Fernández* fischten, großen roten Krustentieren, die aussehen wie Hummer ohne Scheren. Sie sind die wirtschaftliche Grundlage der Insel und erzielen in den wohlhabenden Vierteln von Santiago enorme Preise.

Wald umrahmte die Cumberland-Bucht und die Holzhäuser des Ortes. Das machte einen recht freundlichen Eindruck und wird Selkirk wohl getröstet haben, als er 1704 dort an Land gesetzt wurde. Er war Navigator (vergleichbar einem ersten Maat) der *Cinque Ports*, eines britischen Kaperschiffs, das die Welt umsegelte. Die Reise war nicht sehr glücklich verlaufen, und auf der Höhe von Juan Fernández hatte Selkirk wegen der Seetüchtigkeit des Schiffes eine Auseinandersetzung mit dem unbeliebten Kapitän. Als der Kapitän auf der Weiterreise bestand, Leck hin oder her, verlangte Selkirk, an Land gebracht zu werden. (Defoe ließ Crusoe lieber schiffbrüchig und daher unschuldig sein.) Angeblich verließ Selkirk der Mut, als seine Gefährten zur *Cinque Ports* zurückruderten, und er rief ihnen nach, er habe seine Meinung geändert. Nun, der Kapitän nicht. Selkirk war alles andere als ein Phlegmatiker, und als ihm die Tragweite seiner Entscheidung bewusst wurde, wäre er fast verrückt geworden.

Später nannte man die Insel Más a Tierra (Näher am Land), und die zweite Insel über 150 Kilometer weiter weg – wie könnte es anders sein – Más Afuera (Weiter weg vom Land). Crusoe, nicht Selkirk, wurde zum internationalen Star, und so erhielt Más a Tierra in den 70er-Jahren seinen Namen. Gleichzeitig wurde »Weiter weg vom Land« umbenannt in Alejandro Selkirk.

Der erste Mensch, dem ich auf der Insel begegnete, war ein alter Seebär namens Robinson Green. Als ich an Land ging, schüttelte er mir begeistert die Hand, einfach nur um mich zu begrüßen, also nutzte ich die Gelegenheit, ihn nach einer Unterkunft zu fragen; ich wollte gern privat ein Zimmer mieten. Robinson dachte kurz nach, dann sprach er mit Manolo, dem Bootsbesitzer, der, wie sich herausstellte, in seinem Garten eine kleine Hütte gebaut hatte. Bis zum nächsten Tag wohnte dort ein Angestellter der Elektrizitätswerke.

»Aber danach können Sie es mieten«, schlug Manolo vor, während er sich die schmierigen Hände an der Hose abwischte. »Heute Nacht können Sie ja bei uns im Haus wohnen.«

Robinson war hocherfreut, was, wie ich später herausfand, recht großherzig von ihm war, denn seiner Familie gehörte auf der Insel ein »Hotel«. Nachdem Manolo das Boot versorgt hatte, gingen wir die breite matschige Straße entlang, bis sie sich zu einem Küstenpfad verengte, und vor einem kleinen Haus neben einer noch kleineren Pinienhütte blieb Manolo stehen und sagte: »Willkommen.«

Drinnen setzten wir uns auf Stühle, deren Sitze mit Pinguinfellen bezogen waren, und tranken Pisco, während Mrs. Manolo sechs Laibe Brot backte. Ich erfuhr, dass ich das Bett mit der 22-jährigen Tochter teilen musste. Manolo erzählte Geschichten von der Insel. Selbst das Inselleben war nicht mehr das, was es früher einmal gewesen war.

»Heute bezahlt die Regierung für alle Kinder über acht Jahren die Schule auf dem Festland – das gab es in meiner Jugend nicht. Ein Militärschiff bringt die Kinder im Dezember nach Hause, und im März werden sie wieder abgeholt. Einen Arzt haben wir aber immer noch nicht.«

Es gab eine Krankenschwester, und sie zählte zu den wichtigsten Persönlichkeiten der Insel, weil sie darüber entschied, wer krank genug war, um einen Freiflug zum Festland zu bekommen.

»Wir haben noch keine Telefone, aber manchmal können wir ein Funkgerät benutzen. Hier gibt es keine Kriminalität, wissen Sie – völlig unbekannt. Wir lassen unsere Türen offen.«

Am Abend ging ich in ein Café am Kai und aß gebratenen Fisch, über meinem Tisch baumelte eine nackte Glühbirne, Wind und Regen klopften an die gesprungene Fensterscheibe. Es herrschte ein ständiges Kommen und Gehen von Menschen, die sich über geronnene Saucen hinweg unterhielten. Als ich zurückkam, saßen Manolo und seine Frau am Küchentisch und studierten Rechnungen, während aus der Sony-Stereoanlage das Lied der Schlümpfe dröhnte.

Am nächsten Morgen war schönes, klares Wetter, und nachdem ich meine Reisetasche in die frei gewordene Hütte getragen hatte, wanderte ich zu Selkirks Ausguck auf einem Bergsattel, zu dem er jeden Tag hinaufgestiegen war, um den Horizont nach rettenden Schiffen abzusuchen. Die Vegetation wechselte von Eukalyptushainen über seltene einheimische Farne und Kriechpflanzen bis hin zum atemberaubenden Regenwald, dessen Geruch auf mich wirkte wie Nitroglyzerin. Oben angekommen stand ich zwischen roten Kolibris und schaute hinunter auf die winzigen *Langosta*-Boote, die sich in der saphirblau leuchtenden Bucht tummelten.

Dort zu stehen hatte ich mir schon immer gewünscht, denn an diesen Platz dachte William Cowper, als er »Das Lied Alexander Selkirks« schrieb, das mit den berühmten Zeilen anfängt: »Ein Fürst bin ich! so weit mein Auge schaut«. Cowper kannte sich aus mit Einsamkeit und Unfähigkeit, obwohl er zeitlebens von Menschen umgeben war. Für Cowper waren Selkirk und die Insel vollendete Symbole für die erschreckende Einsamkeit, die von Seelenschmerz herrührt. Das Gedicht geht weiter:

> O Einsamkeit, wo ist dein hoher Reiz,
> Den Weis' in deinem Angesicht entdecken?...
> Gedanken tragt mich über Berg und Thal!
> Wie blitzeschnell könnt ihr den Raum durchdringen!
> Geflügelter als selbst des Lichtes Strahl,
> Und als der Wind mit seinen leichten Schwingen.
> Kaum denk' ich an mein theures Vaterland,

Schein' ich im Augenblick dort anzulangen.
Doch ach, umsonst! Das süße Traumbild schwand,
Auf ödem Eiland lieg ich hier gefangen!*

Meine Hütte war eingezwängt zwischen dem Berg, der ständig eine Wolkenkappe trug, und der Bucht. Sie hatte nicht nur einen Balkon, auf dem ein Baumstamm als Tisch diente, sondern sogar eine winzige Küche; allerdings war es fast unmöglich, Nahrungsmittel zu kaufen. Es gab zwar ein halbes Dutzend Geschäfte auf der Insel, doch in den Regalen stand immer das gleiche spärliche Angebot: Dosenfleisch, büchsenweise Erbsen und zahlreiche Pakete eines Produkts namens »Zauberpeitsche«, was wohl – da ich mich ja nicht in einem Sexshop befand – die Grundlage für eine Speise sein musste. Frischwaren gab es überhaupt nicht. Ich fragte, ob ich nicht bei irgendjemandem selbst gemachten Ziegenkäse kaufen könne. Nein. Gab es denn kein Obst, das gerade Saison hatte? Nein. An meinem dritten Tag entdeckte ich triumphierend eine Dose Oliven.

Eines Abends aß ich mit zwei dänischen Chemikern, die auf Abenteuerurlaub waren, im Daniel-Defoe-Hotel. Sie waren dort die einzigen Gäste. Sie nahmen Anstoß daran, dass Salz und Pfeffer in ausgedienten Jean-Patou-Parfumflaschen auf dem Tisch standen. Zunächst gab es Muschelsuppe, dann in Wein und Sahne gekochte *langosta*, es schmeckte sehr gut. Ich ahnte schon, was der Nachtisch sein würde, und tatsächlich –»Zauberpeitsche«, so pink wie Nagellack und wahrscheinlich ähnlich im Geschmack. Nach dem Essen blätterte ich durch das Gästebuch. 1989 hatte die *Newcastle* angelegt. Ein Seemann, der sich Phil »Ich kann nicht pfeifen« Renton nannte, hatte vermerkt: »Dieser Ort erinnert an Berwick-on-Tweed«, und sein Kollege schrieb als Nächstes: »Hab ein paar zur Brust genommen, war besoffen, musste dann Wache

---

* Übers. von Wilhelm Borel. William Cowper's Ausgewählte Dichtungen. Leipzig, 1870. – Anm. d. Übers.

schieben.« Das musste ich den Dänen erklären, und sie verbrachten die nächste Stunde damit, ein dänisches Gegenstück für Berwick-on-Tweed zu finden. Genau zehn Jahre früher (ein Jahrzehnt machte nur etwa 20 Seiten des Buches aus) hatte Gavin Young sich hier eingetragen. Er beschrieb sich selbst als »Robinson-Crusoe-Verschnitt und Quartalssäufer«. Pinochet hatte sich auf seiner Seite selbstgefälliger geäußert.

Die Tage vergingen, und ich folgte Pfaden, die plötzlich am Klippenrand endeten oder einfach im Sande verliefen, ich saß auf den Kaimauern und unterhielt mich einfach mit jedem, der vorbeikam (mit dem Stehen bleiben hatten sie keine Schwierigkeiten, nur mit dem Weitergehen). Ich freundete mich mit einem der drei Polizisten an. Wieso es überhaupt drei gab, blieb mir schleierhaft. Ich beobachtete die Menschen dabei, wie sie aus schwarzem Korallenholz Schmuck herstellten. Sie holten die Zweige aus ihren Booten, das Holz sah aus, als käme es von einem ganz normalen Baum, aber unter der schuppigen Borke war es schwarz und perlmuttähnlich und musste mit der Eisensäge geschnitten werden. Man führte mich in die Insellegenden ein. Eine der neueren Geschichten handelte vom Zusammenstoß der einzigen beiden Fahrzeuge auf der Insel. Kaum zu glauben, dass es diesen beeindruckenden Sieg über die Wahrscheinlichkeitsgesetze tatsächlich gegeben haben sollte; aber alle schworen, dass die Geschichte wahr sei.

Eine andere beliebte Anekdote betraf ein Flugzeug, das auf dem Rückflug zum Festland in der Bucht notlandete, und illustrierte die Bedeutung der *langostas* in ihrem Leben. Diese Geschichte wurde mir ein halbes Dutzend Mal erzählt, immer mit denselben Einzelheiten ausgeschmückt: dass der Pilot Geburtstag hatte, wie er einen Notruf an das Dorf absetzte und alle vors Haus traten, um nach dem Flugzeug zu schauen, und wie laut es krachte, als es aufs Wasser schlug (daran konnten sich alle erinnern). Der dramatische Höhepunkt am Schluss war immer derselbe: »Und wissen Sie was? Er hatte 300 *langostas* geladen.«

Hinten auf dem Friedhof am westlichen Dorfrand hatte jemand

ein Denkmal mit einer deutschen Inschrift aufgestellt. Es gedachte der Toten des Kreuzers *Dresden*, der am 14. März 1914 von seinem Kapitän in die Luft gejagt worden und in der Cumberland-Bucht gesunken war. Als die britischen Kriegsschiffe *Kent* und *Glasgow* ihn aufspürten, wurde der Kreuzer gerade repariert, die Granathülsen aus dem Kampf steckten immer noch in den Klippen hinter dem Leuchtturm. Dies war meine erste Begegnung mit der *Dresden*. In Südchile wurden mir immer wieder die erstaunlichen Ereignisse geschildert, die dem Kreuzer auf seiner Fahrt die Küste hinauf passierten.

Ich ging zur Messe. Die 30 Inselbewohner in der winzigen Kirche sangen ihre Lieder auf sehr unkatholische Art. Als ich mich später mit dem argentinischen Priester unterhielt, entschuldigte er sich fast dafür, dass seine Gemeinde so klein war, als ob das sein Fehler wäre; vielleicht war es ja so. 650 Kilometer Pazifik und magere 550 rettenswerte Seelen hatten Pfingstler, Mormonen und Zeugen Jehovas nicht abhalten können, sie alle unterhielten einen Stützpunkt im Dorf. Das Wachstum anderer Kirchen und Sekten ist ein lateinamerikanisches Phänomen, kein nur auf Chile beschränktes; in vielen Ländern – Guatemala zum Beispiel – macht sich der Einfluss »neuer« Religionen noch stärker bemerkbar. Man hat diese Entwicklung schon als neue Reformation bezeichnet.

Die Pfingstbewegung, zu der die meisten chilenischen Protestanten gehören, erreichte den Kontinent ungefähr um 1910 herum und hatte in den 30er- und 40er-Jahren in den rasch wachsenden Städten großen Zulauf. Als die traditionellen gesellschaftlichen Strukturen zusammenbrachen, vorneweg das feudale Haziendasystem, bot die Pfingstbewegung eine Alternative zu der Kirche, die die zugewanderten Armen mit dem Establishment identifizierten. Zu den Feiern der Pfingstler trägt jeder Einzelne bei; eine Nachahmung der rigiden hierarchischen Gesellschaftsstruktur wie im traditionellen Katholizismus gibt es nicht. Kein Wunder, dass das den Menschen gefiel und heute noch große Anziehungskraft hat.

Die Einstellung zum Protestantismus hat sich in Chile stark verändert. Um 1790 war man nach Aussagen eines anderen englischen Reisenden allgemein noch fest davon überzeugt, dass Protestanten ebenso wie der Teufel einen Schwanz hätten. Eine alte Frau hob sogar seine Rockschöße, um danach zu suchen – zumindest erzählte sie das.

In den 80er-Jahren des 20. Jahrhunderts verzeichneten die Mormonen in Chile eindrucksvolle Zuwachsraten, bis 1992 hatten sie über 314000 chilenische Mitglieder. Nach mormonischem Glauben gibt es zwei Prophezeiungen, die dem Land einen besonderen Status verleihen. Der freundliche Mann, den ich einige Monate später im riesigen, funkelnden Hauptquartier der Heiligen der Letzten Tage in Santiago traf, sagte mir, dass immer noch mehr als die Hälfte der Missionare aus Nordamerika stammten. Dass man die Mormonen schnell mit den Vereinigten Staaten und besonders mit dem US-Dollar und der amerikanischen Außenpolitik in Verbindung bringt, ist wahrscheinlich mit ein Grund dafür, dass ihre Kirchen bei jedem Besuch eines amerikanischen Politikers Ziel terroristischer Bombenanschläge werden.

Zwei Franzosen in den Fünfzigern kamen zu meiner Hütte. Sie machten sechs Wochen Urlaub auf der Insel, aber es gefiel ihnen nicht besonders.

»Wir haben von Ihnen gehört und wollten Sie zum Essen einladen.«

Sie hatten in einer französischen Illustrierten gelesen, dass Juan Fernández das Paradies auf Erden sei, so ähnlich wie in der Bounty-Werbung. Was sie sich vorgestellt hatten, war: den ganzen Tag Sonne, warmes Meer, leckeres Essen, schöne, aber spottbillige Unterkunft und haufenweise Leute, die Französisch sprachen. Aber so war es gar nicht, und die beiden verbrachten viel Zeit damit, sich eine Rache an dem Journalisten auszudenken, der sie so gemein getäuscht hatte.

Einer von ihnen war Vietnam-Veteran. In den späten 50er-Jahren hatte er auch in Algerien gekämpft, und dann stellte sich noch heraus, dass er 15 Jahre Söldner in Afrika gewesen war. Auf seiner Visitenkarte prangten in breiter gotischer Schrift die Worte *Légion d'honneur*. Er hatte eine Vollglatze, Mundgeruch und auffallend hellblaue, stechende Augen. Sein Begleiter, ebenfalls Ex-Soldat, war viel ruhiger. Seine Frau war vor einem Jahr an Krebs gestorben, und er schien nie richtig da zu sein. Der Glatzkopf bestand auf zwei Runden süßen Martinis und trieb zum Hasen, dem einzigen Gericht auf der Speisekarte, auch noch eine Flasche Champagner auf. Es war natürlich kein richtiger Champagner, sondern eine süße sprudelnde Flüssigkeit wie Asti Spumante. Als er betrunken war, war der Glatzkopf nicht mehr zu bremsen.

»Wissen Sie, ich kann nicht schlafen. So gut wie gar nicht. Tabletten helfen da nicht. Ich denke an Sachen, die Sie sich gar nicht vorstellen können. Wenn ich zeichnen könnte, könnte ich Ihnen meine Erinnerungen bis in alle Einzelheiten zeigen, obwohl die meisten Menschen, die darin vorkommen, schon Jahre tot sind. Man vergisst das nicht, wissen Sie. Afrika, Indochina, Algerien… immer wieder sehe ich dasselbe Gesicht, Bernard Groutier, er war 22 und wollte meine Schwester heiraten. Er war einer der Besten – wir waren unzertrennlich. Er wäre mein Schwager geworden. Direkt in die Stirn geschossen.«

Die hellblauen Augen füllten sich mit Tränen.

Ich hatte herumgefragt, ob ich vielleicht mit einem *Langosta*-Fischer hinausfahren dürfte.

»Natürlich«, sagte ein Junge, der oft bei mir am Kai stehen blieb. »Sie können mit meinem Vater fahren. Sie werden doch nicht seekrank, oder?«

»Nein«, lachte ich.

Später kam er noch einmal vorbei, um mir mitzuteilen, dass ich seinen Vater, der Alejandro hieß, am nächsten Morgen um halb acht an der Mole treffen sollte.

In Juan Fernández gab es nur eins, was schwieriger war, als den richtigen Alejandro zu finden, nämlich einen bestimmten Robinson herauszufinden. Die gesamte männliche Bevölkerung des Archipels wuselte mit Wollmütze auf dem Kopf geschäftig in dem kleinen Hafen herum, die einen machten ihre Boote klar, andere füllten ihre Wassercontainer oder zogen sich gelbes Ölzeug über.

Als ich fündig wurde, stand ich einem kleinen drahtigen Mann mit dem wettergegerbten Gesicht einer Schildkröte gegenüber.

Er fragte: »Sie werden doch nicht etwa seekrank?«

»Nein«, versprach ich.

»Sind Sie sicher?«, zweifelte er.

»Ganz sicher«, betonte ich.

Alejandro rief einem anderen Fischer zu, dass er gegen sieben zurück sei. Das bedeutete, dass wir ungefähr zwölf Stunden auf See sein würden. Der andere erwiderte, er wolle drei Tage auf die Insel Santa Clara, und ich dachte: »Du hast es noch gut getroffen.«

Alejandros erster Maat brachte die etwa acht Meter lange *Norma Hortensia* an die Mole. Er war Anfang 20, hatte erstaunlich viele Haare und einen mürrischen Gesichtsausdruck, der sich noch vertiefte, als er mich ins Boot klettern sah. Er brummte in Alejandros Richtung: »Ich wette, sie wird seekrank.«

Wir ruderten los, warfen den Motor an und tuckerten zum Rand der Bucht, wo man mir ein Rolle Schnur in die Hand drückte, mit der ich kleine Fische fangen sollte (als ob ich mir die Größe der eventuell anbeißenden Fische aussuchen könnte). Aber ich fing tatsächlich welche, und glücklicherweise waren sie auch noch klein. Die meisten wurden als Köder für größere Fische gebraucht, mit denen wiederum die *langostas* gelockt wurden, die letzten sechs briet Alejandro über einem Feuer, das er in einer Blechdose entfacht hatte. Sie schmeckten süß und gut, aber ich aß nur einen, weil ich an meinen Magen dachte.

Langosta-Fang ist Gemeinschaftsarbeit. Hölzerne Käfige werden an Schwimmer gebunden und treiben in etwa 37 Metern Tiefe unter Wasser, die hungrigen Krustentiere kriechen durch das weitmaschige Netz auf der einen Seite, um von dem lockenden Fisch im Käfig zu kosten. Die Fischer fahren einfach abwechselnd hinaus, um nach den Käfigen zu sehen, und ziehen sie mit der Hand herauf. Einige unserer Käfige enthielten bis zu 30 *langostas*. Der erste Maat maß jedes dieser roten Krabbeltiere mit einem Instrument, das wie eine borstenlose metallene Scheuerbürste aussah, und wenn es den Mindestanforderungen nicht genügte (ungefähr 23 Zentimeter Körperlänge), warf er es zurück ins Meer. Die anderen kamen in eine hölzerne Wanne; an Land werden sie in Seewasser am Leben erhalten, bis sie zum Flugzeug gebracht werden. Sie müssen lebend in Santiago ankommen, denn wenn sie vor dem Kochen tot sind, verlieren sie ihren Geschmack.

Der wissenschaftliche Name für die *langosta Juan Fernández* ist *Palinurus frontalis*, eine Spezies, für die es im Deutschen keinen eigenen Namen gibt, die man aber, ebenso wie einige andere Spezies der Gruppe, auch als Languste, Hummer oder Panzerkrebs bezeichnet. Warum die Gattung nach Äneas' Steuermann benannt ist, lässt sich nur vermuten – vielleicht weil Palinurus ins Meer fiel, als er am Ruder einschlief.

Die beiden Männer arbeiteten schweigend. Sie verbrachten regelmäßig ein paar Tage zusammen und schienen kein Bedürfnis nach einer Unterhaltung zu haben. Entweder konzentrierten sie sich auf ihren Fang, oder sie waren in Gedanken versunken; der erste Maat richtete während des ganzen langen Tages, den wir gemeinsam in dem kleinen Boot verbrachten, kein einziges Wort an mich.

Als wir auf das offene Meer hinauskamen, warf die unruhige Dünung die *Norma Hortensia* in die Luft. Ich biss die Zähne zusammen. Einige Wellen brachen über uns herein. Ich kehrte Alejandro den Rücken zu und schluckte schwer. Wir suchten nach den Schwimmern eines verloren gegangenen Käfigs und kreuzten glücklos hin und her. Mein Magen rebellierte.

Als wir wieder in ruhigeres Gewässer kamen, fing Alejandro an, über das Mittagessen zu reden. Schon beim Gedanken daran schnürte sich mir die Kehle zu. Ich verkroch mich in ein gemütliches Eckchen im Bug und beobachtete die zwei rosigen *langostas*, die im Topf vor sich hin kochten. 20 Minuten später nahm Alejandro ein Hackebeil, das wie ein Mordwerkzeug aussah, halbierte eine und hielt sie mir hin, in dem rosafarbenen Panzer glänzten hellweißes Fleisch und klebrige braune Gedärme. Die Männer leckten ihre Schalen aus und machten sich dann über einen flachen schwarzen Fisch her, den sie auf einem Grill gebraten hatten. Ich ließ mich auf meine Ruhestatt sinken, wo ich die nächsten paar Stunden blieb, manchmal döste ich (aber das verschaffte mir auch keine Erleichterung, denn ich hatte Kurzträume, in denen ich an den Füßen von einem riesigen Hochhaus hing), und hin und wieder stellte ich Fragen, um jeden Verdacht zu zerstreuen. Ich musste mich nicht übergeben.

Dann tauchte ein anderes Problem auf. Ich musste unbedingt zur Toilette. Ich zog verschiedene Möglichkeiten in Betracht, aber bei allen musste ich mit dem Kentern des Bootes rechnen. Obwohl ich versuchte, nur an Wüstenlandschaften zu denken, schien die Wüste doch sehr weit weg zu sein; es ist gar nicht so einfach, an etwas Trockenes zu denken, wenn man kilometerweit nur von Wasser umgeben ist.

Es war acht Uhr, als wir wieder an Land kamen. Wir waren 13 Stunden unterwegs gewesen. Ich kaufte noch schnell eine *langosta* für Rowena und Simon und rannte los.

Beim Abendessen im Café drehte sich jedes Gespräch um das Schicksal meines Geschenks. Sie waren nicht daran gewöhnt, ihre Krustentiere an den Endabnehmer zu verkaufen – normalerweise schickten sie sie in Kisten an anonyme Großhändler. Das ganze Dorf war in Unruhe darüber, was die Fremde wohl mit ihrer *langosta* anfangen würde. Sie waren besorgt, dass sie auf dem Weg zum Festland in meiner Reisetasche verenden würde. Schließlich, erschöpft von dem Zoll, der meinem Spanisch abverlangt wurde, erklärte ich mich bereit, sie jetzt gleich in meiner Hütte zu kochen. Sofort drückte man mir ein sockenähnliches grünes Nylonnetz in die Hand, das man zu diesem Zweck braucht. Ich überlegte, ob ich die *langosta* nicht in einem tiefen Loch begraben sollte, wenn alle schliefen. Aber ich tat es nicht. Ich kochte sie, und ich war ihr sehr dankbar, dass sie nicht schrie, als sie starb.

Ich wachte mit verbrannten und geschwollenen Lidern auf, wahrscheinlich das Ergebnis meines Nickerchens im Boot. Ich sah aus wie eine *langosta*. In der Nacht hatte es geregnet, und meine frisch gewaschenen Sachen waren feucht, obwohl ich sie unter dem Dach meines Balkons aufgehängt hatte. Ich hatte keine anderen, deshalb versuchte ich, nachdem ich mir eine Tasse Tee gemacht hatte, meine Unterhosen über der Gasflamme zu trocknen. Natürlich fingen sie bald Feuer, und als Manolo am Fenster auftauchte, sah er mich brennende Unterhosen schwingen. Ein anderer Mann auf einer anderen, größeren Insel hätte dies wahrscheinlich als einen Akt feministischer Solidarität gedeutet; nicht so Manolo.

Als Nächste erschienen die Franzosen am Fenster. Ich lud sie zum Tee ein. Der Gramgebeugte fragte mich, ob ich schon wüsste, wohin ich nach Chile reisen wollte. Damals plante ich einen Aufenthalt in der Südsee, und als ich ihm davon erzählte, fragte er: »Könnte ich vielleicht mitkommen?«

Während der Vorbereitungen zur Abreise dachte ich über Selkirk nach. Er war ungefähr so alt wie ich, als es ihn auf die Insel verschlug, und lebte vier Jahre und vier Monate allein hier, wobei er sich hauptsächlich von Ziegenfleisch ernährte. Als die Schiffe *Duke* und *Duchess* aus Bristol im Februar 1709 Anker warfen, hatten sie den berühmten Seefahrer William Dampier an Bord, der Selkirk kannte und für seine Fähigkeiten als Matrose bürgen konnte. So kam Selkirk nach Hause.

Auf Más a Tierra hatte er eine Bibel gehabt, und nach seiner Rückkehr soll er gesagt haben, dass er »glaube, in seiner Einsamkeit ein besserer Christ gewesen zu sein als jemals zuvor oder, leider, auch nachher«. Diese Erkenntnis hielt ihn nicht davon ab, sich in den Kneipen von Bristol und London eine ganze Weile mit den

Huren zu vergnügen. (Er sagte auch: »Heute bin ich 800 Pfund wert, aber lange nicht so glücklich wie damals, als ich keinen Heller wert war.«) Wieder daheim in Schottland, baute er sich im Hinterhof seiner Eltern eine Art Höhle, später in Bristol wurde er wegen eines Überfalls vor Gericht gestellt. Schließlich musste er wieder zur See fahren; er konnte einfach keine Ruhe mehr finden. Auf der Reise starb er.

Vor ihm hatte es andere gegeben. Es existiert ein zuverlässiger Bericht über einen Mann namens Will von der Moskitoküste, der 1681 von Piraten auf Juan Fernández ausgesetzt und drei Jahre später von der *Bachelor's Delight* wieder aufgelesen wurde. Auch bei der Gelegenheit war William Dampier zugegen, und er schilderte in bewegenden Worten, wie Will einen anderen Bewohner der Moskitoküste traf, der zur Begrüßung extra vom Schiff zum Strand gerudert war. Eine ähnliche Geschichte berichtete von einem Schiffbrüchigen, der lange vor Will fünf Jahre auf der Insel zubrachte, bevor die Rettung kam. Es ist nicht weiter überraschend, dass sie alle erlöst wurden, denn der Archipel diente nach der Umrundung des Kap Hoorn gelegentlich als Stützpunkt.

Defoe, ein Vielschreiber par excellence, verfremdete Selkirks Geschichte; außerdem verlegte er sie auf eine exotischere Insel, meilenweit entfernt, irgendwo östlich von Trinidad. Er verlängerte Selkirks Aufenthalt auf 28 Jahre, und stellte ihm als Gefährten Freitag zur Seite. Aber ein Satz, den er für Crusoe schrieb, hätte auch Selkirks Motto sein können: »Ich war dazu geboren, mich selber ins Unglück zu stürzen ...«

An meinem zweiten Tag auf der Insel hatte ich bei einer Bergbesteigung meine Uhr verloren, und ich war ein bisschen traurig, denn es handelte sich um ein Erinnerungsstück. Außerdem war sie auch noch wertvoll und hätte mir in Santiago mehr Geld gebracht als mehrere hundert *langostas*. Als ich meine Reisetasche nahm, um in das Boot zu steigen, das mich zur Landebahn bringen sollte, kam eine Frau angelaufen, die mir vernehmlich schnaufend etwas unter die Nase hielt.

»Ich habe das hier im Wald gefunden. Sie muss Ihnen gehören.«

Außer 200 *langostas* flogen noch vier Inselbewohner mit mir nach Santiago. Als das Flugzeug auftauchte, sagten sie: »Gut, es ist Figuera.«

Ich war erstaunt. »Können Sie den Piloten schon daran erkennen, wie das Flugzeug anfliegt?«

»Natürlich«, antworteten sie, als hätte ich eine ziemlich dumme Frage gestellt.

Eine von ihnen gehörte zu den Zeugen Jehovas. Zweidreiviertel Stunden erzwungener Gesellschaft kamen ihren Absichten sehr entgegen. Mir fiel auf, dass die anderen drei bald so taten, als seien sie eingeschlafen, und dass der Pilot die Kopfhörer nicht abnahm. Kurz nach dem Einsteigen hatte er uns mit einem Handzeichen auf die Bordverpflegung hingewiesen: eine Flasche Johnny Walker, die er hinter seinen Sitz geklemmt hatte. Ich bediente mich, und die Zeugin Jehovas verstummte, denn ihr ging auf, dass sie es mit einem hoffnungslosen Fall zu tun hatte.

Kapitel sieben

> Ich glaube an Chile und sein Schicksal. Andere werden diesen bitteren und dunklen Augenblick überleben... früher als ihr glaubt, werden freie Menschen auf breiten Straßen einer besseren Gesellschaft entgegengehen... Dies sind meine letzten Worte. Ich bin überzeugt, dass mein Opfer nicht umsonst sein wird. Ich bin überzeugt, dass es wenigstens ein moralisches Urteil fällt über die Verbrechen, die Feigheit und den Verrat, die unser Land verwüsten.
>
> Salvador Allende, 11. September 1973

Während meines Aufenthalts in Santiago, meinem mittleren Stützpunkt, besuchte ich noch ein anderes Haus von Neruda, und Rowena begleitete mich. Es war das berühmteste, in Isla Negra, einem Küstendorf einige Stunden weit weg. Die Einwohner Santiagos wandern im Februar gen Westen und bevölkern die Küste, auf die wir bei Algarrobo trafen. Am Strand vor den Sommerhäusern und dem Yachtklub, zu Füßen einer großen Christusfigur, die ihnen versprach, sie zu Menschenfischern zu machen, standen die Urlauber an Klapptischen und nahmen Fische aus.

In Isla Negra tranken wir Kaffee in einer *hostería*, die über und über mit Bougainvillea bewachsen war. Ein Poster in der Bar zeigte den Dichter Vicente Huidobro in Großaufnahme. Neruda hätte das überhaupt nicht gefallen – die beiden konnten sich nicht ausstehen. Ich fragte mich, ob das wohl die Taverne war, die Antonia Skármeta mit seinem Buch »Ardiente paciencia« (Mit brennender Geduld), das auch verfilmt wurde, unsterblich gemacht hatte. Es handelt von einem Briefträger in Isla Negra, der nur einen Kunden hat (Neruda), von der Dichtkunst und von den Ereignissen des Jahres 1973, in dem der Briefträger verschleppt wird und der Dichter stirbt; Thema ist die Kraft des gewöhnlichen Menschen, zu überleben, zu überwinden und zu hoffen.

Das Haus stand auf einem hohen Felsvorsprung über dem Pazifik. Dort hortete Neruda eine Sammlung goldgelockter Galionsfiguren, die er in Schiffswerften aufgestöbert hatte. Er liebte es, sich mit schönen Dingen zu umgeben, und zeigte dabei sehr viel Stil; diese ausgeprägte ästhetische Sensibilität ließen seine Gedichte für meinen Geschmack zu häufig vermissen. Der Führer, der ehrfürchtig von Don Pablo sprach, zeigte uns zahlreiche gerahmte Fotos, die über das ganze Haus verteilt waren, und auf allen hatte Neruda eine verblüffende Ähnlichkeit mit Nabokov. So als hätte er das gewusst, hatte er auch eine kleine Sammlung von Schmetterlingen gerahmt.

Im Süden reihte sich ein Badeort an den anderen, und in Cartagena zwang ich Rowena, an der Ansammlung schäbiger Pensionen und billiger Cafés vorbei einen Hang hochzuklettern, weil ich Vicente Huidobros Grab finden wollte. Er war 1948 gestorben und hatte sich als letzte Ruhestätte ein einsames Fleckchen inmitten schillernder violetter Disteln ausgesucht, von dem aus man die staubigen grünen Hügel und das Meer überblicken konnte. Außerdem konnte man von hier aus die Halbinsel Isla Negra sehen, zu der täglich hunderte von Neruda-Fans pilgerten. Ich hoffte, dass ihm dieser Anblick erspart blieb, wo immer er auch war.

An jenem Abend war die Luft in Santiago warm und klar, eine leichte Brise wehte, und um acht Uhr leuchtete der Himmel noch strahlend blau. Ich traf mich mit Pepe. Ein paar von seinen Freunden hatten mir zu Ehren zu einem besonderen Abendessen eingeladen, also stiegen wir in einen überfüllten Bus Richtung Süden, zu den *poblaciones* am Rande der Stadt, wo hunderttausende armer Chilenen ihr Leben fristen.

Die Freunde lebten in einer fünf Stockwerke hohen Mietskaserne, vor der ein Haufen zerrissener Plastikmüllsäcke lag, deren glänzender Inhalt sich über die Straße ergossen hatte. Ein lächelnder Mann in kurzen Hosen öffnete die Tür und küsste mich auf beide Wangen. Hinter ihm entdeckte ich seine Frau, die gerade Kinderspielsachen vom Boden auflas. Kaum waren wir eingetreten, wurde ein Tablett mit großen Pisco Sours herumgereicht, die wir in der Küche tranken, in die wir uns gequetscht hatten, weil Enrique, der Mann in Shorts, dort drei große Fische vorbereitete. Durch eine offene Tür konnte ich sehen, dass das Ehepaar sich ein Einzelbett teilte und dass ihr Kind im selben Zimmer schlief. Es erschienen noch zwei Gäste, die Arme voller hellorangefarbener Melonen, dann kamen die Fische in den Ofen.

Die Unterhaltung wandte sich, wie so oft, der internationalen Bedeutung Chiles zu. Immer wollten alle von mir wissen, was wir im Westen über das Land dachten, und es war nicht so einfach, ihnen beizubringen, dass die meisten Menschen im Westen nie einen Gedanken daran verschwendeten. Oft glaubte ich, eine Art allgemeiner Unsicherheit und eine Identitätskrise konstatieren zu können. Vielleicht trug die ständige Fremdbeeinflussung in fast allen gesellschaftlichen Bereichen dazu bei. Victor Jara, ein linker Liedermacher, der einige Tage nach dem Putsch im Nationalstadion ermordet wurde, sagte einmal Folgendes: »Die kulturelle Invasion ist wie ein dicht belaubter Baum, der uns daran hindert, unsere eigene Sonne, unseren Himmel und unsere Sterne zu sehen.« Nachdem eine Zeitung eine kleine Notiz zu Jaras Tod gebracht hatte, durfte sein Name in den Medien offiziell nicht mehr erwähnt werden. Aber sein Geist lebte weiter. Ein oder zwei Tage später blendete ein unbekannter Angestellter der Fernsehgesellschaft ein paar Takte von Jaras »La Plegaria« (Das Gebet) in die Hintergrundmusik eines US-Films ein.

Nach dem Essen wurde Pisco durch Wein und Tabak durch Marihuana ersetzt (die meisten Chilenen, die ich kennen lernte, hatten anscheinend immer einen kleinen Vorrat dabei). Sie nahmen

Pink Floyd aus dem Kassettenrekorder und legten chilenischen Blues ein, und zwei Leute tanzten. Später begann Pepe, ein Neruda-Gedicht vorzutragen, und die anderen sprachen mit. Sie konnten es auswendig. Mir fiel kein Gedicht ein, das allen Gästen einer Londoner Party geläufig sein würde. Pepe und Enrique und ihre Freunde gehörten alle zu den Linken, denen Neruda Hoffnung gegeben hatte; ihm gelang es, ihre Seelen über ihr Leiden zu erheben. Er bestätigte sie auch in ihrer Identität und ließ sie fühlen, dass ihre Träume Gültigkeit hatten, Träume, die sie in den langen Jahren der Not und der Ausbeutung träumten, wie einen Rosenkranz gebrochener Versprechen. Neruda hatte viele Menschen inspiriert, nicht nur in Chile. Er sprach für den gesamten Kontinent. Die Schwedische Akademie verlieh ihm den Nobelpreis wegen »einer Dichtkunst, die mit elementarer Kraft das Schicksal und die Träume eines Kontinents zum Leben erweckt«. Che Guevara hat in seinem Rucksack immer zwei Bücher mit sich herumgetragen, und eins davon war Nerudas »Canto general«. Oft las er es nachts in der Sierra Maestra seinen Guerillas vor. Neruda gab ihnen etwas, woran sie glauben konnten, ob in den bolivianischen Bergen oder in ihren Mietskasernen.

Mir gefiel die Idee, die er verkörperte, so sehr, dass ich lange brauchte, bis ich mir eingestehen konnte, dass ich ihn für keinen sehr guten Dichter hielt. Und nachdem ich etwas mehr von seiner Prosa gelesen hatte, wurde mir klar, dass er mir auch nicht besonders sympathisch war. Er war unglaublich selbstgefällig und hatte eine zweifelhafte Einstellung zu Frauen. Er konnte amüsant sein (in seinen »Memoiren« bringt er mitten im Satz »... Hitler, der Nixon der damaligen Zeit...«) und bei einigen wenigen Gelegenheiten auch schmerzlich bewegend. Er schrieb über seine Trauer beim Tod seines Freundes Alberto Rojas Giménez, eines anderen chilenischen Dichters. Sie war besonders verzehrend, da Neruda sich zu dem Zeitpunkt in Spanien aufhielt. Er beschreibt, wie er eine große Kerze in eine leere Kirche trägt, wie er sie beim Niederbrennen beobachtet, während er eine Flasche Weißwein leert, und wie ihn diese »stille Zeremonie«, obwohl er nicht gläubig ist, seinem Freunde näher bringt.

Neruda war Anhänger der Idee, dass ein Schriftsteller sich an der Wahrheit orientieren sollte, die wichtiger sei als der Stil. Seine Gedichte sind keine Magerkost, sie sind prall. Er malt Wortbilder, manchmal mit großem Charme, von Dingen, die Sie und ich kennen, sowohl aus der inneren als auch aus der äußeren Welt, aber er komprimiert die Bedeutung der Sprache nicht, bis sie vibriert, und er bringt Sie nicht dahin, wo Sie noch nie gewesen sind. Allerdings hätte ein großer Dichter – ein Hopkins zum Beispiel – den Chilenen in ihren endlosen traurigen Slumnächten wohl kaum geholfen.

Der im Exil lebende argentinische Zeitungsherausgeber und Schriftsteller Jacobo Timerman schrieb Folgendes:

Verliebten in Lateinamerika ist ein Schicksal gemein: Sie kommen immer wieder auf Pablo Neruda zurück. Er begleitete uns von unserem ersten Kuss an; er half uns bei den ersten sinnlichen Erfahrungen der frühen Jugend; er war bei uns während der ersten größeren politischen Unruhen – dem Bürgerkrieg, dem Fall der spanischen Republik und dem darauf folgenden faschistischen Inferno. Mit Neruda gelang es uns, die erdhafte Romantik und Magie Lateinamerikas zu erfassen und zu verstehen... Nicht einmal die schlechten Gedichte... konnten die Präsenz Nerudas in unseren Träumen und unseren Vorstellungen in irgendeiner Weise schmälern. Jedes Teilchen unserer Sensibilität hat mit dem Dichter zu tun. Seine Worte und seine Rhythmen werden in alle Ewigkeit der einzige Ausdruck sein, den wir Lateinamerikaner haben, wenn unser Herz überfließt vor Liebe zu einem anderen Menschen oder vor Liebe zum Universum.

Timerman war ein außergewöhnlich gebildeter Mensch.

»Das musst du über unser Land wissen«, sagte Enrique, während er eine andere Kassette in den Rekorder steckte und mir die

Hülle reichte. Sie trug die Aufschrift »Violeta Para« und zeigte eine schlechte Zeichnung von einer Frau mit großen Augen und langem schwarzem Haar.

»Heute leben wir in einer Konsumgesellschaft«, fuhr er fort. »Aber hier hörst du, wie es früher war, und wir erinnern uns noch daran. Sie besingt unseren Norden, unseren Süden und unsere Mitte.«

Sie sang über Schmerzen und Verrat.

Obwohl er mittlerweile ziemlich betrunken war, erstaunte es mich doch, dass ein Mann, der das Haupttal kaum jemals verlassen hatte, von »unserem Norden«, »unserem Süden« und »unserer Mitte« sprach. Ich hatte mir in meiner Dummheit die Form des Landes angesehen, an die großen sozialen, ökonomischen und klimatischen Unterschiede zwischen Nord und Süd gedacht und daraus geschlossen, dass das Nationalbewusstsein nicht besonders ausgeprägt sein könne. Aber in Wirklichkeit schweißte ihr Heimatsinn die Menschen so eng zusammen, als wäre das Land ein vollkommener Kreis.

»Violeta, Neruda und *La Gabriela* sind diejenigen, die in Worte fassen, was wir sind«, ergänzte Enriques Frau, die leicht schwankte. »Ihr Werk ist ein Ausdruck unserer Kultur – unserer echten Kultur.«

Beim Abschied stand Enrique an der Tür.

»Dieses Land hat viele Probleme. Wir würden gern so sein wie ihr. Aber wir haben auch unseren Stolz. Heutzutage fällt es uns nur manchmal schwer, ihn wieder zu finden, weil obenauf so viel Mist liegt.«

Ich war zu einem Wochenende auf dem Lande eingeladen worden und ließ die Stadt nur zu gern hinter mir, denn in Santiago war es drückend heiß, und der erstickende Smog war noch dicker geworden. Außerdem war dies eine Gelegenheit, eine ganz neue Seite des chilenischen Lebens kennen zu lernen, die ich bisher noch nie gesehen hatte.

Im Bus nach Peñaflor im Südwesten war es zu heiß. Ich stieg, wie verabredet, an der roten Brücke aus und folgte einem Pfad, der von der geteerten Straße weg in ein grünes, sonnendurchflutetes Tal führte. Ein leerer Maislaster nahm mich mit, und ich stand auf seiner Ladefläche, während er sich einen steilen Feldweg hocharbeitete; über meinem Kopf bildeten die Eukalyptusbäume hohe Lauben. Der flache, in Parzellen aufgeteilte Boden des Haupttales glänzte im Sonnenschein, und vor den Andenausläufern am Horizont flimmerte die Hitze.

Das Mallarauco-Tal wurde im letzten Viertel des 19. Jahrhunderts von einem fortschrittlichen und energischen Landeigner namens Patricio Larrain Gandarillas umgestaltet. Indem er einen Hügel durchstach, konnte er einen Kanal bauen, der sich aus dem Mapocho-Fluss speiste und kilometerweit das Land bewässerte. Für diese technische Glanztat brauchte er 20 Jahre. Er holte sich Rat bei Experten in den europäischen Alpen und ließ seine Männer dann von beiden Seiten des Hügels aus gleichzeitig graben. Die Einwohner erzählen immer noch, dass die beiden Gruppen sich nur um wenige Zentimeter verfehlt hatten, als sie aufeinander stießen. Mittlerweile war das Wasser verschmutzt, weil es aus Santiago kam, aber es reichte immer noch zur Bewässerung des Landes.

Ich wohnte bei der Großschwiegertochter des Kanalbauers, einer stattlichen Engländerin aus Kent, die vor 50 Jahren einen Chilenen geheiratet hatte, dessen Eltern sie schockierte, weil sie Hosen trug. Bei meiner Ankunft saß sie in der Eingangstür und las den *Guardian Weekly*, unter ihrem Stuhl schlief ein großer roter Hund. Sie hatte mir gesagt, ich könne kommen, wann immer ich wolle; ich hatte ihr meinen genauen Ankunftstag nicht mitgeteilt, und da sie kein Telefon hatte, erwartete sie mich eigentlich nicht. Pepe, der uns vor einer Woche in einem Café in Bellavista, Santiagos Künstlerviertel, bekannt gemacht hatte, hatte nur gelacht, als ich ihm gestand, dass es mir nicht ganz richtig erschien, einfach so aufzutauchen.

»Sei doch nicht so englisch!«, sagte er.

Das alte Bauernhaus hatte dicke Lehmwände, große, weiche Betten, schwere, knarrende Holzmöbel und eine Fülle erlesener Bücher, Bilder und Gegenstände aus angelaufenem altem Silber. Es war ungefähr 100 Jahre alt, typisch für die Zeit, als es in Chile noch riesige Vermögen gab. Den rissigen türkisblauen Swimmingpool zierten die weißen Handabdrücke eines Kindes, und rund um den Besitz gediehen Bäume, die sich unter der Last der Früchte und der Avocados bogen, Beerenbüsche, dicke Maiskolben, ein Zitronenhain und hohe Fackellilien. Die Hausherrin war außergewöhnlich gastfreundlich; die meiste Zeit ignorierte sie ihre Gäste, was uns wirklich sehr erfrischte. Sie war jetzt Witwe und fühlte sich Chile verbunden, in guten wie in schlechten Tagen, wie im Hochzeitsversprechen. Am ersten Abend fragte sie mich über Großbritannien aus, so wie die meisten Emigranten. Das Gespräch über die dortigen Zustände stimmte uns beide traurig.

Enkel und Hunde tobten wild durcheinander, und im üppigen langen Gras fanden sich bunt zusammengewürfelte Rohrstühle mit fleckigen Kissen, offene Bücher und zerknüllte Kleidungsstücke. Hausgäste kamen an, und andere reisten ab. An Holztischen unter den Weiden am Flussufer aßen wir Mais- und Kartoffeleintöpfe, Tomatensalat mit Basilikum und dunkelrosafarbene Wassermelonenscheiben. Spontane Gespräche ergaben sich in der kühlen Küche oder der stillen Bibliothek. Mir fielen die Romane aus den 30er-Jahren ein, die in der britischen Oberklasse spielen. So hatte das Leben der alten Gutsbesitzerfamilien im Haupttal ausgesehen. Kein Wunder, dass sie keine Veränderungen wollten. Es lebte sich sehr angenehm.

Als ich wieder in die Stadt zurückfuhr, nahm ich den Bus, der täglich das Tal verließ, einen alten Klapperkasten, der schon seit Jahren die steilen Straßen von Mallarauco hinauf- und hinunterratterte. Neben der Liste mit den Fahrpreisen hing eine vergilbte Preisliste für eventuelle Gepäckstücke. Darunter zum Beispiel ein Bett (450 Pesos), ein Gaskocher (350), ein Fernseher (250) und ein Mehlsack (150).

Oben im Norden hatte ich eine Frau getroffen, die die Ortsgruppen der *Alianza* organisierte, einer rührigen Vereinigung von Grünen und Humanisten, beides gern gebrauchte Wörter im politischen Vokabular Chiles. Sie hatte mich gedrängt, bei meiner Rückkehr nach Santiago eine ihrer Kolleginnen anzurufen, die einen der vier Vizepräsidentenposten der *Alianza* innehatte, für die bevorstehende Stadtwahl kandidierte und außerdem noch Feministin war. Die Kollegin hieß auch Sara, und ich traf sie in einer überfüllten Kaffeebar in der Nähe des Parteibüros gegenüber des Santa-Lucía-Hügels.

Sie war genauso alt wie ich und gefiel mir auf Anhieb. In der Hand hielt sie den Korrekturabzug eines von ihr verfassten Artikels über den Hintergrund der chilenischen Frauenbewegung. Letztere hatte ihre Hochzeit während des Kampfes um das Stimmrecht bei allgemeinen Wahlen gehabt; aber als das Wahlrecht 1949 zugestanden wurde, führte dieser Sieg weder zu größeren Reformen, noch kratzte er am männlichen Bild von der Rolle und dem Wert der Frau im öffentlichen Leben, und so zerfiel die Frauenbewegung wieder. Ich fragte mich, wie es nach weiteren 40 Jahren um sie stand.

»Sie ist immer noch sehr zersplittert«, erklärte sie nach einer langen Pause, in der sie mit ihrer leeren Kaffeetasse herumspielte. »Und bis zu einem gewissen Grade hat sich die Bewegung seit dem Fall der Diktatur in sich selbst zurückgezogen. In all den Jahren hat ihre Rolle hauptsächlich darin bestanden, die Idee der Gewaltlosigkeit hochzuhalten, und nun muss sie ihre Position überdenken. Aber es gibt ein gutes Netzwerk, ja, das einen starken Halt in der Arbeiterklasse hat.«

(Die meisten Organisationen mit irgendeinem sozialen Anliegen mussten sich mit der Frage befassen, was sie jetzt tun sollten, nachdem sie erreicht hatten, wofür sie so lange Jahre gekämpft hatten.)

Sie hoffte auf eine bessere Zukunft für chilenische Frauen.

»Allerdings nicht mehr für unsere Generation. Die heutigen

Männer sind noch als *machista* groß geworden. Aber die jüngeren können die Veränderung der Rollen sehen. Ja, ich habe Hoffnung.«

Ich war mir nicht so sicher, ob es mir an ihrer Stelle auch so gegangen wäre. Es gab drei weibliche Senatoren und sieben *diputadas* (Mitglieder des Kleinen Hauses), und obwohl chilenische Politiker begriffen hatten, dass es gut ankam, wenn man sich frauenfreundlich zeigte, und fast alle Parteien der Mitte und der Linken Frauenabteilungen eingerichtet hatten, hatte der Trend doch nur zu rein kosmetischen Reformen geführt. Pinochet ernannte zahlreiche Bürgermeisterinnen, aber für Sara waren sie nur »ehrenamtliche Männer«; das war im politischen Kontext zumindest ein Konzept, das mir bekannt vorkam. Eine neuere Meinungsumfrage bei Männern und Frauen hatte einen deutlichen Widerstand gegen Frauen mit parlamentarischer Macht ergeben (in Stadträten sah man sie dagegen gern; das war eine Projektion der häuslichen Rolle, die Stadt zu organisieren wie das Heim, ohne dass wirklich weit reichende Entscheidungen getroffen werden mussten). Während meines Aufenthalts entwickelte sich das Drama um die schließlich zurückgezogene Präsidentschaftskandidatur von Evelyn Matthei, einer ausgesprochen fähigen Politikerin. Mir kamen viele sexistische Bemerkungen über Matthei zu Ohren, sogar von Führern ihrer eigenen Partei, der Nationalen Erneuerung. Obwohl einige männliche Politiker es abstreiten würden, demonstrierte die ganze komplexe Geschichte von Mattheis gescheiterter Wahlkampagne vielen Liberalen, dass das Land einfach noch nicht reif dafür war, Frauen an die Spitzen der Macht zu lassen.

Eigentlich wollte ich die Annehmlichkeiten der Großstadt hinter mir lassen, um den Süden des Landes zu sehen, aber es gab immer wieder einen Grund, noch einen Tag länger zu bleiben, und dann noch einen. Nicht etwa, dass ich keine Lust zur Abreise gehabt hätte – jedes Mal wenn ich an die Gletscher und Fjorde im tiefen

Süden dachte, wurde ich ganz aufgeregt –, aber in Santiago war immer etwas los, und ich war sehr glücklich.

Pepe und ich fuhren nach Valparaíso, Chiles zweitgrößter Stadt und größtem Hafen, nur zwei Stunden von der Hauptstadt entfernt. Das erste Gebäude, das ich dort sah, war ein altes Hutgeschäft mit angejahrten Verkäufern in weißen Kitteln, die an riesigen hochglanzpolierten Holztruhen und Theken bedienten, hinter denen sich die Hutschachteln in den Regalen fast sieben Meter hoch bis an die Decke stapelten. Mit der Straßenbahn fuhren wir am prachtvollen rosafarbenen Zollhaus am Kai vorbei und an den historischen Gebäuden aus dem 19. Jahrhundert, in dem Valparaíso seine Glanzzeit als einer der führenden Häfen an der Pazifikküste hatte (obwohl die meisten dieser Häuser nach einem Erdbeben 1906 wieder aufgebaut werden mussten). Das ehemalige Regierungsgebäude, ein großzügiger und eleganter Prachtbau, beherbergt heute Schifffahrtsbüros, und auf dem Vorplatz liegt Arturo Prat, ein gefeierter Seeheld, unter einem schmuckvollen Denkmal begraben.

Ich hatte gehört, dass man den Hafen auch Pancho nannte (der Kosename für Francisco). Ein Matrose in einem Café, in dem wir ein spätes Frühstück zu uns nahmen, erklärte uns, dass die Kirchtürme von San Francisco das Erste sind, was die Seeleute erblicken, wenn ihr Schiff in die Bucht gleitet. Pepe dagegen hielt es für eine Anspielung auf Sir Francis Drake, »euren Piraten«.

»Er war kein Pirat«, entgegnete ich. Pepe riss nur die Augen auf und lachte. Er lachte mich aus.

Ich hatte mein Geschichtsbild natürlich aus Großbritannien und somit die Vorstellung, dass Drake ein Held war. In Wirklichkeit führte er sich überall an der chilenischen und peruanischen Küste dermaßen barbarisch auf, dass sein Name zu einem Synonym für Schrecken und Zerstörung wurde. Ein Reisender aus dem 19. Jahrhundert berichtet: »Wenn die Frauen an der Küste ihre Kleinen zum Schweigen bringen wollen, rufen sie: ›*Aquí viene Draake* [sic]‹« – Da kommt Drake! Und er war nicht der Einzige.

Großbritannien war damals erst kürzlich zu einer Seemacht geworden, und die Verquickung von Handel und Raub konnte die im Lande herrschende Bewunderung für die heldischen Eroberungstaten kaum schmälern. Um 1560, noch vor Drake, war die routinemäßige Plünderung von Orten, von denen die Elisabethaner noch nie gehört hatten, offensichtlich an der Tagesordnung – besonders wenn sie der spanischen Krone gehörten. In einigen Geschichtsbüchern werden die Freibeuter als bewaffnete Schiffe beschrieben, die zwar in Privatbesitz waren, aber von einer Regierung zum »Kriegsdienst« herangezogen wurden; tatsächlich war ihnen das Plündern häufig von offizieller Seite erlaubt. Darwin, der drei Jahrhunderte nach Drake während seiner Expedition mit der *Beagle* auch Chile ausgiebig bereiste, erzählt eine Geschichte, die illustriert, was für einen unauslöschlichen Eindruck die englischen Piraten auf die Chilenen gemacht haben. Er hörte von einer alten Frau, die bei einem Abendessen in Coquimbo, im Norden, bemerkte, was für eine wunderbare Fügung es doch sei, dass sie es noch erlebe, mit einem Engländer im selben Zimmer bei Tisch zu sitzen, denn sie könne sich noch sehr gut an zwei Vorfälle aus ihrer Kinderzeit erinnern, bei denen jeder auf den bloßen Ruf »*Los Ingleses!*« hin hastig alles Mögliche zusammenraffte und in die Berge floh.

Im 19. Jahrhundert gab es in Valparaíso so viele Briten, dass man es oft schon als britische Kolonie bezeichnete. Die Bedeutung der Stadt für die Gründung der chilenischen jüdischen Gemeinde ist ein weniger bekannter Aspekt ihrer Vergangenheit. Auf dem gesamten Kontinent gibt es wahrscheinlich kaum mehr als eine halbe Million Juden (über die Hälfte davon in Argentinien), aber sie spielten, zumindest in Chile, eine entscheidende Rolle für die moderne Entwicklung des Landes.

Trotz der im 19. Jahrhundert gegründeten Gemeinde in Valparaíso und einer Zuwanderung von Juden nach dem kalifornischen Goldrausch, gab es um 1910 herum weniger als 500 Juden in Chile. Aber zwischen den Kriegen ließen sich fast 15 000 im Land nieder, hauptsächlich aus Osteuropa und Deutschland. Nur wenige Chilenen schätzen die Rolle, die diese Immigranten und ihre Nachkommen gespielt haben und heute noch spielen. Nach meiner Erfahrung waren die meisten Menschen nicht nur antisemitisch, sondern sie bekannten sich auch noch offen dazu; selbst ansonsten liberale Menschen stellten, was die Juden anbetraf, gleichmütig ein auffallend unterentwickeltes Bewusstsein zur Schau. Dies war ein Aspekt einer überwiegend katholischen Gesellschaft, in der kultureller Pluralismus kaum deutlicher auszumachen war als im Iran. Später traf ich einen bekannten jüdischen Abgeordneten, den ich dazu befragte.

»Hier kann man wohl Jude sein«, bekannte er freimütig, »aber nicht jüdisch. Die Kultur ist so übermächtig, dass für nichts anderes Raum bleibt. Die Gesellschaft will Abweichungen nicht zur Kenntnis nehmen – sie sieht nur sich selbst. Das Wort ›multikulturell‹ gibt es in Chile nicht.«

Über dem flachen Uferstreifen, auf dem sich Büros, ehrwürdige Gebäude, altmodische Geschäfte und der wuchernde Hafen drängten, an den Hängen der steilen Hügel zeigte sich ein ganz anderes Valparaíso. Wir nahmen einen eigenartigen kastenförmigen Aufzug und spazierten dann über unebene Treppenstufen durch stille Straßen voller Katzen, wo die Wäsche vor bunten, zusammengewürfelten Häusern trocknete.

Neruda nannte Valparaíso »eine schmutzige Rose« und kaufte sich dort ein Haus. Das Meer faszinierte ihn. Dass ich ihn und seine Gedichte nicht mochte, hieß nicht, dass mir seine Häuser nicht gefielen. Im Gegenteil – und außerdem hatte ich das Gefühl, mein Bild von ihm bliebe unfertig, wenn ich sein drittes Heim nicht aufsuchte. Es lag am Ende einer schmalen Gasse im friedlichen Hinterland versteckt, neben einem kleinen rosafarbenen Theater aus den 30er-Jahren. Die Fassade des Theaters war reines Art déco, und ganz oben stand in spitzen schwarzsilbernen Buchstaben »Teatro Mauri«. Da die alte Bühnentür aufstand, hoffte ich, eine Probe belauschen zu können, und schlich mich hinein. – Ich befand mich in einer Fabrik für Hundekuchen.

Er hatte zwei Freunde dazu überredet, die andere Hälfte des Hauses – es hieß La Sebastiana – zu kaufen, so zog eine Töpferin ein, die aus ungeschliffenen Kieseln Mosaike legte. Neruda zeigte in allen seinen Häusern Beispiele ihrer Werke; in La Sebastiana hatte er sie dazu gebracht, eine alte Karte von Patagonien und der chilenischen Antarktis zu kopieren. Das Haus war hoch und schmal, und Neruda hatte seine Hälfte in ein planloses Durcheinander aus grellbunten Ecken, Buckeln und sonstigen unorthodoxen Formen verwandelt, so als versuche er, ein Miniatur-Valparaíso zu schaffen.

Es ärgerte Pepe, dass sich auf den Straßen so viele Argentinier befanden. In ganz Chile bekam man regelmäßig, wenn man etwas über Argentinien wissen wollte, eine Schimpfkanonade zu hören, die immer auch mit wirren historischen Daten rund um das Jahr 1878 gespickt war, als Argentinien den größten Teil Patagoniens »stahl« (in Wirklichkeit wurde ein Abkommen unterzeichnet). Diese Episode hatte sich tief in das nationale Bewusstsein gebrannt und wurde mit wild rollendem »R« erzählt, um den argentinischen Akzent lächerlich zu machen. Die gegenseitige Antipathie hat eine lange Tradition. Sie war mir bereits in Ausgaben der *Times* aus dem 19. Jahrhundert aufgefallen. Schon damals hielten die Argentinier ihr Land für das beste auf dem ganzen Kontinent, und ich entdeckte mehr als nur eine Spur von Minderwertigkeitskomplex bei den Chilenen, obwohl ich diese Ansicht normalerweise für mich behielt. Lange Jahre war die argentinische Wirtschaft der des »dünnen Nachbarn« weit überlegen gewesen. Das war wahrscheinlich auch der Grund, warum die Chilenen die Bolivianer nur verachteten und nicht hassten: Die bolivianische Wirtschaft war selbst für südamerikanische Verhältnisse ein Witz.

In einem alten Restaurant in der Nähe des Hafens aßen wir zu Mittag. Es hatte dunkle Holzpaneele und wellige, abblätternde Tapeten, eine hohe Decke mit zwei großen Ventilatoren, riesige goldgerahmte Spiegel, einen gefliesten Fußboden, und auf den Tischen lagen gestärkte weiße Leinentischdecken mit winzigen Stopflöchern. Die Fässer hinter der Theke verbreiteten im ganzen Raum alkoholische Düfte, und die Kellner trugen Frackschleifen und weiße Jacketts. Das war der richtige Platz, um eine Flasche schweren Rotwein zu trinken und nach dem Essen hinter einer Zeitung in der Lounge einzunicken. Aber wir waren diesmal ungewöhnlich zurückhaltend und aßen stattdessen einen großen Teller extra scharfer Schaltiere, wonach wir uns, rund und zufrieden, in einem palmenbestandenen Park neben dem monströsen neuen Parlamentsgebäude ins Gras legten. Ein alter Mann in einem beigen Jackett, so altmodisch wie alles andere in Valparaíso, bot uns an, uns mit einer Kastenkamera zu fotografieren.

Ich hatte mir eigentlich einen Museumsbesuch vorgenommen, aber es war heiß, und der Duft der Blumen im Park war betäubend; das Museum war doch viel zu anstrengend.

»Wo hat eigentlich das Parlament getagt, bevor man das hier baute?«, fragte ich Pepe.

Er schaute mich fragend an.

»Nun, 17 Jahre lang hat es gar keins gegeben.«

Er machte oft so prosaische Bemerkungen, die den Schrecken der Junta nachvollziehbarer machten als jede wissenschaftliche Analyse, die ich gelesen hatte. Einmal hatte ich davon geredet, dass ich unbedingt rechtzeitig zu den Wahlen wieder in London sein wollte.

Er hatte mich fassungslos angestarrt und die Augen verdreht.

»Ja, verpasst du etwa gern Wahlen?«, fragte ich.

»Seit ich erwachsen bin, hat es so gut wie keine Wahl gegeben.«

Die Vicaría de la Solidaridad befand sich in den obersten beiden Stockwerken eines unauffälligen Steinhauses neben der Kathedrale auf dem Hauptplatz von Santiago, und ihre Türen standen immer offen. Als ich hindurchschritt, am frühen Nachmittag eines heißen Dienstags im Januar, fand ich den Gang behängt mit applizierten Collagen, die Botschaften zu Frieden und Gerechtigkeit verbreiteten, und Schwarzweißfotografien von jungen Männern, die auf den dicken Wänden sehr zerbrechlich wirkten, mit Aufschriften wie: »Juan Luis, wo bist du?« Die Vicaría war eine Institution, die aus der Not geboren wurde, ein David gegen Pinochets Goliath; sie galt als Symbol für das Gute, das gegen das Böse kämpft. Im modernen Chile gab es nicht viel, worauf die Kirche stolz sein konnte, aber immerhin existierte die Vicaría. Ihre Arbeit, die jedem Chilenen Hilfe und Organisation seiner gerichtlichen Verteidigung versprach, war während der Diktatur von unschätzbarem Wert.

Die Kirche hatte sich nicht in jedem Fall auf die Seite der Opfer gestellt. Die Reaktion der einzelnen Bischöfe auf den Putsch von 1973 ließ die offizielle Neutralität, der sie sich während des sozialistischen Experiments befleißigt hatten, in neuem Licht erscheinen. Am Tag, als Allende starb, schrieb Bischof Francisco Valdès aus Osorno ein öffentliches Gebet, in dem er sich bei Gott dafür bedankte, Chile »aus den Fängen des Bösen und von den schlimmsten Lügen befreit zu haben, die die arme Menschheit je geplagt«. Der ehemalige Erzbischof von La Serena schenkte der Junta seinen Bischofsring. Und das war noch längst nicht alles. Ich fragte mich, wie Katholiken, deren Söhne und Töchter mit Elektroden an Kopf und Genitalien gequält wurden, während ihre Geistlichen dem Herrgott dankten, das mit ihrer Religion vereinbaren konnten.

Die Bischöfe wandten sich zwar öffentlich gegen Gewalt, besonders als sich die Ausmaße des Schreckens zeigten; aber in der Regel verhielt sich die Kirche recht ruhig, damit man ihr die Freiheit ließ zu tun, was sie wollte.

Ein offizieller Schachzug bekam jedoch außergewöhnliche Bedeutung. Fast direkt nach dem Putsch startete die Kirche zusammen mit Protestanten, Griechisch-Orthodoxen und Juden ein gemeinsames Projekt. Das führte zum Vereinigten Komitee für Frieden in Chile, unter der Abkürzung Copachi bekannt, das Menschen, die unter der Junta litten, juristische Hilfe und wirtschaftliche Unterstützung anbot. Dieses Komitee half über 10 000 Chilenen. Also bat Pinochet Kardinal Silva, Copachi zu schließen. Der kam im Dezember 1975 dem Wunsche nach, gründete aber im Januar 1976 die Vicaría de la Solidaridad, die ausschließlich katholisch und ein Teil der Kirche war – daher konnte Pinochet ihr nichts anhaben, zumindest nicht offen.

Der Diktator klammerte sich in der Zwischenzeit an den Glauben, dass er mit Gott gegen die Marxisten kämpfe. Wie Maradona behauptete er, »die Hand Gottes« sei mit ihm, und 1988 benutzte er in seiner Wahlkampagne das Gleichnis von Christus und Barabbas, um den Menschen ihre Wahlmöglichkeiten zu veranschaulichen (er war nicht Barabbas). Als ein konservativ gesinnter Kardinal Silva ablöste, sagte Lucía Hirart, die First Lady: »Unsere Gebete sind erhört worden.«

Obwohl nach außen hin alles beim Alten blieb, wurden die Beziehungen zwischen der Kirche und der Junta in den darauf folgenden Jahren immer schlechter. Das machte die Kirche bei den Linken populärer und kostete sie Punkte bei den Reichen, die sich vorher ganz in ihr zu Hause gefühlt hatten. Auf meiner Reise durch das Land wurde mir klar, dass diese Polarisation immer noch vorherrsche. Rechte Intellektuelle liebten es, mir mit einiger Bitterkeit davon zu erzählen, wie die Vicaría von Kommunisten infiltriert worden sei. Einmal unterhielt ich mich mit einem gut situierten Bankier über ein Treffen mit einem Priester. Noch bevor ich etwas über die Ansichten des Priesters sagen konnte, unterbrach mich der Bankier: »War er Kommunist?«

Der Direktor, den ich in der Vicaría traf, hatte einen aufmerksamen Blick und war Anfang 40. Er gefiel mir auf Anhieb. Als ich ihn nach dem Vatikan fragte, sagte er: »Pablo hat uns wirklich geholfen. Juan Pablo, nun ja, der Vatikan setzt jetzt andere Prioritäten. Er möchte ausführlichere Predigten mit Betonung der individuellen Moral, das ist nicht so sehr die Welt, in der wir leben... Die chilenische Kirche ist uns eine große Hilfe, obwohl die konservativen Bischöfe uns in ihren Diözesen nicht arbeiten lassen. Glücklicherweise gibt es nicht viele von ihnen.«

Auf einem Poster an der welligen Bürowand stand in giftgrünen Lettern: *No a l'impunidad* (Keine Straflosigkeit). *Impunidad* war ein Reizwort. Die Rettig-Kommission (richtiger: Nationale Kommission für Wahrheit und Versöhnung) war von der neuen Regierung eingesetzt worden, um Menschenrechtsverstöße während der Militärdiktatur zu untersuchen, und hatte einen Großteil ihrer Informationen von der Vicaría bekommen. Die Verbrechen zu dokumentieren war allerdings nur ein Schritt, die Angeklagten zu bestrafen war etwas anderes. Obwohl mehrere Verfahren gerade ihren Weg durch die Gerichte nahmen, kam die Regierung nur langsam voran, und ihre Anstrengungen wurden oftmals von den Militärgerichten, dem Obersten Gerichtshof (dessen Richter von Pinochet auf Lebenszeit ernannt worden waren) oder dem Amnestiegesetz von 1978 behindert oder zunichte gemacht. Dieses Gesetz, das alle »Urheber, Komplizen oder Mitwisser« politisch motivierter Verbrechen zwischen 1973 und 1978 schützt, konnte nicht annulliert werden, da der Senat noch von Anhängern Pinochets kontrolliert wurde. Ich hatte jemanden kennen gelernt, der mit einem bekannten Folterer im selben Wohnblock lebte. Wenn die beiden sich im Aufzug trafen, fuhr der Folterer bis ins oberste Stockwerk, wo mein Freund wohnte, und dann allein wieder hinunter, damit die Etage, auf der seine eigene Wohnung lag, unbekannt blieb.

Ich fragte, ob die Regierung Angst vor dem mächtigen rechten Flügel habe.

»*Miedo* [Angst] ist vielleicht zu viel gesagt. Aber die Mehrzahl der Verbrechen wurde von Militärs begangen, daher muss die Regierung die Konsequenzen einer zu strengen Strafverfolgung bedenken. Politische Instabilität ist ein hoher Preis, ein sehr hoher. Die Regierung möchte das alles hinter sich haben.«

Hatte er Hoffnung? Er schloss die Augen und legte den Kopf zurück, als wolle er niesen, aber nichts passierte.

»Ich glaube nicht, dass die Folterer bestraft werden. Unsere Demokratie ist schwach. Aber Strafe war nie unser Hauptziel. Das war und ist die Verteidigung der Opfer. Natürlich ist Strafe eine Möglichkeit der Wiedergutmachung, aber es ist genauso wichtig, wenn nicht noch wichtiger, sicherzustellen, dass sich diese Erfahrung nicht wiederholt, deshalb auch unsere erzieherische Rolle. Da habe ich Hoffnung, ja, tatsächlich.«

Die Frage, ob die Urheber der Verbrechen unter der Diktatur ihrer Strafe entgehen, war ein wichtiges Thema – vielleicht *das* Thema überhaupt. Dazu interviewte ich auch Jorge Schaulsohn, den ich am nächsten Tag im 21. Stockwerk eines Bürogebäudes im Zentrum Santiagos besuchte. Er vertrat Santiago Central im Parlament und war ein führendes Mitglied der Partei für Demokratie (PPD), einer neuen fortschrittlichen Mitte-Links-Partei der Regierungskoalition. Als junger radikaler Aktivist war er während der Diktatur von seinem Vater, der auch Politiker war, in die USA geschickt worden, und er kehrte als Inbegriff des Emigranten zurück, der zwischen der chilenischen und der nordamerikanischen Wirklichkeit gefangen ist. Er war intelligent, engagiert, pragmatisch und integer; Schaulsohn war ein Mann, der einem Hoffnung für die Zukunft des Kontinents gab.

»Sie dürfen uns nicht mit den Maßstäben einer voll ausgebildeten Demokratie messen. Wir können das Amnestiegesetz nicht annullieren, und damit müssen wir nun einmal leben.«

»Drückt Sie nicht das Gewissen?«

»Überhaupt nicht. Ich muss überlegen, was am besten ist: das zu tun, was Sie andeuten, und die Schuldigen zu verfolgen, oder auf eine stabile Gesellschaft und die Besserstellung der darin lebenden Menschen hinzuarbeiten. Beides zugleich geht nicht.«

Seine Einstellung wurde durch die nachfolgenden Ereignisse bis zu einem gewissen Grade bestätigt. Im Januar 1993 stellte der Kongress einen Richter des Obersten Gerichtshofes unter Anklage, und kurz vorher hatte ein Militärgericht befunden, dass das Amnestiegesetz bestimmte Ermittlungen gegen Folterer nicht von vornherein ausschließe. Am 3. Februar 1993 veröffentlichte der exzellente Korrespondent des *Guardian*, Malcolm Coad, einen Artikel, in dem er schrieb: »Chile hat international viel Anerkennung bekommen, weil es gezeigt hat, wie eine Nation mit dem Erbe von Unterdrückung und Missbrauch umgehen kann, ohne sich zu zerfleischen.« Er zitierte José Zalaquett, ehemals Stellvertretender Generalsekretär von Amnesty International, mit den Worten: »Von allen Ländern, die sich im Übergang von einer Diktatur befinden, gilt Chile gemeinhin als dasjenige, welches den sozialen Frieden am vollständigsten und schnellsten erreicht hat.«

Nachdem ich Chile im November 1992 verlassen hatte, schloss die Vicaría. In der offiziellen Stellungnahme, die in mehreren Zeitungen veröffentlicht wurde, hieß es, dass es sicher noch viel zu tun gebe, aber jetzt staatliche Institutionen und weltliche Organisationen an der Reihe seien. Es war ein sehr symbolisches Ereignis, das das Ende einer Ära markierte, aber – wie viele sagten, die gegen die Schließung der Vicaría waren – es bedeutete nicht, dass die Arbeit oder der Heilungsprozess nun abgeschlossen waren. Als Ersatz könnte man vielleicht die Gründung des Vikariats für Soziales betrachten, das sich im Auftrag der Kirche auf dem gleichen Feld betätigen soll.

»Wir geben damit nicht die Rolle der Kirche als Verfechterin der Menschenrechte auf«, sagte der Direktor, mit dem ich gesprochen hatte, als ich ihn wegen der Schließung aus London anrief. »1973 wussten die Armen gar nicht, was Menschenrechte waren – und noch viel weniger, dass sie überhaupt welche hatten. Selbstverständlich müssen wir unsere Aufklärungsarbeit fortsetzen, damit, falls es noch einmal passiert ...«

Germán Claro, jetzt Mr. Alleskönner, schlug mir einen Besuch auf seiner Hazienda vor, weil er sie für eine gute erste Übernachtungsmöglichkeit auf meiner Reise nach Süden hielt, und das gab den letzten Anstoß, mich endlich auf den Weg zu machen. Er beschloss, die Stadt für ein paar Tage hinter sich zu lassen und mich zu begleiten, und ich freute mich.

Er sagte, wir würden um acht Uhr morgens abfahren, also stand ich früh auf, packte und sagte Rowena und Simon nach dem Frühstück dankbar Auf Wiedersehen. Unsere Abfahrt verschob sich um zehneinhalb Stunden – nach südamerikanischem Zeitgefühl eine kleinere Verzögerung. Am späten Nachmittag fragte ich mich, ob wir überhaupt je fahren würden, denn einer der Hauptgründe für unsere Verspätung war ein unterhaltsames Mittagessen, das kein natürliches Ende zu finden schien. Um sechs kamen wir schließlich weg, denn Germáns Vater rief im Restaurant an, um uns mitzuteilen, dass er jetzt zur Hazienda führe, und ob er uns mitnehmen solle.

»Die Unterhaltung ist deine Sache«, sagte Germán, bevor er hinten ins Auto stieg, wo er sich sofort hinlegte und einschlief. Germán, der ältere, war ein charmanter, höflicher und sehr schöner Mann, der als Industrieller Karriere gemacht hatte, bevor er sich ganz seiner ebenfalls schönen Hazienda widmete. Sie war in Familienbesitz, seit der König von Spanien im 16. Jahrhundert einem Bürgermeister von Santiago ein riesiges Gebiet im Zentraltal übereignete. Die Claros waren entfernt mit der englischen Königin verwandt. Ich suchte nervös nach einem gemeinsamen Thema; ob die schändliche Menge Champagner, die wir beim Essen getrunken hatten, meine Nervosität eher steigerte oder dämpfte, kann ich nicht sagen, aber soweit ich mich erinnern kann, verlief die Unterhaltung ganz gut, und zu dem Zeitpunkt, als wir das Stadtzentrum verließen, fühlte ich mich schon recht behaglich. Don Germán zwinkerte mit den Augen, aber ansonsten war sein Verhalten unergründlich.

Wir fuhren mit etwa 120 Stundenkilometern durch Rancagua, die Hauptstadt der sechsten Region. Hier befand sich die größte unterirdische Kupfermine der Welt, die Don Germáns Familie bis ins späte 19. Jahrhundert gehört hatte. Der Rest der Landschaft erinnerte an einen riesigen Obstgarten. Mehrere einflussreiche

Obstproduzenten aus den USA hatten längs der Straße Außenposten ihres Imperiums errichtet, eindrucksvolle weiße Gebäude auf gut bewässerten Plantagen, auf denen bis hin zu den Vorbergen die Früchte gediehen. Die von der Abendsonne beschienene Szenerie war in verschwommene Grün- und Purpurtöne getaucht, und wenn die Anden nicht so hoch gewesen wären, hätte man sich in die Provence versetzt fühlen können.

Germán, der jüngere, wachte auf, als wir an einem überfüllten Imbiss hielten, wo man (so behaupteten Vater und Sohn) die besten heißen Sandwiches zwischen Santiago und Feuerland bekommen konnte, und außerdem hatten sie immer hier angehalten, seit Germán Arturo (wie mein Freund genannt wurde, um Verwechslungen zu vermeiden) ein kleiner Junge gewesen war; es war eine Familientradition. Die beiden sahen sich sehr ähnlich, aber in Temperament und Stil zeigten sich deutliche Unterschiede, und ihr Verhältnis war eher reserviert. Ich verhielt mich ruhig, denn ich wollte dieses delikate Gleichgewicht nicht stören.

Die Hazienda hieß Los Lingues, nach einer Baumsorte. Es war schon fast dunkel, als wir ankamen. Ein Bediensteter zeigte mir mein Zimmer, das mit Drucken aus dem 19. Jahrhundert, alten seidenen Bettdecken, schweren Kommoden und antikem Silber ausgestattet war. Ich öffnete die Fensterläden und blickte hinaus auf eine Veranda und ein schattiges Blumenbeet, das nach Rosen duftete. Ein zweiter Diener kam mit einem Silbertablett, das er auf meinen Toilettentisch stellte. Darauf befanden sich eine Flasche Campari, ein Krug mit frisch gepresstem Orangensaft, eine Schüssel Eis, ein hohes Glas und eine einzelne gelbe Rose.

Ich mixte mir einen Drink und setzte mich in einen Plüschsessel mit Blick auf die Veranda. Offensichtlich war ich in einem chilenischen Gegenstück zum bayerischen Märchenschloss gelandet. Während ich mir noch eine Hand voll Eis aus der Schüssel nahm, einer Antiquität aus feinstem französischem Porzellan, fragte ich mich, wie oft mir in den nächsten Monaten, wenn ich in einem kalten, nassen Zelt saß, dieser wunderbare Luxus wohl wieder einfallen würde.

Der Hauch der chilenischen Kolonialzeit wehte durch die Salons; das konnte man spüren. Im Esszimmer aus dem 17. Jahrhundert speisten Germán Arturo und ich bei Kerzenlicht allein an einer Mahagonitafel, an der leicht 30 Personen Platz gefunden hätten. Er trug einen Smoking und ich ein Cocktailkleid, das ich mir von Rowena geliehen hatte. An der Wand prangte das Familienwappen, und der Tisch war gedeckt mit altem französischem Kristall, handbemalten Tellern und silbernen Präsentiertellern mit Wappen. Weißbehandschuhte Diener, die delikate Speisen und eine Auswahl von Weinen aus dem mit mehr als 4000 Flaschen gefüllten Keller servierten, zeigten sich unbeeindruckt von einem überschwänglichen Germán, der noch an den Nachwirkungen des Mittagessens laborierte.

Als ich am nächsten Morgen meine Schlafzimmertür öffnete, stand in dem Hof davor ein Tisch, der für das Frühstück gedeckt war, mit einer kleinen Vase Blumen in der Mitte. Doña Marie Elena, Frau und Mutter der Germáns, hatte schon daran Platz genommen und winkte mir, mich zu ihr zu setzen. Sie war eine charmante, ehrliche und überaus katholische Frau, die mir sehr gut gefiel, und sie betrachtete mich schon als ihren Schützling, was bedeutete, dass sie mich oft am Arm fassen musste, um mir unbarmherzige Wahrheiten ins Ohr zu flüstern. (Einmal sagte sie mir geradeheraus, ich sei zu fett.) Die Dienerschaft war immer um sie herum. Es gab mehrere hundert Angestellte, denn die Hazienda war Obstplantage, Pferdezuchtzentrum und exklusives Landhaushotel in einem, und es passierte ständig irgendetwas, obwohl man es nicht merkte. Nur die Pfauen und Mr. Alleskönner störten die Ruhe.

Später ritt ich eins der Pferde; es waren alles reinrassige Aculeos mit kurz geschnittenen Mähnen, ähnlich wie die von Stubbs gemalten Pferde. Danach zeigte mir Don Germán ein wenig von der etwa 4000 Hektar großen Hazienda. Er erzählte mir, dass der

Besitz viel größer gewesen sei. Er wurde zweimal aufgeteilt und enteignet, zuletzt 1972 während Allendes Regierung, bei zwei der vielen Versuche, die Macht der Landbesitzer im Zentraltal zu brechen.

»Es muss eine schreckliche Zeit für Sie gewesen sein«, bedauerte ich halbherzig, aber er verzog nur den Mund zu einem bitteren Lächeln.

Die Macht der im Zentraltal ansässigen Landaristokratie, ein wiederkehrendes Thema der chilenischen Kolonialgeschichte, beruhte auf den Steinen, mit denen die Spanier ihre Reiche aufbauten, den *encomiendas*, das war ursprünglich das Land der eingeborenen Männer und Frauen, die »ihrem« *conquistador* (*encomendero* genannt) als Gegenleistung für Betreuung, Schutz und religiöse Unterweisung Dienstleistungen oder Tribute schuldeten. Die Krone versuchte später, diese *encomiendas* wieder abzuschaffen oder die Anzahl zu begrenzen – ohne Erfolg. Bis zum 17. Jahrhundert hatten sich die Haziendas entwickelt und als vorherrschende soziale und wirtschaftliche Einheit im chilenischen Zentraltal etabliert; jede bildete ein in sich geschlossenes selbstständiges Ganzes mit einer strengen sozialen Hierarchie. Später kamen noch die *inquilinos* (Kleinpächter) dazu. Der Einfluss dieses von den Spaniern ererbten neofeudalen Großgrundbesitzer-Landarbeiter-Systems auf die Entwicklung der chilenischen Gesellschaft ist kaum zu überschätzen. Die Landeigentümer festigten ihre Vormachtstellung im Zentraltal und leiteten damit die nationale Zentralisierung ein, die niemals aufgehoben wurde, nicht einmal als das Land sich weiter nach Norden und Süden ausdehnte. Es hatte vielleicht das Aussehen eines Bandwurms, aber es war so auf die Mitte bezogen wie ein Rad.

Im 19. Jahrhundert war man der feudalen Tradition noch so verhaftet, dass viele *inquilinos* bei der Volkszählung von 1854 im Feld für »Nationalität« den Namen ihrer Hazienda eintrugen. Die gutsbesitzende Oberschicht hing natürlich an der Tradition, aber im 20. Jahrhundert wurde es immer schwieriger, die Unvereinbarkeit von Feudalismus und Demokratie zu ignorieren, und in den 60er-Jahren waren Landreformen dann das meistdiskutierte Thema auf dem gesamten Kontinent. In Chile führte diese Entwicklung nicht nur zu einer sozialen Reform, sondern auch zu einer wirtschaftlichen, denn die Ländereien waren längst nicht produktiv genug; Nitrat und Kupfer hatten die Wirtschaft nach oben gebracht, die Landwirtschaft war sträflich vernachlässigt worden. Die größten Haziendas wurden aufgeteilt. Darüber kam es zu massiven Auseinandersetzungen: Revolutionäre Gruppen besetzten Ländereien, während die rechte Elite tobte und Politiker der Mitte sich angestrengt um eine effektive Neuverteilung bemühten.

Frei versuchte es und Allende auch, und in gewisser Weise wurde das Muster auch durchbrochen. Aber die Junta verfolgte wieder andere Ziele, sodass die ehemaligen Landarbeiter sich erneut den Großgrundbesitzern unterordnen mussten und die von den Spaniern im 16. Jahrhundert aufgebaute Struktur makabrerweise fast wiederhergestellt wurde.

Germán Arturo schlug vor, wir sollten beide noch ein oder zwei Tage bleiben, und natürlich stimmte ich zu. Wir spielten viel Tennis und ritten auf den Pferden, oder wir lehnten in unseren Gartenstühlen, ein Diener, der unsere Gläser im Auge behielt, immer unauffällig in der Nähe. Unsere Mahlzeiten nahmen wir im Freien ein, abends aßen wir in der Nähe des Springbrunnens an einer Tafel, die von drei Kerzen in einem alten goldenen Leuchter beschienen wurde. Beim Dinner leisteten uns Germáns Eltern oft Gesellschaft. Es war sehr unterhaltsam mit ihnen, sie eine sehr lebhafte Erzählerin und Beobachterin, er lakonisch und schelmisch. In Los Lingues erhaschte ich einen Blick auf einen ganz besonderen Aspekt Chiles. Das Leben dort war eine Manifestation einer sehr alten und ungebrochenen Tradition – der ältesten Tradition, abgesehen von der der Ureinwohner. Hin und wieder sprach jemand darüber, was ihnen genommen worden war und was sie wieder zusammengekratzt hatten. Ich brachte es einfach nicht über mich, genauer nachzufragen, denn in der chilenischen Oberschicht berührt man damit ein heißes Eisen. Immerhin hatte Los Lingues überlebt, und sie auch – sie würden immer überleben.

Kapitel acht

Ja, ich bedauere, dass ich nicht härter gegen die Marxisten vorgegangen bin.

Oberst Manuel Contreras Sepúlveda,
Pinochets Geheimdienstchef, als er 1989 von einem
Journalisten gefragt wurde, ob er etwas bedauere

Als ich am nächsten Morgen aufstand, war Germán abfahrbereit.
»Die Arbeit ruft«, erklärte er düster.
Einer der vielen Vettern, die regelmäßig in Los Lingues auftauchten, fuhr nach Süden und bot mir an, mich mitzunehmen. Ich packte eilig, wir sagten alle »Auf Wiedersehen«, und dann war es vorbei – ich war unterwegs.
Curicó sollte meine erste Zwischenstation sein. Das war eine kleine Stadt im Zentraltal, die nur ein oder zwei Stunden weiter südlich lag, im Herzen eines großen Weinanbaugebietes. Der Vetter setzte mich an einer Abzweigung der Panamericana ab und fuhr allein weiter; ich nahm ein *colectivo* in die Stadt und mietete ein Hotelzimmer. Es hatte keine Fenster, einen schwammigen Teppich, und die Tapete wirkte irgendwie gesteppt, sodass man sich vorkam wie in einer Gummizelle. Curicó selbst war, wie ich bei meinem ersten Rundgang entdeckte, altmodisch und provinziell: Die Verkäufer trugen weiße Kittel und holten die Waren aus tiefen Holzschubladen und polierten Regalen, und in den Schränken einer Apotheke, in der ich eine Tube Zahnpasta kaufte, reihten sich weiße Pulver und hohe Glaskrüge, die mit bunten Flüssigkeiten gefüllt waren. Es war eine ganz andere Welt als in Santiago.

Ich erkundigte mich danach, wo sich die Weingüter befanden, und fuhr mit einem Minibus ein paar Kilometer durch fruchtbares Ackerland bis nach Miguel Torres, einer kleinen Kellerei, die aber, relativ gesehen, mehr Flaschen exportierte als jeder andere chilenische Hersteller. Das Team von Miguel Torres, das in der Branche als innovativ galt (sie waren die Ersten, die die temperaturkontrollierte Gärung nach Chile brachten), war 1978, als die Militärregierung die Wirtschaftsbeschränkungen lockerte, aus Katalonien gekommen. Viele ausländische Investoren waren ihrem Beispiel gefolgt. Sogar Baron Eric de Rothschild verdient an chilenischen Trauben.

Ein junger Mann in einem gelben Hemd führte mich mit ernstem Gesicht durch die Keller. Hinter den französischen Eichenfässern standen Regale mit dem hochgelobten Torres *méthode champagnoise* – dem einzigen in der Flasche gärenden chilenischen Champagner, der in verkaufsfähigen Mengen produziert wurde. Ich wusste bereits, dass die einheimischen Verbraucher in Chile keine besondere Weinkultur hatten, aber für Champagner sah es noch schlimmer aus – er wurde überhaupt nicht gewürdigt. An den Kartons und Behältern in den Supermarktregalen der vornehmen Viertel von Santiago konnte ich sehen, dass Champagner als prickelndes Statussymbol betrachtet wird und die Verpackung wichtiger ist als der Geschmack, und ich musste zwischen den vielen *demi-secs* lange Zeit suchen, bis ich einen *brut* fand.

Am frühen Abend lief ich ruhelos in Curicó herum und wünschte, ich wäre wieder in Los Lingues. Es war wirklich ein Schock, wieder allein zu sein. Zwar gab es ein paar nette Kirchen, aber mir war nicht nach Kirchen zu Mute. Spontan besuchte ich die Büros der *La Prensa*, einer der ältesten Tageszeitungen Chiles. Der Herausgeber war begeistert, eine ausländische Besucherin zu haben, und führte mich durch die Nachrichtenzentrale.

»Noch drucken wir mit Bleisatz. Aber in zwei Monaten bekommen wir ein computergesteuertes Offsetsystem. Nach 93 Jahren ist es wohl an der Zeit«, erklärte er milde lächelnd.

Die Schreiberlinge gingen derweil hinter ihren mechanischen Schreibmaschinen in Deckung.

Ich sollte Mr. Oscar kennen lernen, den Chefredakteur und Stadthistoriker. Mr. Oscar residierte in einem palastartigen Büro in der ersten Etage inmitten von gebundenen *La-Prensa*-Ausgaben. Er zog eins der Bücher hervor, das er über die Lokalgeschichte geschrieben hatte, und strich sich über sein säuberlich gestutztes Ziegenbärtchen.

»Curicó«, schwärmte er, »ist zwar klein, aber sonst wie eine italienische Stadt der Renaissance – unabhängig und eigenständig. Haben Sie den Hauptplatz schon gesehen?«

Hatte ich. Er war von 60 Palmen eingefasst und in der Mitte thronte auf drei Meter hohen Stelzen ein eigenartiger gusseiserner Musikpavillon, den die Musiker nur über eine Leiter erreichen konnten. Er war einzigartig in Chile (laut Mr. Oscar) und wurde 1905 nach dem Vorbild des Musikpavillons von New Orleans geschaffen.

Dann sprachen wir über die Frühgeschichte. Das Land wurde von den Curi bewohnt, bevor die Spanier im 18. Jahrhundert dort einfielen. Mr. Oscar schenkte mir ein Buch, das er zu diesem Thema verfasst hatte, und schrieb eine langatmige Widmung hinein.

Da der Nationalpark in den Bergen nur 75 Kilometer entfernt war, hatte ich angenommen, dass die Busfahrt nicht sehr lange dauern würde. Da hatte ich mich gründlich verrechnet, ich kam erst nach fünf schweißtreibenden und frustrierenden Stunden an meinem Ziel an. Die Schwierigkeiten begannen schon, bevor wir überhaupt aus Curicó heraus waren: 97 Fahrgäste stiegen in den Bus (ich habe sie gezählt), inklusive einer großen Gruppe aufgeregter Pfadfinder samt Wimpel und Paraffinlampen. Ein Dutzend von den 97 nahmen auf dem Dach Platz, und als wir die Panamericana verlassen hatten, signalisierte uns wiederholtes Klopfen aufs Dach, dass ihnen etwas heruntergefallen war, sodass der glücklose Fahrer zum Wiederaufsammeln anhalten musste.

Die Straße war schlecht, und unsere Geschwindigkeit betrug nur 15 Stundenkilometer. Soviel ich durch das Stückchen Fenster sehen konnte, das nicht mit Pfadfindern oder Gepäck voll gestopft war, kamen wir nach den Weingärten in einen Wald. Es war heiß. Einige Pfadfinder legten sich im Gepäcknetz schlafen. Es war geradezu unglaublich, wie oft wir anhielten, wenn man die menschenleere Gegend bedachte, aber ich konnte mich auf meinem Platz nicht rühren und deshalb auch nicht sehen, was da vorging oder warum. Ein paar Pfadfinder fingen plötzlich an, sich für das Buch zu interessieren, das ich las. Geschrieben hatte es John Shelby Spong, und der Titel lautete »Rescuing the Bible from Fundamentalism«. Es war ein ausgezeichnetes Buch, aber ich hatte ziemliche Schwierigkeiten, den Pfadfindern das klar zu machen, die offenbar sowieso glaubten, die Bibel sei ausschließlich den Katholiken vorbehalten.

Nach vier Stunden sah ich, wie sich der steife grüne Hut eines *carbinero* langsam am Bus entlangbewegte. Wir waren an einem Kontrollposten angekommen, und der Polizist ließ sich alle 98 Ausweise zeigen. Das war kaum noch auszuhalten. Während er sich zu mir, der einzigen Ausländerin, vorarbeitete, hörte ich, wie die Leute anfingen zu kichern und versuchten, näher heranzukommen (das war allerdings aussichtslos). Er streckte seine Hand nach meinem Pass aus, und in der darauf folgenden Stille schoss er mit der Geschwindigkeit eines Schnellfeuergewehrs seine Fragen auf mich ab.

»Wo wohnen Sie?«
»In England.«
»Nein – wo wohnen Sie in Chile?«
»Ich wohne nirgendwo. Ich reise.«
»Sie müssen doch irgendwo wohnen.«

Ich reichte ihm Simons British-Council-Visitenkarte, das beschäftigte ihn für ein paar Minuten. Er kritzelte lange in sein No-

tizbuch, dann klappte er meinen Pass zu, und ich streckte die Hand aus, um ihn entgegenzunehmen. Aber der Polizist ließ ihn in seiner Brusttasche verschwinden.
»Sie können ihn wiederhaben, wenn Sie zurückkommen.«
Mir war zu heiß, um mich herumzustreiten, außerdem starrten mich 97 Augenpaare an, und ein Pfadfinder machte Fotos. Später erklärte mir mein Sitznachbar, dass der Polizist meinen Pass behielt, weil er sichergehen wollte, dass ich vom Park aus nicht nach Argentinien überwechselte. Die Tatsache, dass ich dazu vier Tage lang auf einem Pferderücken unterwegs sein musste, machte ein solches Vorhaben eher unwahrscheinlich, aber ich fragte mich, warum es ihn überhaupt interessierte, wohin ich ging.
Schließlich wurden wir auf einer Lichtung in den Vorbergen abgesetzt, die von Waldstücken und einem Vulkan eingefasst war. Menschen drängten sich um Holzkohlegrills, Zelte und kleine Imbissbuden, und ein Dutzend große Pferde scharrten unter einer Zypresse im Sand. Ich entdeckte das »Hotel«, mietete ein Einzelzimmer in einer der zwei Hütten, die keinen elektrischen Strom hatten, und ging spazieren. Es war Samstagabend, und offenbar fanden sich alle Anwohner unter 35 zum Wochenende dort ein.
»Hey, *gringa*!«
Ein großer Mann kam lächelnd auf mich zu.
»Feiern Sie doch mit! Schaut mal! Eine *gringa* im Park!«
Er führte mich zu einer kleinen Gruppe von Leuten, von denen jeder Einzelne mich küsste, und dann drückte der große Mann mir einen Spieß mit einem Stück Fleisch in die Hand, das von der Keule stammte, die über dem Feuer röstete. Die ganze Gruppe kam aus Molina, der nächstgelegenen Stadt, und wollte am Wochenende im Park zelten. Die Gruppe änderte ihr Aussehen wie eine Amöbe, denn ständig kamen neue Freunde hinzu und andere verschwanden; Alfredo, der große Mann, war so etwas wie der menschliche Kern, er scherzte und lachte die ganze Nacht, dabei sorgte er unentwegt für Nachschub an kaltem Bier, das er in einer

Kühltasche in den Büschen versteckt hielt. Eine Gitarre tauchte auf, und man fing an zu singen. Alfredo sprang auf.

»Ich bin verliebt. Ich werde HEIRATEN!«, schrie er.

Begeistertes Gejohle, aber erst als wir alle zusammen im Kreis tanzten, um das bevorstehende Ereignis zu feiern, ging mir auf, dass ich die Auserwählte sein sollte.

Von der Hütte aus konnte man den Fluss Claro sehen, und ich erwachte, weil zwei Kinder mit einem großen Hund darin herumplantschten. Ich entschloss mich, einen Spaziergang zu machen, und traf Alfredo, der auf einer Brücke herumlungerte. Wir machten uns gemeinsam auf den Weg, und nach ein paar Kilometern kletterten wir hinunter zu dem Wasserfall Siete Tazas (Sieben Tassen), wo sich der Fluss in einer engen Schlucht in sieben untereinander liegende Becken ergoss, und fünf Kilometer weiter flussabwärts nahm Alfredo meine Hand und führte mich zu einer Plattform über einem größeren Wasserfall, an dem der Fluss 45 Meter in die Tiefe stürzte und Bäume aus der Steilwand wuchsen.

Die Wolken lösten sich auf. Ich hatte kein Heimweh mehr nach der Hazienda oder nach irgendeinem anderen Ort. Wir kamen an einem kleinen Bauernhof vorbei, an dessen Tor eine weiße Fahne wehte. »Brot«, sagte Alfredo, indem er auf die Fahne deutete, dann ging er hinein und kam mit einem großen dunklen Brot unter dem Arm wieder heraus. Hoch oben in den Bäumen saßen Papageien, und während Alfredo sich den Mund mit dem warmen Brot voll stopfte, erzählte er mir ausführliche, anschauliche Geschichten über die Pumas, die er in seiner sehr ereignisreichen Jugend im Wald gesehen hatte. Der Park hatte seinen Namen – Parque Inglés oder Englischer Park – von einem unbekannten Besucher, der die Gegend im September gesehen hatte, als das Gras so grün und weich und die Bäume so dicht belaubt waren, dass er sich nach England versetzt gefühlt hatte. Alfredo redete gern. Ich erfuhr, dass ihm ein Restaurant an Molinas Hauptplatz gehörte; er nannte mir sogar Umsatz und Gewinn des Geschäfts, wohl im Vertrauen darauf, dass mich sein finanzieller Status beeindrucken würde. Ob ich mir vorstellen könnte, in Molina zu leben?

»Mmh, tja, ich ...«

»Keine Sorge, du musst dich nicht sofort entscheiden.«

Das war beruhigend.

»Wir können heute Abend darüber reden.«

Als ich wieder in der Hütte war, holte ich mir ein Bier und schrieb die Zahlen eins bis 30 auf ein Blatt Papier, um den nächsten Monat zu planen. Der einzige feste Termin, den ich hatte, war die Verabredung mit den zwei Freunden von zu Hause in ein paar Wochen. Die Zeit mit ihnen sollte eine erholsame Unterbrechung für mich werden. Davon abgesehen bestand mein Plan einfach darin, weiter nach Süden vorzudringen, doch während ich die Tage abhakte, indem ich mit Bleistift darüber schrieb, wo ich sie wahrscheinlich verbringen würde, wurde mir bewusst, wie weit es noch zu meinem Ziel, der Antarktis, war. Ich musste los.

Da kein Bus fuhr, musste ich trampen. Alfredo wich mir nicht von der Seite. Ich wartete zwei Stunden am Rande eines behelfsmäßigen Volleyballplatzes, auf dem 20 barfüßige Leute spielten. Als endlich ein Lieferwagen aus dem Wald kam, war Alfredo gerade unterwegs, um Eis zu kaufen. Deshalb konnte ich mich nicht mehr verabschieden, aber so war es vielleicht am besten.

Ich saß auf der offenen Ladefläche des Lieferwagens, bis wir zu dem Polizeiposten kamen, wo ich mir meinen Pass von meinem Freund holte, und nachdem wir unten wieder die Panamericana erreicht hatten, postierte ich mich in der frühen Abendsonne, die immer noch kräftig brannte, am Straßenrand. Ein Lastwagen, der 28 Tonnen Eisen transportierte, nahm mich mit nach Chillán. Sobald ich ihn am Horizont auftauchen sah, wusste ich, dass er mich auflesen würde, und ich wusste auch, dass er nur langsam vorankommen würde. Eigentlich hatte ich noch vor Anbruch der Dunkelheit in Chillán sein wollen, aber ich hatte wieder nicht mit der außergewöhnlichen Langsamkeit gerechnet, mit der ich mich in Chile oft fortbewegte. Immerhin fand ich spät in der Nacht noch ein Hotel.

Die Häuser von Chillán, einer Kolonialstadt, sind modern, wie alle Häuser eines langen Abschnitts im südlichen Zentralchile, denn die wenigen alten Häuser, die nach dem Erdbeben von 1939 noch gestanden hatten, wurden 1960 vom nächsten Beben dem Erdboden gleichgemacht. In dem Jahr senkte sich die chilenische Küste auf einer Länge von etwa 300 Kilometern fast zwei Meter tief in den Pazifik. Nachdem ich einen Tag in den Cafés am Marktplatz herumgesessen und meine Füße in die Thermalquellen nahe einem Wintersportort getaucht hatte, der in der Nachsaison recht traurig wirkte, beschloss ich, mich danach zu erkundigen, ob ich meine Reise per Zug fortsetzen konnte. Es gab nichts, was mich noch im Zentraltal hielt; die Landschaft, durch die ich gereist war, hatte sich, seit ich Santiago hinter mir gelassen hatte, kaum verändert, und es drängte mich, die dramatischen Veränderungen, die vor mir lagen, zu sehen. Ich wollte nach Concepción, einer größeren Stadt etwas weiter unterhalb, wo der wirkliche Süden begann.

Ich fand heraus, dass es zwischen Chillán und Concepción eine Zugverbindung gab, aber alle hielten es für eine verrückte ausländische Marotte, dass ich statt des Busses den Zug nehmen wollte, der viel länger brauchte. Wie lange konnte es schon dauern, mich 100 Kilometer weiterzubringen?

Als ich am Bahnhof ankam, sah ich, dass die Bogenfenster der alten Fahrkartenausgabe verrammelt waren und der Bahnangestellte, der die Karten verkaufte, jetzt in einem neuen Büro hinter einem Computer saß. Die Ausstellung des Fahrausweises dauerte geschlagene sieben Minuten: Allein die Langsamkeit des Spezialprogramms war eine technologische Errungenschaft. Ich fragte mich, ob man daraus wohl Rückschlüsse auf die Geschwindigkeit der Züge ziehen konnte.

Die Bahnstrecke verlief am Ostufer des Flusses Bío Bío direkt nach Concepción. Dicke Grasbüschel, die zwischen den verrosteten Schienen einer Gleisanlage sprossen, zeugten von Vernachlässigung, eine Folge des von oben verordneten Sparkurses der späten 70er- und der 80er-Jahre, durch den die defizitäre Eisenbahn sich gesundschrumpfen sollte. Sowohl das Fracht- als auch das Fahrgastaufkommen waren seit dem Höhepunkt im Jahr 1973 drastisch zurückgegangen, und zwischen 1975 und 1985 sank die Zahl der Bahnbediensteten von 26 000 auf 8000. Das Streckennetz war allerdings schon vor der Diktatur nicht besonders effektiv verwaltet worden, und natürlich bedeutete eine dünne ländliche Besiedlung auch, dass viele teure Seitenlinien unterhalten werden mussten. Eine Studie hatte ergeben, dass es billiger kommen würde, allen Bewohnern einer bestimmten Region ein Auto zu kaufen, als Züge fahren zu lassen.

Der Fluss, etwa 800 Meter breit und voller Sandbänke, war mehr als nur ein Landschaftsmerkmal: Er war wahrscheinlich das wichtigste Symbol der chilenischen Geschichte, denn er stellte jahrhundertelang die südliche Grenze des spanischen Territoriums dar. Die Konquistadoren waren von den Mapuche immer wieder hinter den Bío Bío zurückgedrängt worden, und erst gegen Ende des 19. Jahrhunderts, nach jahrelangem Kampf, kam das Land südlich des Flusses unter die Kontrolle des Gouverneurs von Santiago. Am Tag zuvor hatte ich den Leitartikel einer nationalen Tageszeitung gelesen, der sich mit einem Plan zur Eindämmung des Bío Bío befasste, der überall auf Ablehnung stieß; zwar war das Projekt zu einem wichtigen Symbol der chilenischen Umweltbewegung geworden, doch rührte der Bío Bío eine emotionale Seite in jedem Chilenen, deshalb wurde hier mit einer Leidenschaftlichkeit argumentiert, die den Rahmen einer simplen Umweltschutzdiskussion sprengte.

Die Mapuche, ein zur araukanischen Volksgruppe zählender Stamm, waren die einzigen Indios in Amerika, die sich den Spaniern während der gesamten Kolonialzeit widersetzten. Ihr Heldentum wird in dem Gedicht »La Araucana« besungen, das im

16. Jahrhundert von dem Spanier Alonso de Ercilla y Zuñiga geschrieben wurde und als Amerikas erstes Epos gilt. Auf den Mut der Mapuche ist man heute noch stolz: In seiner ersten Rede als Präsident sprach Allende von dem Krieger Lautaro. Das hinderte Ercillas Landsleute und Nachkommen allerdings nicht, die Verstümmelung und Versklavung der Mapuche offiziell zu sanktionieren. Mit »Verstümmelung« meine ich nicht, dass sie im Kampf verwundet wurden. Ich will damit sagen, dass man ihnen Ohren, Nasen, Füße und Hände abschnitt und ihnen die Augen ausdrückte. Durch Diebstahl und diskriminierende Gesetzgebung wurden die Mapuche über Generationen hinweg systematisch ihres Landes beraubt. Daran hat sich bis heute nicht viel geändert. Die Mehrzahl der Chilenen steht dem Elend der an den Rand gedrängten, verarmten Mapuche und ihrer Kultur gleichgültig gegenüber, und es gilt als grobe Beleidigung, jemanden *indio* zu nennen. In Wirklichkeit waren und sind die Mapuche von Natur aus nicht kriegerisch. Sie hielten schlichtweg nichts davon, ihr ganzes Volk ausrotten zu lassen.

Der silbrige Himmel zerschmolz hinter Quilacoya, und die Sonne versank im glasklaren Wasser. Am nahen Flussufer glitt ein Holzkahn durch das Schilf.

Das billige Hotel in Concepción, in dem ich absteigen wollte, war offenbar vom Erdboden verschwunden, und da es schon spät war (die Reise hatte vier Stunden gedauert), sah ich mich gezwungen, mich in einem teureren in der Nähe einzumieten, das hochstaplerisch »Ritz« genannt wurde.

Concepción, die drittgrößte Stadt des Landes und Hauptstadt des »Kohlereviers«, ähnelte am nächsten Morgen, als ich das »Ritz« verließ, einer nordfranzösischen Industriestadt in den 50er-Jahren. Auf der Hauptstraße, in der Nähe des Hotels, stand ein großes, wettergegerbtes Denkmal von Juan Martínez de Rozas, einem adoptierten Sohn der Stadt, der zusammen mit José Miguel Carrera und Bernardo O'Higgins zu den treibenden Kräften des frühen Unabhängigkeitskampfes zählte. Martínez de Rozas wurde von Carrera deportiert und starb 1813 auf der anderen Seite der Anden, in Mendoza. O'Higgins, der uneheliche Sohn eines Iren, der es im Dienste Spaniens bis zum Gouverneur von Chile und Vizekönig von Peru gebracht hatte, sollte das erste Staatsoberhaupt des unabhängigen Chile werden.

Napoleons Invasion auf der Iberischen Halbinsel 1807 und die Usurpation des spanischen Thrones lösten in den südamerikanischen Kolonien einen heftigen Freiheitsdrang aus. 1810 stellte Chile in Santiago seine erste nationale Regierung auf, aber persönliche und politische Rivalitäten hinderten die oppositionellen Kräfte im Land immer wieder daran, sich zusammenzutun, und während der Kämpfe der folgenden sieben Jahre gab es auch eine Periode erneuter royalistischer Vorherrschaft, die man als *La Reconquista* bezeichnet.

Der wirkliche Befreier Chiles, eifrig unterstützt von O'Higgins (aber nicht von Carrera), war der argentinische General José de San Martín, der 1817 sein berühmtes Andenheer über die Hochgebirgspässe führte, um die königliche Armee in Chacabuco zu besiegen und anschließend, im April 1818, die chilenische Unabhängigkeit in Maipú zu besiegeln. In der Zwischenzeit war O'Higgins zum *director supremo* gewählt worden und hatte sich darangemacht, eine chilenische Flotte zu schaffen, die San Martín und seine Truppen zur Befreiung Perus nach Norden bringen sollte.

Nicht weit von Mornington Crescent wird San Martíns mit einer blauen Metallplatte gedacht, die das Haus ziert, in dem er während eines London-Aufenthalts gewohnt hat.

Die Unabhängigkeit änderte für die meisten Chilenen und für das Land insgesamt nicht sehr viel, nur dass die Häfen geöffnet wurden. Die Gesellschaftsstruktur blieb gleich, genau wie das Haziendasystem. O'Higgins versuchte zwar ein paar Reformen, aber er hatte keinen großen Erfolg. Die Unabhängigkeitskämpfer blieben unversöhnlich, und es folgte eine chaotische Zeit, in der ständig die Regierung wechselte und sogar ein Bürgerkrieg ausbrach:

O'Higgins wurde 1823 zur Abdankung gezwungen und ging nach Peru. Er kehrte nie in das Land zurück, für dessen Freiheit er so hart gekämpft hatte, und starb im Exil, wie so viele große Männer der Geschichte der südamerikanischen Unabhängigkeit.

Carrera wurde 1821 in Mendoza hingerichtet. Ich sah die Botschaft an seine Frau, die er an seinem Todestag auf einen Zettel kritzelte. Sie wurde ihr in einer Uhr zugeschmuggelt und war mit brauner Tinte in sauberer, kleiner Schrift geschrieben. Sie lautete: *»Miro con indiferencia la muerte; y solo la idea de separarme para siempre de mi adorada Mercedes y tiernas hijos despedaza mi corazón.«* (Der Tod lässt mich gleichgültig. Was mir das Herz bricht, ist die Vorstellung, für immer von meiner angebeteten Mercedes und unseren lieben Kindern getrennt zu sein.) Wenn es ihm das Herz brach, das niederzuschreiben, fragte ich mich, wie es ihr erging, als sie die Botschaft nach seinem Tode erhielt.

Trotz des damaligen Durcheinanders bekam die Unabhängigkeit Chile auf Dauer besser als anderen Ländern des Kontinents. Anfang 1830 kehrte – relative – Ordnung ein, und Chile, oft auch »die aristokratische Republik« genannt, wurde zu einem der stabilsten südamerikanischen Länder. Die Verfassung von 1833 blieb, mit einer kurzen Unterbrechung im Jahre 1891, bis 1925 in Kraft – eine ungewöhnliche Leistung, nicht nur für südamerikanische Verhältnisse.

An dem Tag war es grau und wolkig, Himmel und Häuser verschmolzen zu einem traurigen Ganzen, und die in den Hauseingängen zusammengekauerten Obdachlosen erinnerten mich an London. Eine Frau mittleren Alters, die über einem Mantel einen roten Morgenrock trug, schaute zu mir auf, als ich vorbeiging, und unsere Augen trafen sich, während ein Urinrinnsal langsam auf meinen Schuh zufloss. Ich wollte gerade in die Kathedrale gehen und stand schon unter dem Portal, als mir eine Geschichte einfiel, die Salvador mir im Schwimmbad erzählt hatte. Sie handelte von einem Mann namens Sebastián Acevedo, der sich an dieser Stelle

1983 anzündete. Er hatte die Behörden mehrfach aufgefordert, mit der Folterung seines 22-jährigen Sohnes und seiner 20-jährigen Tochter aufzuhören, aber sie machten weiter, also übergoss er sich mit Benzin, wie er es angekündigt hatte, und verbrannte sich auf den Stufen der Kirche.

Als zu seinem Gedenken ein großes Holzkreuz aufgestellt wurde, sägten die Militärs es ab.

Ich beschloss, den Leiter des örtlichen Fremdenverkehrsbüros um Rat zu bitten. Er bestand darauf, mir eine Führerin mitzugeben, obwohl ich das eigentlich gar nicht wollte. Ich hatte keine Lust, den ganzen verregneten Tag in der Stadt zu verbringen, deshalb erzählte ich der Führerin, dass mich die Umgebung auch interessiere, und begab mich zu Hertz, wo man mir, zuverlässig wie immer, Rocky IV zur Verfügung stellte.

Hortense, meine 23-jährige Führerin, zeigte mir die ziemlich langweiligen Gärten der Universität, bevor sie mir erlaubte, die Stadt zu verlassen. »Hier«, verkündete ein Graffito, »wurde die unsterbliche ›Mir‹ geboren.« Die einstmals mächtige Bewegung der Revolutionären Linken (Movimiento de Izquierda Revolucionaria) wurde 1965 von Studenten der Universität Concepción gegründet. Die von Castro beeinflusste Gruppe hatte sich der bewaffneten Revolution verschrieben, befürwortete unter anderem Landbesetzungen, besonders der Mapuche, und wurde bald in den Untergrund getrieben. Die *mirístas* hielten Allendes Regime für eine »reformistische Illusion« und waren unter seiner Regierung besonders aktiv. Von Pinochets Anhängern wurden sie allerdings mit solcher Gnadenlosigkeit gejagt, dass sie sich nie mehr erholten.

Die Gemäldesammlung von Concepción wird hoch gelobt, und Hortense eilte mir entschlossenen Blickes voraus. Leider hatte ich nicht viel für die Bilder übrig; sie waren sehr schlecht. Wir kamen uns jedoch näher, und als der Morgen halb herum war, hatten Hortense und ich das Stadtzentrum verlassen und fuhren durch die veraltete Wohngegend, in der sie mit ihren Eltern lebte, damit sie ihre Uniform gegen einen pinkfarbenen Minirock tauschen konnte. Dann fuhren wir Richtung Küste, die Fine Young Cannibals dröhnten aus den Lautsprechern, und Hortense, die jetzt dunkle Brillengläser trug, griff mir ins Lenkrad, um hinter den Jungen herzuhupen.

In Talcahuano, dem stinkenden Hafen, der Concepción und das umliegende Industriegebiet bedient, gingen wir an Bord der *Huascar*, eines peruanischen Panzerschiffes, das zu Beginn des Salpeterkrieges, am 21. Mai 1879, in den Hafen von Iquique fuhr, wo es von Kapitän Arturo Prat mit zwei kleinen chilenischen Holzschiffen erwartet wurde. Letztere hielten natürlich nicht lange stand, aber Prat feuerte unverzagt auf die *Huascar* und kämpfte bis zum Tod. Diese Schlacht wurde zu einem wichtigen Ereignis der chilenischen Geschichte und Prat zu einem Nationalhelden – vermutlich zu *dem* Nationalhelden schlechthin; die Städte und Dörfer von Arica bis Puerto Williams wimmeln von Denkmälern für die Helden von Iquique und benennen ihre Straßen zu tausenden nach A. Prat. Das ist erstaunlich, weil Prat eigentlich ein recht unbekannter Marineoffizier war, der sein Leben ziemlich sinnlos opferte. Aber die Zeit war reif für einen Helden, und Prat war der richtige Mann. Nach seinem Tod behauptete eine peruanische Zeitung, dass die Chilenen verrückt geworden seien und Prat wie einen Gott anbeteten; das Wort Pratomania wurde geprägt, derweil verglichen ihn chilenische Journalisten mit Leonidas an den Thermopylen und Nelson bei Trafalgar. In der Folge wurde das Bild von Prat dem jeweils herrschenden Zeitgeist angepasst – bei Wahlkämpfen wird in den Zeitungen sogar spekuliert, wen er wohl wählen würde, »wenn er noch bei uns wäre«.*

Aufgeregte Mittelklassefamilien, die einen Tagesausflug machten, drängten sich in kleinen Gruppen auf der *Huascar*. An Quiriquina, einer Insel, die versteckt in der Bucht lag, schienen sie we-

---

* Mein Dank gilt dem Pratologen William F. Sater und seinem Buch: The Heroic Image in Chile. Berkeley and London, 1973.

niger interessiert. Darwin war 1835 auf ihr gelandet. 140 Jahre später wurde das darauf angelegte Trainingscamp der Marine als Folterzentrale gebraucht. Ich hatte einen Bericht über das Zentrum gelesen, den ein protestantischer Laienprediger namens Camilo Cortés verfasst hatte, der dort gefangen gehalten worden war. Als seine Gesundheit wiederhergestellt war, wurde er zum inoffiziellen Anstaltspriester. Er behauptete, den wahren Glauben habe er erst im Gefängnis gefunden.

Als wir auf der neuen Autobrücke über den Bío Bío waren, klarte der Himmel glücklicherweise auf. Wir fuhren die Kohlenküste hinunter und hielten zwischen Coronel und Lota, um an einem Tisch am Strand gebackene Muscheln zu essen, wobei wir einen guten Ausblick auf die Bucht hatten, in der, wie der Kellner mich zuvorkommend erinnerte, 1914 die britischen Kriegsschiffe *Good Hope* und *Monmouth* versenkt wurden. Am Spätnachmittag in Lota, im Herzen des Kohlereviers, spazierten wir durch Straßen, in denen die Häuser Holzterrassen hatten, die zweiten Stockwerke ruhten auf Stelzen, sodass eine Art industrieller Kreuzgang entstanden war. Dünner schwarzer Staub klebte auf den Blättern der verkümmerten Bäume, die sich gegen die scharf umrissene schwarze Silhouette der Mine selbst abzeichneten. Hortenses Großvater war Bergarbeiter gewesen; er starb mit 51 Jahren an einer Lungenkrankheit.

Die Kohle gab der Region in den 1860ern ein neues Gesicht. Ihre Qualität war nicht sehr gut, aber sie erfüllte ihren Zweck. In den letzten Jahrzehnten war die Zahl der Bergarbeiter in Lota drastisch gesunken. Vor der Nationalisierung 1972 gehörte die Mine der Familie Cousiño, deren Weingut im Maipo-Tal ich besucht hatte; sie waren lange Jahre Feudalherren der Umgebung Lotas und bauten dort Ende des 19. Jahrhunderts einen großen Palast mit Park. Der Palast wurde durch die Erdbeben zerstört, aber der Park, den zwei britische Landschaftsgärtner entworfen hatten, wurde stets so gepflegt, als wohne die Familie noch darin. Carlos Cousiño, der dort 1931 seine letzte Ruhe fand, war ein unpopulärer Arbeitgeber mit dem Ruf eines Sklaventreibers, und als wir die feuchten Wände eines Höhlensystems unter einem Hügel berührten, flüsterte Hortense mir Geschichten über Teufelsanbetung ins Ohr.

Die Kohlenstädte waren anders als alles, was ich bisher in Chile gesehen hatte. Sie waren finsterer als die Kupferstädte; schmutziger und dem europäischen Auge vertrauter. Jetzt wurde mir richtig bewusst, dass das lange und fruchtbare Zentraltal hinter mir lag und dass ich in eine rauere Umgebung gekommen war, wo die Menschen härter arbeiten mussten. Es war wie ein Schock, und plötzlich schien es mir, als sei ich von weit her an diesen Ort gekommen.

Wir verließen die Stadt, als ein lang gezogenes, hohes Sirenengeheul das Ende einer Schicht verkündete, und fuhren durch riesige Pinienwälder, die sich kilometerlang dahinstreckten, bis sie plötzlich aufrissen, um verkohlte rote Narben freizulegen und Holzverarbeitungsfabriken. Die chilenische Holzwirtschaft verzeichnete in den 70er-Jahren einen enormen Aufschwung, besonders nachdem ein neues Gesetz zur Aufforstung 1974 steuerliche Erleichterungen versprochen hatte. Verstärkte Investitionen führten dazu, dass die ursprünglichen Harthölzer mehr und mehr der Monterey-Kiefer wichen, die im 19. Jahrhundert nach Chile kam, wo sie schneller wächst als irgendwo sonst auf der Welt.

Hortense nahm von Arauco aus den Bus nach Hause, und ich setzte meinen Weg nach Süden allein fort. Sie musste ihren Freund treffen, von dem sie mir verriet, dass er Mormone war (obwohl er offenbar nicht zu den besonders gewissenhaften Anhängern gehörte). Die gab es dort unten reichlich. Auf meinem Weg nach Süden nahm ich eine ältere Frau ein Stück mit, die in missionarischem Eifer sofort eine Rede über den einen wahren Gott vom Stapel ließ. Sie und ihre Freunde, sagte sie, hätten sich zusammengetan – die anderen Religionsgemeinschaften seien alle »tot«. Ich fragte sie, ob sie etwas dagegen hätte, wenn ich das Radio anmachte. Ich konnte das einfach nicht mehr länger anhören.

In der Abenddämmerung kam ich in Cañete an, mietete mich in einem kleinen Hotel an der Hauptstraße ein und folgte dann dem Rat des Touristenexperten aus Concepción, die Kuratorin des Mapuche-Museums anzurufen. Sie lud mich sofort zu sich ein.

Durch das Fenster des alten Holzhauses erblickte ich zwei Frauen in meinem Alter, die sich bei ihrer offenbar recht lebhaften Unterhaltung eine Flasche Pisco teilten.

Gloria war Mitte 30 und Single. Sie hatte einen der besten Jobs, den der chilenische Kunstbetrieb zu vergeben hat, breit gefächerte Interessen und liberale Ansichten. So eine Frau trifft man in der chilenischen Provinz nicht alle Tage, und ich hatte Glück, dass ich sie kennen lernte. Sie war sicher überrascht, dass ich einfach so daherkam, aber sie zeigte es nicht, und sowohl sie als auch ihre Freundin Cecilia nahmen mich gleich als ihresgleichen an. Ich fühlte mich wie zu Hause.

Cecilia, die präraffaelitische Korkenzieherlocken hatte, arbeitete als Lehrerin; sie war verheiratet, hatte zwei Kinder und wohnte in der Nähe. Glorias Erscheinung war weniger auffallend: Sie sah irgendwie altmodisch aus, wie ein Soldatenliebchen. Sie kamen beide nicht aus Cañete; ihre Berufe hatten sie aus anderen südlichen Gegenden dorthin geführt. Es schien ihnen in der Stadt ganz gut zu gefallen, obwohl ich den Eindruck hatte, dass sie sehr aufeinander angewiesen waren. Als ich ihre Fragen über mich beantwortete, blieb das blanke Erstaunen, das sich sonst oft auf den Gesichtern meiner Gesprächspartner malte, aus. Außerdem stellten sie nur wenige Fragen; sie quetschten mich nicht aus wie viele andere. Wir saßen in dem hübschen Haus am Tisch und redeten über unsere Familien, die Gemeinde Cañete, meine Reise – über alles Mögliche, und sie erzählten mir, dass sie bei meiner Ankunft gerade darüber nachgedacht hatten, für ein Wochenende zum Skilaufen zu fahren. Wir hatten viel Spaß; die beiden lachten gern.

Glorias Haus stand an einer der äußeren Straßen, die die Stadt schachbrettartig aufteilten. In Cañete war noch so etwas wie Pioniergeist zu spüren. Die Straßen bestanden aus Lehm und die

Häuser aus Holz. Die wenigen Geschäfte waren schäbig. Aber der behelfsmäßige Eindruck wurde von der Geschichte Lügen gestraft: Die Stadt war 1558 auf den Trümmern einer spanischen Festung errichtet worden, im Herzen des Mapuche-Landes. Damals reichte das Territorium der Mapuche von Copiapó nördlich von Santiago bis nach Chiloé im Süden. Das Pferd, von den Spaniern mitgebracht, veränderte das Leben der Eingeborenen, die hölzerne Kopien der metallenen Sporen und Steigbügel fertigten. Zwischen 1598 und 1604 zerstörten sie jede spanische Siedlung südlich des Bío Bío.

Am nächsten Tag besuchte ich Glorias Museum. Es war das einzige Mapuche-Museum des Landes und stand allein auf den klumpigen Feldern, weiträumig, kühl und luftig. Nachdem sie zwei Angestellten die notwendigen Vorarbeiten für den Besuch einer Schulklasse erklärt hatte, zeigte sie mir alles. Sie war eine sehr gute Führerin. Ich interessierte mich mehr für das, was sie sagte, als für die Ausstellungsstücke.

»Die Untergruppen der halb nomadischen araukanischen Gesellschaft hatten eine in weiten Teilen ähnliche Kultur, obwohl sie sich niemals zusammentaten, weder physisch noch politisch, noch kulturell. Sie lebten im zentralen und südlichen Chile und auch in Argentinien und gehörten zusammen mit den Inka und den Chibcha zur Zeit der spanischen Eroberung zu den wichtigsten Andenkulturen. Es gibt keine genauen Angaben über ihre Zahl zur damaligen Zeit, aber wir können davon ausgehen, dass es etwa 500 000 bis eine Million von ihnen gab.«

Andere wissenschaftliche Quellen sprechen sogar von bis zu zwei Millionen. Doch fügt das maßgebende »Handbuch des südamerikanischen Indianers« hinzu: »Der araukanische ist wahrscheinlich der wissenschaftlich am stärksten vernachlässigte Stamm der Hemisphäre.«

Die meisten araukanischen Untergruppen sind ausgelöscht worden. Bei der Volkszählung von 1992 gab es in der Spalte »ethnische Minderheiten« für das ganze Land nur drei Wahlmöglichkeiten: Mapuche, Aymara oder Rapa Nui (der polynesische Name für die Osterinsel). Das Land war wie ein reich gemusterter Stoff, dessen Farben verblichen waren.

Gloria stellte mir einen Musiker der Mapuche vor. Ich beobachtete, wie er Luft in ein langes, dünnes Rohr saugte, das ihm als Blasinstrument diente; es hörte sich an wie eine Trompete und hieß *ñolkín*. Er erklärte, dass er es meist bei Hockeyspielen benutze. Seine Muttersprache war *mapu-dugun* (Sprache der Menschen der Erde); das Land der Mapuche *(map)*, das nach alter gemeinsamer Tradition allen gehört, ist ein lebenswichtiger Bestandteil der Identität eines Mapuche; eine Tatsache, die ihre Geschichte in einem besonders tragischen Licht erscheinen lässt, denn der größte Teil ihres Landes wurde ihnen gestohlen. Vom 16. Jahrhundert an wurden viele tausend Mapuche der nördlichen Territorien, die schon von den Inkas unterworfen worden waren, von ihrem eigenen Land vertrieben und zur Arbeit auf den *encomiendas* gezwungen, den Landschenkungen, mit denen die Spanier belohnt wurden. Schon 100 Jahre nach Ankunft des weißen Mannes war die nördliche Grenze des Araukanergebietes bis zum Bío Bío zurückgedrängt worden.

Der Musiker machte sich an die umständliche Erklärung eines Volksliedes, das geheimnisvolle Hinweise auf »die Insel« enthielt. Später schaute ich auf all meine Karten: nirgendwo eine Insel.

»Die gibt es«, bestätigte Gloria, als ich sie danach fragte. »Aber sie passt irgendwie auf keine Karte. Ungefähr 1000 Menschen leben dort – das ist für ein ländliches Gebiet in Chile eine ganze Menge, weißt du. Sie heißt Isla Mocha. Ich habe dort einmal Ausgrabungen gemacht – die Mapuche lebten da. Mit öffentlichen Verkehrsmitteln ist sie nicht zu erreichen. Dort ist alles noch so wie vor 50 Jahren.«

All meine Pläne lösten sich in Luft auf. Gloria war begeistert von meiner Idee und betrachtete meinen Spontanausflug als persönliche Herausforderung. Wir fuhren durch die Stadt, um herauszufinden, welche der drei privaten Propellermaschinen, die

Mochas einzige Verbindung zum Festland waren, als Nächste fliegen würde. Eine stand kurz vor dem Abflug, also schrieb Gloria eine Nachricht für ihre Freundin Nina, die die Inselschule leitete (es gab keine Telefone). Das Flugzeug kam am selben Abend mit einer Einladung von Nina zurück. Die nächste Maschine ging in zwei Tagen und würde mich für 25 Mark mitnehmen; das bedeutete, dass ich mich zum Zeitpunkt der viel besprochenen nationalen Volkszählung auf Mocha befinden würde.

Ich vertrieb mir die Wartezeit, indem ich durch die Wälder um den Lanalhue-See fuhr und Contulmo besuchte. Die Straße war sehr schlecht und so staubig, dass ich die Scheibenwischer anmachen musste. Der Lanalhue war der erste See, den ich zu Gesicht bekam. Es war ein erregender Moment, denn jetzt lag nur noch das Seengebiet, so groß es auch war, zwischen mir und dem vereisten Süden.

Contulmo wurde 1884 von Deutschen gegründet, und das deutsche Aussehen der Stadt belegte, dass sie ihre Kultur mitgebracht und an ihre in Chile geborenen Kinder weitergereicht hatten. Nachdem ich die Stadt hinter mir gelassen hatte, folgte ich einem schmalen Weg am Seeufer entlang, bis ich nach einer Stunde die einsame »Posada Alemana« erreichte, ein freundliches altes Hotel mit eigenem Strand, das einem Nachfahren der deutschen Siedler gehörte. Ich nahm an, dass es weit genug von der Hauptstadt entfernt war, um nicht von Horden reicher, Erholung suchender *santaguinos* verdorben worden zu sein. Der Manager, ein fröhlicher Mann mit Schildmütze, der von sich behauptete, er sei 93 Jahre alt, lud mich zu *onces* an einen schattigen Platz auf der Speiseterrasse mit Seeblick ein. *Onces* (Elf-Uhr-Tee) gibt es gewöhnlich um fünf Uhr nachmittags. Es existieren verschiedene Theorien zum Ursprung dieser Mahlzeit, ich persönlich glaube, dass es ein Code für die elf Buchstaben des Wortes *aguardiente* (klarer Branntwein) ist. Vielleicht fing es in den Fabriken an, wo die Arbeiter sich gern um fünf einen genehmigten, ohne dass ihre Chefs es mitkriegten, vielleicht aber auch hinter den Spitzengardinen feiner alter Damen in der Hauptstadt, die um ihren guten Ruf besorgt waren und den Branntwein deshalb aus Teetassen tranken.

Heute denkt man bei *onces* nicht mehr an Alkohol, es gibt Tee. Eine Kellnerin stellte Liptons und Apfelkuchen auf das Leinentischtuch, das mit deutschen Segenssprüchen bestickt war. Während der alte Mann in Erinnerungen schwelgte, läutete ein Junge am Seeufer eine Handglocke, und schon erschienen 20 Karpfen, die ihm Brot aus der Hand fraßen, genau wie in Kurosawas Film »Träume«. Sie kamen bis auf den Sand, mehr als die Hälfte ihres Körpers ragte aus dem Wasser, und der steinalte Manager hörte nicht einmal auf zu reden.

Am zweiten Abend, dem letzten vor meiner Abreise nach Mocha, war ich zu einer Geburtstagsfeier eingeladen – Cecilia wurde 35. Um halb elf abends fing die Party an. Wir saßen zu sechst um einen runden Tisch und tranken Pink Panthers, einen speziellen Cocktailmix aus Pisco, Fanta und Kondensmilch. Ich dachte mit leiser Wehmut an unsere Geburtstagspartys zu Hause und daran, wie anders sie doch waren.

Kapitel neun

Der brasilianische Anthropologe Darcey Ribero schätzt, dass mehr als die Hälfte der eingeborenen Bevölkerung von Amerika, Australien und Ozeanien durch Ansteckung beim ersten Kontakt mit dem weißen Mann starb.

Moritz Thomsen, »The Saddest Pleasure«

Straßen voller Wasser. Was tun?

Robert Charles Benchley, nach der Ankunft in Venedig
in einem Telegramm an seinen Verleger

An dem Tag, an dem ich nach Mocha fuhr, war es feucht und kalt, und alle versicherten mir liebenswürdig, auf der Insel sei es noch schlimmer. Ich stand den ganzen Morgen mit dem Piloten der ehrwürdigen alten Cessna an der Landebahn und wartete, und als das Wetter besser wurde, flogen wir los; dabei hatten wir ein paar lebhafte achtjährige Zwillinge, die sich so ähnlich waren, dass sogar der Schmutz in ihren Gesichtern nach dem gleichen Muster verschmiert war.

Das Flugzeug roch nach Shampoo. Als wir über der Küste schwebten, tauchte am Horizont ein kleiner Flecken auf; die ersten Araukaner, die die Insel sahen, dachten an einen Spuk und behaupteten, dass man nach dem Tode dort hingehe. Sie machten aus dem Ganzen eine Toteninsel.

Es dauerte eine halbe Stunde, bis wir die kleinen Inselchen am Südende von Mocha erreichten. Die Insel selbst bestand aus einem 15 Kilometer langen jungfräulichen Waldstreifen, die höchste Erhebung mit etwa 900 Metern wurde von der Küstenebene umrahmt, an der wiederum die Sandstrände lagen. Zweimal versuchte der Pilot, auf einem Grasstreifen nahe der Landspitze aufzusetzen, dabei flog er haarscharf über das Meer, aber auf der Piste schlief eine Kuh, und so flogen wir schließlich zu einem anderen Landeplatz, an dem eine Menschenmenge auf ein anderes Flugzeug wartete.

15 Pferdekarren parkten hinter einem Holzzaun, Letzterer bog sich unter der Last gehäuteter Kuhkadaver, deren Köpfe auf dem Gras lagen und mit gläsernen Augen aus sehnigen Höhlen starrten. Die Besitzer der Karren, die gerade dabei waren, ihr Rindfleisch zum Festland zu verschicken, standen in einer Gruppe daneben, Männer mit hohen, flachen Wangenknochen und glänzendem schwarzem Haar, die schwere Ponchos und rissige Stiefel trugen.

Der Pilot fühlte sich mittlerweile persönlich für mich verantwortlich, und da das Haus der Schulleiterin mehrere Kilometer entfernt lag, brachte er mich zuerst zu einer Farm, wo wir uns in der großen Küche zu vier Frauen gesellten, die strickend dort saßen und das Inselleben kommentierten wie ein griechischer Chor. Der Pilot meinte, es werde schon irgendjemand auftauchen, der mich zu Nina bringen könne. Dieser Plan erschien mir ziemlich unsicher, aber da die anderen nichts dagegen einwendeten, hielt auch ich den Mund und trank meinen Tee. Der Chor redete über mich, als sei ich gar nicht da. Sie sprachen auch über eine Nordamerikanerin, die vor fünf oder sechs Jahren nach Mocha gekommen war. Sie erinnerten sich allesamt an die kleinsten Einzelheiten zu dieser Person.

»Sie hatte einen kleinen Kassettenrekorder, den sie sich in die Ohren steckte«, sagte die eine.

»Kennen Sie unsere Äpfel?«, fragte eine andere mich plötzlich und zeigte auf einen Baum direkt vor dem Fenster.

»Verkaufen Sie sie aufs Festland?«, fragte ich.

»Manchmal.«

»Was tun die Menschen hier sonst noch, außer Äpfel zu verkaufen?«

»Nicht viel!«, sagte die erste Frau und nahm ihr Stricken wieder vor. Ich öffnete meine Reisetasche, um eine Karte herauszunehmen, die Topografie der Insel zu studieren und auszuarbeiten, wo ich hinwollte. Eine Shampooflasche war ausgelaufen, daher der Geruch im Flugzeug.

Drake ankerte 1578 vor Mocha, als er mit seiner *Golden Hind* die Welt umsegelte. Die Einheimischen hielten ihn und die anderen Landgänger für Spanier und schossen mit Pfeilen; Drake wurde im Gesicht verletzt. Francis Fletcher, ein Priester, der an Bord war und Aufzeichnungen über die Reise machte, schwärmte von Gold und Silber auf der Insel und meinte, dass Mocha als Vorposten das dahinter liegende Festland schütze, wie etwa die Isle of Wight England.

Aber die Isle of Wight war nicht gerade das Erste, was mir einfiel.

Ein Pferdekarren rollte in den Hof, und eine der Frauen winkte mir, ihr zu folgen.

Es gab nur eine einzige Straße, die den Umrissen der Insel folgte und einen Zweidrittelkreis beschrieb. Hin und wieder tauchte aus den nebligen Feldern ein niedriges Bauernhaus auf, und Frauen in Schürzen schauten von ihren Waschtrögen hoch und winkten uns mit eingeseiften Armen zu.

Wir hielten bei einer Baumgruppe.

»Da wohnt Nina! Hinter den Bäumen!«

Ich kletterte herunter, und die Frau warf mir die Reisetasche nach.

Das Haus war lang und niedrig, und es hatte einen breiten Flur, in dem sich alte Fahrräder und Stulpenstiefel stapelten. Die Schulleiterin stand an einem Fenster, und sobald sie mich erblickte, erschien ein breites Grinsen auf ihrem Gesicht. Als ich die Vordertür erreichte, wartete sie schon auf mich.

»Willkommen!« Sie nahm mir die Reisetasche ab und führte

mich in eine Küche mit einem riesigen Holzofen, auf dem ständig ein paar Kochtöpfe warm gehalten wurden. Hühner pickten zwischen den Teppichen aus Seehundfell auf dem Steinboden herum, und Tía María, eine Tante, die im Haus wohnte, knetete eine Rolle Teig. Ninas zwei Kinder saßen zu meinen Füßen und starrten mich an.

Nina war mit ihrem Mann und ihren Kindern vor drei Jahren auf die Insel gekommen.

»Leider kommen alle Angestellten hier vom Festland. Die *mochanos* haben keine Ausbildungsmöglichkeiten«, erklärte sie, während sie in der Abenddämmerung die Kerzen anzündete. Außer Strom gab es noch viele Dinge, die es auf der Insel nicht gab, wie zum Beispiel einen Arzt. Zwar existierten acht motorisierte Vehikel, aber Benzin musste in kleinen Kanistern mit Privatflugzeugen herbeigeschafft werden. Früher hatte es auch keine Kriminalität gegeben, aber seit kurzem sah man sich mit so hässlichen Realitäten wie Diebstahl konfrontiert. Die Bauern kamen zurecht, aber nur gerade so, denn die Kosten für den Transport ihrer Produkte zum Kontinent waren einfach zu hoch, und deswegen wurde außer Rindfleisch eigentlich nur noch Knoblauch exportiert.

In der Nacht vor der Volkszählung regnete es ununterbrochen, und um sieben Uhr morgens, als wir zur Schule gingen, die jetzt als Volkszählungshauptquartier diente, mussten wir durch tiefe schmutzige Pfützen waten. Nina saß hinter einem Kindertisch und teilte den Staatsbeamten der Insel, die jetzt als Befrager fungierten, bestimmte Häuser zu, woraufhin sie sich Sticker ans Revers hefteten und aufbrachen, die meisten zu Pferde, das Kinn tief im hochgeknöpften Mantel vergraben. Ich wurde zusammen mit einem Bündel Volkszählungsformularen zwei Männern übergeben, die in die entfernteste Zone mussten, und wir wurden in einem Polizeijeep zur kalten Südspitze gebracht. Es war Ebbe, also gingen wir über den Sand zu einer kleineren Insel, auf der unser erstes Haus stand, eine Holzhütte auf einer Landzunge, die unentwegt von heftigen Winden gepeitscht wurde. Einer der Beamten, ein freundlicher Postangestellter, kämpfte sich durch die Fragen, während neben ihm ein Backblech mit kleinen, dressierten und geölten rosa Vögeln stand und ein Schwein draußen immer wieder mit dem Kopf an die Tür stieß, wobei es sich lautstark beschwerte.

Der Polizist verließ uns, und wir begannen unsere Wanderung an der Westküste entlang, wo der Wald näher an die Ebene heranreicht und der Wind den ganzen Pazifik hat, um Geschwindigkeit aufzunehmen. Die Häuser, die sich zwischen den Sanddünen duckten, waren klein und voll gestopft mit düsteren Möbeln aus den 50er-Jahren und Spitzendeckchen aus Nylon. Die Befrager mussten eine Liste von Konsumgütern durchgehen und die abhaken, die sich im jeweiligen Haushalt befanden, und so fragten sie die Leute brav, ob sie als Toilette ein Loch im Garten benutzten, ob sie jemals Elektrizität gehabt hätten, ob sie ein Videogerät, eine Mikrowelle, eine Musikanlage oder ein Mobiltelefon besäßen. Wenigstens bei den Fragen zu »Verkehr« ließ das Statistische Landesamt erkennen, dass es den Bezug zur Realität noch nicht ganz verloren hatte, denn nach einer Reihe ausgefallenerer Transportmöglichkeiten tauchte doch tatsächlich *carretón* (Pferdekarren) auf, und die *mochanos* freuten sich, endlich auch einmal eine Frage mit Ja beantworten zu können.

Was sie alle im Überfluss hatten, waren Äpfel, und in jedem Haus wurde mir eine Schürze voll aufgedrängt. Dieses Geschenk durfte ich nicht zurückweisen, denn jeder Obstgarten war anders (behaupteten sie), und ich musste alle einmal probieren. Bald schleppte ich einen Sack Äpfel mit mir herum, der meinen gesamten Jahresbedarf gedeckt hätte. Ich versuchte, sie an die Kühe zu verfüttern, aber die wollten sie auch nicht.

Die Leute wurden gefragt, ob sie lesen und schreiben konnten, und die meisten unter 50 konnten auch dazu Ja sagen, und obwohl die jungen *mochanos* keine höhere Bildung hatten, waren sie doch länger zur Schule gegangen als ihre Eltern, was wenigstens einen gewissen Fortschritt darstellte. Ein 25-jähriger Körperbehinderter war nie zur Schule gegangen.

Um das letzte Haus zu erreichen, mussten wir über mehrere steile Sandbänke klettern. Die Leute, die dort wohnten, besaßen nicht einmal einen *carretón*. Drei Männer lebten dort in wilder Ehe mit ihren Frauen und reichlicher Nachkommenschaft; ein Pärchen schlief mit seinen vier Kindern in der Küche.
Ein Haufen schmutziger, barfüßiger Kinder folgte uns, bis wir eine Landzunge erreichten, von der aus man einen breiten, honigfarbenen Sandstrand überblickte. Während des langen Fußmarsches heimwärts über hellgrünes Sumpfland voller Tiere begann es zu gießen. Das letzte Stückchen war wenigstens einigermaßen ausgebaut, was der Großzügigkeit der nationalen Mineralölgesellschaft zu verdanken war; sie hatte auf Mocha Gas gefunden und zur Arbeitserleichterung eine rudimentäre Infrastruktur aufbauen müssen. Das Gas ist nicht ausgebeutet worden – noch nicht.

Nina, ihr Mann und ich saßen in der nächtlichen Dunkelheit meist lange vor dem Feuer und tranken Pisco. Ich teilte das Schlafzimmer mit Tía María und der kleinen Salome. Eine Kuh, die vor der Tür angebunden war, hielt mich meistens wach. Eines Morgens, während ich vor der Nachbarfarm herumspazierte, hinter mir einen Schwanz von Kindern, die an mir klebten, als sei ich der Rattenfänger von Hameln, hörte ich das Gerücht, dass es schlechtes Wetter geben sollte und dass die Leute damit rechneten, ein paar Wochen vom Festland abgeschnitten zu sein. Ich beschloss, mich besser davonzumachen, solange das noch möglich war. Niemand wusste, wann ein Flugzeug kommen würde. Man riet mir, mich einfach an die Landebahn zu stellen und abzuwarten, also machte ich mich auf den Weg. Dabei kam ich an vier Bauern vorbei, die sich gerade an *ñache* gütlich taten, einem beliebten Gericht aus frischem Lammblut, Zitronensaft und Gemüse. Ich wartete sechs Stunden, und dann landete tatsächlich ein Flugzeug, das mich später wieder nach Cañete zu einer höchst erfreuten Gloria brachte.

Sie hatte mich mit dem örtlichen Lehrer bekannt gemacht, einem älteren Mann, der 50 Jahre unter Mapuche gelebt hatte, und er hatte mir angeboten, einen Tag mit mir herumzufahren. Er lebte in Quidico, etwas weiter unten an der Küste, und ich fuhr frühmorgens hin, um ihn abzuholen. Die Reise war nicht sehr angenehm, denn Rocky und ich wurden von den großen Holztransportern oft von der zerfurchten Straße gedrängt.

Kurz nachdem wir uns auf den Weg gemacht hatten, durch die taufeuchten Felder, erschien am Bergkamm eine Reihe von *huasos* zu Pferde. *Huasos*, die chilenischen Vettern der Gauchos, der südamerikanischen berittenen Viehtreiber, wurden von George Pendle als »der menschliche Ausdruck der weiten und einsamen Pampa« beschrieben. Als sie auf uns zukamen, konnten wir erkennen, dass sie kurze Ponchos, schwarze breitkrempige Hüte und kniehohe Stiefel mit riesigen Metallsporen trugen. »Rodeo«, schnaubte der Lehrer verächtlich, und wir änderten die Richtung.

Wir kamen zu einem Mapuche-Haus (einer *ruka*). Eigentlich war es nur eine halbe *ruka*, da das hölzerne Gerüst, sonst wie bei einem Wigwam bis zum Boden mit Stroh verkleidet, nur für das Dach benutzt worden war, das auf einfachen Steinmauern ruhte. Eine barfüßige Frau begrüßte den Lehrer mit einer Umarmung und schüttelte mir die Hand, drei kleine Kinder starrten uns offenen Mundes an, und einige Gänse pickten unbeeindruckt weiter auf dem harten Lehmboden herum. Ein Mann, der gerade dabei gewesen war, ein Paar Ochsen anzuschirren, kam herüber, um mit dem Lehrer den letzten Stand einer lokalen Streiterei über Landrechte zu besprechen, und ich hielt mich im Hintergrund, denn ich fühlte mich wie ein Eindringling.

Wir setzten uns im Schneidersitz ins Gras und aßen die mitgebrachten Sandwiches mit *manjar*, einem chilenischen Grundnahrungsmittel, das von der Wüste bis zur Antarktis in erstaunlichen Mengen verzehrt wird. Sie werden es kaum glauben, aber *manjar* besteht aus gesüßter, gekochter Kondensmilch und sieht aus wie Karamell. Ich hasse es.

Ein junger Mapuche, der eine Mütze mit Batman-Aufdruck trug, ging grüßend vorbei, mit einer Gerte trieb er ein Pferd an, das einen Karren mit Holzrädern zog. Später, in einem kleinen Hof zwischen zwei Räumen, die von aufeinander gestapelten Steinen gebildet wurden, stellte der Lehrer mir eine sehr alte und sehr stattliche Frau vor. Sie trug einen großen gekräuselten Kragen, der an die Inquisition erinnerte, und ihre zwei langen Zöpfe waren mit einem türkisfarbenen Band zusammengebunden. Eine kleine Gruppe junger Frauen und Kinder sah vom Eingang des einen Raums teilnahmslos zu, wie wir in den anderen gingen, in dem meine Augen sofort zu tränen anfingen, denn mitten auf dem Lehmboden qualmte ein Feuer. In dem Raum gab es nur einen Tisch und drei Regalbretter, auf denen Kleidungsstücke lagen.

»Ich«, sagte die alte Frau gewichtig, »bin die *machi*.«

Gloria hatte mir von den *machis* erzählt. Sie waren die geistigen Führer und Heiler. Die Frau erzählte mir eine lange Geschichte über ihre Berufung, die sie im Alter von zwölf Jahren im Traum erfuhr. Mit vierzehn ritt sie allein in die Kordilleren und wurde initiiert. Monate später las ich in einem mit einem pinkfarbenen Band verschnürten, ledergebundenen Buch in der British Library ein paar unzusammenhängende Einzelheiten über die *Machi*-Initiationsriten. Da hörte es sich an, als sei das alles längst Geschichte.

Mit der einen Hand griff unsere *machi* nach meinem Arm, mit der anderen zog sie unter einem Kleiderhaufen eine silberne Brustplatte hervor, in deren Mitte ein doppelköpfiger Adler prangte. Sie wickelte einen dicken Wollschal um meine Schultern, an dem sie den Harnisch befestigte, und vervollständigte die Verkleidung durch einen runden Kopfschmuck mit baumelnden Nickelplättchen, einer Rosette und langen Bändern. Schließlich führte sie mich in den Hof und stellte mich neben eine etwa zwei Meter hohe Holzleiter mit roh gearbeiteten Stufen. Das war eine Art Altar, der bei ihrer Weihe vor ihrer Hütte aufgestellt worden war. Ich kam mir ziemlich albern vor; ich hatte das Gefühl, dass sie sich über mich lustig machte.

Ich versuchte herauszufinden, was es mit dem Altar auf sich hatte und wohin die Stufen führten, aber sie murmelte nur halbe Sätze vor sich hin und verfiel immer wieder ins *mapu-dugun*, deshalb gestaltete sich die Verständigung sehr schwierig, und mit dem Lehrer war nicht mehr zu rechnen, er hockte ruhig in einer Ecke und rauchte sein Pfeifchen. Immerhin konnte ich in Erfahrung bringen, dass ihre höchste Gottheit, obwohl allmächtig, glücklicherweise nicht an Moral interessiert und auch das Leben nach dem Tod nicht von ihrem Urteil abhängig war. Man bat Gott um materielle Gaben.

»Haben Sie eigentlich Kinder?«, fragte sie mich plötzlich, während sie mir direkt in die Augen sah. Drei ihrer Kinder waren in »die Stadt« (Temuco) gezogen, darüber war sie traurig. Die Mapuche leben immer noch am Rande der Gesellschaft, und daher verleugnen viele junge Leute ihre Wurzeln und begeben sich in die Städte, wo sie in den *huincas* leben.

Die Mapuche haben unter dem Militärregime stark gelitten. Die Arbeitsgruppe der Vereinten Nationen, die sich speziell mit der »Situation der Menschenrechte in Chile« beschäftigte, schrieb in ihrem Bericht von 1978: »Am Tage des Putsches begannen die Großgrundbesitzer, der Landadel, das Militär und die *carabineros* ihre Menschenjagd gegen die Mapuche, die gekämpft und ihr Land zurückgewonnen hatten.« Von all den Berichten, die ich gelesen habe über diese Periode, eine Schreckenszeit für ein Volk, dessen Herz schon so oft gebrochen worden war, ist mir ein einfacher Satz immer im Gedächtnis geblieben. Ein Mapuche-Kind erinnerte sich an den Tag, an dem man seinen Vater holte, an den letzten Tag, an dem es ihn sah.

»*Mi mamá*«, sagte es, »*se enojó porque no se puso los calcetines*« – Mama ärgerte sich, dass er seine Socken nicht angezogen hatte.

Der natürliche Ausgangspunkt zur Erkundung des Seengebietes war Temuco, eine große Stadt, die immer noch als Grenzstadt gilt, obwohl sie zu nichts anderem als zu den Seen die Grenze bildet. Nach einer langen, heißen und staubigen Reise über unbeschreiblich schlechte Überlandstraßen nach Los Angeles, einer Stadt an der Panamericana, folgte ich dankbar der asphaltierten Straße Richtung Süden nach Temuco, wo ich Rocky IV wie besprochen bei Hertz abgab und mich in einem billigen Hotel in der Nähe des Marktes einmietete. Dieser Markt war ein ziemlich einschüchterndes Durcheinander. Neben Melonenpyramiden hingen blutige Kadaver, die Luft war voller undefinierbarer exotischer Gerüche, und über allem wogten lauter Lärm und Geschrei. Ich schnupperte ein bisschen an den Gewürzständen herum und machte mich dann mit Temuco vertraut, einer farbigen Stadt, in der sich das Leben eher auf der Straße als in den Häusern abzuspielen schien. Ich konnte mir vorstellen, dass die Stadtbewohner sich nicht groß um die Ereignisse in Santiago scherten. Neruda sagte einmal: »Temuco ist eine Pionierstadt, eine von jenen Städten, die keine Vergangenheit haben, dafür aber Eisenwarenläden.«

Am nächsten Tag nahm ich einen Bus in die Berge. Ich wollte die Araukarien sehen, die etwas typisch Chilenisches sind und nur in einem begrenzten Teil der Anden vorkommen. Der Baum war für das Land mittlerweile ein Art Symbol, das gut gepflegt wurde. Neruda hatte ihm sogar eine Ode gewidmet. Ich erinnerte mich noch sehr gut an die Araukarien aus den Vorstädten meiner Kindheit, sie waren so etwas wie der »Gummibaum für draußen«. Natürlich waren die Exemplare kleiner; ich wollte jetzt einmal einen richtigen Wald sehen. So kam es, dass ich mich in den überfüllten wöchentlichen Bus quetschte wie die letzte Sardine in eine Dose – wenigstens wurden wir nicht kopfüber hineingestopft.

Zwei Stunden später stiegen die 40 Leute, die im Gang standen, aus. Weit und breit war kein Haus zu sehen, nicht einmal in den fernen Hügeln. Ein Sack Kartoffeln wurde von hinten nach vorn gereicht und am Rand der Schotterpiste abgestellt. Dann stiegen alle wieder ein.

In Melipeuco, einem schäbigen Dorf am Rande einer vulkanischen Parklandschaft, kam unser Gefährt zitternd zum Stehen. In dem Dorf gab es absolut nichts, schon gar keine Beförderung irgendwelcher Art zum Conguillío-Los-Paraguas-Park. Ich machte mich auf die Suche nach der Polizeiwache, einem einsamen, bei den chilenischen Behörden so beliebten »Kontrollposten«, wo die Beamten zusammensaßen und Lotterielose studierten. Polizisten halfen mir meistens; oft hatten sie nichts anderes zu tun. Der Dienst tuende junge Mann war sehr freundlich, und wir setzten uns auf die sonnenbeschienene Außentreppe, um ein bisschen zu plaudern.

»Glauben Sie, es kommt jemand vorbei?«, fragte ich.

»Ja, bestimmt.«

»Hoffentlich nimmt man mich auch mit.«

»Da können Sie sicher sein«, sagte er und klopfte auf sein Gewehr.

Ein Förster nahm mich mit. Niemand wurde erschossen. Da an Stelle des Beifahrersitzes ein Baumstumpf stand, setzte ich mich auf die offene Ladefläche des verbeulten Chevrolet, und wir fuhren durch die schwarzen Lavafelder am Doppelkrater des Vulkans Llaima. Später erzählte mir der Förster beiläufig, dass er normalerweise alle fünf bis sechs Jahre ausbreche, jetzt aber schon acht Jahre Ruhe herrsche. Das Pampagras auf der klumpigen Oberfläche war von seltsamem Wuchs, und da, wo der Fluss sich einen Weg durch die Schlacken gebahnt hatte, waren die Felsufer streifig von Vulkanasche, Basalt, Schmutz und Staub.

Eine Reihe Araukarien-Tannen, die ich unter dem Namen Schuppentanne kannte, standen wie Regenschirme hintereinander auf einem Kamm. Ich glaube, die Sorte, die kleine Vorgärten in England ziert, ist etwas anders als die um Temuco, aber sie kommt aus Chile; ein Seemann brachte die Samen 1795 nach Großbritannien, und die Bäume im Park erinnerten mich sofort an ein ganz bestimmtes Exemplar aus meiner Kindheit, das ich durch die Spitzengardinen meiner Tante in ihrem winzigen Garten in Weston-super-Mare noch vor mir zu sehen glaubte.

Die Forstverwaltung CONAF hatte am Ufer des größten Sees einen Campingplatz eingerichtet, von dem aus man die hohen, verschneiten Gipfel der Sierra Nevada erblicken konnte. Nachdem der Förster mich abgesetzt hatte, erkundigte ich mich nach einer Unterkunft, aber alles war belegt, also beschloss ich, zunächst einmal in einem kleinen Café zu essen, dann am Nachmittag am Strand entlang und durch die Araukarienwälder zu wandern und schließlich den Park in jeder sich bietenden Richtung wieder zu verlassen – im Februar gab es sicher viele Tagesausflügler.

Während des Mittagessens setzte starker Regen ein. Die Spießenten verließen den See, die Langschwanzpapageien die Bäume. Da bei meiner Abfahrt in Temuco die Sonne geschienen hatte, hatte ich an Regenzeug nicht gedacht. Der Himmel lastete bleiern über der Landschaft. An einen Spaziergang war nicht zu denken, deshalb stellte ich mich, nachdem ich für das Essen bezahlt hatte, an die Straße, um zu trampen. Ich wartete zwei Stunden, ohne dass auch nur ein einziges Auto vorbeigekommen wäre. Alle, die abreisen wollten, waren wegen des Wetters früh gefahren, und Ausflügler waren gar nicht erst gekommen. Regen durchnässte mein Sweatshirt, und ich fing an zu zittern. Ich suchte die Bäume nach Affen ab, um herauszufinden, ob sie sich oben halten konnten (die Form der Zweige macht es Affen angeblich schwer, den Baum zu erklettern, und das ärgert sie). Aber es gab nirgendwo Affen. Meine Hände nahmen eine interessante dunkelrote Farbe an. Ich fühlte mich sehr, sehr elend.

Nach einer Stunde kam ein CONAF-Aufseher vorbei, der lachte, als er mich klatschnass unter der Araukarie stehen sah.

»Kommen Sie mit ins Informationszentrum«, schlug er vor. »Wir fragen mal über Funk, ob irgendwelche Autos in der Nähe sind. Sie holen sich sonst noch eine Lungenentzündung.«

Ich stand mit dampfenden Kleidern vor einem Holzfeuer unter

einer kupfernen Kaminhaube, als sechs Camper, die keine wasserdichten Zelte hatten, traurig hereinschlichen, um ihre Sachen zu trocknen. Es wurde immer klarer, dass keine Hoffnung bestand, an dem Tag noch aus dem Park herauszukommen. Der Aufseher sprach weiter in das Funkgerät. Hinten im Informationszentrum fand sich ein unbenutzter Raum, und sogar ein Daunenschlafsack tauchte auf. Wenigstens würde ich nicht sterben. Immer mehr Menschen scharten sich um das Feuer, hauptsächlich verzweifelte Mütter mit durchnässten kleinen Kindern. An jenem Tag herrschte mitten in Chile so etwas wie der Geist von Dünkirchen. Später hielt ein anderer Aufseher einen Diavortrag über die Flora und Fauna des Parkes. Wir erfuhren, dass sich in der Nähe der Seen Pumas herumtrieben. Die CONAF-Leute waren stets hilfsbereit, beantworteten gern alle Fragen und bemühten sich, die Probleme zu lösen. Alle trugen braune Hosen, Teil einer Uniform, die sie offenbar wie Bäume aussehen lassen sollte. In Anbetracht der leeren Kassen dieser Organisation war ich überrascht, was die motivierten Mitarbeiter alles erreichten. Wo ich mich in Chile auch aufhielt, ich freute mich immer, sie zu sehen, und sie schienen überall gleich zu sein, ob in der Wüste, im Wald oder auf einem Gletscher. Sie trugen auf ihre Weise dazu bei, alles zusammenzuhalten.

Lange bevor die CONAF existierte, war der Park die Heimat der Pehuenche, des Volkes der Araukarien-Tanne. Jahrhundertelang hatte der Baum für ihren Lebensunterhalt gesorgt – er garantierte Nahrung, Wein, Waffen und Brennstoff – und obendrein noch als kulturelles und spirituelles Symbol fungiert. Die übrig gebliebenen Pehuenche kämpften darum, auf ihrem Land bleiben zu können; im selben Monat protestierten die, die in Quinquen lebten, vor der Moneda in Santiago gegen die von einer Holzverarbeitungsfirma geplante Vertreibung. Ihr Land war 1918 an einen privaten Konzern verkauft worden, aber ihre Großeltern hatten sich geweigert zu gehen. In der Folge wurde rücksichtslos in großem Rahmen abgeholzt, und trotz kürzlich erlassener staatlicher Verbote und anderer Interventionen durch die Regierung war die Zukunft der Indianer und ihrer traditionellen Lebensweise in der Gegend von Quinquen immer noch ungewiss. Ich könnte die Streitigkeiten in allen Einzelheiten schildern, aber Sie kennen die Geschichte sicher und auch die Ingredienzien wie moralische Verworfenheit, Gier und dominierende Kultur. Sie ist über viele Länder erzählt worden, in beiden Hemisphären, wahrscheinlich so häufig, dass man schon gar nicht mehr hinhört.

In der Nacht tropfte es in meinem Zimmer durchs Dach, und am Morgen lag frischer Schnee auf der Sierra. Der Himmel war schwefelgelb. Die Familien fuhren ab. Die meisten kamen aus den wohlhabenderen Schichten Santiagos, in denen der verwöhnte Nachwuchs schon ein paar Wörter Englisch sprach. Ihre Autos waren voll, also lungerte ich in meinen feuchten Sachen weiter herum. Mir wurde bewusst, dass ich von jetzt an nicht mehr in der Lage sein würde, was ich mir vornahm, jederzeit durchzuführen. Ich musste das Klima berücksichtigen. Und das wurde noch viel schlimmer.

In Temuco ging ich wieder in das schäbige kleine Hotel, in dem ich mein Regenzeug gelassen hatte, nahm eine leider nur lauwarme Dusche und wusch meine Sachen. Als ich sie durch den riesigen Flur trug, der nach überreifen Melonen roch und aussah, als gehöre er in einen Gulag, hörte ich ein Bruchstück einer Klaviersonate von Beethoven. Die Musik kam aus einem Zimmer am Flur; die Tür stand leicht offen, und drinnen spielte jemand eine Platte. Trotz der schlechten Tonqualität war das sehnsuchtsvolle Spiel Claudio Aurraus unverkennbar. Es war das erste Mal, dass ich ihn in seinem eigenen Lande hörte (an dem Tag, an dem er starb, ein paar Monate vor meiner Ankunft, wurde Staatstrauer angeordnet), und ich lehnte meine Stirn an die abblätternde Flurtapete, drückte meine nasse Wäsche an mich und lauschte diesem Fremden, der auf einem Plattenspieler in einem lausigen Hotelzimmer in Temuco Beethoven spielte.

Früh am nächsten Morgen, als ich nach Südosten ins Herz des Seengebietes fuhr, waren meine Sachen immer noch feucht. Ich fühlte mich müde und zittrig und hatte mir von einem Kind, das ich im Bus auf den Schoß genommen hatte, die Flöhe geholt.

Das Seengebiet ist das beliebteste Urlaubsziel des Landes; die Chilenen halten es für die schönste Gegend. Und es war wirklich wunderschön, mit all den Vulkanen, den blühenden Feldern und der nicht verwelkenden Schönheit seiner immergrünen Wälder. Es gab auch ein paar Ferienorte, aber ich war eingebildet genug zu glauben, dass die mir nicht viel über Chile sagen konnten, also blieb ich im Bus bis Panguipulli, einem Dorf am nördlichen Ende des gleichnamigen Sees. Sechs Männer beförderten Wassermelonen von einem Haufen am Boden zu einem Haufen auf einem Lastwagen, indem sie sich die Melonen zuwarfen. Ich fing an zu niesen, meine Beine taten mir weh, und ich merkte, wie meine Moral sank; deshalb war ich entschlossen, ein paar Tage auszuruhen, und fuhr weiter zu dem kleineren und – nach den Maßstäben, die man im Seengebiet anlegte – abgelegeneren Dorf Choshuenco. Der Bus, der mich am östlichen Ufer eines lang gestreckten Sees entlang dorthin brachte, war wie ein fahrbarer Blechofen, und dazu kam noch, dass nach zwei Stunden ein Sack Mehl aus dem Gepäcknetz fiel und auf dem Kopf eines Mitreisenden zerplatzte, sodass wir alle in weiße Wolken gehüllt wurden, die uns zum Husten brachten.

Choshuenco bestand aus zwei langen Lehmstraßen, an denen Holzhäuser standen, in den Gärten wuchsen grüne Bohnen und blaue Hortensien. Die drei Gasthäuser waren belegt. Es fuhr kein Bus mehr. Angeblich gab es noch ein anderes Hotel kurz hinter dem Dorf, auf dem schwarzen Sandstrand, also schleppte ich meine Reisetaschen dorthin, obwohl ich sicher war, dass man mich mitsamt meinen Taschen wieder zurückschicken würde.

Sie hatten ein Zimmer. Es war ein großes Haus mit einem eigenen Strand und einem großen Balkon, von dem aus man zwei bewaldete Hügel erblicken konnte, die sich am Rand des Sees trafen und ein V bildeten. Die acht Gästezimmer und die beiden Gemeinschaftsbäder waren einfach eingerichtet, und irgendjemand hatte dekorative Holzarbeiten auf Tischen und Fenstersimsen verteilt. Die großen Fenster zeigten auf den See und den Vulkan Choshuenco dahinter, und die Sonne brachte es fertig, den ganzen Tag in mein Zimmer zu scheinen. Die Familie, der das Hotel gehörte, war ruhig und freundlich; sie wohnte auch im Haus, im riesigen Kamin des Speisezimmers brannte ständig ein Feuer, und an der Bar wartete immer ein Krug mit kaltem Pisco Sour.

Einmal musste ich in London anrufen. Ich meldete in der Hütte an der Hauptstraße, die sich Telefonamt nannte, ein R-Gespräch an. Der Teilnehmer, mit dem ich sprechen wollte, sollte mich später zurückrufen, also fragte ich die Frau, die Dienst hatte, ob ich dort am Nachmittag einen Telefonanruf entgegennehmen könne. Sie sagte, das gehe in Ordnung. Ich fragte sie nach der Nummer.
»Eins«, sagte sie.
»Eins?«
»Ja, eins.«
»Gibt es eine Vorwahl?«
»Nein, fragen Sie den Vermittler einfach nach Choshuenco eins.«
Eine Gruppe Kajakfahrer wohnte im Hotel, und einer von ihnen, ein Schweizer, der in Dallas lebte, hatte sich eine Rippe gebrochen, also lief er trübsinnig herum, während seine Freunde sich auf dem Wasser vergnügten. Ich machte mit ihm eine Tageswanderung zu einem Wasserfall. Er behauptete, alles sei genauso wie in der Schweiz – die Kühe, die Flöckchenwolken am blauen Himmel, die grünen Felder mit den Bäumen und Hecken und die gestreiften Berge im Hintergrund.

An einem Abend aß ich mit den Kajakfahrern zusammen vor dem Kamin, es wurde spät, und am nächsten Morgen musste ich um halb sieben auf sein, um den Bus zu erreichen, der täglich das Dorf verließ. Trotz Ruhe und Erholung waren die Anzeichen von

Grippe bei mir schlimmer geworden, meine Augen schmerzten jetzt ständig, und meine Nase war verstopft. Als der Bus kurz nach sieben ankam, war er schon voll, ich musste drei Stunden lang stehen, und da noch mehr Leute zustiegen, wurde ich immer enger gegen die Rückwand gedrückt, an der ich mich vor mich hin schnüffelnd der tödlichen Kombination von Selbstmitleid und Schuldgefühlen überließ.

Ich musste noch am selben Abend in Puerto Montt sein, da meine Freunde aus London früh am nächsten Morgen auf dem Flughafen eintreffen würden. Das bedeutete eine lange Tagesreise mit mehrmaligem Umsteigen. Im letzten Bus saß ich neben einer Kranführerin aus Seattle, die eine ganze Tasche voll Gebäck dabeihatte. Ihr Zelt wurde ihr zu schwer, also schob sie es einfach zu mir herüber, zusammen mit einem Plätzchen.

»Schauen Sie mal«, sagte sie später mit vollem Mund und zeigte auf ein Schild, »wir sind da.«

Puerto Montt war eine wichtige Station meiner Reise. Hier hörte die Panamericana auf; Pinochets Traumstraße, die wenig befahrene Carretera Austral, führte von Puerto Montt weiter nach Süden. Aber das war nur ein Symbol für eine allgemeinere Veränderung. Von der Nordgrenze Chiles fast 3000 Kilometer entfernt, kann man ohne große Schwierigkeiten direkt bis nach Puerto Montt fahren, solange man nicht eine Seitenstraße in die Berge nimmt. Bei Bedarf könnte man den ganzen Weg in einem Rutsch schaffen. Solange man in der Küstenebene bleibt, hat man den Eindruck, an ein landesweites Netz angeschlossen zu sein, aber in Puerto Montt wird man ausgeklinkt, und weiter südlich gefriert das Land zu einer kontinentalen Eiskappe und zerfällt schließlich in viele kleine Inseln. Dort leben nur wenige Menschen, und noch weniger fahren zu Besuch dorthin.

Als Erstes ging ich in eine Apotheke am Hafen und beschrieb einem verdrießlichen Apotheker meine Symptome. Er sagte, seiner Meinung nach habe ich Grippe, und ich fragte ihn, ob er bei mir Fieber messen könne. Er krempelte die Hemdsärmel hoch und sagte: »Hier nehmen wir die Temperatur rektal«, womit er ein Fieberthermometer aus der Hülle zog, als wolle er gleich an Ort und Stelle, direkt neben der Zahnbürstenauslage, zur Tat schreiten.

Am nächsten Morgen holte ich Rocky V bei Hertz und meine Freunde am Flughafen ab. Sie kamen aus Santiago und waren bereits zwei Wochen in Chile. Wir kannten uns schon seit zwölf Jahren, und ich fühlte mich, als wäre ich in einer kleinen Heimatoase angekommen, einer Auftankstation für Psyche und Geist vor dem nächsten großen Abschnitt meiner Reise.

Am Ufer des Llanquihue-Sees entlang fuhren wir nordwärts, durch an Deutschland erinnernde Straßen, die von Holzhäusern mit Erkern gesäumt wurden. In Frutillar, dem Herzen der deutschen Kolonie, sah ich in einer Bar ein Grüppchen alter Männer, die sich über die Seiten des *Condor* beugten, einer deutschsprachigen Zeitung, die in Puerto Montt gedruckt wird. In den 1850ern und den darauf folgenden Jahrzehnten besiedelten Deutsche weite Teile Südchiles. Vielleicht ist es teilweise auf diese früheren Erfahrungen zurückzuführen, dass Chile im Zweiten Weltkrieg das einzige südamerikanische Land war, das der Achse (Berlin-Rom-Tokio) nicht den Krieg erklärte. Die Entwicklung des modernen Chile verdankt den Europäern, die im 19. Jahrhundert einwanderten, eine ganze Menge, insbesondere den Briten, Deutschen und Slawen. Was die Briten anbetrifft, so kam die Mehrheit der Einwanderer aus den mittleren und höheren Schichten, und englische Nachnamen sind unter den einflussreichen und aristokratischen Familien Santiagos noch häufig zu finden.

Wir fragten eine Bauersfrau, ob wir unsere Zelte auf ihrem Land am Ufer des Rupanco-Sees aufschlagen könnten, was sie uns majestätisch lächelnd gestattete. Gelegentlich wurde der Pfad zu unseren Häuptern benutzt – ein Mann führte ein Ochsengespann vorbei, ein anderer ritt einen Schimmel, und wieder ein anderer trieb Kühe zum Melkstand. Vier Schweine kamen zu uns heruntergeklettert, um in den Überresten unserer Tortillas herumzuwühlen, ihnen folgten eine Ziege und eine Herde Gänse. Bei der

Post, die meine Freunde mir von zu Hause mitgebracht hatten, war ein ganzer Stapel Weihnachtskarten. Es war jetzt Mitte Februar, aber ich schmückte trotzdem vor dem Schlafengehen das Zelt damit, und der Ziegenbock fraß sie alle auf.

Am nächsten Tag brachen wir die Zelte ab und fuhren in den Nationalpark Petrohué, wo wir den Vulkan Casablanca erstiegen. Er war nicht sehr hoch, und wir picknickten oben über der Baumgrenze, mit einem Rundumblick auf das Bergpanorama. Im Park gibt es über 30 Seen und Lagunen, an deren Böschungen Fuchsien blühten, die das klare Dunkelrosa gefärbten Glases hatten. Am nächsten Tag fuhren wir ans Ostufer des Llanquihue-Sees, des drittgrößten Sees in Südamerika (877 Quadratkilometer), und picknickten wieder, diesmal in einem Feld, auf dessen Zaun Schaffelle trockneten. Llanquihue ist eher ein Meer als ein See, überragt vom wunderschönen Kegel des Vulkans Osorno, den Darwin ausbrechen sah. Der Osorno ist 2660 Meter hoch und unter den Vulkanen das, was Krug beim Champagner ist; er ist das Tadsch Mahal der Natur.

Die Konquistadoren machten dort unten an den südlichen Seen keine großen Fortschritte. Wenn die Ureinwohner sie nicht gerade bekriegten, erzählten sie ihnen von einer geheimnisvollen Stadt aus purem Gold tief im Süden, in der weiße Männer wohnten. Die Spanier suchten jahrelang nach dieser Traumstadt. Sie wussten in etwa, wie das Seengebiet aussah – in einem Brief an Kaiser Karl V. schrieb Pedro de Valdivia am 26. Oktober 1552, dass er bei der Entdeckung des Llanquihue-Sees dabei gewesen sei, und 1620 erkundete Juan Fernández die Gegend im Auftrag des Gouverneurs. Die Bewohner östlich des Llanquihue waren Huilliche und Puelche; einige waren Bauern und Fischer, andere nomadisierende Hirten. Jahrelang bewahrten sie das Geheimnis des Andenpasses vor den Spaniern, die sehr gern gewusst hätten, wo er sich befand, da er für sie der einzig passierbare Landweg zwischen den nördlichen und den südlichen Kolonien war. Ein Priester entdeckte ihn 1708.

In Petrohué, einer Siedlung am Ufer des Todos-los-Santos-Sees, hörte die Straße auf. Das Wasser war leuchtend meergrün, und der Wald reichte bis an den Rand des mehr als 30 Kilometer langen Ufers. Wir nahmen ein Boot zur kleinen Insel in der Mitte, die eingesunken inmitten riesiger Vulkane dalag. Die ganze Gegend wurde 1926 zum Nationalpark erklärt – zum ersten in Chile. Damals gab es noch mehr Zypressen. Die Patagonische Zypresse, eine langsam wachsende Konifere *(Fitzroya cupressoides)*, die nur in Chile vorkommt, wurde wegen ihres edlen Holzes zu stark gerodet und gehört heute zu den geschützten Arten. Im Schutze der Zypressen von Petrohué lebt immer noch die kleine chilenische Opossummaus, die zu einer von insgesamt zwei Beuteltierarten gehört, die außerhalb Australiens vorkommen, was sie zum seltensten Säugetier des Landes macht.

Die Eingeborenen nannten die Westspitze des Sees »Platz der kleinen schwarzen Fliegen« (Petrohué). Das war eher untertrieben. Wir mieteten uns im einzigen Hotel ein und waren mehrere Stunden mit der Vernichtung dieser Bremsen beschäftigt, wobei uns noch ganz andere Namen für ihre Heimat einfielen.

Es regnete die ganze Nacht, und ein dicker Nebel deckte alles zu, bis auf ein grau-blaues Stück matten Wassers. Wir hatten eigentlich vorgehabt, mit den Zelten auf die andere Seite, nach Peulla, überzusetzen und bis nach Argentinien über Land zu trampen, aber bei dem Wetter kam das nicht in Frage. Unter diesen Bedingungen in Petrohué festzusitzen war, als würde man zwei Tage in einem überfluteten Parkhaus als Geisel gehalten. Wir beschlossen, nach Puerto Montt zurückzukehren. Mir ging langsam auf, dass die Schwierigkeiten, mit denen man bei schlechtem oder launischem Wetter in Chile zu rechnen hatte, exponentiell zunahmen, wie die Ringe bei einem Kiesel, den man ins Wasser wirft. Die Straße, die von Petrohué (die Fliegen waren verschwunden) wegführte, war gesperrt. Ein Busfahrer, der gegen Mittag ankam, berichtete, dass sie wieder geöffnet sei, bezeichnete aber einen der neu entstandenen Flüsse, die die Straße kreuzten, als »heikel«. Wir machten uns auf den Weg. Die Wassermassen, die sich über die

Hügel ergossen, waren überwältigend. Sie hatten ein trübes Mittelbraun, wie Schokoladenmilch, und überschlugen sich, während sie über Stock und Stein hinwegbrausten, um sich mit dem steigenden Fluss zu vereinigen. An einer Stelle standen die Autos in einem kläglichen, kleinen Stau zu beiden Seiten eines zwölf Meter breiten Sturzbaches, der die Straße überflutete (und von dem Busfahrer kühn als »heikel« bezeichnet worden war). Die Besitzer der Autos hielten gerade eine Konferenz ab. Eine Planierraupe hatte weiter stromaufwärts eine neue Piste aufgeschüttet, und gemeinsam rang man sich dazu durch, es zu wagen. Wir sahen zu, wie einer nach dem anderen kreuzte, einige gaben Gas und brausten durch die Wellen, andere fuhren so langsam, dass der Auspuff unter Wasser geriet und der Motor zu stottern anfing. Bei jeder Überfahrt wurde uns mulmiger, und dann waren wir an der Reihe, aber Rocky mit seinem Vierradantrieb hatte keine Probleme, und wir fuhren weiter durch den strömenden Regen, vorbei an einsamen Kirchen mit Dachziegeln aus Zypressenholz, die leuchtend bunt bemalt waren. Alle hatten schmale spitze Dächer und ähnelten den Bildern auf österreichischen Schokoladenschachteln. Die Promenade in Puerto Varas war menschenleer, und der Ausblick auf das Geländer vor dem trüben See, den unsere Scheibenwischer uns gelegentlich gestatteten, erinnerte mich an den Südwesten Englands, als ich noch ein Kind war und wir an verregneten Sommersonntagen manchmal nach Clevedon oder Portishead fuhren, um in Papas erstem Wagen mit der durchgehenden Sitzbank vorn ein Eis zu essen, dabei sahen wir hin und wieder Urlauber, die sich Mülltüten überstülpten und so taten, als sei das Unmögliche möglich, und auf dem Heimweg stritten wir uns jedes Mal.

Es regnete weiter; es hörte gar nicht mehr auf zu regnen. Die holzgeschnitzten Vulkane am Kai von Puerto Montt wechselten in der Farbe von Hellgelb zu sattem dunklem Rost. Wir setzten uns in ein Restaurant mit Sägemehl auf dem Fußboden und beschlagenen Fensterscheiben. Der Tag war genau richtig für ein ausgedehntes, üppiges Mittagessen, und der pomadige Kellner in seinem schwarzen Jackett mit den abgewetzten Ellbogen passte auch gut ins Bild. Ich hielt mich mittlerweile für eine Expertin in Sachen *paila marina*, und meine Freunde, die gern neue Speisen probierten, waren beide erstaunt über die Menge unbekannter vielfüßiger, praller oder blutroter Schaltiere, die uns da im heißen Weinsud serviert wurden. Wir tranken eine Menge kalten chilenischen Sauvignon blanc und stürzten uns in endlose Diskussionen über unsere Lieblingsthemen.

Am Morgen regnete es. Die Straßen waren überflutet, Autos standen bis zur Radnabe im Wasser, und hilfreiche Menschen stellten da, wo das Wasser am höchsten stand, Bänke zu Fußbrücken zusammen. Die Einheimischen trugen leuchtend gelbe Südwester und Hosen oder dicke Wollponchos mit hinten abgenähten Kapuzen. Alle redeten über den Regen, und wir gingen zum Mittagessen wieder zu unserem Kellner; er stieß einen Freudenschrei aus, als er uns erblickte.

Meine Freunde fuhren zurück nach Santiago. Sie hatten eine Flasche 50-prozentigen Pisco erstanden. Sie betrachteten ihren Urlaub als eine Art Lehrgang, bei dem sie sich von 30- zu 50-prozentigem Pisco hochgearbeitet hatten. Das war eine ziemlich gewagte Sache, denn die Chilenen nehmen die Prozentfrage beim Pisco sehr ernst und entscheiden sich immer für den mit dem höchsten Alkoholgehalt. Sie scheinen zu glauben, dass die verpönten weniger starken Sorten ausschließlich für Feiglinge und Fremde produziert werden, wobei diese beiden Kategorien offenbar synonym sind.

Wir sagten uns am Flughafen »Auf Wiedersehen«, und ich fuhr allein zurück in die Stadt, dabei hatte ich das schon bekannte, bedrückende Gefühl, einen Klumpen im Magen zu haben. So fühlte ich mich oft sonntagabends. Ich stellte den Jeep ab und wanderte durch die Stadt, schließlich wurde ich vom Tonbandgeläut der leuchtend roten Kathedrale angelockt, die 1856 aus Zypressenholz erbaut worden war, was sie zum ältesten Gebäude von Puerto

Montt machte. Wie die Informationsbroschüre für Touristen freundlicherweise erläuterte, hatte dabei der Parthenon als Vorbild gedient. Gerade fing eine Messe an, also trat ich ein, um mich trösten zu lassen. Die Gemeinde bestand aus sechs Personen, und eine davon schlief. Nach der Messe schüttelte der Priester mir die Hand. Wir wechselten ein paar Worte, und dabei fiel ein Weinkarton, den ich gekauft hatte, um mir den langen, einsamen Regenabend in einem traurigen Gästezimmer zu versüßen, aus meiner dicken Regenjacke und zerplatzte auf dem Steinfußboden.

Kapitel zehn

> Die Insel Chiloé ist berühmt für ihre schwarzen Stürme und ihre schwarze Erde, ihre Fuchsien- und Bambusdickichte, ihre Jesuitenkirchen und die begnadeten Hände ihrer Holzschnitzer.
>
> Bruce Chatwin, »Was mache ich hier«*

In Petrohué war ich zufällig Chris Sainsbury begegnet, einem englischen Fremdenführer, der in Puerto Montt arbeitete. Ich hatte schon von ihm gehört, denn mehrere Bekannte hatten mir geraten, ihn aufzusuchen; alle *gringos* schienen sich an ihn zu wenden. An der Hotelbar in Petrohué verbrachten wir einen sehr netten Abend. Chris hatte bald ein paar Tage frei und plante, eine Woche auf Chiloé zu verbringen, dort hielt er sich am liebsten auf, auch wenn er keine Kunden hatte. Er schlug mir vor, ihn zu begleiten. Ich freute mich über dieses Angebot, denn er war mir auf Anhieb sympathisch.

Feuchte oder richtig nasse Kleidung war zu einem alltäglichen Bestandteil des Lebens geworden, wie Sand oben im Norden, und langsam fing ich an, die Witze zu begreifen, die man sich in Santiago über die Einwohner von Puerto Montt erzählte, die angeblich alle Schwimmhäute zwischen den Zehen haben. Trotz des starken Regens versammelte sich am Morgen unserer Abreise eine Menschenmenge vor einem Gebäude neben meinem Hotel.

---

* Übersetzt von Anna Kamp, aus: Chatwin, Bruce, Was mache ich hier. München, 1991. – Anm. d. Übers.

Nachfragen ergaben, dass der Bischof von Puerto Montt einen neuen Schnellimbiss einweihen würde.

Ich traf Chris in einem Café in der Nähe seines Büros. Er las gerade einen Krimi, und kaum hatte ich mich gesetzt, fragte er mich, ob ich irgendwelche Bücher zum Tauschen hätte. Es war zehn Uhr morgens, und er trank schon Bier, was mir ein gutes Omen für unseren Ausflug zu sein schien; er hatte etwas von einem Abenteurer an sich, das gefiel mir. Chris war in den Vierzigern, blond, schielte ein bisschen und hatte spindeldürre Beine. Er kannte sich mit vielen Dingen aus und war sehr phantasievoll. Vor 20 Jahren hatte er an einer kleineren Public School in Oxfordshire zwei Jahre lang Englisch unterrichtet, und zum Abschied schenkte ihm die Schule ein Buch für 3,50 Mark und der örtliche Pub ein silbernes Feuerzeug.

Die große Insel Chiloé südlich von Puerto Montt hat im chilenischen Bewusstsein eine Sonderstellung, denn sie gehört zu den wenigen Gegenden des Landes, die sowohl den Menschen aus dem Norden als auch denen aus dem Süden bekannt sind. Anders als die Osterinseln und Juan Fernández liegt Chiloé nahe am Festland, und ein Besuch kostet nicht viel. Außerdem besitzt die Insel eine interessante eigenständige Mythologie und Spuren einer reichen überlieferten Kultur.

Die Fähre brauchte eine halbe Stunde, und wir beugten uns über die Reling und hielten die Nase in den Wind. Weiter südlich, im Golf, den man auch das »Binnenmeer« nennt, spielten kleine Gruppen von Humboldt-Pinguinen, Seelöwen und Delfinen. Schaltiertaucher ließen sich in ihren nassen Sachen über den Rand kleiner Boote gleiten und tauchten ab; mit dem Sauerstoffvorrat an Bord verband sie nur ein einfacher Luftdruckschlauch. Als ich eine Bemerkung über die Primitivität dieser Vorrichtung machte, entgegnete Chris, dass er sich noch an die Zeit erinnern könne, in der die Pressluft mit einer handgetriebenen Kurbel erzeugt wurde.

Der Bus fuhr von der Fähre in die grünen Hügel Chiloés, in den Feldern zu ihren Füßen verstreut standen strohgedeckte Räucherstuben. Die schmalen Buchten, in denen Pfähle staken, die für Japan bestimmten Seetang auffangen sollten, waren viele Generationen lang die Heimat der kanufahrenden Chono gewesen, die in dieser 450 Kilometer langen chilenischen Inselwelt herumpaddelten. Sie sind längst ausgestorben, und von ihrer Sprache ist kein einziges Wort überliefert. Zu dem wenigen, was man über sie weiß, gehört, dass im Jahr 1612 Missionare der Jesuiten 220 Chonos getauft haben. Damals waren die Jesuiten gerade ins Land gekommen, und bis man sie 1767 vom Kontinent vertrieb, hatten sie großen Einfluss. In Chiloé findet man noch überall ihre Kirchen.

Die Chiloten waren militante Royalisten und bekämpften die nationale Unabhängigkeit, bis sie 1826 kapitulieren mussten. Acht Jahre später erkundete Darwin die Insel und war fasziniert von ihr (obwohl er sich sehr viel mehr für Tiere, Steine und Pflanzen interessierte als für Menschen). Er fand ein Haus, »welches der äußerste Punkt der südamerikanischen Christenheit ist; es war eine recht erbärmliche Hütte«.*

Wie die meisten Insulaner sind auch die Chiloten gute Seefahrer. Sie bauten ein Schiff namens *La Goleta Ancud* und segelten 1843 damit nach Süden zur Magellanstraße, um Chiles Ansprüche auf das äußerste Ende des Kontinents geltend zu machen, 24 Stunden vor der Ankunft eines französischen Schiffes mit gleicher Mission. Der Kapitän der *Ancud* war allerdings aus Bristol, wie ich.

Auf dem Pier von Ancud, der nördlichsten Siedlung der Insel, schleppten Fischer körbeweise Seeigel die Treppen hoch. Diese Igel sahen aus wie Zwillingspflaumen, rote Kugeln voller grüner stacheliger Haare, die auf einer harten Schale wuchsen. Die Fischer setzten sich oben auf die Treppenstufen und öffneten sie, indem sie sie köpften wie ein gekochtes Ei und die fleischigen, dunkelgel-

---

* Bearbeitet von Dr. I. Bühler nach der Ausg. von 1875 in der Übers. von J. V. Carus. Darwin, C., Reise eines Naturforschers um die Welt. Frankfurt a. M., 1962. – Anm. d. Übers.

ben Zungen herausschnitten. Zwischen den Zungen verbarg sich eine kleine, durchsichtige Krabbe.

»Es ist eine Symbiose«, erklärte ein Fischer mit grünem Hut. »Sie lebt im Seeigel. Sehr delikat. Schauen Sie.« Er nahm eine Krabbe, steckte sie zwischen die Lippen und ließ sie in seinem Mund herumkrabbeln, bis sie den Gaumen erreichte, dann schob er sie zwischen die Backenzähne – und biss zu.

Die zweitürmige Kathedrale in Castro sah aus wie eine Hochzeitstorte mit kornblumenblauem und lachsrosa Zuckerguss. Sie wurde im ersten Jahrzehnt dieses Jahrhunderts von Franziskanern gebaut, und obwohl der italienische Architekt als Baumaterial Ziegel vorgesehen hatte, verwendeten die Chiloten zur Ausführung seiner Pläne Holz und Wellblech. Es stellte sich heraus, dass es so am besten war, denn eine Kirche aus Stein wäre sicher beim Erdbeben 1960 zusammengebrochen. Innen orientierte sich der Stil an der europäischen Gotik, allerdings bestand alles komplett aus Holz, selbst die Pfeiler und Bögen, und es war verwirrend, so bekannte Formen aus so fremdem Material zu sehen.

Castro gehört zu den ältesten Kolonialstädten des Landes. Einige der Häuser in den sauberen Straßen hatten Schuppentannen im Vorgarten. Eine Araukarien-Tanne zu pflanzen ist eine gewichtige Entscheidung. Einmal angegangen, darf sie nicht mehr gefällt werden. (Wer eine Zypresse fällt – die *Fitzroya*-Konifere – und dabei erwischt wird, wandert für zehn Jahre ins Gefängnis.) Das war nicht immer so: Erst 1987 hatte Pinochet einen Erlass genehmigt, der die Verwertung der Schuppentanne erlaubte, obwohl Neruda gesagt hatte: »Wer nie im chilenischen Wald war, kennt diesen Planeten noch nicht.«

Nachdem wir eine Pension gefunden und Chris es sich in einer Bar gemütlich gemacht hatte, besuchte ich das kleine Museum, wo ein hölzernes Fahrrad aus den 50ern an der Flurwand lehnte. Offenbar besaßen viele Chiloten so ein Ding. Sie nutzen natürlich nur bergab etwas. Als ich die Museumswärterin fragte, was man mache, wenn man bergauf wolle, schaute sie mich mitleidig an.

»Man nimmt es auf die Schulter und läuft«, und dann fragte sie mich: »Sind Sie fremd hier?«

Unaufgefordert erzählte sie daraufhin die Geschichte von einem Gnom namens *Trauco*, der sich im Dunkeln in Büschen versteckt und auf der Insel für die Schwangerschaften unverheirateter Frauen verantwortlich gemacht wird. Die Chiloten berichten gern von ihren Sagengestalten.

Chris war ein toller Reisegefährte. Er hockte den ganzen Tag zufrieden in der Bar und las, wann immer ich ihn sprechen wollte, konnte ich ihn dort finden, dann klappte er sein Buch zu und plauderte mit mir, bis ich mich wieder auf den Weg machte. Die Tage verbrachte ich, wie es mir gefiel, und abends hatte ich in ihm einen lustigen Unterhalter, oft erzählte er mir Anekdoten aus seiner jahrelangen weltweiten Arbeit als Fotograf für »Operation Raleigh«, eine Stiftung, die jungen Leuten ungewöhnliche Reisen ermöglichte. Chris war ausgesprochen geistreich und brachte mich andauernd zum Lachen. Irgendwie hatte es ihn in dieses wassertriefende Puerto Montt verschlagen, und er war hängen geblieben. Er sprach davon, die Geschichte Chiloés aufzuschreiben, aber ich glaubte nicht so recht daran. Er wirkte wie eine Figur aus einem Graham-Greene-Roman, und wenn er 150 Jahre früher geboren worden wäre, hätte er ein Bernardo O'Higgins sein können, jemand, der mit einer Flasche Wein in der Hand durch die Gegend läuft und dabei im Vorbeigehen ganze Länder erobert.

Fast alles, was man in Chiloé sieht, ist typisch für die Insel, einschließlich des Essens, und auf diesem Gebiet ist *curanto* das wichtigste. Eines Abends bestellten wir uns zusammen eine Portion, daraufhin wurde mitten zwischen uns ein kleiner Berg platziert, sodass Chris fast dahinter verschwand. Fischer, die in abgelegene Gegenden fuhren, haben dieses Gericht erfunden. Sie nahmen Vorräte mit, die wochenlang hielten, wie geräuchertes Schwein, geräucherte Wurst, getrocknetes Gemüse und ungeschälte Kartoffeln, dazu gaben sie Schaltiere, wickelten alles in *Nalca*-Blätter, eine Art riesiger Rhabarber, und vergruben das Bündel zwischen heißen Steinen unter einem Feuer, sodass das Ganze einen Tag und länger warm blieb. Diese sehr polynesische Art der Zubereitung wurde von den Insulanern, die vor Jahrhunderten den Pazifik befuhren, wahrscheinlich irgendwie nach Chile gebracht. Heutzutage muss man ziemlich lange suchen, bis man auf der Insel jemanden findet, der das Gericht nach alter Tradition in der Erde kocht; es hat sich in *curanto olla* verwandelt, das in einem Topf ohne Blätter, dafür aber mit einem Stück Huhn und ein paar gekochten Kartoffeln zubereitet wird, wobei die Schaltiere in einer Art Wasserbad über dem Rest köcheln. (Kartoffeln sind zufällig auch typisch für Chiloé, und Chris war überzeugt, dass die ersten Kartoffeln von dort stammen und nicht aus Peru – eine Theorie, die von vielen frühen Wissenschaftlern vertreten und auch von Darwin unterstützt wird.) *Curanto* wird mit einer Tasse kräftiger Brühe serviert. Es ist unglaublich schmackhaft, aber nichts für Leute mit nervösem Magen.

Am zweiten Tag fuhren wir nach Chonchi, einer kleinen Ansammlung von Holzhäusern eine Stunde südlich von Castro. Ein paar von ihnen standen auf Pfählen. In Castro hatte ich mir schon viele dieser *palafitos* angesehen. Zunächst einmal mussten ihre Besitzer sich nicht die Mühe machen, Land zu kaufen: Sie zahlten nur eine kleine Abgabe an den Staat, dem die Küste gehörte. Zweitens bedeutete Umziehen für diese Chiloten, dass man einfach die Stelzen aus dem Schlamm zog und das Haus zum nächsten Standort schleppte. Drittens: Warum zur Arbeit fahren, wenn man den Arbeitsplatz, also das Boot, direkt unter dem Wohnzimmer parken kann? In Chonchi war die Gemeinde sogar so zuvorkommend gewesen, eine Reihe von Straßenlaternen im Wasser aufzustellen.

Unter den Pfahlbauten in Chonchi suchten vier Kinder die Planken eines Bootes nach Elritzen ab, die sie in rostige Blechdosen steckten. Das Boot trug den Namen »Borman«. Ich fragte mich, ob das auch ein Geheimnis von Chiloé war.

In Santiago war mir eine Bildpostkarte eines Fotografen namens Paz Errazuriz aufgefallen. Sie zeigte zwei unglaublich fette

Menschen, die am Tresen einer Bar in Chonchi lehnten, die scheinbar ihnen gehörte. Es handelte sich um eine altmodische Zinktheke, und hinter ihren Köpfen stand eine Reihe Flaschen. Sie waren offensichtlich miteinander verheiratet und schauten direkt in die Kamera, ausdruckslos bis auf einen Hauch von Ironie, vielleicht sogar Verachtung, im Blick. Ich war so begeistert von dem Bild, dass ich mich mit Chris im Schlepptau auf die Suche nach diesem Pärchen machte. Auf der Karte war der Name der Bar mit »La Sirena« angegeben, und obwohl sie mittlerweile in »Bongo« umgetauft worden war, kannte sie jeder in Chonchi.

Plastikhocker hatten die Holzbänke ersetzt und Melamin das glänzende Zink, aber ich war sicher, dass ich den richtigen Ort gefunden hatte, denn die Kellnerin war eine fast identische, wenn auch jüngere Ausgabe der Frau auf meiner Postkarte. Als ich das Foto vorzeigte, wurde ich mit dem älteren Pärchen bekannt gemacht.

»Ich nehme an, Sie haben viele Veränderungen im Dorf miterlebt«, sagte ich zu dem alten Mann. Er dachte eine Weile nach. »*No tanto*« – nicht so sehr viele.

Chris fotografierte mich mit dem Mann; es sollte so aussehen wie die Postkarte, mit mir an Stelle seiner Frau. Als ich Monate später nach Hause kam, klebte ich das Foto unter die Postkarte in eines meiner Alben von Chile. Während ich über Chiloé schrieb, nahm ich das Album wieder vor, um es noch einmal durchzublättern. Irgendjemand – ich habe nie herausgefunden, wer – hatte unter das Bild geschrieben »Später heiratete er noch einmal«.

Kurz nach dieser Episode in der Bar stürzte ein Hotelier aus seiner Küche auf die Straße, um Chris zu begrüßen, der durch seinen Beruf als Fremdenführer auf der Insel gut bekannt (und wohl gelitten) war. Die Chiloten wollten ihn gern unter die Haube bringen und waren ganz enttäuscht, dass es in dieser Hinsicht keine Neuigkeiten gab. Der Hotelier bedauerte das ebenfalls und verabreichte ein paar tröstende Gläschen *licor d'oro* (flüssiges Gold), einer örtlichen Spezialität, die immer in Flaschen ohne Etikett auf den Tisch kam. Der Likör war mild, süß und bernsteinfarben, und obwohl durchsichtig, bestand er hauptsächlich aus Kuhmilch.

Später, während wir auf den Bus zurück nach Castro warteten, standen wir vor einem Laden, in dem ein Junge Benzin in korbumflochtene Weinflaschen füllte. Auf der Rückkreise kamen wir an einer Lachszuchtfarm vorbei. In Lachs – ein Gewinn bringendes Geschäft in Chiloé – hatten Ende der 80er-Jahre viele ausländische Kapitalanleger investiert. Chris bot mir an, ein paar Freunde von ihm zu besuchen, die eine Farm betreiben, und erklärte mir die Arbeitsweise.

»Das heißt also«, fasste ich zusammen, »dass dort eine importierte Tierart intensiv gezüchtet wird.«

»Ja«, sagte er. »Aber wenn wir meine Freunde treffen, möchte ich nicht, dass du die Umweltschützerin raushängen lässt.«

Von diesen Lachsfarmen hörte ich später noch eine ganze Menge. Fischer in Patagonien erzählten mir, dass die Zuchtbetriebe den Lachs zunächst in Käfigen in Frischwasserseen heranziehen, bevor sie ihn an Meeresfarmen weiterleiten. Das führt nicht nur zu Wasserverunreinigungen, unter den Käfigen verbleiben außerdem Reste vom Seegrund, die Krankheiten auf im Meer heimische Fische übertragen können. Ich war schlichtweg entrüstet, egal ob Chris das für unangemessene westliche Hochnäsigkeit hielt. Wie bei dem unrühmlichen Bío-Bío-Dammbauprojekt wurde mir die im ganzen »Süden« wachsende Spannung zwischen Fortschritt (und der neoliberalen Wirtschaft, die ihn möglich gemacht hatte) und Umweltschutz bewusst. Lever Chile und andere mit dem Lachsgeschäft befasste multinationale Konzerne bestreiten, dass Lachszucht die Umwelt schädigt; aber das war ja zu erwarten.

Mit dem Wetter hatten wir Glück; die Sonne schien. (Die Insel hat ein trauriges Mikroklima, und immer noch sind ganzjährig Holzplanken in Gebrauch, die durch den schlimmsten Matsch helfen sollen.) Wir blieben drei Nächte in Castro, das Esszimmer unserer Pension zierten Zinnbilder mit Kätzchenreliefs. Zufrieden registrierte ich, dass dieses Gasthaus im »Handbuch Südamerika« ein »F« bekommen hatte (die Noten gingen von »A« abwärts). Normalerweise war die unterste Kategorie in Stadt oder Land ein »E« (mit dieser Kategorie kannte ich mich aus), also war der Aufenthalt in einem »F« schon etwas Besonderes. Kurz darauf entdeckte ich im Führer sogar ein »G« und war enttäuscht, dass es mir nicht möglich war, seine Vorzüge zu genießen.

Das Festland, das Chiloé gegenüberlag, war so gut wie unbewohnt, obwohl die Militärregierung einige Versuche gemacht hatte, die Besiedlung zu erzwingen. Es wurde von Fjorden durchschnitten, von denen einer 1914 der *Dresden* als Versteck gedient hatte, bevor sie ihrer Zerstörung in der friedlichen Bucht der Robinson-Crusoe-Insel entgegendampfte. Der Mann, der meine Pension in Puerto Montt betrieb, hatte mir in allen Einzelheiten geschildert, wie sein Großvater mitten in der Nacht Lebensmittel auf das bedrängte Schiff schmuggelte. Der Kapitän hatte die britischen Angreifer seit Monaten an der Nase herumgeführt, und die *Dresden* hatte sich schon 1500 Kilometer die Pazifikküste hinaufgeschlichen.

»Die Matrosen«, erzählte der Mann in meiner Pension, »waren so dünn«, dabei spreizte er Daumen und Zeigefinger kaum drei Zentimeter.

Wir nahmen einen Bus nach Norden, der sich auf das Fährboot nach Ouinchao quetschte, das ist die größte Insel zwischen Chiloé und dem Festland. Die Fähre verkehrte regelmäßig, trotzdem schaffte sie es, sich am schlammigen Ufer festzufahren, und die Besatzung brauchte eine halbe Stunde, um sie wieder flottzumachen.

Quinchao war grün und hügelig, gelegentlich zeigten sich Auswüchse schindelgedeckter Extravaganz. Die Bewohner der umliegenden Inselchen mussten alles, was sie nicht selbst herstellen konnten, in der Inselhauptstadt kaufen. Die kleine Hafenstadt hieß Achao, an ihrer schiefen Mole dümpelte eine Flotte leuchtend bunter Boote in verschiedenen Stadien des Verfalls; sie wurden von dunkelhäutigen Insulanern be- und entladen, die es eilig hatten, wieder nach Hause zu kommen. Zum Transport der Waren war jedes Mittel recht: Sie häuften sich auf Schubkarren, steckten in metallenen Fahrradanhängern, türmten sich auf Pferdekarren mit Holzrädern, wurden auf Handkarren gehievt, auf offene Kleinlaster geladen oder auf gebeugte Schultern gelegt. Angeliefert wurden Mehlsäcke, Coca-Cola-Kisten, Bündel mit glänzendem Fisch, die von einem schilfartigen Band zusammengehalten wurden, brauner geräucherter Fisch, so steif und flach wie Tischtennisschläger, Korbflaschen mit herbem Inselwein, Wellblechplatten und Körbe voller Zwiebeln, an deren Griff kleinere Körbe mit Knoblauch befestigt waren. Kinder trugen riesige Zuckerpakete, und Arbeiter von den Lachsfarmen, die gerade schichtfrei hatten, lungerten in ihren einheitlich weißen Stiefeln und Rettungswesten herum. Ein Mann schlängelte sich mit einem Tablett Popcorn auf dem Kopf durch die Menge, das er beutelweise an alle nur möglichen Abnehmer verteilte. Am Strand lud ein alter Mann mit einer Mistgabel leuchtend grünen Tang auf seinen Ochsenkarren, und oben auf dem Haufen stand sein Sohn, um die Algen platt zu trampeln.

Ich hatte meine Kleidung gewaschen und sie in der Pension in Castro aus dem Fenster gehängt. Ein Hemd war vom Fensterbrett gefallen, deshalb schlich ich mich in den Hinterhof, um es wiederzuholen. Dieser Hof war ein einziges Flaschenmeer, in das wohl noch nie jemand einen Fuß gesetzt hatte, und überall lagen Scherben herum. Als ich mein Hemd gefunden hatte und mir vorsichtig einen Rückweg bahnte, gab der Boden plötzlich unter mir nach. Sobald ich wieder auf die Füße gekommen war, untersuchte ich instinktiv zuerst meine Handgelenke, erst dann schaute ich an mir herunter und erblickte das rote Muster, das sich an einem Bein meiner Jeans schnell vergrößerte.

Ich war direkt in eine kaputte Flasche gefallen. Ich hielt das Bein 20 Minuten unter die kalte Dusche und machte mir dann aus einem T-Shirt einen Verband. Es dauerte Wochen, bis die Wunde heilte, denn sie war direkt auf dem Knie, und eine dicke, rote Narbe blieb zurück, ich habe sie heute noch, sie ist eine körperliche Erinnerung an Chiloé.

In Cucao gab es ein Schindelhaus mit einem Schild, auf dem stand »*se venden fôsiles*« – Fossilien zu verkaufen. Das Dorf hatte erst seit zehn Jahren eine Straße, also gab es noch eine Menge Fossilien. Bevor es die Straße gab, mussten die Inselbewohner zwei miteinander verbundene Seen durchqueren, um zur anderen Seite der Insel zu gelangen.

400 Menschen leben in der Mitte der einsamen Westküste Chiloés. Sie bestellen ihr Land, fischen und waschen im Fluss nach Gold und müssen auf die allermeisten Dinge verzichten, wie zum Beispiel auf Elektrizität. Bei unserer Ankunft regnete es. Cucao war um ein großes Stück zierlichen hellgrünen Farns herum gebaut worden, das wirkte wie ein gemeinschaftlicher Gebetsteppich. Chris stürzte in ein Haus, das auf einem Schild im Fenster freie Zimmer anbot. Als ich eintrat, saß er bereits neben dem Herd mitten in der Küche, hielt einen Becher in der Hand und lachte. Eine hagere Frau mit einer Schürze hatte die Hände auf die Hüften gestemmt und versuchte, ernst zu bleiben.

»Wie oft habe ich dir schon gesagt, du sollst mir Bescheid sagen, bevor du kommst?«

Drei Zimmer waren zu vermieten; sie schlief auf der Bank am Herd, wenn sie Gäste hatte. Ihr Name war Vera Luz – wahres Licht –, und sie hatte vier erwachsene Töchter. Ihr Mann war bei einem Unfall umgekommen. All das erfuhr ich auf der Stelle.

»Ich musste in diesem Haus Mann und Frau gleichzeitig sein – das ist doppelte Arbeit. Ich habe immer etwas zu tun.«

An den Dachbalken hingen wassergefüllte Plastikbeutel, wie die, in denen man Goldfische transportiert. Das hält die Fliegen ab, zumindest behauptet man das dort unten.

An jenem Nachmittag lieh ich mir ein Pferd. Auf der Insel gab es sehr viele Pferde, und sie waren um ihr Leben nicht zu beneiden.

In einem Dörfchen nördlich von Castro hatte ich beobachtet, wie ein Pferd ein Auto einen Hügel hochzog. Der Wagen war bis zum Fuß des steilen Hügels gekommen, aber aufwärts schaffte er es nicht mehr, da erschien ein Bauer mit einem Pferd und einem langen Lederband. Er band ein Ende an den Abschlepphaken des Autos und das andere an den Sattelknauf, sagte dem Fahrer, er solle sich ins Auto setzen und lenken, und stieg auf das Pferd, das er so lange anpeitschte, bis Ross und Wagen sich in Bewegung setzten.

»Diese Hügel sind so steil«, erklärte er mir später, »dass ich für meinen eigenen Laster auch immer das Pferd nehmen muss, wenn ich nach oben will.«

Mein Pferd, das den Weg selbst bestimmte, trug mich lange an Schindelhäusern mit Ziegeldächern vorbei, bis mir aufging, dass wir uns auf einem Friedhof befanden. Auf der ganzen Insel wurden die Verstorbenen in solchen kleinen Häusern bestattet. Der Brauch war vermutlich zum Teil auf das unfreundliche Klima zurückzuführen: Unter freiem Himmel hatte man bei strömendem Regen keine Zeit für Andacht. Feuchter Nebel umwaberte die Grabhäuser; jetzt wusste ich, woher die Chiloten ihre unzähligen Mythen über körperlose Geister haben.

Auf dem Friedhof waren sechs Hippies. Der Strand von Cucao ist bei jungen Chilenen, die den Kontakt mit der Natur suchen, sehr beliebt. Einen von ihnen hatte ich schon im Bus getroffen; er arbeitete für die Hongkong & Shanghai Bank in Santiago.

Im Haus lebte ein Junge namens Christian. Er war zwölf und immer beschäftigt. Er brachte eimerweise Wasser vom Brunnen, schälte Kartoffeln, fegte, machte Botengänge – er arbeitete bis elf oder zwölf Uhr nachts. Er war sehr schüchtern und versuchte immer wegzulaufen, wenn ich ihn ansprach. Es stellte sich heraus, dass »wahres Licht« ihn bei sich aufgenommen hatte, weil seine Eltern sich nicht um ihn kümmerten. Er hatte einige Halbbrüder und -schwestern, und eins der Mädchen hatte gerade ein Baby bekommen. Sie war zehn. »Wahres Licht« erzählte mir das alles, während sie durch einen flachen Silberstrohhalm Mate-Tee schlürfte. Mate ist ein bitteres Getränk aus den Blättern eines Strauches, das in einem hölzernen Behälter zusammengestampft wird wie Tabak in einer Pfeife. Mittlerweile hatte ich mich an den Geschmack gewöhnt. Es schien immer, als sei das zeremonielle und umständliche Stampfen, Saugen und Wassernachfüllen für die Beliebtheit des Getränks ebenso wichtig wie die Erfrischung, die es bot – wie eine chilenische Version der japanischen Teezeremonie.

Samstag war der erste Tag der »Cucao-Woche« (für eine Fiesta gab es immer einen Grund). Am Nachmittag hielt man in der Kirche auf dem Farnrasen den obligatorischen Gottesdienst ab, dann wurden an gegenüberliegenden Seiten schnell zwei rivalisierende Buden aufgebaut, die beide Live-Musik und warmes Bier anboten. Alle Männer waren sturzbetrunken, sie hockten in den Buden oder lungerten bei ihren Pferden herum, sie trugen Ponchos und machten aus dem Flaschentausch im Nieselregen ein Ritual. Die Frauen blieben draußen, sie hielten ihre Babys im Arm und schauten ängstlich drein. Einige schwitzten in kleinen Zelten, die neben den Buden standen, über Feuern, auf denen sie *empanadas* buken.

Am nächsten Morgen erwachte ich früh und saß mit »wahres Licht« in der Küche. Dort herrschte ein immer währendes Armageddon. Ich hörte mir ihre Litanei der Plagen an, während Chris weiterschnarchte, und versuchte erfolglos, Informationen über den Südwesten der Insel zu bekommen, der holzwirtschaftlichen Betrieben gehörte und total unbewohnt war.

Oberhalb Cucaos, im Nordwesten, gab es ein Küstengebirge. Ich hatte das Pferd behalten und machte mich mit dem jungen Sohn des Besitzers auf, um diese Berge zu erkunden. Es war ein klarer, sonniger Morgen, und im Dorf war es still bis auf die südlichen Kiebitze, die Krachschläger der Pazifikküste. Ein Fluss versperrte den Weg zum Strand, deshalb mussten wir über eine Fußgängerhängebrücke, eine kühne Konstruktion aus Stahlkabeln und Holzplanken, die unter dem Einfluss der Elemente Bogenform angenommen hatte. Der Junge wusste nicht, dass er ein viel besserer Reiter war als ich, aber er fand es bald heraus. Meine Füße rutschten immer wieder aus den schweren klotzigen Holzsteigbügeln. Meinem kranken Knie bekam das nicht sehr gut. Und für meinen Hintern war es auch nichts, denn der Sattel war nur ein dünnes Ding aus Metall, Holz und Leder unter mehreren Lagen abgeschabter Schaffelle.

Nachdem wir den Strand erreicht hatten, stiegen wir ab und ließen die Pferde laufen. Andere Pferde zogen prallvolle Netze an Land, und magellanische Austernfischer holten Scheidenmuscheln aus den schäumenden Wellen. Später, in den Bergen, führte der Junge uns auf einem Rundweg durch einen dichten Bambuswald, und ich erinnere mich heute noch an die urtümlichen Gerüche, die Berberitze und das Gekreisch unsichtbarer Waldvögel.

Der Bus nach Castro tauchte an jenem Nachmittag nicht auf, also nahm uns Veras Bruder hinten auf seinem Laster mit. Die Sonne schien auf die Seen. In Castro fanden gerade die »Lachsolympiaden« statt. Die Fische selbst hatten damit nicht viel zu tun, es handelte sich um einen Wettkampf zwischen fünf Lachsarbeitermannschaften, die für ihre jeweilige Farm an den Start gingen. Der Rest der Inselbevölkerung, der sich zum Zuschauen auf den Kais drängte, hatte sich in Reihen aufgestellt, um die verschiedenen Teams anzufeuern. Diese ruderten um die Wette in der Bucht herum, zogen Netze ein und setzten Taucher ab.

Als wir aus Chiloé wieder in Puerto Montt eintrafen, nahm Chris mich mit in seine Stammkneipe im hügeligen Wohngebiet von Bellavista. Es war eine kleine Holzhütte am Ende der Straße, die voller Rauchschwaden hing. Ein großer Mann stand hinter der Theke, fünf Frauen und zwei Jungen saßen davor. Der Fischgeruch war überwältigend. »Trink!«, forderte eine der Frauen, indem sie mir ein schmutziges Glas Wein in die Hand drückte. Ein Plastikbehälter hinter der Tür versorgte die Toilette. Chris war Stammgast in dieser Kneipe, und er sagte, er habe darin noch nie jemanden nüchtern gesehen. Oft lagen der Besitzer und seine Kunden am späten Nachmittag schon betrunken auf dem Boden, sodass man gar nicht mehr hereinkommen konnte. Wir bestellten einen Liter Bier (es wurde nur literweise ausgeschenkt) und versuchten, uns zu unterhalten. Das war gar nicht so leicht.

Immer wieder kamen Frauen herein und flüsterten mit dem Mann hinter der Theke. Dann fasste er unter den Tresen, zog zerdrückte, in Zeitungspapier eingewickelte Päckchen hervor, und sie reichten ihm dafür ein paar zerknüllte Geldscheine. Eine ließ sich auf eine längere Verhandlung ein. Daraufhin griff der Besitzer nach unten und knallte einen Lachs auf die Theke. Er zerlegte ihn und gab der Frau zwei große, nicht eingepackte Stücke, die sie unter ihren Regenmantel steckte, bevor sie ging.

Als wir selbst gingen, bemerkte ich, dass im Türfenster das Glas fehlte, und machte Chris darauf aufmerksam.

»Ja«, sagte er nur, »die Gefahr ist wenigstens schon einmal beseitigt.«

Kapitel elf

> Das Eis war hier, das Eis war dort
> Und Eis rings um den Rumpf –
> Es stöhnt und sirrt und dröhnt und klirrt –
> Doch wie geknebelt dumpf.
>
> Coleridge, »Der alte Seemann«*

Die größte praktische Schwierigkeit meiner Reise war die Antarktis. Nachdem ich mit meinem Wunsch, dorthin zu gelangen, mehrfach in Sackgassen gelandet war, kam ich zu dem Schluss, dass es für mich nur eine Möglichkeit gab – die chilenische Luftwaffe. In Santiago faxte ich Empfehlungsschreiben an handverlesene hohe Luftwaffenoffiziere und wartete. Keine Reaktion, also versuchte ich es noch einmal, und ich traf mich auch mit ihnen in ihren höhlenartigen Büros, wo ich ihnen in ernsten Worten auseinander setzte, dass meine Reise ewig unvollständig bleiben würde, wenn ich die Antarktis nicht kennen lernte. Ich versuchte es auch mit einem drohenden Unterton, dass es mit Chiles Anspruch auf einen Teil der Antarktis wohl nicht so weit her sein könne, wenn man es nicht schaffte, mich dorthin zu bringen. Eines Tages rief mich ein General an, um mir mitzuteilen, dass ich eingeladen sei, mit einer Herkules in die Antarktis zu fliegen. Wann dieser Ausflug stattfinden sollte und wo ich die Herkules finden konnte, war nicht so ohne weiteres in Erfahrung zu bringen.

---

* Übers. von W. Breitwieser. William Wordsworth und Samuel Taylor Coleridge. Heidelberg, 1959. – Anm. d. Übers.

Schließlich bekam ich Anweisung, mich an einem bestimmten Tag Ende Februar an einem Luftwaffenstützpunkt im äußersten Süden einzufinden.

Dieser Stützpunkt befand sich vor den Toren von Punta Arenas, also flog ich mit einer normalen Fluggesellschaft von Puerto Montt aus dorthin. Das bedeutete, dass ich den Plan einer schönen zielsicheren Reise von oben nach unten über den Haufen warf, denn jetzt begab ich mich direkt zum südlichsten Punkt des Kontinents und übersprang damit ein Drittel des Landes. Aber ich konnte die Luftwaffe schließlich nicht bitten, den Ausflug in die Antarktis auf ein späteres Datum zu verschieben. Ich würde die Lücke später schließen müssen; der eigentliche Sinn eines Planes besteht ja darin, so tröstete ich mich, notwendige Änderungen zuzulassen.

Es war ein wolkenloser Tag, und der Archipel wirkte wie eine Ansammlung von Geoglyphen auf einem blauen Feld. Ich vertrieb mir die Zeit damit, bekannte Formen zu entdecken – ein kleines Lama, einen Bumerang, eine Anordnung geometrischer Figuren. Wir flogen über Patagonien, braunes Land mit ockerfarbenen Flecken. Es war sehr flach. Schließlich schwebten wir über der Magellanstraße, das gleiche stumpfe Silber wie das der Flugzeugflügel. Die Meeresstraße und die kalten Wasser an der Spitze des Kontinents beschworen die Namen großer Reisender: Ferdinand Magellan mit der *Trinidad*, Francis Drake mit der *Pelican*, die er während seines Aufenthalts dort unten in *Golden Hind* umtaufte, Pedro Sarmiento de Gamboa auf verschiedenen Schiffen, Pringle Stokes auf der *Beagle* (auf der er sich erschoss), Robert FitzRoy, auch auf der *Beagle* (er brachte sich später um) – und die Liste geht noch weiter. Doch als ich durch das dicke gewölbte Fenster auf den südlichen Ozean blickte, sah ich das Geisterschiff des alten Seemanns: »Wir brachen als die Ersten ein / In jenes stille Meer.«*

---

* Übers. von W. Breitwieser. William Wordsworth und Samuel Taylor Coleridge. Heidelberg, 1959. – Anm. d. Übers.

Der Himmel dort unten war endlos. Als ich aus dem Flugzeug kletterte, dachte ich: »Du hast das Ende der Welt erreicht«, und aus irgendeinem Grund fiel mir die Straße ein, in der ich aufgewachsen bin, und die lange Reihe roter Schornsteine, die ich von meinem Schlafzimmerfenster aus sehen konnte. Ich war überrascht, dass die Luft warm war, aber dann nahm ich einen Bus ins Zentrum von Punta Arenas, und als ich ausstieg und um eine Ecke bog, warf ein Windstoß mich fast um. Ich mietete ein Zimmer in einem Privathaus; es war klein und sauber, hatte keine Schlösser an den Türen, und im Zahnputzbecher lag ein Gebiss. Das erste Mal seit Wochen packte ich ganz aus. Auf T-Shirts, die ich in noch feuchtem Zustand voreilig in die Reisetaschen gestopft hatte, hatte der Schimmel hübsche Muster hervorgebracht. Ich wusch meine gesamte Wäsche mit der Hand, hängte die Stücke auf die Leine im Garten und beobachtete, wie sie heftig im Winde flatterten, winzige Farbkleckse vor der weiß-grauen weiten Himmelsfläche.

Die Einwohner von Magallanes, der zwölften und südlichsten Region Chiles, sind Anhänger der Theorie, dass das Land zuerst von Süden her entdeckt wurde, als Magellan 1520 aus Europa kam. Das war 15 Jahre bevor Almagro von Norden vorstieß. Magellan befuhr die nach ihm benannte Straße vom Atlantik aus, nachdem er das Kap der 11 000 Jungfrauen umfahren hatte. 1583 gründete Sarmiento an der Magellanstraße zwei Siedlungen, die in der Hauptsache spanisches Territorium gegen die Briten verteidigen sollten, aber die Einwohner beider Orte starben alle bis auf einen, und der wurde von einem britischen Schiff gerettet.

Ein paar Jahrhunderte später kamen immer mehr wissenschaftliche Expeditionen an das Ende des Kontinents, und 1843 nahm John Williams, der Mann aus Bristol von der *Goleta Ancud*, die Magellanstraße für Chile in Besitz. Punta Arenas wurde 1848 gegründet. Damals diente es in erster Linie als Gefängniskolonie und war total abhängig von Santiago. Erst die Kohle hauchte der Stadt in den 1860ern und 1870ern Leben ein. In letzterer Dekade wurden Schafe von den Falkland-Inseln dort heimisch gemacht – sie konnten sich dem Klima anpassen, was den Schafen aus Chiles Längstal selbst nicht gelang –, damit schlug die Geburtsstunde eines wichtigen magallanischen Industriezweiges.

Europäer kamen, um sich an jenem rauen Ort ein neues Leben aufzubauen, besonders gegen Ende des letzten Jahrhunderts. 1892 fing der Goldrausch an. Der Export blühte, und 1906 lieferte das Gebiet Magallanes jährlich mehr als 4500 Tonnen Wolle allein nach Großbritannien. Die Gemeinde war erstaunlich fortschrittlich: Schon 1896 – 15 Jahre früher als die Hauptstadt – hatte sie elektrische Straßenbeleuchtung. Die zahlreichen ausländischen Kolonien gaben allesamt eigene Zeitungen heraus und wetteiferten miteinander in ihren kulturellen Aktivitäten. Große, wunderschöne Häuser wurden gebaut, von denen viele noch erhalten sind; heute dienen sie als Büros, Clubs und Museen und erinnern in ihrer Ehrwürdigkeit an das viktorianische London oder Manchester.

Die ersten 15 Jahre des vergangenen Jahrhunderts waren für Punta Arenas goldene Jahre, und die zwei größten Kolonien waren die der Briten und die der Kroaten – wobei die Briten natürlich wieder die Managerposten innehatten. Aber als 1914 der Panamakanal geöffnet wurde, konnten die Schiffe sich den langen Weg um den ganzen Kontinent sparen, und in den Docks von Punta Arenas wurde es ruhig. Die Menschen wussten nicht, was sie dagegen tun sollten, ihre Zeitungen wurden dünn, der Ton verdrießlich. Zwischen den Kriegen zogen viele britische Familien fort. Aber die kroatische Kolonie wuchs.

Die erste anglikanische Taufe registrierte der Ort 1891, und die St.-James-Kirche wurde 1895 errichtet. Damals operierte die anglikanische Kirche in Südamerika auf zwei Ebenen: Auf der einen kümmerte sie sich um Geistliche für die britische Gemeinde und auf der anderen um die Missionierung der Ureinwohner. Die evangelische Tradition dieser zweiten Ebene wurde niemals aufgegeben. Ein oder zwei Monate später, als meine Reise mich wieder nach Santiago geführt hatte, erklärte mir der anglikanische Bischof, dass er sich aus prinzipiellen Gründen dazu entschlossen habe, seiner Herde aufzutragen, bei der Volkszählung das Kreuzchen bei »evangelisch« und nicht bei »protestantisch« zu machen.

In Punta Arenas besuchte ich eine englische Messe, meine erste seit der in St. Mark's in Regent's Park am Tag vor meiner Abreise. In St. James' herrschte die Low Church – in der es weit weniger förmlich zuging als in St. Mark's. Bei der unvermeidlichen anglikanischen Tasse Tee nach dem Gottesdienst sprach mich ein freundlicher junger Mann an: »Sie haben einen sehr formellen Tag erwischt. Manchmal – wie heute – sind wir traditioneller als üblich, um die alten Auswanderer bei Laune zu halten.«

Die Predigt (mit Handzetteln) beschäftigte sich mit dem Fasten, und sie war gut, obwohl ich mir nicht vorstellen konnte, dass Vater Tom in Regent's Park es wagen würde, eine Fastenzeit vorzuschlagen. John Hervey, nordamerikanischer Pastor der anglikanischen Kirche in Punta Arenas und verantwortlich für die Predigt, lud mich freundlicherweise zu einem »informellen Gespräch« in sein Haus ein. Bei meiner Ankunft saß er hinter seinem Schreibtisch in einem gemütlichen Büro am Ende des Gartens. Seiner Meinung nach standen die Katholiken mit dem Rücken zur Wand. »20 Prozent der Chilenen sind evangelische Protestanten«, erklärte er mir. »Hier herrscht große religiöse Unruhe. Das Land ist von den Protestanten sehr gut evangelisiert worden, und daher heizen uns die Katholiken ein.«

Dieses katholische »Einheizen« kam von einer Institution, die, wenn schon nicht in der Krise, so doch zumindest zutiefst zerrüttet war. Die Kirche in Südamerika hatte mehrere Jahrzehnte geschwankt, ob sie sich mehr um das Hier und Jetzt oder um das Leben nach dem Tod kümmern sollte. In gewissem Grade wurde die Debatte vom Zweiten Vatikanischen Konzil provoziert, das Anfang der 60er-Jahre das Hauptaugenmerk der katholischen Kirche weltweit auf die soziale Problematik richtete – genauer auf die Armut – und die unangenehme Lehre verbreitete, dass die Reichen und Einflussreichen gegenüber den Armen eine Verantwortung hätten.

150 südamerikanische Bischöfe trafen sich 1968 im kolumbianischen Medellin und verordneten ihren Kirchen eine aktivere Rolle im Leben ihres Landes. Der progressive Priester sah sich als Vorreiter im Kampf zur Befreiung der Menschen aus ihrem täglichen Elend, und die Theologie der Befreiung, der er anhing, wusste um die komplexe Realität des menschlichen Lebens, etwas, was nach Meinung vieler Menschen in der katholischen Kirche mit ihren verknöcherten Strukturen niemals auch nur versucht worden war.

Schon vor 1960, obwohl die Kirche in Chile eigentlich immer die Rechte unterstützt hatte, hatte sich die Kirche mit den Christdemokraten zusammengetan, die für sozialen Katholizismus und Reform standen. Nach 1958 orientierte sie sich noch weiter zur Mitte hin und beschäftigte sich mit weltlichen Projekten. So kam es, dass die Ideen des Zweiten Vatikanischen Konzils in einigen Gemeinden westlich der Anden auf fruchtbaren Boden fielen.

Viele südamerikanische Geistliche gingen allerdings erheblich weiter, als der Vatikan beabsichtigt hatte. Diejenigen, die sich tagtäglich mit dem Elend südamerikanischer Slums konfrontiert sahen, entfremdeten sich der Amtskirche zunehmend. Der Befreiungstheologie, die Spiritualität und soziale Unterdrückung zu untrennbaren Aspekten der menschlichen Existenz erklärte, wurde sehr viel Misstrauen entgegengebracht, deswegen war das auffälligste Charakteristikum der chilenischen Kirche nach 1964 die Zersplitterung. Die Theologie der Befreiung, so erklärte man mir mehrfach, erfreute sich bei den Priestern stets größerer Beliebtheit als bei den Bischöfen. Für US-Behörden war sie gleichbedeutend mit Kommunismus: Bis 1980 hatte sich dieses Vorurteil derart festgesetzt, dass der Rat für Interamerikanische Sicherheit sogar explizit wurde. Seine politische Empfehlung des Jahres, die manche in Verbindung mit der Lateinamerikapolitik der Reagan-Administration sehen und die als Dokument von Santa Fé bekannt ist (der richtige Name ist allerdings: *A New Inter-American Policy for the Eighties*), lautet: »Die Außenpolitik der Vereinigten Staaten muss anfangen, ... der Theologie der Befreiung, wie sie in Lateinamerika angewandt wird, entgegenzuwirken.«

Die Spannungen in der chilenischen Kirche wurden durch die Aussicht auf eine kommunistische oder marxistische Regierung noch verschlimmert. Die meisten Bischöfe sprachen sich in den 60er-Jahren gegen beide Ideologien aus. Obwohl in vorhergehenden Jahrzehnten aus Marx' Schriften und päpstlichen Enzykliken gegenseitig eine totale Ablehnung gesprochen hatte (und Castro im Januar 1962 exkommuniziert wurde), wurde das Konzept des christlichen Sozialismus in bestimmten Lagern sehr ernst genommen, und Ende der 60er-Jahre hofften viele Menschen auf eine Annäherung von Kommunismus und Christentum. Da aber damals in Chile die politische Mitte zusammenbrach, polarisierte sich die Kirche noch mehr, genau wie das ganze Land. Wie wenig Einfluss die Befreiungstheologie auf viele Katholiken gehabt hat, zeigte sich bei einer landesweit durchgeführten Befragung von regelmäßigen Kirchgängern im Jahr 1971. Zwei Drittel von ihnen sagten, sie wollten ihren Priester nur vom Leben Jesu und der Bedeutung christlicher Liebe reden hören, Themen wie Armut, Ungerechtigkeit oder die Notwendigkeit gemeinsamer Anstrengungen zur Änderung der Sozialstrukturen sollten gar nicht erst angesprochen werden. Das war das deprimierendste Stückchen Information, das ich je über Chile erhielt.

In der ersten Hälfte von Allendes Regierungszeit bemühten Kirche und marxistisch-sozialistische Koalition sich um Koexistenz und Kooperation, ermutigt wurden sie dabei von einem apostolischen Brief aus dem Jahre 1971, der in Sachen Marxismus ein Einlenken des Vatikans erkennen ließ. Kardinal Silva billigte zum Beispiel öffentlich die Nationalisierung von Kupfer, und Allende sagte der *New York Times*, er glaube daran, dass die Kirche sich auf die Seite der Regierung stellen werde. Als Castro 1971 seinen berühmten ausgedehnten Besuch in Chile machte, sprach er in seiner Abschiedsrede von »vielen Übereinstimmungen« zwischen »den reinsten Konzepten des Christentums und des Marxismus«.

Gegen Ende ihrer verkürzten Amtszeit schlug die Volksfrontregierung Erziehungsreformen vor, die den Bischöfen nicht passten. (Erziehung war ein besonders heikles Thema, denn für die Katholiken war ihr Schulsystem gewissermaßen die letzte Möglichkeit christlicher Einflussnahme.) Die Reformen wurden nie verabschiedet, aber die Spannungen wurden trotzdem nicht abgebaut. Zu dem Zeitpunkt herrschte im Land schon das Chaos, und obwohl die Kirche offiziell nie von ihrer Position des stillschweigenden Einverständnisses mit der Regierung abrückte, hielten doch viele ihrer Mitglieder – nicht nur die auf dem rechten Flügel – den Putsch, als er dann kam, für notwendig. Die meisten Menschen im Land hatten das Gefühl, dass etwas passieren musste; allerdings wusste damals noch niemand, welcher Preis dafür zu zahlen sein würde.

Vom Wellblechzaun ganz hinten auf dem Friedhof von Punta Arenas konnte man über die stahlgraue Magellanstraße hinweg auf das geisterhafte Feuerland am Horizont blicken. Zwischen den sich drängenden Grabsteinen und prunkvollen Familiengruften (die darin eingravierten Namen bezeugten die kosmopolitische Vergangenheit der Stadt) ragten hunderte fast sechs Meter hoch wachsende Sträucher empor, deren Spitzen rund beschnitten waren, ein schönes Beispiel extravaganter freudianischer Baumschneidekunst.

Obwohl Magallanes Chiles größte Provinz ist, lebt hier nur ein Prozent der Bevölkerung. Riesige Eisflächen und weite Steppen trennen sie vom Rest des Landes, und auf den meisten Karten wird ein großes Stück einfach weggelassen. Nördlich dieser Einöden kann man sich des vagen Eindrucks nicht erwehren, dass Chile eigentlich in Puerto Montt zu Ende ist. Die Einwohner von Punta Arenas haben eine tiefe Abneigung gegen die so genannte »Ignoranz der Nordlichter«. Ich weiß schon gar nicht mehr, wie oft mir die Leute ärgerlich erzählten: »Wissen Sie, in Santiago glaubt man, hier unten liefen auf der Plaza Pinguine und in den Straßen Indianer herum.«

Ich hatte die Telefonnummer eines älteren Mannes deutscher Abstammung, dessen Vater eine entscheidende Rolle beim Verstecken der *Dresden* in den chilenischen Fjorden gespielt hatte, und als ich ihn anrief, lud er mich zum Tee ein. Das Haus befand sich in einer ruhigen Straße im Norden der Stadt, und ein ordentlich gekleideter Mann mit Krawatte und handgestrickter Weste öffnete mir die Tür.

»Willkommen! Welcome! Bienvenida!« Ich hatte schon Angst, er würde mit einer Nummer aus »Cabaret« weitermachen.

Ich wurde seiner Frau vorgestellt und im Laufe des Nachmittags noch einer ganzen Reihe von Kindern und Enkeln. Hinter ihrem Haus befand sich eine Art Hof, in dessen Mauern sich neun Wagen und Jeeps in verschiedenen Stadien des Verfalls drängten.

Gerd kam schnell zum Thema »das Wort Gottes«. Ich fragte ihn nach seiner Religion. Die Vermutung »Sind Sie katholisch?«, äußerte ich schon lange nicht mehr, wenn man auf Glauben zu sprechen kam; denn mit ziemlicher Wahrscheinlichkeit war mein Gegenüber etwas anderes.

»Ich bin ein Zeuge Jehovas«, antwortete er.

Es hätte mich nicht überrascht, wenn er mir erzählt hätte, er sei palästinensischer Falangist.

Im Wohnzimmer stand eine mit beigem Vinyl gepolsterte Theke, auf der eine große Bierzapfanlage aus Keramik thronte. Albert Pagels, Gerds Vater, war ein Lutheraner von der Insel Rügen. Er war 1903 als junger Quartiermeister der Handelsmarine nach Punta Arenas gekommen und geblieben, zunächst lebte er vom Jagen und vom Goldwaschen, und später gab er seine Landeskenntnis an ausländische wissenschaftliche Expeditionen weiter. Er taucht oft in Carl Skottsbergs »The Wilds of Patagonia« auf, das 1911 veröffentlicht wurde. Er war ein Autodidakt, ernst und ausgesprochen fähig. Kurz vor Ausbruch des Ersten Weltkriegs kamen fünf deutsche Kreuzer unter dem Kommando von Spee in Südchile an, und eins der Schiffe – die *Dresden* – war bald dringend auf genaue Ortskenntnisse angewiesen, um den Briten zu entgehen. Die verantwortlichen Deutschen setzten sich mit Albert Pagels in Verbindung, und was er und eine Hand voll anderer vollbrachten, indem sie den riesigen Kreuzer zehn Wochen lang vor dem Feind verbargen und dabei seine Nachschubwege offen hielten, ist in die Annalen der deutschen Seefahrt eingegangen. Zweimal schlug Pagels Bestechungsgelder der verzweifelten Briten aus, und obwohl er nur ein Zivilist war, bekam er 1919 das Eiserne Kreuz 1. und 2. Klasse.

Albert hatte im Zweiten Weltkrieg Deutschland besucht, und obwohl er sich nie den Nazis anschloss, war er stolz darauf gewesen, »Deutschland« helfen zu können. Gerd hielt das Andenken seines Vaters in Ehren und tat so, als wisse er gar nicht, für welch scheußliche Dinge »Deutschland« damals stand. Ich fragte ihn, ob es ihn stolz machen würde, Deutschland helfen zu können (wo er noch nie gewesen war).

»Ja! Selbstverständlich. Sogar meine Kinder fühlen sich mit Deutschland verbunden, obwohl sie die Sprache nicht sprechen. Mein jüngster Sohn betrachtet sich eher als Deutscher denn als Chilene.«

Eine schwangere Enkelin erschien mit einem Teller *sopaipillas* (rechteckige Plätzchen) und einem Glas Kirschmarmelade. Leider, sagte Gerd, sei sie keine »Bibelstudentin«; so nannte er die Zeugen Jehovas. Keiner aus der Familie eiferte ihm nach, obwohl er dem Glauben schon 37 Jahre anhing, und er sagte auf Englisch zu mir: »Ich bin allein im Schützengraben.«

Nachdem die Einladung in die Antarktis einmal ausgesprochen war, brauchte die Vorbereitung des Abstechers über einen Zeitraum von sechs Wochen noch eine Reihe ergebnisloser Telefonate aus nach Schweiß stinkenden Telefonhäuschen und handgeschriebene Faxe an Generäle und den Einsatz eines guten Teils nervöser Energie. Jeder in Santiago hatte mir vorausgesagt, dass ich niemals dorthin kommen würde, und diese Worte verfolgten mich, während ich meinem Vorhaben Geld, Zeit und geistige Gesundheit opferte. Mittlerweile wollte mir die ganze Reise unvollständig erscheinen, wenn ich nicht zum südlichsten Punkt dessen gelangte, was die Chilenen als ihr Land betrachteten.

Das Problem war nicht Mangel an gutem Willen oder an Autorität: Ich war ein offizieller Gast der Luftwaffe, und niemand bestritt das. Das Problem bestand darin, die richtigen Menschen zum richtigen Zeitpunkt zu kontaktieren, um die notwendigen Vorbereitungen zu treffen. Oft war ich zur verabredeten Zeit um acht Uhr morgens fünf Kilometer zum nächsten Telefon gelaufen, nur um herauszufinden, dass es kaputt war oder dass meine Kontaktperson gerade nicht erreichbar war.

Sofort nach meiner Ankunft in Punta Arenas hatte ich angefangen, nach jemandem zu suchen – soweit das per Telefon möglich ist –, der mir die Abflugzeit nennen konnte: Die Pläne der Luftwaffe waren immer unberechenbar, und wenn man auch noch die antarktischen Bedingungen mit einkalkulieren musste, ging es manchmal um Minuten. Die Ungewissheit machte mich nervös. Außerdem hatte man mir überhaupt nichts zur Ausrüstung gesagt. Eine Garnitur warme Unterwäsche ruhte seit Reisebeginn auf dem Boden meiner Tasche (ich hatte sie brav durch die Atacama-Wüste getragen), und ich besaß eine Skijacke und Stiefel: Das war schon alles. Ich fragte telefonisch nach, was angebracht sei.

»Oh, nehmen Sie einfach ein paar wollene Unterhosen mit – und vergessen Sie Ihre Kamera nicht!«, riet ein freundlicher Sergeant, als ob ich einen kleinen Winterausflug nach Skegness plante.

Schließlich bekam ich Anweisung, mich an einem Dienstagmorgen um elf Uhr am Luftwaffenstützpunkt Chabunco einzufinden. Erst da erlaubte ich mir, mit feierlicher Geste die Zellophanverpackung meiner Thermalwäsche zu zerreißen.

Um halb zehn stand ich, halb gelähmt vor Angst, auf dem windigen Flugplatz am Rande der Magellanstraße. Wenigstens hatte der Flughafenangestellte am Hochsicherheitstor meinen Namen – oder etwas, was sich im Spanischen ähnlich anhörte – auf seiner kurzen Liste. Ich sollte im Zivilflughafen anderthalb Kilometer entfernt warten, und ein Leutnant brachte mich in einem Jeep dorthin.

Nach und nach trudelten meine Mitreisenden ein. Zuerst kamen zwei Bauunternehmer, die mit der Errichtung der ersten antarktischen Kirche beauftragt waren. Was den Chilenen dort unten am wichtigsten war, war die Behauptung ihrer nationalen Identität, denn diese begründete aus ihrer Sicht ihren Anspruch auf das Land. Die katholische Kirche war ein unverzichtbarer Bestandteil dieser Identität, trotz der Tatsache, dass hunderttausende sie ablehnten.

Ein schmucker Armeeoffizier auf Geschäftsreise folgte den Kirchenbauern in das Abfluggebäude. Er hatte den Auftrag, den Absturz einer Militärmaschine zu untersuchen, der sich vor zwei Tagen auf der Landebahn des größten chilenischen Antarktisstützpunktes ereignet hatte, und später erzählte er mir begeistert von diesem Unfall und von den gefährlichen Bedingungen in der Antarktis. Der Nächste, der hereinkam, war ein Ingenieur der ENAP, der staatlichen Erdölgesellschaft, der den Bau einer Ölpipeline zwischen der Bohrstation im Meer und der Basis überwachte, und er wurde begleitet von seiner wunderschönen 17-jährigen Tochter. Nummer sechs war eine junge Frau aus Valdivia, die jemanden bei der Luftwaffe kannte.

Wir saßen herum. Der Armeeoffizier bearbeitete seine Zähne. Ein Pilot tauchte auf und sagte, es gebe ein Problem mit der Maschine. An dem Tag waren nur zwei Zivilflüge angesetzt, beide nach Santiago, und ich beobachtete, wie sich der Flughafen füllte und wieder leerte, füllte und wieder leerte, wie ein Kuhstall zur Melkzeit. In diesen kurzen Verkehrszeiten öffnete ein Kiosk, der eine lieblos zusammengestellte Auswahl an Süßigkeiten und ein beschränktes Sortiment Lesestoff anbot. Chiles Regenbogenpresse war die Gleiche wie in allen anderen Ländern der Welt, bis auf die Titel: Eine Illustrierte, bei deren Lektüre ich die Leute oft angetroffen hatte, hieß *Dinge* und eine andere *Sehr Interessant.*

Sieben Stunden vergingen. In der Annahme, dass es in einer

Herkules keine Damentoilette gab, hatte ich meine gesamte warme Unterwäsche schon am Morgen angezogen. Unter anderem knöchellange Unterhosen und ein langärmeliges Unterhemd. Gegen Mittag war ich kurz davor, wegen Hitzschlags umzukippen. Mitten am Nachmittag, als ich gerade draußen stand, um ein wenig Luft zu schnappen, sah ich durch die Glastüren, wie jemand vom Bodenpersonal auf meine hoffnungsfrohen Mitreisenden zuging. Sie sprangen auf. Ich stürzte hinein. Der Mann hatte sie gebeten, ein bisschen zur Seite zu rücken, damit die Putzfrauen den von uns besetzten Bereich des Flughafens sauber machen konnten. Das war das aufregendste Ereignis des ganzen Tages. Das letzte Fünkchen Hoffnung verglomm, als um sechs Uhr der Pilot wiederkam und uns mitteilte, dass sich ein neues Problem ergeben habe, diesmal ungeklärter Ursache, und wir besser nach Hause gehen und am nächsten Morgen um halb sieben zurückkommen sollten. Der Sergeant, der die Kirchenbauer betreute, fuhr sie zu ihrer Pension in der Stadt, und ich beschloss, mir ein Zimmer im selben Haus zu nehmen, da ich davon ausging, dass das Flugzeug ohne sie nicht fliegen würde.

Die Kirchenbauer interessierten sich nicht besonders für die Antarktis. Was sie interessierte, war, wann sie wohl mit ihrer Arbeit dort fertig sein würden, Fußballstars und die Frage, ob die junge Frau aus Valdivia wohl verheiratet war. Für den Abend liehen sie sich das Video »Zurück in die Zukunft II«, das die freundliche Pensionsbesitzerfamilie in ihrem Wohnzimmer gemeinsam mit uns guckte; der zehnjährige Sohn bestand auf der Anwesenheit des Haushuhns im Zimmer.

Mit dem Fernsehbild stimmte irgendetwas nicht, die Untertitel verschwanden einfach, also brachten mich die Kirchenbauer dazu, das Video simultan zu übersetzen.

Am nächsten Morgen gingen wir direkt zur Tür der Herkules, die 1980 in den Vereinigten Staaten gebaut worden war. Ein schneidender Wind fegte über den Flugplatz, brannte auf unseren Gesichtern, und ein Jeep brachte Ladung für die Antarktis, unter anderem einen Staubsauger und kistenweise Coca-Cola. Die junge Frau aus Valdivia tauchte interessanterweise zusammen mit dem schmucken Unfallinspekteur auf. Wir gingen an Bord und schnallten uns auf rot gepolsterten Klappsitzen fest.

Selbst als die Maschine abhob, war ich überzeugt, dass ein Maschinenschaden sie zum Umkehren zwingen würde und dass alle Flüge auf unbestimmte Zeit abgesagt werden würden und ich den siebten Kontinent niemals sehen und meine Reise durch Chile niemals abschließen würde. Die Kabine füllte sich tatsächlich mit beißendem Rauch, aber niemand schien sich darüber Sorgen zu machen, also war es wohl normal. Wir flogen über die mattsilberne Wasserstraße; der lachsrosa gestreifte Himmel mit seinen petrolblauen Wolken wirkte jetzt noch riesiger. Die Straße war so schmal, dass ich Magellans Entdeckerleistung erst jetzt richtig zu würdigen begann. Kurz darauf kam Feuerland, dann Wasser – der Pazifik und der Atlantik.

Wir hatten ein Kontingent Luftwaffenpersonal dabei. Im Flugzeug war es sehr laut, und alle außer mir hatten Ohrenschützer dabei. Das hätten diese gemeinen Kerle mir doch sagen können, dachte ich. Ich fragte, ob ich einmal ins Cockpit schauen dürfe. Es war sehr groß, über eine Leiter zu erreichen und mit sieben Personen besetzt. Nachdem ich mich ein paar Minuten mit einigen von ihnen unterhalten hatte, bemerkte ich einen älteren Mann mit dunkler Brille, der zusammengekauert in einem in die Wand eingelassenen Sitz saß. Seine Hände steckten in den Taschen eines teuer aussehenden schwarzen Wollmantels mit goldenen Schulterabzeichen. Er saß bewegungslos, im Kontrast zu der schwarzen Kleidung wirkte seine Haut sehr blass, und er sah aus wie tot, sein Gesicht mit dem ausgeprägten Kinn war ausdruckslos. Mein Gott, durchzuckte es mich, er ist es. Aber es war nicht Pinochet. Es war ein Kapitän zur See, der unterwegs war zu seinem Schiff, das in der Antarktis vor Anker lag.

Ein Mann aus dem Cockpit lebte seit zwei Jahren in Teniente

Rodolfo Marsh, der größten chilenischen Basis in der Antarktis. Er schwärmte lauthals davon: »Es ist ein Paradies: keine Verbrechen und keine Gefahr. Meine Kinder sind Unschuldsengel.« Er hatte drei kleine Kinder, die er einmal im Jahr auf den Kontinent brachte, um sie Mikroben auszusetzen. Die ganze Familie bekam Grippe, sobald sie in Punta Arenas aus dem Flugzeug stieg. In Marsh gab es alles, auch eine Schule. Im Sommer wohnten dort ein paar hundert Leute und im Winter etwa 90. Der Dienst in der Antarktis ist freiwillig, und es gibt keinen Mangel an Bewerbern.

Im Bauch des Flugzeugs amüsierten sich die unteren Ränge der Luftwaffe derweil mit überzähligen roten Polstern und Styroporwürfeln. Als einer der Würfel durch die Kabine flog und mich an der Schulter traf, kam ein Soldat hinterher, setzte sich neben mich und stellte sich vor, indem er mir ins Ohr schrie. Er kam aus dem wüsten Norden, und er sagte: »Ich werde mich nie an die Kälte gewöhnen, selbst wenn ich noch 100 Jahre hier lebe.« Es dauerte nicht lange, und wir kamen auf das Thema Falkland-Krieg und die chilenische Unterstützung für die britische Luftwaffe zu sprechen. »Bei einem Flugzeug, das zu unserem Stützpunkt kam, haben wir die Krone überpinselt, und wir gaben euren Männern unsere Fliegerjacken. Wir haben uns kaputtgelacht, als sie mit unseren Namensschildern herumliefen. Wissen Sie, unter ›Gonzalo‹ stellt man sich meist einen kleinen, dunklen Typ vor. Als ich einen großen blonden Engländer in einer Jacke mit ›Gonzalo‹-Schild sah, konnte ich mich kaum noch halten.« Die Soldaten erzählten oft solche Geschichten. Bei den Offizieren war das ganz anders. Einmal brachte ich einen Kampfflieger auf das Thema, aber er sagte bloß: »Ich habe viel gesehen. Ich möchte nicht darüber sprechen.«

Als wir tiefer flogen, tauchte das Meer wieder auf, die Oberfläche war gespickt mit Eisbergen. Alles glitzerte. Es war, als käme man in ein anderes Universum; eine unwirkliche, übernatürliche Welt. Einige Eisberge waren eisblau. Daher kam die Bezeichnung »eisblau« also.

Wir überquerten die Drakestraße und näherten uns den Südshetlands, einem von schottischen Robbenfängern so getauften antarktischen Archipel an der Spitze einer Landzunge, die aus dem amorphen weißen Kontinent ragt. Der Erdölingenieur blickte von seinem *Reader's Digest* auf und zeigte uns die Insel King George. Beim Näherkommen erkannte ich, dass nicht alles weiß war, zum Teil konnte man auch schwarze Erde sehen. Es war Sommer in der Antarktis. Aber der größte Teil war weiß. Riesige weiße Flächen, geriffelt wie Cord und gletscherversiegelt, die das glitzernde Sonnenlicht reflektierten. Es gab ein paar Eisklippen, aber in der Regel fiel das Land sanft zum Meer hin ab, das rund um die Insel einen breiten Eisgürtel trug. Eine Ansammlung brauner Punkte tauchte auf, und ich musste beim Anblick dieses winzigen Stützpunkts mitten im Schnee laut lachen.

Wir landeten mit großem Getöse. Als die Tür aufging, fuhr ein eiskalter Windstoß in die Herkules, und während ich triumphierend meinen Fuß auf die Antarktis setzte, kam ein Mann auf mich zu, der wie ein Yeti gekleidet war.

»Mrs. Sara Wheeler? Willkommen in der Antarktis. Ich bin Kommandant Leopoldo und auf diesem Eiskontinent für Sie verantwortlich.«

Er tat, als wäre das eine ehrenvolle Aufgabe, also versuchte ich, freundlich zu sein, das Eis zu brechen sozusagen.

Die Niederlassung bestand aus Grüppchen von wohncontainerähnlichen Gebäuden mit flachen Dächern und kleinen, rechteckigen Fenstern, die alle meterhoch über dem Boden standen. Wir gingen in die Messe, in einem der größten Gebäude; in der Vorhalle war viel Betrieb, denn man brauchte zehn Minuten, um sich aus seiner Schutzkleidung zu schälen. Auf dem Boden standen überall kleine Pfützen. Die Messe war genauso gut geheizt wie meine Wohnung zu Hause im Winter, und die Luftwaffenangestellten saßen in T-Shirts im Aufenthaltsraum und unterhielten sich oder lasen ihre Post. Leopoldo holte mir einen Kaffee. Nachdem wir eine Viertelstunde Freundlichkeiten ausgetauscht hatten, zogen wir unsere Schutzkleidung wieder an, gingen nach draußen und spazierten zur Fildes-Bucht. Das Meer um den Pol herum bestand in einer Breite von ungefähr 300 Metern aus Millionen neonblauer Eisklumpen, dahinter ankerte ein finsteres graues Kriegsschiff.

Ein paar hundert Meter von der Küste entfernt lag eine Bank – eine Bank, die Geld ausgibt, wie die, die man an jeder Hauptstraße findet. Der Manager, der sein Hemd offen trug, sprang auf die Beine, als Leopaldo mich hereinnötigte, und er küsste mich, bevor er meinen Namen in ein Formular eintrug, das belegte, dass ich von einer antarktischen Bank 1000 Dollar erhalten hatte (was nicht der Fall war). In der meteorologischen Station nebenan zeigte man mir die Studios von Radio Sovereign FM. Freitagabends sendete man eine Rätselshow. Alle Fragen betrafen die Antarktis, und andere Stationen beteiligten sich auch gern, obwohl sie zunächst jemanden finden mussten, der Spanisch konnte. Kürzlich hatten die Chinesen gewonnen und waren noch in derselben Nacht nach Marsh gekommen, um ihren Preis abzuholen, einen extra für den Anlass gebackenen Kuchen.

»*En Antártida*«, sagte Leopaldo, »*no hay fronteras*« – gibt es keine Grenzen.

Ich bekam das Krankenhaus zu sehen, einen größeren Metallkasten auf Stelzen, in dem schon zwei Blinddarmoperationen und mehrere Geburten stattgefunden hatten. Auf dieses Krankenhaus war man sehr stolz, und es wurde häufig auch von Besatzungen der benachbarten Lager in Anspruch genommen – sogar von den Argentiniern. Es gibt tatsächlich keine Grenzen in der Antarktis, und die Antarktispolitik, die sich um Gebietsansprüche, internationale Nichtausbeutungsabkommen und Umweltschutz dreht und die komplexen Fragen ernst und oft aggressiv angeht, wird nicht auf dem vereisten Kontinent selbst, sondern in den Regierungsgebäuden der Hauptstädte der Ersten Welt gemacht.

Die Chilenen traten dort unten sehr selbstbewusst auf. Gewöhnlich verhielten sie sich in internationalen Angelegenheiten zurückhaltender. Aber sie waren näher an zu Hause als jeder andere auf King George, besser ausgerüstet und in der Überzahl, also war es nur natürlich, dass sie Selbstvertrauen hatten. Außerdem war ihnen sehr bewusst, dass das, was sie taten, wichtig für Chile war.

Einwanderer in Santiago erzählten mir oft, dass ihnen der chilenische Nationalismus gar nicht gefalle. Sie beklagten, dass die Menschen engstirnig seien; und das allgemeine Desinteresse an allem, was außerhalb chilenischer Grenzen geschah, frustrierte sie. Solche Dinge fallen Ausländern, die im Land leben, eher auf als Besuchern – obwohl auch mir eine eingeschränkte Sichtweise auffiel, selbst bei gebildeten Chilenen. Es war wie beim Argentinienhass, in den unbekannten Tiefen des Nationalbewusstseins schien ein Minderwertigkeitsgefühl zu lauern, und ich fragte mich, ob daraus nicht ein gefährlicher Nationalismus werden könnte. Egozentrik und Unsicherheit zeigten sich etwa am unverhältnismäßigen und nicht enden wollenden Medienrummel, der bei den seltenen Gelegenheiten losbrach, bei denen irgendetwas Chilenisches weltweiten Erfolg hatte. Ich war es langsam leid, von dem chilenischen Eisberg zu lesen, den es auf der Weltausstellung in Sevilla zu sehen gab. Die Zeitungen waren ausgesprochen provinziell – auf den ersten Seiten der führenden Tageszeitung *Mercurio* fanden sich lauter nichts sagende Schnappschüsse von Aristokraten auf Cocktailpartys. »Geophysische Isolation«, stand in einem meiner Geschichtsbücher, »bedeutet, dass ein Land in ungewöhnlicher Weise auf sich selbst konzentriert ist.«

Man zeigte mir den Ofen, in dem der brennbare Abfall entsorgt wurde, und die geschweißten Blechzylinder, in denen nicht wiederverwertbarer Müll zurück zum Festland geflogen wurde. Man zeigte mir die Post, das Büro der staatlichen Lotterie und Leopoldos Haus. Seine Frau backte gerade einen Obstkuchen. Wir hätten uns genauso gut in einem Mittelklasse-Doppelhaus in einer Vorstadt irgendwo in der industrialisierten Welt befinden können. Nicht nur, dass die Bewohner solche Annehmlichkeiten wie leistungsfähige Zentralheizung und Mikrowelle genossen, sie hatten ihr Heim auch ähnlich dekoriert, mit Spitzendeckchen, Enten-Mobiles und gerahmten Familienfotos.

Später spazierten wir über gesplitterte Eispfützen und kletterten auf einen Berg; oben beobachteten wir acht Sturmriemenpinguine, die gemächlich über den Brutplatz watschelten. Unten konnte ich die Kirche sehen, die zu dem Zeitpunkt noch einem blauen Pavillon ähnelte, und daneben standen die Kirchenbauer, die mir zuwinkten. Ihre Köpfe ragten aus einem riesigen Container, auf dem in krakeliger Schrift die Worte *capilla antártica* (antarktische Kapelle) geschrieben waren.

Leopoldo deutete auf die Sonne. »Wir haben ein Ozonloch«, sagte er, als sei das so eine Art chilenische Errungenschaft. Durch das Loch, das sich jährlich im Ozonschutzschild 20 Kilometer über der Erdoberfläche in der Antarktis auftut, fällt zu viel ultraviolettes Licht auf Südchile. In Magallanes hörte ich viele Geschichten von blinden Tieren, und in einer örtlichen Zeitung las ich, dass die Häufigkeit von Hautkrebs bei Menschen in Punta Arenas über dem weltweiten Durchschnitt liege. Aber das war ein so trauriges Thema für Leopoldo, dass er gar nicht darüber reden wollte, also erinnerte er ans Essen und führte mich schweigend zurück zur Messe.

Sobald wir drinnen waren, verschwand Leopoldo, und ich sah ihn nie wieder. Ein Staffelkommandant namens Carlos schien seine schwere Aufgabe übernommen zu haben; vielleicht glaubte man, es sei zu viel für eine einzelne Person, den ganzen Tag mit mir zusammen zu sein. Carlos sah aus, als wäre er nach 20 Jahren der Kühlkammer des gerichtsmedizinischen Instituts entstiegen. Doch war er eigentlich zugänglicher als sein Vorgänger, und beim Mittagessen – ein Mann mit roter Fliege servierte Steak – freundeten wir uns recht gut an. Mir fiel auf, dass er und alle anderen mich sofort in der freundlichen *Tu*-Form anredeten.

Nach dem Mittagessen tranken wir noch einen Kaffee im Aufenthaltsraum, wo Männer in kleinen Grüppchen beisammensaßen und Karten spielten oder gelangweilt in die Luft starrten. Carlos zeigte mir Generalstabskarten der Zone. Das Gebiet der Antarktis, das Chile beansprucht, wird als Verlängerung des Festlandes betrachtet. Der Abschnitt richtet sich in Form eines Tortenstückes nach den Längengraden, und die Chilenen achten darauf, dass er auf jeder Karte eingezeichnet ist – selbst auf den kleinen Kartenannähern, die Pfadfinder so gern an den Parkas tragen. Das Areal ist doppelt so groß wie Chiles Festland, und sie nennen es *territorio chileno antártico*; Gebiete, die die anderen sechs Anwärter für sich beanspruchten, bezeichneten Carlos' Karten mit *pretensión británica* oder *reclamación australiana*. Das antarktische Territorium wird sogar bei der verwaltungstechnischen Unterteilung des Landes berücksichtigt: Die zwölfte Region heißt *Región de Magallanes y de la Antártida Chilena*.

Chile und Argentinien gründen ihre Ansprüche auf von den Spaniern ererbte mittelalterliche Bullen und Dekrete. Offizielle chilenische Dokumente, in denen es um die Antarktis geht, verweisen gern auf eine von Bernardo O'Higgins Anfang des 19. Jahrhunderts handgeschriebene Notiz, die sich auf das chilenische Territorium bis hinunter zum Südpol bezieht; diese Notiz hatte bis zu ihrer Entdeckung 1918 in den Kellern des britischen Auswärtigen Amtes geschlummert. Zur Sicherung seiner Territorialansprüche in der Antarktis reichte Chile 1940 der internationalen Gemeinschaft formale Erklärungen ein, und es gehörte zu den ursprünglichen Unterzeichnern des Antarktisvertrages von 1959, der 1961 von zwölf Nationen ratifiziert wurde. Der Vertrag, der bestimmt, dass die Antarktis weiterhin ausschließlich für friedliche Zwecke genutzt werden soll, bildet die Grundlage der internationalen Antarktispolitik. Er regelt nicht nur den Umweltschutz und den Austausch wissenschaftlicher Daten zwischen den Unterzeichnerstaaten, sondern setzt auch fest, dass keine neuen Gebietsansprüche angemeldet und die alten nicht ausgeweitet werden dürfen.

Die chilenische Antarktispolitik ist wahrscheinlich das einzige Gebiet öffentlichen Lebens, das 1970 und 1973 unangetastet blieb. Auch gehörte zu den wenigen Dingen, über die Chile sich jemals mit Argentinien einigen konnte, in den 1940ern das zweimalige gemeinsame Vorgehen gegen Großbritannien, wobei sie sich für das Konzept einer südamerikanischen Antarktis stark machten (obwohl später wieder darüber gezankt wurde). Pinochet flog 1977 in die chilenische Antarktis und erklärte, dass es sich schlicht um eine Fortsetzung des Festlandes handele. 1984 wurden sechs Familien nach Teniente Marsh geschickt, um eine »ständige« Niederlassung zu gründen; wie Argentinien ist auch Chile für die »nicht wissenschaftliche Ausrichtung« seiner antarktischen Präsenz gerügt worden.

Carlos faltete die Karten zusammen und sagte mir, dass wir jetzt einen Ausflug machen würden. Er setzte mich in ein speziell ausgerüstetes Landfahrzeug, und ein paar hundert Meter außerhalb der Siedlung tauchte ein großer orange-roter Raupentank vor uns auf, auf dem sechs Chinesen in grellorangefarbenen Schneeanzügen hockten. Einer kletterte herunter und umarmte Carlos. Sie waren vom chinesischen Stützpunkt namens »Große Mauer« herübergerumpelt. Der Mann kam auch auf meine Seite und schüttelte mit seinem großen Pelzhandschuh kräftig meine Hand.

Wir fuhren weiter zur »Großen Mauer«, einer Gruppe rostiger rot gestrichener Wohncontainer. Nationale Arbeitskomitees Junger Pioniere hatten eifrig Denkmäler aufgestellt, die an nichts Bestimmtes erinnerten. In den Türrahmen (die Eingangstüren in der Antarktis waren wie riesige Kühlschranktüren) reihten sich fein säuberlich ganze Armeen von Plastikschlappen.

Wir erkletterten einen Kamm, begleitet von einer einzelnen Riesenmöwe, die einer braunen Gans ähnelte und den Pelzbesatz an Carlos' Stiefeln nicht aus den Augen ließ. Die Nordseite der King-George-Insel gehört zu den wenigen Gebieten der Antarktis, die nicht unter ewigem Eis liegen, und die zu Tage tretende Erde war an manchen Stellen mit drahtigen Flechten bedeckt.

»Das«, sagte Carlos, indem er auf ein hellgrünes, heidekrautartiges Büschel deutete, »braucht 1000 Jahre, um zu wachsen.«

Später, auf der anderen Seite von Marsh, hielten wir an einem kleinen Fluss. Ein Mann vom russischen Stützpunkt gesellte sich zu uns. Die Station wurde »Bellingshausen« genannt, nach dem ersten Menschen, der den Kontinent erblickte. (Das war 1820, und er suchte den Pol.) »Wir sind sehr stolz auf diesen Fluss zwischen unseren Niederlassungen«, sagte der Russe in Spanisch.

»Wie heißt er?«, fragte ich.

»Wolga«, antwortete der Russe wie aus der Pistole geschossen.

»Mapocho«, sagte Carlos gleichzeitig, dann lachten sie beide.

Jedes Land bringt seine Kultur mit ans Ende der Welt, wenn es sich in der Antarktis ansiedelt – das Gute und das Schlechte. In »Bellingshausen« waren das die Abfallhaufen, der Matsch überall, die rundgesichtigen Männer mit ihren Silberzähnen, die geisterhaften Umrisse der Metallbuchstaben CCCP, die ungeschickt von den Türen gebrochen worden waren, der aufgegebene Maschinenpark fehlgeschlagener wissenschaftlicher Projekte, der eine winzige und unzureichende Lada – tja, sie waren eben Russen. Die Niederlassung hatte allein sechs »Andenkenläden«. Man konnte sie am Wort SHOP erkennen, das mit Teer auf Türen gemalt worden war, die zu engen Räumen führten, in denen man Geschäfte machen wollte. Die Russen transportierten die Souvenirs über tausende von Kilometern, um sie – nur gegen Dollars – an Touristen der Luxuskreuzfahrtschiffe zu verscherbeln, die hin und wieder im Treibeis ankerten. In einem der Läden verkaufte eine blonde Frau mit himmelblauem Lidschatten Pelzmützen und Bernsteinketten. »Russischer Bernstein kann Krankheiten heilen«, beteuerte sie mit schimmerndem Blick.

In den weißen Schneefeldern weiter hinten kniete eine kleine orangefarbene Gestalt. Es war ein chinesischer Wissenschaftler, der an einem Projekt über Eis und die darin eingeschlossenen mikroskopischen Luftblasen arbeitete. Die Luft wurde extrahiert und in Laboratorien in Washington untersucht (in Beijing war man dazu nicht in der Lage), so konnte man herausfinden, wie sich die Atmosphäre vor 1000 Jahren zusammensetzte. »Luftarchäologie«, sagte Carlos.

Bis wir die uruguayische Basis erreichten (ein halbes Dutzend Wellblechhangars), hatten wir zwei brasilianische Oberstleutnants, einen uruguayischen Vulkanologen und einen französischen Arzt aufgelesen. Wir stiegen aus unserem Schneefahrzeug und gingen auf einen See zu. Eine steile Eisklippe auf der anderen Seite hatte grüne und graue Streifen aus vorsintflutlicher Vulkanasche und trug einen fast zwei Meter dicken blendenden Schneehut, und an einer anderen Stelle des Sees konnte man eine vollendet geformte Eishöhle sehen, in deren Eiszapfenkranz die Sonne funkelte. Es war ein anstrengender Marsch mit ausgestreckten Armen die Schneehügel hinauf und hinunter.

»Unter uns ist ein Fluss«, erklärte Carlos gut gelaunt, »also breiten Sie besser Ihre Arme aus, damit Sie nicht unter das Eis gezogen werden, wenn es bricht.«

Das waren noch günstige Bedingungen im Vergleich zum Inneren des Kontinents. Jean-Louis Etienne war einer der Führer des internationalen Trans-Antarktik-Teams, das 1990 zu Fuß ungefähr 6000 Kilometer durch den siebten Kontinent gewandert war. Unterwegs hatte er gesagt: »Manchmal ist es, als hätte die Antarktis keine Seele… es ist kein Platz für Menschen. Aber dann wieder… fühle ich mich wie in einem riesigen wundersamen Tempel.«

Wir mussten noch über einen anderen Fluss, einen offenen, etwa einen halben Meter tief, der vom See wegführte, und einer der Brasilianer gab mir seine Ersatzschneebrille und trug mich huckepack. Es stellte sich heraus, dass die Höhle ein Tunnel war, gemustert mit vollkommen kreisrunden Einkerbungen, eine exakt so groß wie die andere, wie gehämmertes weißes Metall.

> Ein Wunderwerk, wie man kein zweites weiß!
> Durchsonntes Lustschloss mit Gewölb von Eis!*

---

* Übers. von W. Breitwieser. William Wordsworth und Samuel Taylor Coleridge. Heidelberg, 1959. – Anm. d. Übers.

Wasser und übergroße Eiswürfel flossen durch den Tunnel, aber wir gingen am Rand entlang, bis wir am anderen Ende auf einen Vorhang aus Eiszapfen trafen. Ich blieb bei dem Vulkanologen, während Carlos und der Rest der Gruppe zurück nach Artigas gingen, um eine Tasse Tee zu trinken. Der weiche Schnee machte es einem schwer, vorwärts zu kommen, aber von der Spitze des vor uns liegenden Hügels konnte man die Antarktis in all ihrem Glanz sehen, sie strahlte im Licht der untergehenden Sonne. Während ihre Schatten auf dem kabbeligen südlichen Ozean länger wurden, schienen die Eisberge zu glühen, und ich beobachtete einen einzelnen Schneesturmvogel, der auf den Schwingen einer unhörbaren Musik zwischen ihnen hindurchglitt. Kein einziges Geräusch war zu hören, bis auf das gelegentliche metallische Klopfen des Vulkanologen, der 100 Meter entfernt seinen Probenbehälter mit Schnee füllte. Ich brauchte kein Foto zu machen, und ich konnte es auch nicht: Ich wusste, dass ich diesen Augenblick nie vergessen würde, und ich wollte ihn nicht durch ein Bild entweihen.

Auf unserem Rückweg nach Marsh hielten wir noch einmal an und marschierten zu einem Strand aus vulkanischen Basaltkieseln an der Drakestraße, dabei rutschten wir vereiste Abhänge auf dem Hintern hinunter. Kleine Quarzstückchen glitzerten an den Rändern der Eispfützen, und eine antarktische Taube hockte sich auf einen Walknochen, bevor sie davonsegelte und am strahlend blauen Himmel verschwand. Am Ufer döste schwanzschlagend ein Harem südlicher Seeelefanten; Haut und Pelz schälten sich dermaßen, dass man meinte, sie seien aus Papier, und dann blies ein fast sechs Meter langer Bulle die Backen auf und trompetete in unsere Richtung, sodass wir seinen hellen, lippenstiftrosa Schlund sehen konnten. Draußen auf einer kleinen Landzunge lagen antarktische Pelzrobben mit ihren Jungen in schläfrigen Gruppen zusammen, sie schienen vollkommen gleichgültig, ihre Köpfe lagen flach am Körper, und gelegentlich blinzelten sie träge mit ihren müden Augenlidern.

Das Letzte, was wir taten, war, auf einen Hügel zu steigen, der einen guten Ausblick von der Insel bot. Den Horizont füllte eine andere weiße Landmasse. Ich blickte über die niedrigen Gebäude der kleinen Niederlassung im Vordergrund und dachte: »Diese Eiswüste ist größer als Australien.« Dies war der höchste Kontinent und der trockenste, der kälteste und der windigste. Aber nicht nur das. Er gehörte niemandem – das war das Aufregende. Zwar »beanspruchten« sieben Länder ein Stückchen für sich, und es gab 200 kleine »Forschungs«-Stationen, aber in Wirklichkeit gehörte der Kontinent niemandem. Es war, als würde man die Erde zum allerersten Mal sehen, und ich fühlte mich dort weniger heimatlos als jemals irgendwo sonst. All die schlimmen Fehler und Schwächen der Menschheit und die verwickelten persönlichen Ängste, mit denen wir zu leben versuchen, wurden angesichts der antarktischen Schneefelder zu unbedeutenden Kleinigkeiten.

Ein Pole kam zum Tee nach Marsh. Die polnische Station, Arcktowski, ist eine der kleinsten auf der Insel und ziemlich schlecht ausgerüstet; »aber die Polen sind ja daran gewöhnt, sich zu behelfen«, sagte Carlos. Dieser Pole war ein lebhafter, schwarzbehaarter Mann, und als ich ihn kennen lernte, lachte er gerade mit drei oder vier chilenischen Offizieren um die Wette. Obwohl ich beobachtet hatte, dass alle Länder ihre Kultur mit zum Pol schleppen, kann sie sich unter den harten Bedingungen nicht vollständig entfalten. Die Antarktis ist ein Gleichmacher; alle sitzen im selben Boot. Das Spanisch des Polen war nicht sehr flüssig, und ich fragte ihn, wie er sich mit den Kollegen aus den anderen Camps verständigte. Er lachte und antwortete auf Spanisch: »Wir sprechen *antártico*. Das ist unsere eigene Sprache – von uns gehegt wie eine Pflanze in einem kalten Gewächshaus.«

Kapitel zwölf

> Als Gott die Welt erschuf, hatte er eine Hand voll von allem übrig – Berge, Wüsten, Seen, Gletscher –, und er steckte es zusammen in die Tasche. Doch in dieser Tasche war ein Loch, und während Gott durch den Himmel schritt, rieselte alles heraus, und die lange Spur, die so auf Erden zurückblieb, war Chile.
>
> Ein Betrunkener zur Autorin,
Insel Navarino, März 1992

Zurück in Punta Arenas widmete ich mich der Aufgabe, mein Visum erneuern zu lassen, das in drei Tagen auslief. Nachdem ich von einem städtischen Gebäude zum anderen geschickt worden war, winkte man mich schließlich an einen formularbeladenen Tisch vor einer Männertoilette. Ich setzte mich und fing mit dem Ausfüllen an, grimmig entschlossen, den erschöpfenden Fragen eines weiteren chilenischen Bürokraten zu genügen. Der Visumsverlängerungsantrag muss mit zwei Farbfotos eingereicht werden, auf denen man eine Tafel mit seinem vollen Namen und seiner Passnummer vor sich halten muss. Die besagten Fotos hatte ich vorausschauenderweise schon in Santiago machen lassen; man bekam immer gleich vier, deshalb hatte ich die anderen beiden meiner Mutter geschickt; ich dachte, sie würde sich über ein konkretes Lebenszeichen von mir ein bisschen freuen. In ihrem nächsten Brief fragte sie, ob ich verhaftet worden sei. Offenbar hätte sie das nicht weiter gewundert, denn der Absatz endete schlicht mit: »Tante Gladys' Bein geht es immer noch nicht besser.«

Als ich an eine Stelle kam, wo nach der Größe meines Bootes gefragt wurde, machte ich einen Strich. Aber als ich bei einem komplizierten Teil über Netze anlangte, ging mir auf, dass ich meine Registrierung als Fischer erneuerte. Als ich das richtige Formular gefunden hatte, stellte sich heraus, dass es vom Gouverneur unterzeichnet werden musste; also blieb mir nichts anderes übrig, als es in dem Büro zu lassen und darauf zu hoffen, mein neues Visum bei der Rückkehr von meinem nächsten Abstecher in Empfang nehmen zu können. Als ich die Beamten verließ, bestaunten sie gerade 15 blasse DDR-Marken auf einer Doppelseite in meinem Pass und blickten mir misstrauisch nach.

Ich schaute im Postamt vorbei und fand meinen Namen auf der *Poste-restante*-Liste. Postlagernde Sendungen werden in Chile auf separaten Listen für männliche und weibliche Adressaten geführt, aber in Punta Arenas hatte man es sogar zu einer dritten Kategorie gebracht. Diese Liste trug die Überschrift »Pseudonyme und Nummern«. Wer würde wohl einer Nummer schreiben? Woher wussten sie, ob ein Name echt oder nur ein Pseudonym war? Wie bewies der Adressat, dass er oder sie eine Nummer war? Außerdem folgte meinem Namen auf der weiblichen Liste »Finney, Albert«.

Der Leiter des Fremdenverkehrsbüros in Punta Arenas hatte sich viel Mühe gegeben und mir ein außerordentlich preiswertes Flugticket in den Süden Feuerlands beschafft. Später erfuhr ich, dass ich das einem älteren Angestellten der Fluglinie zu verdanken hatte, der das Gerücht verbreitete, ich sei »hübsch«. Obwohl ich mich mittlerweile an solch dumme Sprüche gewöhnt hatte, waren sie mir doch zuwider; allerdings ging mein Ärger nie so weit, eventuell sich daraus ergebende Vorteile zurückzuweisen.

Das Flugzeug war eine kanadische Twin Otter, und mit mir reisten zehn Insulaner, Einwohner des südlichsten ständig bewohnten Ortes der Welt (antarktische Stationen zählen nicht) – obwohl man ihnen das nicht ansah. Feuerland ist eine Inselgruppe, die durch die Magellanstraße vom chilenischen und argentinischen Festland getrennt wird und durch eine vertikale Linie zwischen den beiden Republiken aufgeteilt ist. Magellan erblickte sie 1520 und nannte sie »Rauchland« nach den dünnen Rauchsäulen, die von den Feuern der Eingeborenen aufstiegen; seinem Herrn und Gebieter, Karl V. von Spanien, gefiel allerdings »Feuerland« besser, und dabei blieb es. Erst bei Drakes Ankunft, ein halbes Jahrhundert später, entdeckte man, dass Feuerland ein Archipel war. Genau genommen steht der Name für die gesamte Gruppe, aber meist meint man damit nur die »Isla Grande«, die größte Insel Südamerikas. Die Twin Otter flog über diese Hauptinsel hinweg nach Süden zur Insel Navarino, die wiederum allgemein unter dem Namen ihrer einzigen Ortschaft, Puerto Williams, bekannt ist.

Wir überflogen den Norden der »Großen Insel« mit seinen undurchsichtigen grünen Seen, die von mineralfarbenen Erdringen eingefasst wurden, und weiter über die dunkelblaue Weite der »Nutzlosen Bucht«, bis die Insel Dawson auftauchte, die wir durch den Hitzestrom der Flugzeugmotoren nur unklar erkennen konnten. 1973, nach dem Militärputsch, wurden alle überlebenden Minister der Allende-Regierung außer Carlos Briones in ein kleines Flugzeug verfrachtet und auf die Insel Dawson geschickt: genau der richtige Ort, um sich vergessen, einsam und verlassen vorzukommen, ein chilenisches Sibirien.

Kurz darauf flogen wir an der Küstenlinie des Almirantazgo-Sundes die »Große Insel« entlang, dann folgten wir dem Saum der Darwin-Kordillere, deren verschneite Spitzen bis zum Horizont reichten, während unter uns abgeschiedene Seen das Sonnenlicht reflektierten. Erst 1962 fand man heraus, welcher Berggipfel der höchste ist. Das Flugzeug glitt mit einer Strömung über einen Gletscher und landete auf einer winzigen Landebahn am Beagle-Kanal.

Die Insel Navarino, in chilenischem Besitz, liegt unterhalb des argentinischen Territoriums, von dem es durch etwa 20 Kilometer

Wasser getrennt ist. Drei kleine Inseln direkt vor ihrer Ostküste, Lennox, Picton und Nueva, hätten 1978 – sechs Jahre vor Falkland – zwischen Argentinien und Chile fast einen Krieg provoziert. Die beiden Länder hatten sich 100 Jahre lang darum gestritten, wem die Inseln gehörten, bis 1977 ein internationaler Schiedsspruch sie Chile zuteilte. Argentinien weigerte sich, diese Entscheidung anzunehmen, und auf beiden Seiten wurden Truppen mobilisiert. Das Objekt der Begierde war allerdings weniger das Land, sondern das Meer. Außer Fisch gab es dort Öl, und Öl war, was beide Nationen brauchten.

Schließlich brachte der Papst die beiden Regierungen dazu, die Waffen beiseite zu legen und sich wieder zu vertragen. Seitdem waren 14 Jahre vergangen, aber mir war bezüglich dieses südlichen Territoriums eine unterschwellige allgemeine Besorgnis aufgefallen. In Punta Arenas hatte ich die Menschen gefragt, ob sie glaubten, dass Argentinien wieder versuchen könnte, sich die drei Inseln anzueignen. In meinem Tagebuch hielt ich fest: »Jeder, gleichgültig was für einen Hintergrund er hat, ist überzeugt, dass die Argentinier einen neuen Anlauf nehmen werden – wenn sie es nicht auf die drei Inseln anlegen, dann auf einen anderen Teil Südchiles. Man spürt hier eine ständige Alarmbereitschaft, und als ich heute Abend auf der Straße vor dem Haus Geschrei hörte, dachte ich an eine Invasion und legte einen neuen Film in die Kamera. Aber sie feierten nur den Sieg eines Fußballspiels vor Ort.«

Die bestehende Siedlung in Williams soll hauptsächlich abschreckend wirken und wird von einem Marinestützpunkt dominiert. Ihren typisch britischen Namen bekam sie 1953 zu Ehren von John Williams, dem aus Bristol gebürtigen Kapitän der *Ancud*, dem Schiff, das 1843 die Magellanstraße für Chile in Besitz nahm. Die kleine Ortschaft, die vor dem Bau des Stützpunkts hier existierte, hieß Puerto Luisa; die Bewohner, Nachfahren englischer Missionare, betrieben eine Sägemühle und züchteten Schafe. Williams wurde zur Hauptstadt der chilenischen Antarktis erklärt, obwohl es außerhalb der antarktischen Grenzen liegt.

Die niedrigen Häuser hatten Wellblechdächer, und in den Furchen der Lehmstraßen sammelte sich das Wasser. Es war ein sehr trauriger Anblick, und das Heimweh überkam mich, während ich da im Regen stand und überlegte, was ich tun sollte. Es gab ein Gasthaus am Hauptplatz, einer eher bemitleidenswerten Kopie einer Plaza, mit einer niedrigen Betonmauer, an der ein paar dürre Büsche Schutz suchten. In dieser Pension wurde ich jedoch von Mario, dem Besitzer, und seiner Frau begeistert empfangen (ich war der einzige Gast); es war der 29. Februar und Marios Geburtstag, also lud er mich sofort zu seiner Party ein, die jeden Augenblick beginnen sollte.

Mario nahm seinen Geburtstag sehr ernst, er rannte in Haus und Garten herum, um die letzten Vorbereitungen für die Feier zu treffen. Meiner Schätzung nach war er etwa 44, und er lebte seit 20 Jahren auf der Insel. Es ging ihm gut; er hatte Unternehmergeist, und außer aus dem Gasthaus bezog er Einkünfte aus verschiedenen landwirtschaftlichen Geschäften. Seine Frau, ein lebhaftes Klatschweib, regierte den Haushalt, während sie strickend in ihrem Stuhl neben dem Holzofen saß oder den fünfjährigen Sohn Julio verfolgte, einen liebenswerten kleinen Tunichtgut, den ich sehr ins Herz schloss, obwohl er gegen Ende der Woche seiner Mutter angeblich anvertraute, dass er mich nicht leiden möge. »Unternehmergeist« ist allerdings in dortigem Kontext zu verstehen, denn nachdem das Gasthaus erst einmal stand, war klar, dass weder Mario noch seine Frau sich länger dafür verantwortlich fühlten. Es war ihnen vollkommen gleichgültig, ob ich eine Nacht oder ein ganzes Jahr blieb, und es störte sie nicht im Mindesten, dass die Zimmer keine Heizung hatten, was bedeutete, dass sie wie die Kühlräume in Gefrierfleischfabriken waren.

Mir gefiel diese Einstellung. Sie hielten sich streng ans Laisser-faire – außer wenn es um Geburtstagspartys ging. Die Gäste trudelten ein, und Mario kümmerte sich um sie. Sie standen in kleinen Grüppchen um das Feuer im Garten herum und tranken aus ihren Plastikbechern. Ich wurde vorgestellt wie ein Stargast im

Cabaret. Alle wollten mich nach Hause einladen oder mir eine Besonderheit der Landschaft zeigen, sodass die Woche mit Ausflügen und Abendessen schnell verplant war. Später am Abend hielt Mario eine rührselige Rede, in der er seinen lieben, treuen Freunden dankte, dass sie diesen besonderen Tag mit ihm verbrachten. Wir aßen Fleisch vom Grill und tranken eine beliebte Mixtur aus Wein und Coca-Cola, wobei, wie ich bemerkte, mit fortschreitender Stunde immer weniger Coca-Cola beigemischt wurde, und bald war es zwei Uhr morgens, und ich hatte ganz vergessen, jemanden um die Ehe zu bitten.

Das brutale Erwachen folgte am nächsten Morgen um halb acht, als ein rostiger Laster vor dem Hause hupte: mein erster Ausflug, Holz abholen und an eine Polizeistation an der Westspitze der Insel liefern. Im stillen Haus stapelten sich die Überreste der Party, die sich nach drinnen verlagert hatte, als das Feuer ausging. Ich hatte den Namen des Fahrers vergessen, ebenso den des Beifahrers, aber das spielte offenbar keine Rolle, und wir machten uns gut gelaunt auf den Weg; drei Atemwölkchen kondensierten im hochgelegenen Führerhaus.

Nach einer halben Stunde stieg der Fahrer in die Bremsen. »Biber!«, rief er, indem er auf einen krokodilhäutigen Spatelschwanz zeigte, der gerade in einem Busch verschwand. Oft schreckten wir auch fette Hochlandgänse aus dem Unterholz auf, sie sahen braun aus und ganz normal, bis sie in Panik gerieten und zum Wasser flogen, dann zeigten sie ihre weiß gestreiften Flügel.

Ein Schild hieß uns in Puerto Navarino willkommen, das aus einer Polizeistation, einer kleinen Landungsbrücke, zwei Häusern der Marine und zwei verfallenen Bauernhöfen bestand. Ich glaube, es war der früher Laiwaia genannte Ort, an dem Missionare 1867 eine Siedlung gründeten, um die Ureinwohner sesshaft zu machen. Eine Polizeiwache in einer praktisch unbewohnten Gegend mag etwas eigenartig wirken, doch direkt gegenüber lag Ushuaia, die südlichste Stadt Argentiniens, und diese Insel war paranoid.

Zwei junge Polizisten in Zivil kamen aus der Wache und kletterten hinten auf den Laster. Wir fuhren weiter nach Westen, und sie begannen, das Holz aufzuladen. Ich spazierte durch den herbstlichen Wald, der schon tief dunkelrot leuchtete, die silbrigen Baumstämme bedeckten blassgelbe Flechten. Die meist aus Südwest heranbrausenden Winde hatten die Bäume in unwirkliche Formen gezwungen, wie verzerrte Buchstaben des Alphabets.

An der Küste wuchs Gras in unnatürlichen Büscheln über Abfallhaufen aus Schalen und Asche, und in einer offenen Vertiefung fand ich einen knöchernen Fischspeer, aus dem die zwei Zacken sehr schön herausgearbeitet waren. Augenblicklich klebt er an einer Ecke meines Computers; ich vermute, dass er einmal einem Yahgan gehörte. Die Angehörigen dieses Stammes (der Name ist verwestlicht; sie selbst nannten sich *Yámana*, was »Menschen« bedeutet) waren Nomaden und befuhren mit ihren Kanus generationenlang das Gebiet zwischen der Halbinsel Brecknock und dem Kap Hoorn, aber da sie von den europäischen Siedlern und deren Nachfahren gejagt und immer weiter an den Rand gedrängt wurden, sammelten sie sich schließlich in den Kanälen rund um die Insel Navarino. Sie sprachen in fünf verwandten Dialekten, die zusammen eine Sprachgruppe bildeten, die keiner anderen zuzuordnen war: Für entfernte Verwandtschaftsgrade, die man im Englischen nur mit einem ganzen Satz ausdrücken könnte, hatten die Yahgan nur ein Wort, und sie liebten Verben wie »überraschend auf etwas Hartes beißen, wenn man etwas Weiches isst« (wie eine Perle in einer Auster). Für bestimmte Jahreszeiten gebrauchten sie Ausdrücke wie »die Zeit, wenn die Rinde sich löst«. Aber sie hatten kein Wort für Zahlen größer als drei.

Die letzte reinblütige Yahgan, Abuela (Großmutter) Rosa, starb 1982.

Die Yahgan waren entfernt verwandt mit den Alakalufen (der verwestlichte Name des Kaweshkar-Stammes), die weiter nördlich, zwischen der Magellanstraße und der Halbinsel Taitao, ihre

Kanus steuerten. Auch sie waren Nomaden, und sie konnten bis fünf zählen (obwohl »fünf« synonym war mit »viele«).

Der dritte bedeutende Eingeborenenstamm an der Straße waren die Ona, die den Anthropologen im Gegensatz zu den »Kanuindianern« auch als »Landindianer« bekannt sind. Zwei Familienzweige, Haush (oder Aush) und Shelknam genannt, lebten auf der Isla Grande, wo sie das Guanako jagten. Sie glaubten unter anderem, dass man sich öfter paaren müsse, damit ein Baby im Mutterleib gedieh. Selbst an den Maßstäben der Bezwinger Amerikas gemessen, verlief die Ausrottung der Ona besonders brutal.

Darwin war von den Menschen, die er in Feuerland gesehen hatte, nicht sehr beeindruckt. Er schrieb: »Erblickt man solche Menschen, so kann man sich kaum zu dem Glauben zwingen, dass sie unsere Mitgeschöpfe und Bewohner einer und derselben Welt sind.«*

Ich fragte mich, was sie wohl von ihm gedacht hatten oder was sie von einem Land gehalten hätten, das seine Kinder in Gruben hinunter und Kamine hinauf und in Stofffabriken hineinschickte, bis sie an den Webstühlen zusammenbrachen.

Erstaunt registrierte ich auch Darwins Überzeugung, wonach das primitive Leben der Feuerländer Beweis einer verkümmerten Sensibilität oder des Mangels an Sensibilität überhaupt sein sollte. Er schrieb von ihnen: »Wie wenig können hier die höheren Geisteskräfte in Tätigkeit treten: Was kann dort die Einbildungskraft sich vormalen, die Vernunft vergleichen, das Urteil entscheiden.« (Ob er wohl gerade in seiner Ausgabe von »Paradise Lost« geblättert hatte? Normalerweise trug er sie auf der Reise in der Jackentasche.) Laurens van der Post gibt oft Beispiele dafür, wie häufig Missverständnisse daraus entstehen, dass man nicht berücksichtigt, auf welch unterschiedliche Weise Phantasie reagieren kann.

---

* Bearbeitet von Dr. I. Bühler nach der Ausg. von 1875 in der Übers. von J. V. Carus. Darwin, C., Reise eines Naturforschers um die Welt. Frankfurt a. M., 1962. – Anm. d. Übers.

Oftmals hielt ich an einem stillen Ort inne und dachte an den Moment in »Venture to the Interior«, in dem van der Post sich an einer besonders spektakulären afrikanischen Landschaft berauscht, während er Bachs Matthäuspassion lauscht. Er sagt zu seinem Begleiter, einem Mann, der Afrika aus ganzem Herzen liebt, dass es eine Schande sei, dass Livingstone diese Musik nicht hören konnte, als er dort vorbeikam.

»Ich nehme an, er hörte dasselbe, nur auf andere Art«, erwiderte sein Begleiter knapp.

Später entdeckte ich im Unterholz hinter der Polizeiwache einen versteckten Bunker und einen Haufen leerer Patronen. Bei solch konkreten Erinnerungen an 1978 erschienen mir die allgemeinen Befürchtungen weitaus realer. Ich legte mich neben einer kleinen Holzbrücke ins Gras und muss eingeschlafen sein, denn ich wurde von warmem Atem an meiner Wange geweckt, und als ich die Augen aufschlug, begegnete ich dem neugierigen Blick eines weißen Schweins mit großen schwarzen Flecken.

Später bereitete ein Polizist das Mittagessen, und nach dem Essen legten wir uns in die Sonne, während die vier Polizeipferde am Strand herumspielten. Der Polizist zeigte mir die Station (»die älteste in Chile«), und als sie davon sprachen, dass es im Winter hart sei, diese Leutnants des Kalten Krieges, wagte ich zu fragen, was sie in den Monaten denn täten. Schnell zählten sie einige Aktivitäten auf, von denen die anstrengendste wohl das Pferdefüttern war.

Als die Sonne langsam im Meer verschwinden wollte und der Lastwagenfahrer etwas von Aufbruch murmelte, fragte mich der leitende Polizist: »Warum bleiben Sie nicht einfach bei uns? Ich fahre Dienstagmorgen nach Williams – leisten Sie uns doch solange Gesellschaft. Sie können im Aufenthaltsraum wohnen und die Pferde reiten ... was immer Sie wollen ...«

»Aber ich habe doch gar nichts dabei.«

»Eine Zahnbürste können wir Ihnen leihen.«

Es war eine verlockende Idee. Ich hatte noch nie einen so wundervollen Ort gesehen.

»Wir würden uns über eine Abwechslung freuen«, kam ein anderer Polizist ihm zur Hilfe.

Meine Hauptsorge (ich hatte schon öfter drei Tage in denselben Sachen verbracht) war, dass ich nichts zu lesen mithatte. Der leitende Polizist zeigte mir die kleine Bibliothek, um dieses Problem aus der Welt zu schaffen, und ich hatte die Wahl zwischen älteren Ausgaben der Polizeizeitung, einem »Rechtsführer Autopsie« und einer »Erotika-Anthologie« (illustriert). (Aus Langeweile las ich tatsächlich einige Exemplare der Polizeizeitung. Monate später schickten die Polizisten aus Navarino mir die Neuerscheinungen nach London, adressiert an meine Telefonnummer.)

So kam es, dass ich drei Tage und zwei Nächte Gast der chilenischen *carabineros* war; während ich ihre Gastfreundschaft genoss, lief mein Visum tatsächlich aus. Der leitende Polizist, José, war Anfang 40 und hatte eine Frau und zwei Söhne in Punta Arenas; aber als er sie mir in seinem Fotoalbum zeigen wollte, fanden sich nur Bilder von ihm; wahrscheinlich war das seine Art der Selbstbehauptung, und sie erschien mir ehrlicher als viele andere. Einer seiner zwei Untergebenen, Mauricio, war 23, groß und hatte eine geheimnisvolle Anziehungskraft, und der jüngste, der von den anderen Schweinchen gerufen wurde, war dünn, frech und nervös.

Von meinem Fenster aus konnte ich die bleichen, gestochen scharfen Silhouetten argentinischer Berge sehen. Nachts leuchteten die Lichter von Ushuaia über den stummen schwarzen Wassergraben. Der kleine Schwarzweißfernseher in der Essecke lief ununterbrochen; da es nichts Besseres gab, war er auf einen argentinischen Fernsehsender eingestellt. Es war eine Ironie des Schicksals, dass die Besatzung dieses Vorpostens, der eigentlich nur zum Schutz vor argentinischer Aggression eingerichtet worden war, jeden Abend damit verbrachte, argentinischen Revuegirls zuzugucken. Beim ersten Abendessen schimpfte José über die schockierende Freizügigkeit des argentinischen Fernsehens. Zehn Minuten später saß er fasziniert vor einem Softporno.

Die Polizisten behandelten mich wie eine Prinzessin. Sie versuchten, extra für mich etwas Besonderes zu kochen; in Anbetracht der primitiven Küche und der armseligen Auswahl an Zutaten war das besonders rührend. José, ein intelligenter Mann, der Offizier geworden wäre, wenn seine Familie genug Geld für die Ausbildung gehabt hätte, hatte feste Ansichten zu einer Reihe unerquicklicher Themen wie Militärgewalt und dem Übel Gewerkschaft, aber ich hörte einfach nicht zu, und er gefiel mir trotzdem. Sie machten Ausflüge mit mir, damit mir nichts entging. Wenn meine Stiefel nur ein bisschen feucht waren, bestanden sie darauf, mir Schuhe zu leihen, auch wenn sie viel zu groß waren, und ich musste richtig kämpfen, bevor man mir erlaubte, den Abwasch zu machen.

Am zweiten Tag gingen wir Pilze suchen, und sie erklärten mir, welche essbar waren. Ich war keine gute Schülerin: Ich bemerkte, dass Mauricio die meisten Pilze aus meinem Korb fortwarf, als er das Mittagessen vorbereitete. Wir aßen sie mit einem grellorangefarbenen kugeligen Pilz, den wir von Buchenstämmen gepflückt hatten. Nachher nahmen Mauricio und Schweinchen mich mit auf Streife nach Wulaia, einer Bucht im Südwesten.

»Was suchen wir eigentlich?«, fragte ich, während wir die Pferde durch Stechginsterbüsche lenkten.

»Argentinier, nehme ich an«, antwortete Schweinchen.

»Und was sollen wir machen, wenn wir welche finden?«

»Tja ... umkehren und dem Boss Bescheid sagen, schätze ich.«

Von der Bucht aus konnte man den Murray-Kanal und die unbewohnte Insel Hoste sehen, eine Anhäufung von Halbinseln, verbunden durch schmale Erdbänder, die sich durch das kalte Wasser des Pazifik schlängelten. Wulaia war ein wichtiger Name in der Geschichte der Eingeborenen am Beagle-Kanal und in der der Eindringlinge, die sie aufstörten. Kapitän Robert FitzRoy von der britischen *Beagle* nahm vier Yahgan mit auf die lange Heimreise, und nachdem drei von ihnen (einer starb in Plymouth) in den Genuss all dessen gekommen waren, was das England des 19. Jahrhunderts zu bieten hatte, brachte er sie wieder zu ihren Kanälen und ließ sie in der kleinen, friedlichen Bucht von Wulaia zurück. Sie hatten ungefähr drei Jahre bei den Briten verbracht.*

Mehr als ein Vierteljahrhundert später, am 6. November 1859, hielt eine kleine britische Mission ihren ersten Gottesdienst in Wulaia ab. Acht Ausländer waren anwesend, und sie hatten eine beachtliche Gemeinde von 300 Mitgliedern um sich versammelt. Der Koch der Mission, Alfred Cole, war auf dem Schiff *Allen Gardiner* geblieben, das gegenüber der kleinen Kirche ankerte. Während Cole den undeutlichen, enthusiastischen Versen der ersten Hymne von jenseits des Wassers lauschte, bemerkte er draußen vor der Kirche Unruhe, und dann musste er mit ansehen, wie seine Kollegen von einer Bande Männer abgeschlachtet wurden, deren Anführer mit ziemlicher Sicherheit Jemmy Button war, einer der drei Indianer, die während ihres Aufenthalts in England dem König vorgestellt worden waren.

Im 20. Jahrhundert benannten die Chilenen eine Insel nach Button.

Zu Hause in England hatte das Missionieren auf Feuerland bereits einen schlechten Ruf, und Befürworter wurden bestenfalls der Naivität geziehen. Nachdem sich 1852 in London die Nachricht von einem gewagten und schließlich tödlich verlaufenen Experiment auf Navarino verbreitet hatte, forderte ein Leitartikel in der *Times* das Ende der Missionierung von Patagonien. Aber so weit kam es nie. Die anglikanische Mission setzte sich während dieser Jahre in verschiedenen Teilen der Insel fest, und von 1906 bis 1920 arbeiteten ihre Angehörigen an einer anderen Stelle der Westküste Navarinos, die Douglas-Bucht genannt wurde. Wir ritten einmal dorthin, es war einer der trostlosesten Orte der Welt, und Mauricio sagte: »Ich glaube, Sie sind die Ers-

---

* Vom Aufenthalt der Kanuindianer in England, einschließlich der Audienz bei William IV. und Königin Adelaide, berichten viele Quellen. Eine kurze Einführung bietet Bruce Chatwin in Kapitel 61 seines Buches »In Patagonien«.

te aus Ihrem Land, die seit diesen *protestantes* hier gewesen ist.«
Ich fühlte, dass er mich jetzt fragen wollte, warum meine Landsleute eigentlich gekommen wären, also entwickelte ich schnell ein lebhaftes Interesse an der Flora, um der Frage zu entgehen; ich hätte so ziemlich alles getan, um eine Antwort zu vermeiden.
Wir lagen ganz still und genossen die letzten Strahlen der Spätnachmittagssonne, der Hund drückte uns seine Nase unters Kinn, und die Pferde stampften, ihr Fell dampfte in der kalten Luft. Der Beagle-Kanal glitzerte, massige Dampfschiffenten rannten über die Felsen, dabei flatterten ihre nutzlosen Flügel nervös auf und ab, und als ich wieder an Darwins Urteile dachte, fiel mir eine Stelle aus Lucas Bridges' »The Uttermost Part of the Earth« ein, einem der besten Bücher, die je über Südamerika geschrieben wurden. Vor fast einem Jahrhundert saß er zur gleichen Tageszeit an einem Ort, der nur ein paar Kilometer entfernt war.

Talimeoat war ein sehr liebenswerter Indianer. Ich war oft mit ihm zusammen. An einem ruhigen Herbstabend... ging ich nahe des Kami-Sees mit ihm spazieren. Wir befanden uns an der oberen Baumgrenze und ruhten uns vor dem Abstieg ins Tal auf einem Grashügel aus. Die Luft war frisch... Ein paar goldgeränderte Federwölkchen durchbrachen die Monotonie des hellgrünen Himmels, und der Buchenwald, der die steilen Ufer des Sees bis zur Wasserkante bedeckte, hatte seine leuchtenden Herbstfarben noch nicht gänzlich verloren. Das Abendlicht verlieh den ferneren Gefilden einen unbeschreiblichen und unnachahmlichen Purpurhauch.
Still und versunken betrachteten Talimeoat und ich, wie hinter endlosen bewaldeten Hügeln am 60 Kilometer langen Ufer des Kami-Sees die prächtige Sonne unterging. Ich wusste, dass er den Horizont nach Rauch von den Lagerfeuern seiner Freunde oder Feinde absuchte. Nach einer Weile ließ seine Wachsamkeit nach, und obwohl er neben mir lag, schien er meine Anwesenheit ver-

gessen zu haben. Es wurde mir langsam zu kühl, und ich wollte gerade vorschlagen weiterzugehen, da seufzte er aus tiefstem Herzen und sagte zu sich selbst, so sanft wie die Ona sprechen: »*Yak haruin.*« (Mein Land.)

An meinem letzten Abend machten wir uns bei Sonnenuntergang zu einem letzten Ausflug auf: Die Polizisten wollten mir unbedingt einen Biber zeigen (dass ich einen Blick auf einen Schwanz erhascht hatte, zählte offenbar nicht). Im wuchernden Wald gab es viele Lichtungen mit blattlosen und zernagten Stämmen, aber obwohl wir ihre Dammbauten und ihre Privatbäder sahen, während wir durch den Matsch stapften, bekamen wir keinen Biber zu Gesicht. Die Polizisten zeigten mir die Stellen am Ufer, die die Yahgan mit ihren Kanus gern benutzt hatten. Ein Yahgan-Kanu hatte ich noch nie gesehen, aber in Punta Arenas sah ich die Version, die die Alakalufe benutzten. Es war ungefähr drei Meter lang und aus immergrüner Buchenrinde. Dieses Boot hatte 1903 am Sandstrand der Stadt angelegt, zusammen mit einem anderen, und die Insassen erklärten, sie seien aus den Kanälen gekommen, um die Auslieferung eines fünfjährigen Kindes zu erbitten, das von Robbenfängern gestohlen worden war. Sie bekamen das Kind zurück, und der öffentliche Notar kaufte das Kanu für die Nachwelt und schickte die Indianer mit einem Segelboot nach Hause.

In der Abenddämmerung hingen die Wolken niedrig, wie weiße Baldachine, die von unten mit einem pinkfarbenen Strahler angeleuchtet werden. Die Berge nahmen alle Blauschattierungen an, und das spiegelblanke, dunkler werdende Wasser wurde von Entenzügen zerteilt. Am höchsten Punkt der Insel Hoste ragte direkt vor der steil abfallenden Gipfelwand eine schlanke Felssäule in den Himmel.

»Das«, erklärte José, »nennen die Einheimischen den ›Mönch beim Eintritt ins Kloster‹.«

Als ich am letzten Morgen aufwachte, saß ein ein Meter langer Biber am Fußende meines Bettes, starrte mich an und fletschte seine schrecklichen kleinen Zähne, die so gelb waren wie die Zehennägel eines alten Mannes. Wir schauten uns etwa fünf Sekunden an, dann hörte ich ein Kichern aus dem Flur draußen. Ich berührte den Biber mit einem Zeh. Er war ausgestopft. Ich brüllte Schimpfwörter durch die Tür, und Mauricio und Schweinchen lachten eine Viertelstunde lang.

Nach dem Frühstück und einigem nervösem Hin und Her räusperte sich José.

»Sarita, wir möchten dir gern etwas schenken.«

Schweinchen trat vor und drückte mir eine Holzscheibe in die Hand, die er hinter dem Rücken verborgen gehalten hatte. Sie hatten sie von einem Buchenstamm abgesägt, oben bogenförmig drei silberne Polizeiabzeichen aufgeklebt, *carabineros de Chile* darunter geschrieben und in Spanisch hinzugefügt: »Puerto Navarino, Chiles Spitze und das südlichste Ende der Welt, erreicht nur von Menschen mit echter Opferbereitschaft, Mut und Loyalität, zu denen wir unsere Freundin Sara Wheeler zählen. Diese Plakette wurde ihr von ihren ergebenen Freunden bei den *carabineros* überreicht.«

Ich betrachtete das Geschenk, während sie schüchtern lächelnd vor mir standen. José, der einen Pinochet-Sticker an seinem Schrank hatte und dessen politische Ansichten Pol Pot wie einen Unschuldsengel wirken ließen, sagte einfach: »Danke für das Vertrauen.«

Er schüttelte meine Hand und berührte damit auch mein Herz. Ich schlug vor, diesen Moment in einem Foto festzuhalten, und sie rannten los, zogen ihre Uniformen an und stellten sich wie Zinnsoldaten mit ernsten Gesichtern draußen neben dem *Carabineros*-Schild auf.

Zurück in Puerto Williams, ließ ich mich wieder in Marios Gasthaus blicken; es gab immer noch keine anderen Gäste, und ich bezweifelte, dass irgendjemand meine Abwesenheit bemerkt hatte. Ich sagte »Hallo« und ging in mein Zimmer, das noch genauso war, wie ich es vor drei Tagen verlassen hatte, das Bett immer noch ungemacht.

Die Menschen hatten sich so daran gewöhnt, dass auf der Insel nichts passierte, dass es ihnen kaum einfiel, selbst etwas zu unternehmen. Vor zehn Uhr war selten jemand auf der Straße, und in Marios Haus war es schwierig, irgendjemanden vor elf aus dem Bett zu kriegen. Niemand machte dort den Abwasch, bis es in der ganzen Küche kein sauberes Geschirr mehr gab. Es war reizend.

Ich wanderte durch Hochmoor und Buchen zum See im Herzen der Insel, auf die »Zähne Navarinos« zu, glänzende Eckzähne in unebenem Zahnfleisch. Als ich auf einem hochgelegenen Kamm pausierte, um etwas Brot und gesalzenen Fisch zu essen, den ich mir zum Mittagessen gekauft hatte, fand ich mich eine Minute lang Auge in Auge mit einem weiblichen Guanako, das von der anderen Seite heraufgeklettert war; sein weiches braun-gelbes Fell war schweißfeucht, und sein dunkler, gebogener Schwanz zitterte.

Der Fisch schmeckte wie ein gesalzener Kricketschläger.

In Ukika, einem winzigen Nest, wo die Nachfahren der Yahgan – mittlerweile gibt es keine reinrassigen mehr – in zierlichen Hütten leben, malte ein Mann in metallicgrünen Fußballshorts ein auf dem Strand liegendes Holzkanu an. Sie konnten nicht mehr nach Schaltieren tauchen wie ihre Großeltern, selbst wenn sie das gewollt hätten, denn ein Plankton, das unter dem Namen *marea roja* bekannt ist, hatte alle Filtertiere vergiftet. Mörder ihrer Großeltern waren eingeschleppte Zivilisationskrankheiten und die europäischen Siedler selbst, die ihnen die Ohren abschnitten, nachdem sie sie getötet hatten, diese Ohren den Behörden zum Beweis vorlegten und eine Belohnung kassierten. Die *marea roja*, nahm der Mann in den grünen Fußballshorts sich Zeit mir zu erklären, als er mich eine Krabbe aufsammeln sah, wobei er seiner Stimme einen der Sache angemessenen bedeutungsvollen Ton gab, ist für die *centolla* ungefährlich. Dieses Krustentier, im Deutschen Königskrabbe genannt, ist ein Wirtschaftsfaktor der Insel, genauso bekannt wie die *langosta* aus Juan Fernandez und in Santiago genauso teuer. Eine hatte zwei Tage lang in Marios Badezimmerabfluss gelegen.

Um sechs Uhr abends tauchte Luis an der Eingangstür des Gasthauses auf. Ich hatte ihn bei der Geburtstagsfeier kennen gelernt; er leitete die örtliche Schiffsagentur.

»Ein paar Landsleute von Ihnen sind im Yachtclub.«

Ich hatte schon ewig lange keine Briten mehr gesehen, und ich vermisste sie. Im Toyota-Transporter auf dem Weg zum Club erfuhr ich, dass alle 21 von Neuseeland auf einer Yacht herübergesegelt waren, mit der sie die Welt umrunden wollten. Sie standen an der Bar, als wir ankamen, lachten und tranken, froh wieder an Land zu sein, und Luis belächelte unser sehr britisches Kennenlernen. Der Kapitän lud Luis und mich zum Abendessen auf das Schiff ein. Die Yacht hieß *Creighton's Naturally*, das war der Name der Gesellschaft, die sie bei Rennen sponserte, und es gab Spaghetti. Wir kamen auf die Idee, eine Fußballmannschaft aufzustellen, und Luis bot an, am Ort eine gegnerische Mannschaft zusammenzutrommeln. Als die Idee so weit gediehen war, verrieten sie sich durch ihre Scherze.

»Es gibt da eine Schwierigkeit: Sie spielen barfuß!«

»Aber Pete, sie gehen immer barfuß!«

»Heute Nacht machst du besser dein Bullauge zu, sonst kriegst du noch einen Pfeil ins Auge!«

Alle lachten. Im ganzen Land hatte man, wenn man mich nach dem Bild fragte, das Ausländer sich von Chilenen machen, vermutet: »Sie halten uns für wilde *indios*, stimmt's?«

Diese (für sie) schmerzhafte Vorstellung hatte ich immer heftig bestritten, und da saß ich nun mit gebildeten Europäern, die so taten, als hätten die Chilenen nicht genug Kultur, um Schuhe zu tragen. Ich schaute mich nach Luis um – glücklicherweise hatte er nichts mitgekriegt. Er blätterte gerade in einer Ausgabe von *Sunday Sport*.

Am nächsten Tag besorgte Luis eine ganze Flotte ramponierter Laster, die uns zum Hartplatz am Waldrand bringen sollten. Ich nahm den kleinen Julio mit. Die Männer von der *Creighton* hängten einen Schiffswimpel und einen Union Jack über eines der Tore, aber sie guckten ziemlich verdattert, als das Williams-Team in einheitlichen gestreiften Trikots auflief; die Briten spielten in Bootsschuhen, und ihr Linksaußen hatte seit 1954 keinen Ball mehr angefasst. Julio versuchte immer wieder wegzulaufen. Unsere Jungs verloren neun zu eins, und ich war stolz auf sie: Das war echter britischer Sportsgeist, und außerdem hatten sie das wohl »südlichste« internationale Fußballspiel möglich gemacht.

Ich ließ mich von einem Versorgungsboot mitnehmen, das einen Sarg nach Kap Hoorn brachte. Auf einem nordamerikanischen Luxuskreuzer war ein Passagier gestorben, und wir brachten den Sarg zum Schiff, um dann wieder nach Williams zurückzukehren, eine Rundreise von etwa 16 Stunden. Die *Ñandu* (Pampasstrauß), ein 30 Meter langes Versorgungsboot, verließ Williams in der Morgendämmerung, als die Farben, die sich über den perlmuttgrauen Himmel ergossen, am sattesten und ausdrucksvollsten leuchteten. An Bord war ein deutscher Matrose, der schon seit zehn Jahren in Chile lebte. Er trug eine fleckige Matrosenkappe, und er rauchte Kette. Nachdem er fünf Minuten neben mir auf Deck gestanden hatte, ohne ein Wort zu sagen, deutete er erregt auf den dichten Rotbuchenwald am östlichen Ende von Navarino.

»Siehste die Bäume? Jetzt hat die Regierung riesige Waldstücke in Feuerland an japanische Papierfabriken verkauft. Heute Brot und morgen Steine. Genau wie beim Fisch. Sie konnten die Fischereirechte gar nicht schnell genug loswerden. Dann kamen die Ausländer mit ihrer modernen Ausrüstung, und kurz darauf war das Meer leer gefischt und die chilenische Fischindustrie kaputt.«

Er steckte sich noch eine Zigarette an, dann redete er weiter: »Siehst ja, wie wunderschön das hier ist. Der Garten Eden. In Europa gibt es so etwas überhaupt nicht. Aber sie haben keine Ahnung, wie sie es schützen sollen – wie sie sich selbst, ihre Zukunft schützen sollen.«

Der leere Sarg stand, in ein Baumwolltuch eingeschlagen, unübersehbar mitten in der Hauptkabine, und alle machten einen großen Bogen darum. Chilenen lieben Kosewörter, und wie zum Beweis bezeichneten die Matrosen den Toten, für den unsere Ladung bestimmt war, als *el muertito* (das tote Menschlein). Im Laufe der Reise gewöhnten wir uns allerdings an den Sarg, und kurz nachdem wir an zwei kleinen Pinguinkolonien vorbeigekommen waren, bemerkte ich, dass die Matrosen darauf Karten spielten.

Der deutsche Seemann zeigte mir ein winziges Eiland namens Snipe, an dem sich vor der Krise von 1978 ein größerer Streit zwischen Chile und Argentinien entzündet hatte (anscheinend haben sie sich früher oder später über jede Kleinigkeit gestritten), und kurz darauf passierten wir Picton, Nueva und Lennox selbst. Sie wurden immer in einem Atemzug genannt, wie bei einer Varieté-Vorstellung. Da lagen sie also, diese Berühmtheiten der modernen chilenischen Geschichte: kleine, unbewohnbare, sturmumtoste, öde Felshaufen, ständig umgeben von feuchtem Nebel und heulender grauer See.

Während wir über die bleigraue Wasserfläche zwischen Lennox und den Wollaston-Inseln fuhren – Letztere scheinen vom Ende des Kontinents abgefallen zu sein wie Wassertropfen von einem undichten Kran –, stieg ich auf die Brücke. Der schwarze, runde Rücken eines Wals tauchte direkt vor uns im Wasser auf (es war ein Blauwal, einer der größten), und der Kapitän machte einen Witz über den britischen Anspruch auf die Falkland-Inseln.

»Unsere Luftwaffe war sehr dankbar für die chilenische Unterstützung«, entgegnete ich.

Das brachte ihn zum Schweigen.

»Stimmt das etwa nicht? Chile hat England doch mit seinen Stützpunkten geholfen.«

Nach einer unangenehmen Pause antwortete dieser »zivile« Seemann: »Darüber sprechen wir nicht.«

Ich war wieder einmal erstaunt, wie empfindlich das öffentliche

Bewusstsein auf jeden Versuch reagierte, die über den Ereignissen von 1982 liegende Geheimhaltung ein wenig zu lüften. Offiziell war Chile während des Falkland-Krieges zwar neutral, aber die Argentinier waren nach zehn Jahren sicher im Bilde. Vielleicht konnte ich als Kind der 60er-Jahre die Tiefe patriotischen Zusammenhalts, die ein Krieg hervorbringt, nicht würdigen. Es war sehr nah an zu Hause für sie.

Zwei Inseln tauchten noch aus dem Dunst auf, die letzten sichtbaren Überreste der längsten Bergkette der Welt – fast 7000 Kilometer von der Karibik bis zum Kap Hoorn, und selbst dort ist sie noch nicht zu Ende, sondern verschwindet einfach unter dem Wasser. Es fing an zu regnen, und man rief mich zum Mittagessen unter Deck. Die *Ñandu* wirkte plötzlich sehr zerbrechlich, als wäre sie geschrumpft, und sie glitt auch nicht mehr sanft dahin. Es war mir gar nicht nach Essen zu Mute, aber da ich der einzige Gast war, hatte man mir den Ehrenplatz am Tischende reserviert; ich wusste einfach nicht, wie ich mich aus der Affäre ziehen sollte. Jetzt ahnte ich, wie George Bush sich gefühlt haben muss, kurz bevor er sich in Tokio in die emetische Diplomatie rettete. Der Kapitän und fünf Besatzungsmitglieder machten sich über ein Vier-Gänge-Menü her, das in Fleischscheiben so groß wie Schuhsohlen gipfelte. Irgendjemand machte einen Scherz über die britische Konstitution; jetzt kam wohl der gemütliche Teil.

Hornos selbst, eher eine Insel als ein Kap und genauso dunkel und trostlos wie alle anderen, hatte nur ein paar zwergenhafte Buchen und spärliche Grasbüschel. Dort ließen wir in tosendem Wind den Anker fallen und warteten auf das Schiff, das wir beliefern sollten, dabei betrachteten wir durch unsere Ferngläser die wenigen einsamen Gebäude oberhalb der Klippen. Draußen an Deck brüllte der deutsche Matrose, der mit seiner immer noch brennenden Zigarette allen Naturgesetzen trotzte, mir etwas ins Ohr, aber alles, was ich bei dem Sturm verstehen konnte, war: »Korruption bis in die obersten Etagen.« Ich hatte mir schon zurechtgelegt, was ich beim Untergang der *Ñandu* tun wollte. Ich würde mich am Sarg festhalten. Erinnern Sie sich an »Moby Dick«? Der leere Sarg rettete Ishmael, als die *Pequod* sank.

Der Kreuzschiff tauchte auf, und drei Mitglieder der philippinischen Besatzung kamen in einem Schlauchboot herübergerudert. Wir hätten direkt am Schiff festmachen können, aber der Kapitän wollte die Gefühle seiner meist älteren nordamerikanischen Passagiere schonen und meinte, dass unsere Fracht, die jetzt in fluoreszierende orangerote Persenning eingewickelt war, weniger auffallen würde, wenn man sie in einem Dingi anlieferte. Ich umklammerte die Reling und beobachtete durch einen Regenschleier, wie der Sarg heruntergelassen wurde, und gerade als ein Ende im Schlauchboot aufschlug, die Mannschaft der *Ñandu* an den Seilen zog und die Wellen gegen das schräge Deck schlugen, musste ich mich übergeben.

Als das Schiff wieder im Nebel verschwand, kam der Deutsche und bot mir eine Tasse *café a punto* (Kaffee mit Schuss) an. Der Whiskygeruch reichte schon, um mich wieder an die Reling stürzen zu lassen, und die nächsten fünf Stunden verbrachte ich in einem Delirium, das mich immer tiefer ins Elend sinken und an eine Geschichte denken ließ, die der französische Fremdenlegionär mit dem schlechten Mundgeruch auf Juan Fernandez erzählt hatte; darin ging es um ein Truppenschiff, auf dem während der von ihm geleiteten Fahrt nach Singapur sechs Männer an Seekrankheit gestorben waren.

Um zehn Uhr nachts ankerten wir eine halbe Stunde in Puerto Toro an der Ostküste von Navarino. Ein aufgeregter Menschenschwarm rannte auf dem Kai herum, der in der pechschwarzen Nacht von den hellen Lichtern der *Ñandu* beleuchtet wurde. Alle drängelten und schubsten, um Kisten, Kästen, Kinder und Hunde einzuladen. Toro war vom Land aus unzugänglich, und die acht Kinder mussten wieder in die Schule in Williams.

Bei der Abfahrt lehnten die Kinder über der Reling, bis die besorgten Gesichter der Erwachsenen in der Dunkelheit verschwanden. Die Besatzung wollte etwas essen, und der Deutsche machte sich daran, ein Gulasch zuzubereiten, die Zigarette verwegen im Mundwinkel. Ich zog mich schnell in meine Koje unter Deck zurück.

Kapitel dreizehn

> Wenn man keine Geburtstagsgeschenke bekommt, kann das sehr schmerzhaft an die Verfolgungsangst erinnern, die gewöhnlich nach der Geburt einsetzt.
>
> Henry Reed, »The Primal Scene as it were«

Ich musste nach Norden, aber von Punta Arenas würde ich auf dem Landweg nicht sehr viel weiter kommen, denn das Festland zerbröckelte bald in lauter Inseln. Man verliert einfach den Boden unter den Füßen. Ich hätte die Anden überqueren können, durch Argentinien und dann weiter oben wieder zurück nach Chile, aber ich wäre mir treulos vorgekommen, wenn ich das dünne Land in diesem Stadium meiner Reise verlassen hätte, und außerdem wollte ich sowieso durch die Inseln segeln. Jemand hatte mir einmal erzählt, es gäbe tausende davon.

Ich flog von Williams nach Punta Arenas zurück, wobei ich mit Schrecken entdeckte, dass mitten in der Twin Otter ein bekanntes Objekt lag. Das nordamerikanische Kreuzfahrtschiff hatte in Williams festgemacht und den jetzt vollen Sarg ausgeladen, zwecks schneller Beförderung zum nächsten internationalen Flughafen. Wenigstens garantierte der Leichnam hinten eine Mitfahrgelegenheit in die Stadt.

Während ich es mir im Leichenwagen am Kopfende des Sarges bequem zu machen versuchte, bemerkte ich, dass die unbeabsichtigte Verfolgung dieses toten Fremden mich makabrerweise mehr und mehr faszinierte, und als ich ausstieg und dem Leichenwagen nachsah, fragte ich mich, ob ich der Seele des Mannes wohl bald ins Fegefeuer folgen würde. Den folgenden Ereignissen nach zu urteilen, war es wohl so.

Ich holte mein Visum ab und verbrachte einen verregneten Montag damit, zwischen kalten Schiffsbüros hin und her zu laufen, immer in der Hoffnung, einen der gestrengen Angestellten dazu überreden zu können, mich auf einem Schiff, das die Küste hochfuhr, unterzubringen. Ein Boot der Marine würde abends nach Tortel auslaufen; von dem Ort hatte ich noch nie gehört, aber auf der Karte sah ich, dass er genau richtig lag, mitten in einem leeren weißen Fleck, der Eis darstellen sollte. Ein Mann im Marinehauptquartier teilte mir bei meinem vierten Besuch triumphierend mit, dass er mir eine Passage auf diesem Schiff beschafft hätte. Später kam ich noch einmal dorthin, um Einzelheiten zu erfahren. Ein anderer Mann trat ins Zimmer, und als er meiner ansichtig wurde, entfuhr ihm eine Art scharfes Zischen.

»*Sie* können wir aber nicht mitnehmen.«

»Warum nicht?«

»Weil Sie eine *Frau* sind.«

Später am Nachmittag hörte ich zufällig, wie ein Armeeoffizier, der dabei gewesen war, diesen Vorfall einem Kollegen schilderte: »Dann«, sagte er, »gab es eine mittlere Explosion.«

Der Kapitän war in keiner der Messen, auch nicht auf seinem Schiff, der *Orompello*, oder in den Büros der Marine, und ich überlegte schon, ob ich vor den Bordellen von Punta Arenas herumlungern sollte. Da entdeckte ich im Marinehauptquartier noch einen Gebäudeflügel und fragte den Dienst habenden Offizier, ob dieser Kapitän sich wohl dort aufhalte. Der Mann sagte, ich solle mich ins Wartezimmer setzen, und verschwand mit meinem Pass. Ich hockte auf einer Bank zwischen zwei Marineinfanteristen.

»Alle Chefs sind Schweine«, polterte der Matrose zu meiner Linken und versetzte einem unschuldigen Heizöfchen einen Tritt. Die beiden waren wegen schlechter Führung an Land gesetzt worden und warteten jetzt darauf, ihre Strafe zu erfahren.

»Was ich brauche, ist 'ne ordentliche Sause und 'ne Batterie Pisco. Die da oben können mich mal.«

In dieser Stimmung saßen wir drei also herum, klamm, schlecht gelaunt und voller Rachepläne, bis sich die Tür öffnete und ein groß gewachsener Kapitän eintrat, in tadellosem Marineblau mit polierten Goldknöpfen. Er blieb vor mir stehen, salutierte, schlug die Hacken zusammen und gab mir meinen Pass.

Capitán Lanthrop, Señora, a sus órdenes.«

Die Matrosen sprangen auf und schauten mit tiefstem Abscheu vom Kapitän zu mir und wieder zurück, so als sei ich ein ekliges Gewürm. Sie salutierten stocksteif, während ich dem Kapitän die Hand schüttelte, ihm fest in die Augen sah und versuchte, mich zu beruhigen. Am Klischee über Männer in Uniform ist doch etwas Wahres.

»Weggetreten!«, erlöste er die Rekruten.

Ich kramte mein schönstes Spanisch hervor und erzählte ihm, dass es der Traum meines Lebens sei, Tortel zu sehen, und meine einzige Hoffnung sei sein Schiff. Auch er sah mir fest in die Augen.

»Ich würde Sie sehr gern mitnehmen, aber das Schiff ist überladen und überfüllt, wir haben keinen Platz, außer im Mannschaftsdeck, und dort kann ich Sie unter gar keinen Umständen unterbringen.«

Das hörte sich ziemlich abschreckend an.

Ich fand heraus, dass ein Gastransporter nach Chacabuco fuhr, aber der Manager der Eignergesellschaft erklärte mir, nachdem ich zwei Stunden auf seine Rückkehr vom Hochzeitsempfang eines Cousins gewartet hatte, dass es gegen internationale Vorschriften verstieße, wenn ein solches Schiff Passagiere mitnähme. Um fünf Uhr abends blieb mir als letzte Chance das reguläre Frachtschiff, das alle zehn Tage nach Puerto Montt fuhr und in Containern an Deck ein paar Passagiere mitnahm. Die Überfahrten waren meist Wochen im Voraus ausgebucht, aber in letzter Sekunde gelang es mir doch noch, einen Platz zu ergattern, und um das zu feiern, traf ich mich zu einem Abschiedstrunk mit William, einem der Fußball spielenden Segler. Er hatte die *Creighton* verlassen, um über Land weiterzureisen, und kam zusammen mit einem britischen Wildwasserfahrer. Es war der 9. März, und wir hatten alle drei Post von zu Hause bekommen. Die Jungen kicherten über ihre Valentinskarten und hielten es für ausgesprochen lustig, dass ich keine bekommen hatte. Dann erzählten sie mir endlose Märchen über die raue Überfahrt, die ich in den vier Tagen auf meinem Lastkahn erleben würde, und stürzten sich auf ihre Wörterbücher, um eine Übersetzung für Golfo de Penas zu finden, einen berüchtigten Abschnitt des Wasserweges durch die chilenische Inselwelt.

»Golf des Elends«, schrie William begeistert.

»Golf der Mühsal«, steuerte der Rafter voller Freude bei.

Scheißmänner, dachte ich.

Ich erwischte den letzten Bus nach Puerto Natales, einem Hafen drei Stunden weiter nördlich, von dem aus mein Schiff fuhr; dort war die Straße im wahrsten Sinne des Wortes zu Ende. Dahinter gab es nur noch Fjorde, Inseln und Eiskappen. Es regnete immer noch in Strömen, und das Licht der Scheinwerfer strich über eine dunkle blaugraue und schwefelgelbe patagonische Landschaft. Wir hielten, um einen Mann mitzunehmen, der neben einem einzelnen Zimtbaum wartete, beide Gestalten standen in einem Lichtstrahl, der aus dem Fenster einer Kneipe fiel. Die meisten Passagiere im Bus kamen aus Natales und hatten von Puerto Montt aus den Umweg über Argentinien genommen. Als die ersten Lichter von Puerto Natales am Horizont vor dem Letzte-Hoffnung-Sund auftauchten, riefen die Heimkehrer: »*Las luces! Las luces!*« (Die Lichter! Die Lichter!), und das war eine viel versprechende Begrüßung.

In Puerto Natales war es nass. Ich mietete mich in einer Pension, einem Holzhaus mit riesigen Zimmern, ein; um den Holzofen im Flur hatten die Bewohner ihre feuchten Kleider drapiert, und der angenehme Geruch trocknender nasser Wolle stieß in meiner Erinnerung Türen auf. Die Besitzer dieser Sachen, erfuhr ich später, warteten auf mein Schiff. Alle, die nach Natales kamen, waren offenbar nur auf der Durchreise. Der Ort befand sich in einer Art Rohzustand: Kneipen mit beschlagenen Fensterscheiben und klatschnasse Pferde, die in den breiten Schlammstraßen an Telegrafenmasten gebunden waren. Viele der Männer sahen aus wie John Wayne.

Während meines sechsmonatigen Aufenthalts in Chile machte ich eine organisierte Tour mit. Es war ein Tagesausflug in den Nationalpark Torres del Paine, den einzigen Ort des Landes, den alle Touristen und Reisenden kennen lernen, und einer, an dem man mindestens eine Woche verbringen sollte. Ein maßgebendes und normalerweise streng urteilendes Buch mit dem Titel »Südamerikas Nationalparks«, das in den Vereinigten Staaten von einem Bergsteigerverein herausgegeben wird, sagt Folgendes über Paine:

»Torres del Paine ist nicht irgendein Park, sondern der Park schlechthin, ein Ziel aller Reisenden, für die ein Park mehr ist als nur ein Ort zur Freizeitgestaltung, die eher auf der Suche nach einem Erlebnis sind, das ihnen ihr ganzes Leben lang erhalten bleibt. Torres del Paine gehört zu den Parks, die ihre Besucher verändern...

Widerstehen Sie der Versuchung, einen Tagesausflug zu machen«, riet das Buch weiter. Diese Art Ratschläge mochte ich überhaupt nicht, und deshalb bereitete es mir kindisches Vergnügen, sie nicht zu befolgen, obwohl ich wirklich nicht genug Zeit hatte, mir den Park richtig anzusehen, weil mein Frachtschiff am nächsten Tag ablegte. Da es mir nicht möglich war, dem Park die nötige Zeit zu widmen, hoffte ich insgeheim, dass die Tour zu einem rechten Reinfall werden würde, aber es kam anders. Der Reiseleiter hieß Fabien, und er war jung, hilfsbereit und sehr gut informiert. Er fuhr mich in einem japanischen Wagen von Natales zum Park, es waren noch zwei ältere Argentinier dabei. Letztere kamen aus Patagonien, und in der ersten Stunde entspann sich eine Debatte über die relativen Vorzüge des chilenischen Teils (in dem Fabien geboren war) gegenüber denen des argentinischen. Ich fragte nach den Grenzen Patagoniens – wo es anfing und aufhörte –, und das provozierte einen wüsten Meinungsaustausch. Offenbar war Patagonien ein unlösbares topografisches Rätsel: Ähnlich wie bei den Bezeichnungen Tatarei und Christentum war es einfach nicht in feste Grenzen zu fassen. Es passte schlichtweg nicht in die weltliche verwaltungstechnische Aufteilung in Provinzen und Länder; es existierte sozusagen auf einer höheren Ebene.

Ich fragte, ob sie den Unterschied zwischen dem chilenischen und dem argentinischen Patagonien in einem Satz zusammenfassen könnten.

»Es gibt gar keinen, nur dass der chilenische Teil Berge hat«, sagte der Argentinier.

»Genau«, stimmte Fabien ihm zu, und damit hatten wir's.

In der Milodón-Höhle zwischen Natales und dem Park sahen wir eine Rekonstruktion des berühmten prähistorischen Riesenfaultiers, einer traurigen Mischung zwischen Dinosaurier und Bär. Die Höhle war sehr beeindruckend. Ich stellte fest, dass die Argentinier die Gewohnheit angenommen hatten, sich mit »Mami« und »Papi« anzureden, als ob ihre Beziehung sich gänzlich auf die gemeinsame Sorge um die zahlreiche Nachkommenschaft reduziert hätte. Papi filmte uns vor dem Faultiermodell.

Dann fuhren wir an der Kordillere entlang, das Land war noch mit Reif bedeckt, und Fabien winkte Männern in Ponchos zu, die mit ihren großen Pferden riesige Schafherden lenkten. Er zeigte uns weitläufige einsame Gehöfte, die inmitten riesiger Flächen trockenen gelben Landes standen. Mehrere Kilometer lang schien die Sonne durch die klare Luft, und die stumpfen, verschwommenen Farben bekamen Konturen. Aber dann tauchte eine dunkle Nebelwand auf, und die Hügel verschwanden im Dunst. Mamis Mund stand niemals still, aber anscheinend war sie es gewöhnt, dass keiner ihr zuhörte, denn eine Antwort schien sie gar nicht zu erwarten.

Sobald wir den Park betraten, sahen wir hunderte braun-gelber Guanakos. Diese Tiere waren ziemlich verschrien. Die Angewohnheit zu spucken, wenn sie sich ärgerten, war in Chile so bekannt, dass man die Wasserwerfer, die während der Diktatur gegen Protestierende eingesetzt wurden, nach ihnen benannte. Die Pampasstrauße waren schwieriger auszumachen – aber wir entdeckten ein paar, plumpe, unschöne Vögel, die sich abzeichneten gegen einen fahlen Granitberg, dessen Spitze ein Schieferdach trug wie Schokoladensauce auf einem Eishörnchen. Erst sehr viel später tauchten die drei Granittürme (die *Torres*, die dem Park den Namen gaben – in Wirklichkeit kristallisierte Gesteinsmassen) aus dem Dunst auf. Einer war über 2300 Meter hoch.

»Ich fühle mich ganz klein«, entfuhr es Papi.

Am Grey-See gingen wir über den welligen Sand zu den Eisbergen, und in den Wäldern dahinter aßen wir von Berberitzensträuchern die Zauberfrüchte Patagoniens, die, einmal gekostet, dich zwingen wiederzukommen. Während sich unsere Lippen rot färbten, lauschten wir den magellanischen Spechten, und ein-, zweimal sahen wir die blutrote Brust des Männchens in den Zweigen aufblitzen. Bei den Wasservögeln an den Ufern der Parkseen hatte Fabien uns besonders auf einen fetten Vogel aufmerksam gemacht, der als chilotische Pfeifente bekannt war und eine dreitönige Melodie von sich gab; wenn ich richtig hinhörte, vibrierte die kalte Luft von Tönen eines fein abgestimmten Orchesters, in dem der schrille Schrei eines erzürnten Guanakos die Akzente setzte.

Als wir bei Sonnenuntergang nach Natales zurückfuhren, schwebten Blässhühner, Flamingos und Schwarzhalsschwäne zusammen über einer kleinen Lagune am Sarmiento-See. Ein Zug dieser traurigen Schwäne, deren synchroner Flügelschlag die Stille durchbrach, flog auf die Berge zu, mit gestreckten schwarzen Hälsen am bewölkten Himmel entlang. Die Wolken leuchteten im Gegenlicht, wie ich es dort unten im tiefen Süden schon oft gesehen hatte, und Hochlandgänse watschelten über die gelbe, mit Grün gesprenkelte Steppe.

Noch vor Sonnenaufgang überquerte ich den Landungssteg der *Puerto Eden*, die finster auf dem schwarzen Hafenwasser dümpelte. Ich fand meine Kabine, legte mich auf eins der sechs Kojenbetten und atmete die abgestandene Luft ein. Zwei junge Deutsche kamen herein.

»Das wird eine lange Reise«, sagte die Frau. »Wie sollen wir uns bloß die Zeit vertreiben?«

»Ich hätte da schon eine Idee«, entgegnete ihr Freund, während er sie in den Arm nahm.

Ich dachte, ich werde vier Tage seekrank hier liegen, während um mich herum nur deutsch gequasselt wird.

Neben der Kabine wurden 13 Lastwagen mit Schafen, Kälbern und Pferden verladen. Die Tiere standen dicht an dicht, sie hatten keinen Platz, um sich hinzulegen. Der Himmel wurde heller, und auf den beiden oberen Decks liefen die Menschen durcheinander. Als die Schiffssirene ertönte, gerieten die Tiere in Panik, und die Kühe schissen sich gegenseitig ins Gesicht. Sechs Delfine gaben uns das Geleit.

Der nette Mann, der mir die Überfahrt besorgt hatte, hatte verbreitet, ich sei Journalistin, daher lud der Kapitän mich auf die Brücke ein und entschuldigte sich, dass ich auf dem Unterdeck bei der »kleinen Herde« (damit meinte er die Touristen, nicht die Tiere) untergebracht war. Ich versicherte ihm, ich sei sehr zufrieden, und er stellte mir seinen Zweiten Maat vor.

»Peter Shilton«, sagte der, als er herausfand, dass ich Engländerin war. »Ich bin Peter Shilton.«

Sein richtiger Name lautete Patricio, und er war ein trauriger Mann Mitte 40, mit pomadigem Haar, dunklen Ringen unter den Augen und einer geschiedenen Frau. Er war erstaunlich nett zu mir, stellte regelmäßig Tee, Sandwiches und Whisky vor mich hin, erläuterte die Wetterentwicklung, zeigte mir Gezeitentabellen und breitete Admiralitätskarten aus, um mir genau zu zeigen, wo wir uns befanden. Wegen meiner Verbindung zu Mornington Crescent war ich enttäuscht, als ich feststellen musste, dass wir an der Insel Mornington nicht vorbeifahren würden. Sie lag auf einer Admiralitätsroute, und wir mussten uns an die Handelswege halten.

Der Kapitän trug immer eine dunkle Brille, selbst wenn er durch sein Fernglas sah, und das gab ihm ein recht finsteres Aussehen, ein Eindruck, der durch seinen verschwenderischen Umgang mit herbem Rasierwasser noch verstärkt wurde. Sein Name war Trinquao, was ihm einen Hauch von Rabelais verlieh, den er gar nicht verdiente. Das Schiff, erklärte er mir, folge einer Route, die 1978, als Argentinien den südlichen Grenzübergang schloss, von der Regierung festgelegt worden sei. Mittlerweile war die Grenze wieder auf, aber chilenische Lastwagenfahrer zogen trotzdem den Seeweg vor, da das billiger war.

Die *Puerto Eden* wartete eine Stunde im Schatten eines Berges, bis die Flut ihre Fahrt durch Angostura Kirke, eine der engsten befahrbaren Routen der chilenischen Wasserwege, erleichterte. Um uns hindurchzubringen, rief der höchst konzentrierte Kapitän dem Steuermann Befehle zu. Das Wasser war so glatt wie eine Eisbahn, und die Luft war eisig, aber der Himmel war leuchtend blau, und die Sonne schien. Kurz darauf kamen wir an den stillen Ausläufern des riesigen Alakalufe-Waldschutzgebietes vorbei, und ich wunderte mich über die Unverfrorenheit, mit der die Chilenen ein Reservat nach einem Volk benannten, das von ihren Vorfahren systematisch ausgerottet worden war.

Auf der 105 Meter langen *Puerto Eden* drängten sich 100 Menschen, dazu noch die Tiere, die Lastwagen, zwei Bulldozer und ein paar Autos. Zu den 27 Besatzungsmitgliedern kamen 20 Lastwagenfahrer, eine Hand voll Studenten, die zur Universität zurückmussten, eine Großfamilie, die vier Tage lang ununterbrochen aß, und ungefähr 40 ausländische Touristen. Letztere waren fast ausnahmslos Tramper, die Südamerika »abhakten«, hauptsächlich Deutsche sowie ein paar Nordamerikaner, Franzosen, Holländer, Australier und Schweizer. Ich teilte die beiden dreistöckigen Kojen in meiner Kabine mit drei australischen Männern und dem deutschen Pärchen; der Raum befand sich in einer Art Container auf Deck, direkt neben den Pferden, und war fensterlos. Die Reederei hatte sich redliche Mühe gegeben, es für uns so ähnlich unerträglich zu machen wie für die Tiere. Die »Speisezimmer« befanden sich im zweiten Stock des Containers; eines war für die Trucker und das andere für uns (da wir zahlreicher waren, mussten wir unseres schichtweise benutzen). In den beiden Zimmern gab es vollkommen verschiedene Gerichte; während die Lastwagenfahrer mit ihren schlechten Zähnen sich an Steak und Lachs gütlich taten, wurden an uns, die reichen Kinder des Westens mit untadeligem Gebiss, fettige Suppen und wässrige Eintöpfe ausgeteilt. Das Frühstück bestand aus zwei Scheiben altem, abgepacktem Brot mit einem Stückchen Bratenaufschnitt dazwischen.

»Das war das Aufstehen aber wert«, lästerte ein kalifornischer Biologe am ersten Morgen.

Das Aufstehen wert war allerdings der Ausblick auf die Inseln, der jeden Tag anders war. Sobald man aus der übel riechenden Kabine trat, begannen die Überraschungen.

Die Tage verbrachte ich auf der Brücke und die Abende zusammen mit den anderen Passagieren, und so verging die Zeit recht angenehm. Es gab da einen jungen Mann, der immer allein war; er sah irgendwie anders aus als die anderen, von denen er ignoriert wurde. Er hatte sich den halben Kopf rasiert, und das restliche blonde Haar hing lang herunter, er erinnerte an die übrig gebliebenen Punks von Camden Town. Sein armseliger Mantel stach von der grellbunten Ausrüstung der Deutschen ab, und er wirkte verhärmt und krank, wogegen die anderen Kraft ausstrahlten. In der zweiten Nacht teilte ich mir mit ihm eine Flasche Pisco. Er war ein britischer Bergsteiger und hatte gerade fünf Wochen damit zugebracht, den Gipfel des Torre Central im Paine-Massiv zu besteigen. Dieser über 2300 Meter hohe Granitturm mit seiner 700 Meter hohen Steilwand war seit der Erstbesteigung 1963 nur von 13 Seilschaften bezwungen worden. Übernachtet hatte Paul in einem Zelt – daheim in Wales selbst gemacht –, das an einer Stelle am Fels befestigt wurde und dann fast einen Kilometer über der Erde in der Luft hing. Oben angekommen, blieben er und sein Partner nur eine Minute, da sie Angst hatten, heruntergeweht zu werden. Sie brauchten 800 Meter Seil und hatten es sich erlaubt, jeweils ein Buch mit hinaufzunehmen. Pauls Wahl war auf ein Physiklehrbuch gefallen. Er war von bekannten Firmen für Bergsteigerausrüstung gesponsert worden, aber er wollte all seine Sachen in Bariloche, einem argentinischen Ferienort, verkaufen, um Geld für ein Rückflugticket zu bekommen. Er war verschlossen, ja schwierig, und wählte seine Worte mit Bedacht, ganz anders als die schrillen Rucksacktouristen; er schrieb zwar kleine Artikel für die Fachpresse, aber er sagte, es falle ihm nicht leicht, denn Bergsteigen sei für ihn ein sehr persönliches Erlebnis. Sein Ziel war, Geist, Körper und Seele zu stählen, sodass er noch höher klettern konnte. Während der nächsten beiden Tage schmeichelte ich ihm Geschichten ab, im Sonnenlicht auf dem Oberdeck waren die Pupillen seiner Augen so klein wie die Blüten grauer Kornblumen.

Monate später fiel mir ein Bericht über Chris Boningtons' Besteigung des Torre Central in die Hand, abgedruckt in einer Bergsteigerzeitschrift von 1963, einem Jahr, in dem Paul noch gar nicht geboren war, und die Faszination des Bergsteigens packte mich erneut, diesmal nicht auf einem Frachtschiff in den patagonischen Fjorden, sondern in der gedämpften Stille der Lesesäle der British Library.

Das Schiff legte nur einmal an, und zwar bei seinem Namensvetter, Puerto Eden. Eines Tages gegen Mittag tauchten 20 bunte Häuser aus den Dunstschleiern auf, und ein halbes Dutzend Fischerboote ruderte uns entgegen. Sie legten an unserer Rampe an und wuchteten Kisten mit geräucherten Muscheln aufs Schiff (Tiefseemuscheln, die *cholgas* genannt werden), die sie gegen Kästen mit Bier aus dem Frachtraum tauschten. Es gab auch ein paar Bündel brauner Muscheln, die mit Schilfhalmen zusammengebunden waren. Frauen, so ledrig wie die *cholgas*, schulterten Nieselregen schnell. Der Erste Maat, der sehr viel jünger Patricio, sehr viel schneller und sehr viel hübscher, wandte den Kopf und unterdrückte ein Lächeln, während Geldbündel von Hand zu Hand gingen, als Bezahlung für illegal gefangene Königskrabben.

Die etwa ein Dutzend Alakalufe in Puerto Eden sind die reinrassigsten, die es gibt. Die Siedlung befand sich an der ersten Dampfschiffroute von der Magellanstraße zur Pazifikküste, und das brachte den nördlichen Alakalufe regelmäßigen Kontakt. Trotzdem blieben sie weitaus isolierter als ihre Verwandten im Süden, denn ihre Gebiete hatten den räuberischen Europäern und *mestizos* nicht viel zu bieten. Ein alter Mann aus dem Dorf stand hoch aufgerichtet in Stiefeln an Deck. Der Dritte Maat, ein kleiner, drahtiger Mensch, der es, wie man an seinem Goldzahn sehen konnte, zu etwas gebracht hatte, versuchte meinetwegen, ihn in eine Unterhaltung zu ziehen, aber er bekam nur einsilbige Antworten.

»Er spricht«, erklärte der Dritte Maat mir später, »wie Sie, mit einem Akzent.«

Immer wenn wir uns einem schwierigen Fahrtabschnitt näherten, erschien der dunkel bebrillte Kapitän auf der Brücke und gab seine Kommandos. Einmal zwängten wir uns an einem winzigen Eiland vorbei, auf dem eine weiße Statue der Jungfrau Maria thronte, die von den Worten *Gracias Madre* (Dank dir, Mutter) geziert wurde.

»Die einzige Jungfrau weit und breit«, zischte der Erste Maat mir zu.

Die Touristen wurden immer unruhiger, denn sie wussten, dass uns nur noch ein, zwei Stunden von der langen, gefahrvollen Überquerung des offenen Golfo de Penas – des Golfs der Mühsal – trennten, und wilde Gerüchte über schreckliche Wettervorhersagen schwirrten durch die Kabinen. Ich dachte an etwas, was ich im Tagebuch eines Engländers gelesen hatte, der in jenem Golf

1741 Schiffbruch erlitt. Am 25. Dezember beschreibt er seinen Festtagsschmaus – ein Paar Schuhe aus rohem Seehundsleder. Oberfähnrich auf seinem Schiff war der junge John Byron, der Großvater des Dichters; das Schiff hieß *Wager* und sollte spanische Niederlassungen an der Pazifikküste plündern. Sie verbrachten an den Ufern des Golfes der Mühsal eine schreckliche Zeit. Byron wurde später Vizeadmiral, aber bei schlechtem Wetter war er immer sehr bedrückt; der Dichter sagte von seinem Großvater: »Er kam nicht zur Ruhe, weder auf See noch an Land.«

Patricio brachte mir ein paar blaue Pillen in die Kabine, die gegen Seekrankheit helfen sollten, und ich schluckte sie vorsorglich. Ein rauchender Vulkan war das Letzte, was wir sahen, bevor wir die freundlichen Inseln zu beiden Seiten hinter uns ließen und uns aufs offene Meer begaben, und ein Wanderalbatros überflog das Schiff.

Am vierten Tag waren wir wieder von Inseln umgeben: Flaschengrün und zeitweilig hinter weißen Nebelschleiern verborgen, wirkten sie wie eine schemenhafte Traumlandschaft. Es stimmte, dass die Inselwelt Chiles 1000 Inseln zählte. Der Golf hatte uns keine Schwierigkeiten bereitet, und von Patricio erfuhr ich, dass sein Name gar nichts mit Mühsal zu tun hat. Ursprünglich bezog er sich auf *peñas* (Klippen), aber in Überarbeitungen britischer Kartografen ging die Tilde verloren, und übrig blieb fälschlicherweise *penas*. Das schrieb ich mir auf, denn ich wollte es William und dem Rafter mitteilen. Beim Frühstück herrschte im Speisezimmer verhaltene Festtagsstimmung, die nur dadurch getrübt wurde, dass wir mit ansehen mussten, wie ein Pferdekadaver über Bord gehievt wurde. Später hüllte die Insel sich in verschiedenste Blautöne, von sattem Kobaltblau bis hin zu verwaschenem Wedgwood-Blau, und wir räkelten uns nach den kalten, nassen Wochen in Patagonien wie Eidechsen an Deck.

Puerto Montt, wo das Schiff anlegte, befand sich viel weiter nördlich, als mir lieb war, also musste ich mir ein Schiff suchen, das wieder ein Stück in die Richtung fuhr, aus der ich kam. Durch die Inselreise auf der *Puerto Eden* hatte ich die ganze elfte Region übersprungen, den abgelegensten Teil des Landes, und obwohl ein Großteil der Region unzugänglich war, wollte ich wenigstens den Rest sehen. Es passte mir gar nicht, dass ich meinen eigenen Spuren folgen musste, aber in Südchile ist das unvermeidlich.

Am selben Abend noch würde ein Schiff abgehen, also kaufte ich eine Fahrkarte, setzte mich in eine Hafenkneipe und las die örtliche Zeitung. Der Artikel auf der ersten Seite berichtete über ein zwölfjähriges Mädchen, das ein Kind vom Vater zur Welt gebracht hatte. Sie kam aus einem der abgelegenen Fischerdörfer, an denen ich vorbeigefahren war. Ich hörte so manche Geschichte über die dunkle Seite dessen, was von außen wie ein Paradies aussah. Sie werden wohl überall auf der Welt über entlegene Siedlungen erzählt, aber die einsamen Nester der chilenischen Inselwelt schienen für solche Exzesse besonders anfällig zu sein: Neben Inzest in allen erdenklichen Varianten schilderte man mir eine ganze Reihe schwer vorstellbarer Formen der Sodomie und ähnlicher Praktiken, die im Alten Testament ein Strafgericht heraufbeschworen hatten.

Obwohl die *Evangelista* und die *Puerto Eden* derselben Gesellschaft gehörten, waren sie so unterschiedlich wie Wüste und Gletscher. Die *Evangelista* war ein Passagierschiff mit ausreichend Platz für 400 Personen, bot an Komfort Liegesitze, Fernsehen und eine Bar und war so leer, wie die *Puerto Eden* überfüllt gewesen war: Es gab weniger als 40 Gäste an Bord. Die erste Hälfte der 22-stündigen Fahrt nach Chacabuco, einem sehr kleinen Hafen in der Mitte der einsamen und labyrinthischen elften Region, legten wir in dichtem Nebel zurück. Alle anderen Mitreisenden waren Männer, und wenn sie nicht gerade schliefen, vertrieben sie sich die Zeit damit, mich anzustarren.

Ich schlief auf dem Boden, in meinem Schlafsack. Spät am

nächsten Morgen lösten sich die Wolken auf, und das Sonnenlicht brach sich an den Gletschern, während über das Wasser Seemöwen glitten, die so voll gefressen waren mit Fisch, dass ihre Flügel sie kaum vom Wasser hochtragen konnten. Auf dem Schiff gab es noch einen anderen *gringo*, einen Schweden Ende 20 namens Pontius Bratt. Er schrieb an der Universität von Santiago eine Arbeit über Wirtschaftsreformen unter Pinochet. Als wir in Chacabuco ankamen, war es bereits dunkel, und wir mussten eine Stunde warten, bevor wir von Bord konnten. Chacabuco hatte nicht viel zu bieten. Pontius und ich fanden Zimmer über einer Bar, die von orangefarbenem Licht beleuchtet wurde. Zwei Männer an der Theke waren sinnlos betrunken.

Ich machte mich früh am nächsten Morgen davon, noch bevor irgendjemand sonst aufgestanden war, und legte das Geld für die Übernachtung auf den klebrigen Tresen. Ein weiteres schäbiges Hotel für eine Nacht, teilnahmsloser Garant der für Durchreisende so angenehmen Anonymität.

Dann machte ich mich auf den Weg nach Coyhaique, begeistert von der spektakulären Landschaft, die von den Windungen des Flusses Simpson zerteilt wurde. Das war meine letzte Region in Chile, und ich hatte mir das Beste bis zum Schluss aufbewahrt.

Ich hatte einen Kontaktmann in Coyhaique, einen Engländer namens Mark Surtees, der als Führer für eine Gesellschaft arbeitete, die sich auf Expeditionen zum Fliegenfischen spezialisiert hatte. Wir hatten in London miteinander telefoniert, wo er die chilenischen Winter über in seinem anderen Leben als freier Managementberater arbeitete. Bei meiner Ankunft saß er in einem kleinen Haus mit ungepflegtem Garten am Küchenofen und trank Mate. Als ich durch die niedrige Tür trat und mich vorstellte, sagte er: »Hallo Sara«, als wartete er gerade auf mich. (In Wirklichkeit hatte er keine Ahnung, wann ich auftauchen würde, wenn überhaupt.) Er war ungefähr so alt wie ich, groß und stämmig, hatte blondes Haar, eine amüsante lakonische Art und den Akzent von Newcastle. Später entdeckte ich, dass er sein Englischstudium mit einer Arbeit über den Kampfflieger Biggles abgeschlossen hatte.

»Du bleibst hier«, sein Ton duldete keinen Widerspruch. Die Belegschaft des Hauses änderte sich sowieso ständig, und ich fand nie heraus, welche der zahlreichen Personen, die ein und aus gingen, tatsächlich dort wohnten. Die meisten kamen durchs Fenster herein; die Tür blieb, trotz heftigen Fensterverkehrs, oft den ganzen Tag verschlossen. In dem Haus ging es sehr lustig zu, der Besitzer war ein Uruguayer namens Alex, dem auch die Angelreiseagentur gehörte. Es wurde das Sheraton genannt, ein Wortspiel, das etwas mit dem uruguayischen Slang und den Ratten zu tun hatte, die im Haus residierten, als Alex und seine Angler einzogen. Ich war hundemüde und schlief fast zwei Tage.

Während meines Aufenthalts in Coyhaique versuchte ich, einen drei- oder viertägigen Ausflug nach Süden zu organisieren, aber das war schwer. Die unteren Regionen der gepriesenen Carretara Austral, einer Straße, die Pinochets Traum verwirklichen sollte, die einzelnen Teile seines dünnen Reiches miteinander zu verbinden, wurden so gut wie gar nicht befahren. Die *carretera* hörte abrupt auf, ohne besonderen Endpunkt, und kurz darauf vereiste das Land zum niedrigen Kontinentalgletscher, also wollte ich so weit fahren wie möglich, eine Schleife durch das Landesinnere machen und dann für ein paar Tage Ruhe und Erholung wieder ins Sheraton zurückkehren.

Zwei Tage lang kam kein Bus, und der, der am dritten erschien, war schon ausgebucht. Alle lachten mich aus, als ich trampen wollte. Ich ließ über *Radio Patagonia Chilena* fragen, ob irgendjemand nach Cochrane fuhr, dem einzigen Dorf im Süden, das diesen Namen verdiente; offenbar hatte niemand die Absicht. Da tauchte Pontius Bratt auf. Wir überlegten, ob wir einen Laster mieten sollten (Hertz war leider nicht präsent), und als wir gerade im Büro der Autovermietung standen, kam ein Mann aus Alaska herein, dicht gefolgt von einem rotblonden Österreicher. Wir beschlossen, alle zusammen einen kleinen Lastwagen zu mieten, und so kam es, dass vier Fremde sich auf einen kaum geplanten Ausflug begaben.

Erste Anzeichen von Gruppendynamik tauchten schon bei der vorbereitenden Einkaufstour auf, bei der gezankt wurde, weil der Österreicher eine Stange Zigaretten besorgte. Der Mann aus Alaska, der John genannt wurde, hatte etwas gegen Rauchen im Auto. Ich sollte in diesem Streit als Schiedsrichterin fungieren, eine matriarchalische Rolle, die mir während der Reise von den dreien noch häufiger aufgedrängt werden sollte und mir gar nicht behagte. Schließlich einigten wir uns darauf, dass Rauchen erlaubt war, außer in Schlafzimmern und im Wagen.

Früh am nächsten Morgen fuhren wir los. Die Schotterstraße lag so verlassen, dass wir begeistert winkten, wenn wir einem anderen Gefährt begegneten. Wir kamen zu einer kleinen Ansammlung von Wellblechhäusern am Fuße eines spitzen, mit Gletschern übersäten Felshügels, und Pontius fragte eine zahnlose Alte, ob es Brot zu kaufen gebe. Sie führte uns zu einem dunklen kleinen Haus, wo wir harte Brötchen aus einem Hanfsack klaubten.

Kurz hinter einem Fluss, der sich von den vielen anderen Flüssen dadurch unterschied, dass er einen Namen hatte, nämlich »Namenlos«, setzten wir uns in die Steppe und picknickten. Die Brötchen waren wie Golfbälle, aber unsere Freude an der Landschaft und am Leben im Allgemeinen war an jenem Tag durch nichts zu trüben, und wie auf Bestellung kreiste auch noch ein Andenkondor über uns, der sich dunkel gegen den leuchtenden Himmel abzeichnete.

Man erblickte eingezäunte Weiden und einige Pferde, also mussten in den abgelegenen Winkeln an der Straße Menschen wohnen, aber wir bekamen niemanden zu Gesicht. Im Lauf des Nachmittags tauchte neben uns der nordpatagonische Kontinentalgletscher auf, der sich kilometerweit über die westlichen Berge legt, und auf der Ostseite der Straße verbreiterte sich ein Fluss zu einem See, der so blau war, dass es schon fast kitschig wirkte. Dieser See wurde immer größer. Er verdankt seinen Namen General Carrera (allerdings heißt der argentinische Teil Buenos-Aires-See; man brachte es nicht fertig, sich auf einen gemeinsamen Namen zu einigen) und ist der zweitgrößte See Südamerikas. Ein kleiner Mann stand dort trampend an der Straße, also nahmen wir ihn ein Stück mit, und er erzählte uns, er sei Arzt und mache seine Besuche notfalls per Fallschirm. Er war vier Stunden gelaufen, um einen Kranken zu versorgen. Dann rauschte der Baker-Fluss auf uns zu, dessen wilde, smaragdgrüne Wasser mit über 1364 Kubikmetern pro Sekunde dem Südpazifik entgegenjagten, wobei sie sich weiß schäumend an den Felsen brachen. Stumm fuhren wir kilometerweit an seinem Ufer entlang, bis er dunkel in der Nacht verschwand, und nach all dem ging der Vollmond auf.

Gegen zehn Uhr abends blieb der Laster knirschend liegen. Alle drei Männer versuchten, den Platten zu beheben, aber keiner schaffte es, denn der Schraubenschlüssel für die Radmuttern war kaputt. Es waren noch zehn Kilometer bis Cochrane, wo wir übernachten wollten, und es war zu kalt, um im Lastwagen zu schlafen; wir überlegten gerade, was wir für Möglichkeiten hatten (es gab kaum welche), als ein Transporter auftauchte. Das glich fast einem Wunder, aber obwohl wir uns einen Schraubenschlüssel liehen und das Rad auswechselten, war uns bewusst, dass wir am nächsten Tag auf ein weiteres Wunder hoffen mussten, denn wir würden einen neuen Reifen brauchen, weil Mantel und Schlauch völlig abgenutzt waren.

Cochrane feierte seinen 38. Geburtstag. 38 war dort unten ein recht respektables Alter. Dieser Teil Kontinentalchiles wurde als Letzter besiedelt, daher hatten die dortigen Nomadenvölker lange Zeit Ruhe. Vor 90 Jahren versuchte die Regierung die Kolonisierung anzukurbeln, indem sie an drei Viehzuchtgesellschaften Konzessionen vergab, allerdings entwickelten sich aus den isolierten Lagern der Arbeiter erst in den 1920ern Dörfer. Selbst Coyhaique, heute die Hauptstadt der elften Region, wurde erst Ende jenes Jahrzehnts gegründet. Schafe und Vieh bilden immer noch die wirtschaftliche Grundlage. Mark, der Angler, hatte zu mir gesagt: »Hier unten ist die Zivilisation eine dünne Schicht.«

Ihre Unzugänglichkeit hat die Landschaft bewahrt. Der ganze südliche Archipel besteht aus dem, was im Norden die Küstenkordillere ist, die südlich von Puerto Montt überflutet und damit vom Festland getrennt worden ist. Die Anden reichen bis ans Meer, und ihre niedrigeren Hänge sind reich bewaldet.

Wir fanden einen gebrauchten Reifen in Cochrane. Er hatte fast kein Profil mehr; chilenische Reifen könnten Langlebigkeitsrekorde gewinnen. Ein großer und erstaunlich gut sortierter Laden am Hauptplatz steuerte den Schlauch bei. Drei Männer in Hosen aus Schaffell kauften Seil »auf Rechnung« und drückten ihre tintenverschmierten Daumen auf den Beleg, bevor sie die Einkäufe auf ihre Pferde luden, die an einer überflüssigen Ampel angebunden waren. Wir folgten einer schrecklichen Piste zum Cochrane-See hinauf, über eine Grasebene, die gestreift war wie ein Golfplatz, und stiegen aus, um auf die Felsvorsprünge über dem Teil des Sees zu klettern, an dem das Wasser wie ein Regenbogen schimmerte und an einen einsamen Strandstreifen plätscherte. Der Rest des Sees war mit grünen Inseln gesprenkelt, die aussahen wie Verzierungen auf einer Torte. Abgesehen von einer kleinen Hazienda hinten im Tal überblicken die Berge eine ungeheure Fläche unberührten Landes, und das erinnerte an den blumigen Vergleich mit dem Garten Eden, der in der Nationalhymne vorkommt.

Es war ziemlich heiß, und John fing an, sich seltsam zu benehmen; er sagte, das gehe allen in Alaska so, wenn sie die Sonne spürten. Er war einige Jahre älter als wir, ein Zimmermann, und er war sensibel und introvertiert. Er hasste den Österreicher, und eines Tages gestand er mir, dass er in sein Tagebuch geschrieben habe (er war der typische Tagebuchschreiber): »Es kommt mir vor, als würde ich meine Worte nur an Sara und Pontius richten.« Wenn wir die Zimmer mit Doppelbetten unter uns aufteilten, hielt ich mich immer an ihn, um ihm den Kontakt mit dem Österreicher so weit wie möglich zu ersparen. Monate später schrieb er mir nach London einen Brief, um mir dafür zu danken. Es war ein wunderschöner Brief.

Ich verstand, wie er das mit dem Österreicher meinte. Der war ein Buchhalter aus Wien und hatte sich anderthalb Jahre Urlaub genommen, um eine Weltreise zu machen. Er liebte es, die Orte, die er gesehen hatte, auf der Liste in seinem blauen Notizblock abzuhaken. Jedes Mal wenn wir in ein Lokal gingen, wollte er unbedingt die Preise für alle möglichen Speisenkombinationen wissen (Was würde es ohne Käse kosten? Könnte ich nur einen Teller gekochten Reis haben?), und er war felsenfest davon überzeugt, dass alle Welt nur darauf aus war, ihn übers Ohr zu hauen. Was er da tat, konnte man nicht leben nennen. Ich fuhr neben ihm durchs Land, mit den beiden anderen dagegen machte ich gemeinsam eine Reise.

Wir fuhren die Carretera Austral wieder zurück. Am Zusammenfluss zweier Flüsse winkte uns ein Mann mit einem geparkten Motorrad, der vor einem Schwarm lederhälsiger Ibisse stand, zum Halt und zwang uns geradezu, ihn und seine liegen gebliebene Maschine hinten auf den Laster zu laden. Kurz nachdem er uns mitgeteilt hatte, dass er jetzt abgesetzt zu werden wünsche, nahmen wir eine lange, einsame Abzweigung hinauf zum Südufer des General-Carrera-Sees, und wieder verstummten wir, dann sagte Pontius: »Schöner kann es gar nicht mehr werden«, aber er hatte natürlich Unrecht, und wir kletterten im Dämmerlicht immer höher, die Straße ein schmaler Silberkranz über dem schimmernden See, und bei Sonnenuntergang fuhren wir durch Gesteinsformationen, die uns glauben machten, wir reisten durch Dantes Welt. Als wir um eine Kurve bogen, tauchte eine Hälfte des Mondes über einer strahlenden Klippe auf, und wir fingen alle vier zu lachen an.

An meinem 31. Geburtstag erwachte ich in einem schäbigen Hotel an der Grenze zu Argentinien, und John aus Alaska im Bett neben mir versuchte, mir auf Spanisch »herzlichen Glückwunsch« zu sagen, aber bis er das über die Lippen gebracht hatte, hatten wir beide das Interesse verloren. Das Hotel befand sich in einem Dorf, das wegen seines sonnigen Mikroklimas Chile Chico (kleines Chile) genannt wurde. In Cochrane hatten sich auf unseren Betten Decken und Laken getürmt, sodass sie aussahen wie Doppeldecker-Sandwiches, aber in Chile Chico bekam jeder nur zwei dünne Decken, und wir brauchten auch nicht mehr. Die vielen grundverschiedenen Klimazonen der elften Region waren auf die grundverschiedene Geografie zurückzuführen – alles sehr verwirrend.

Wir mussten auf der Straße noch einmal ein Stück zurückfahren, um unsere Mondlandschaft bei Sonnenlicht zu sehen. Uns war gar nicht aufgefallen, wie abschüssig die Straße war und wie viele frisch heruntergefallene Felsbrocken am Rand lagen. Sie war erst vor knapp einem Jahr dem Verkehr übergeben worden, und ein Mann in einem Laden in Chile Chico erzählte uns später, dass sie oft blockiert war; er nannte die Straße ganz im Ernst eine »internationale Fernstraße«, so bezeichnen die Chilenen jeden Trampelpfad nach Argentinien.

Es hatte einmal eine kleine Ansiedlung namens Fachinal gegeben, die jetzt verlassen war, dort picknickten wir mittags auf einem Holzweg, dessen alte Planken ausgebleicht und verrottet waren. Pontius Bratt zauberte als Geburtstagsüberraschung eine Flasche Champagner hervor; das war typisch für ihn. Er hatte sie von Coyhaique aus extra den ganzen Weg mitgeschleppt. Pontius war ein richtig netter Mensch, einer von denen, denen man es nicht übel nimmt, wenn sie fast perfekt sind. Er war außerordentlich intelligent, hatte in der ganzen Welt Stipendien bekommen und war selbstbewusst genug, die hoch angesehenen und hoch dotierten Posten auszuschlagen, die die logische Folge aus dieser Entwicklung gewesen wären. Er hatte sehr viel Sinn für Humor, war ein guter Zuhörer und hegte gemischte Gefühle bezüglich seiner Nationalität, was normalerweise ein gutes Zeichen ist. Ich war sehr gern mit ihm zusammen, aber wir vergaßen, unsere Adressen auszutauschen, deshalb hörte ich nie wieder von ihm.

Ich wusste, dass sie an meinem Geburtstag zu Hause an mich denken würden, so wie ich an sie dachte. Manchmal vergingen Wochen, ohne dass ich mich traurig oder einsam fühlte – gelegentlich sogar Monate; ich zehrte dann von meinen Gefühlsreserven wie ein Tier im Winterschlaf von seinem Fett. Und dann reichte ein winziger Auslöser, um mich im Heimweh versinken zu lassen. Manchmal war es das Datum auf einem Kalender, manchmal ein paar Takte Musik, oder ich schreckte mitten in der Nacht auf, weil ich meinte, ein enger Freund sei im Zimmer.

An jenem Abend fuhren wir auf eine kleine Fähre, die zweieinhalb Stunden brauchte, um uns über bewegtes Wasser auf die andere Seite des Sees zu bringen. Mit zwei Kartons Wein und einem Becher für alle, den wir uns aus dem unteren Teil einer Wasserflasche gebastelt hatten, feierten wir auf dem winzigen Deck eine Party. Es war sehr windig, und als die Jungen mir, jeder in seiner eigenen Sprache, ein Geburtstagsständchen brachten, durchnässte sie eine Welle. Also verlegten wir unsere Party nach drinnen, in einen noch kleineren Raum, und ich wusste nicht recht, ob ich betrunken oder seekrank war, fürchtete aber, es sei von beidem etwas, und lauschte einem Einheimischen in einem erstaunlich auffälligen Überzieher, der langatmige Betrachtungen über die Unterschiede zwischen Salzwasser- und Süßwasserwellen anstellte. Außer uns und dem »Überzieher« gab es noch drei andere Passagiere auf der Fähre.

Auf der anderen Seite angekommen, fuhr der Österreicher drei Stunden durch die Dunkelheit. Was für uns andere eine schreckliche Qual gewesen wäre, weil wir noch nie eine so schlechte Straße gesehen hatten, war für ihn eine Herausforderung. Außerdem hatte uns der »Überzieher« gebeten, ihn nach Coyhaique mitzunehmen, also waren wir zu fünft im Laster. Niemand von uns wollte neben dem »Überzieher« sitzen, deshalb zwängten Pontius, John und ich uns nach hinten; dort war es viel zu eng für drei. Im Licht der Scheinwerfer schlugen Hasen ihre Haken, und der Mond schien so hell, dass der Österreicher sich einen Scherz daraus machte, die Sonnenblende herunterzuklappen.

Um elf kamen wir in Coyhaique an, wo meine anderen Freunde, die Angler, sich gerade auf eine Party vorbereiteten. Mir war traurig zu Mute, und sie spürten es, aber sie versuchten, mir zu helfen, indem sie mich mit Whisky voll pumpten, und so ging ich gegen zwei Uhr ins Bett, während meine Geburtstagsgäste sich auf den Weg in eine Stripteasebar machten.

Kapitel vierzehn

> Das Gefühl der endlosen Freiheit, das mich als Frau
> manchmal überkommt, ist das eines ganz neuen Wesens.
> Denn ich hätte, so wie ich bin, in einer früheren Zeit
> oder an einem anderen Ort nicht existieren können.
>
> Angela Carter

Im Anschluss an das Wochenende ging ich mit Alex zum Angeln. Die Schwarzhalsschwäne am Frío-See waren ganz allein. An den Ufern gaukelten Libellen, und Spechte klopften halbherzig an Baumstämmen herum. Alex fing mehrere Regenbogenforellen und freute sich darüber; unterwegs war er sehr verkrampft gewesen, aber der Fluss trug seine schlechte Stimmung fort. Er gehörte zu der Sorte Mensch, die mir immer ans Herz wuchs: ein unberechenbarer Charakter. Er ließ sich mit Frauen ein, bis er plötzlich feststellte, dass er keine Lust mehr hatte, und wenn er zu viel getrunken hatte, fuhr er Autos zu Schrott. Er lachte gern und viel, war aber genauso oft deprimiert und außerdem eigenwillig; er vermisste Uruguay, war hoffnungslos im Umgang mit Geld und wurde eifersüchtig, wenn Mark zu viel Zeit mit jemand anderem verbrachte. Alex wollte ständig gelobt werden, und wie Mark und ich neigte er zur Übertreibung.

Es kostete mich einiges, ihn dazu zu überreden, zwei seiner Beutetiere zum Tee zuzubereiten. Meine neuen Freunde sprachen oft verächtlich über Leute, die Fische »töteten«. Das gehörte zu ihrem Ethos. Wie alle Fliegenfischer sahen sie auf Angler, die sich einer anderen Methode bedienten, geringschätzig herab.

»Es ist, als wollte man die Kriegskunst mit einem Straßenkampf vergleichen«, erklärte Alex.

Beim Fliegenfischen musste man mit der Angelschnur, der Rute, dem Fluss, dem Wind und der Lufttemperatur eine Einheit bilden, und man musste vorausahnen, was der Fisch als Nächstes tun würde – man musste »zur Forelle werden«, wie Mark es ausdrückte.

Es war wie Bergsteigen, eine Art Meditation.

Wir erfuhren, dass es in einem Salzwasserfjord in der Nähe von Chacabuco guten Lachs geben sollte. Die Saison war zu Ende, der letzte Gast abgereist, also ließen die Angler alles stehen und liegen und rasten durch das Flusstal des Simpson. An den Ufern des Fjords winkten zwei nicht mehr ganz junge Farmer Alex zu und luden uns beide zu einer Bootsfahrt ein. Sie waren das, was die anderen mir immer als »keine richtigen Angler« beschrieben hatten: Sie benutzten keine Fliegen als Köder, und sie beluden das Boot mit fünf Flaschen Wein, einer Flasche Whisky und Bergen von Salami und Brie. Sie machten ihre Angeln einfach an der Längsseite fest, ließen die Schnur treiben und kreuzten gut gelaunt über den See, dabei prahlten sie mit den Schwierigkeiten und Erfolgen vorausgegangener Beutezüge und riefen zwischendurch immer wieder anderen Anglern Grüße zu.

Die großen, im Pazifik vorkommenden Lachsforellen, die wahrscheinlich als Jungtiere von einer Zuchtfarm geflüchtet waren, waren zum Laichen hergekommen, und da es so gut wie unmöglich war, sie mit Fliegen zu ködern, und andere Angler sie mit Blinkern lockten, wurde ich Zeugin, wie Alex und meine übrigen Freunde aus dem Sheraton, die in einem anderen Boot saßen, ihre Prinzipien schnell über Bord warfen.

Alex gab mir seine Angel zum Halten, weil er sich mit den Farmern über den Whisky hermachen wollte. Nach ein paar Minuten gab es einen scharfen Ruck an der Schnur, und in mir stieg Panik auf. Die drei Männer schrien mir gleichzeitig Anweisungen zu, deuteten aufgeregt auf Rolle, Rute und Wasser, und dann krümmte sich ein rosa-grau gemusterter Rücken aus dem Fjord, und ich kämpfte verbissen mit der wackelnden Rute und der straffen Schnur, um meinen Lachs so lange festzuhalten, bis die Farmer ihn mit einem Fischhaken an Bord hieven konnten. Sie brüllten noch, nachdem sie ihm auf den Kopf gehauen hatten, dann warfen sie ihn, kalt und noch zuckend, in meine Arme und hielten zuerst den Blinker, mit dem ich ihn geködert hatte, und dann die Whiskyflasche an meine Lippen.

Mein Lachs wog über fünf Kilo und war der erste Fisch, den ich je gefangen hatte.

Noch am Abend, als mein Fisch mit Kapern und Butter im Holzofen brutzelte, war ich stolzgeschwellt. Das versöhnte mich etwas damit, dass morgens ein Arzt bei mir die Krätze diagnostiziert hatte. Hände und Unterarme hatten mir schon längere Zeit gejuckt, und als ich auch noch die halbe Nacht wachlag, um mir die Beine zu kratzen, suchte ich ärztlichen Rat. Krätze, erklärte der Doktor knapp, wird von Milben verursacht, die unter der Haut leben. Nachts kommen sie heraus und laufen herum.

Im Dunkeln meiner Erinnerung geisterte die Vorstellung herum, dass Krätze eine Krankheit ist, die durch sexuelle Kontakte übertragen wird.

»Wie kommt man an diese... Dinger?«

»Normalerweise sitzen sie in Matratzen. Das ist hier unten sehr häufig.«

Nun, ich hatte auf vielen Matratzen geschlafen. Die Behandlung bestand darin, eine Spezialsalbe aufzutragen und sich 48 Stunden nicht zu waschen. Außerdem trug der Arzt mir auf, mein Bettzeug zu verbrennen, aber ich konnte ja schlecht meinen Schlafsack auf einem Primuskocher in Brand setzen. Stattdessen borgte ich mir vom Nachbarn ein Bügeleisen – es war ein eisernes Eisen, das man zum Warmwerden auf den Herd stellen musste – und bügelte den Sack, um die Milben abzutöten, die sich darin breit gemacht hatten und gierig auf meine Rückkehr warteten. Ich bügelte auch die Matratze, auf der ich im Sheraton schlief, und während ich mich dieser Tätigkeit widmete, tauchte der Postbote am Fenster auf. Er schien ziemlich überrascht. Ich schloss mich im Badezimmer ein.

Ein Hautparasit ist nichts zum Angeben, und in den allermeisten Fällen würde man sich in Gesellschaft von Leuten, die man erst ein paar Tage kennt, einer solchen Sache wohl schämen, besonders wenn man sich seit 48 Stunden nicht gewaschen hat. Aber im Sheraton schien das zum alltäglichen Leben zu gehören, und ich war meinen Mitbewohnern ausgesprochen dankbar, dass sie mir nicht das Gefühl gaben, eine Aussätzige zu sein. Ich erfuhr, dass in Uruguay bestimmte Hautläuse mit Kerosin behandelt wurden. Einer der Angler, ein unsteter nordamerikanischer Gärtner, kannte sich mit übertragbaren Milben und Krankheiten sehr gut aus, da er die meisten schon gehabt hatte, und er gab sein schmerzhaft erworbenes Wissen über alles, was mit meinem Zustand zusammenhing, großzügig an mich weiter.

Mark und Alex wollten ein paar Tage ohne Kunden zum Fischen fahren; es war eine lange Saison gewesen. Sie luden mich ein, sie zu begleiten, und so beluden wir eines Morgens Alex' Pick-up mit Camping- und Angelausrüstung, winkten dem nordamerikanischen Parasitenexperten zum Abschied zu und fuhren nach Norden.

Alle Straßen aus Coyhaique hinaus führten über Millionen Morgen üppigen Grases, auf denen sich die Schalen von Hartholzstämmen häuften, Überreste des Südbuchenwaldes, der von den ersten Farmern gerodet worden war. Auf unserer Straße, der einzigen, die nach Norden ging, gab es weder Verkehr noch irgendein anderes Zeichen menschlichen Lebens; die Carretera Austral war mehr eine Idee als eine Straße. Sie war ein wahr gewordener Traum, der zwei Drittel eines befriedeten Landes mit seinem abgeschnittenen Ende verband und ein unvorstellbar schönes Hinterland an das allgemeine Leben angliederte.

Dieser Teil Chiles rührte mein Innerstes. Während ich hinten im Pick-up saß, versuchte ich damit fertig zu werden, dass ausgerechnet Pinochet für die Erschließung verantwortlich war; er hatte den Bau der Straße vorangetrieben, trotz massiver Kritik auch aus den eigenen Reihen. Er war immer noch sehr präsent in Chile; das war mir oft aufgefallen, von Anfang an. Abgesehen von der Tatsache, dass es ihn in seiner Rolle als Oberbefehlshaber des Heeres ja immer noch gab und er häufig in den Medien auftauchte, spukte er noch in den Köpfen der Menschen herum. Sie sprachen immer wieder von ihm, namentlich oder in Anspielungen.

Bei meiner Ankunft glaubte ich, in diesem Land leicht zwischen Schwarz und Weiß unterscheiden zu können. Für alle, die unter dem Einfluss westlicher Medien standen, war Pinochet ein Symbol des Bösen, und Widerstand gegen sein Regime war gleichbedeutend mit dem noblen Kampf des Guten gegen das Schlechte, des Unterdrückten gegen den Unterdrücker. Kaum eine Woche nach dem Militärputsch brachte der *Guardian* auf seiner Nachrichtenseite einen Artikel, in dem stand: »Sozialisten dieser Generation, Chile ist unser Spanien.« Aber von der ersten Woche an hatte ich in diesem Land die unterschiedlichsten Chilenen getroffen – nicht nur reiche –, die Pinochets Abgang bedauerten und überhaupt keine Probleme hatten, die unschönen Begleitumstände zu vergessen und mir zu erklären, dass er gut für das Land gewesen sei und für sie. An seinem Geburtstag kamen immer noch hunderte von Menschen mit Blumen zu seinem Haus. Große Teile der Bevölkerung hatten sich mit ihm sicherer gefühlt als mit dem, was sie für die Alternative hielten. Er und seine Kollegen (er trat als Führer aus einer kollegialen Junta hervor) hatten die allgemeine Angst vor einer Wiederkehr des wirtschaftlichen Chaos von 1972 bis 1973 immer geschickt ausgenutzt. Den Menschen war unwiderlegbar bewiesen worden, dass linke Regierungen schließlich doch in der Katastrophe enden, und das Scheitern der Wirtschaftspolitik Allendes war noch so gegenwärtig, dass die massive Destabilisierung von außen, die die Situation noch verschlimmerte, im Bewusstsein der Nation an den Rand gedrängt wurde. Sie hatten auch noch eine ganze Menge anderer Dinge vergessen.

Eine der vorsichtigsten wissenschaftlichen Quellen schätzt, dass 3000 bis 10 000 Chilenen in unmittelbarer Folge des Putsches getötet wurden. Die Rettig-Kommission zählte weniger als 3000 Tote und Verschwundene, aber eine neue nationale Gesellschaft für Wiedergutmachung und Versöhnung hat dieser Zahl anschließend noch hunderte von Fällen hinzugefügt. Die Zahl derer, die in den ersten drei Jahren zeitweise inhaftiert wurden, liegt zwischen 40 000 und 95 000. Kannten die *Pinochetistas* (43 Prozent stimmten 1988 für ihn), die ich getroffen hatte, nicht die Berichte, die ich über Folter und Niedertracht und Mord gelesen hatte? Waren sie nie, so wie ich, der Frau begegnet, deren drei Söhne ermordet worden waren, oder dem furchtbar entstellten Mann, der sich auf dem Dorfplatz angezündet hatte, um auf das Verschwinden seiner Tochter aufmerksam zu machen, die im selben Augenblick zum elften Mal an diesem Tage vergewaltigt wurde? Wussten sie das alles nicht?

Sicher zeigte die Tatsache, dass Pinochet nicht mehr im Amt war, dass sein Versuch, sie zu depolitisieren, gescheitert war. Immerhin hatte er es mit allen Mitteln versucht: Unter seiner Herrschaft, der längsten ununterbrochenen Präsidentschaft in der Geschichte der Nation, verbannte er so ziemlich alles, was ihm suspekt schien. Das Musical »Anatevka« wurde verboten, weil es Militärverbrechen zeigte. Er setzte Gerüchte über bewaffnete Aufstände in die Welt und schuf eine Kriegsatmosphäre. Selbst als die Nation im Plebiszit im Oktober 1988 gegen ihn stimmte, musste sie feststellen, dass er dafür gesorgt hatte, dass der neue Präsident erst 14 Monate später gewählt werden konnte und auf die Übernahme des Amtes noch einmal drei Monate würde warten müssen. Er hatte alles so arrangiert, dass er, was immer auch passierte, wenigstens etwas Macht behalten würde. Seine Verfassung, durch ein bühnenreifes Plebiszit 1980 genehmigt und *Constitución de la Libertad* genannt – wahrscheinlich zu Ehren von Friedrich Hayek, dem antikeynesianischen Volkswirt, der ein Buch desselben Titels geschrieben und dessen wirtschaftliche und politische Philosophie die Pinochet-Mannschaft nachhaltig beeinflusst hatte –, blieb nach seiner Abdankung in Kraft, und das bedeutete letztlich, dass er immer noch den Senat kontrollierte. Diejenigen, die ihn mit ihrer Stimme zu Fall gebracht hatten, hatten gelernt, dass sie nicht alles auf einmal haben konnten. Ein sozialistischer Parlamentarier hatte mir einmal resigniert gesagt: »Es ist nicht perfekt. Aber wir leben in einer Übergangszeit vom Dunkeln ins Licht.«

»*Zorro!*«, rief Alex und bremste den Pick-up. Es war ein Fuchs, ein Tier, das man in Chile selten sieht, und er stand mit einem Hasen im Maul am Straßenrand. Hinter ihm ragte ein schneebedeckter Berg auf, der von einem dünnen Wasserfall in zwei Teile geteilt wurde. Kurz darauf kamen wir in einen Regenwald und zum Queulat-Nationalpark, wo wir ausstiegen, um einem steilen, matschigen Klippenpfad zum Padre-García-Wasserfall zu folgen, der sogar für chilenische Verhältnisse spektakulär ist und einen atemberaubenden Dschungelgeruch nach nasser und verrottender Vegetation verströmte. Es fühlte sich gut an. Wassertropfen hingen an den rotorangefarbenen Kelchen der Blumen am Wasserfall wie bei einem Auto nach einem Regenguss, und Kolibris glitten über den Bambus hinweg.

Ein vollkommen dreieckiger Gletscher hing zwischen zwei Berggipfeln im Osten, leuchtend blau und weiß vor einem wolkenlosen Himmel, und die byzantinischen Hänge der Berge darunter waren von dunkelrosa magellanischen Fuchsien überzogen.

Überall gurgelten Flüsse, über deren Forellenbestand Mark und Alex fachsimpelten. Aber wir fuhren weiter nach Norden und verließen die Carretera Austral kurz vor Sonnenuntergang Richtung Osten, auf der Suche nach dem Fluss Figueroa. Zunächst einmal mussten wir den Rosselot-See überqueren. Das Ministerium für öffentliche Arbeiten hatte freundlicherweise eine hölzerne Plattform besorgt, die mit Ketten an zwei Oberleitungen befestigt war und von zwei mürrischen Einheimischen betrieben wurde; die

Strömung trug Plattform, uns und den Pick-up zum anderen Ufer. 27 Kilometer weiter oben erfuhren wir durch ein handgeschriebenes Schild, dass wir nicht mehr weiterkonnten: Die Straße wurde bis zur argentinischen Grenze hinauf ausgebaut. Ein Mann kam aus einer Bauhütte, und nachdem wir erst einmal aus ihm herausbekommen hatten, dass es auf dieser Straße doch noch ein Stückchen weiterging, konnten wir ihn auch überreden, seinen Chef in Coyhaique anzufunken, um ihm unser Anliegen vorzutragen. Der Chef war ärgerlich, weil wir ihn beim Abendessen störten. »Sie können weiterfahren«, krächzte seine Stimme schließlich, »um neun Uhr morgen früh.«

Es war sehr dunkel und sehr kalt, also beschlossen wir, ins nächste Dorf zurückzufahren und die Nacht in einem Gasthaus zu verbringen. Als wir wieder am Rosselot ankamen, dümpelte die Pontonbrücke am gegenüberliegenden Ufer. Wir stellten uns schon geistig darauf ein, die Zelte herauszuholen zu müssen. Da ging plötzlich ein Ruck durch die Plattform: Die Fährmänner hatten von ihren Hütten aus unsere Scheinwerfer gesehen und kamen uns widerstrebend zur Hilfe.

Am Morgen lag Frost auf den Lehmstraßen des Dorfes, und während wir darauf warteten, dass der Pick-up ein bisschen wärmer wurde, und einen Mann beobachteten, der eine Schafherde die Straße hinuntertrieb, dachte ich darüber nach, dass es wohl nicht sehr spaßig gewesen wäre, in einem Zelt wach zu werden. Bei der Überfahrt mit dem Ponton konnten wir Männer mit breitkrempigen, bis über die Ohren gezogenen Hüten sehen, die ihre Pferde zum Tränken an das düstere Ufer des dunkelgrünen Sees führten. Unter den blauen Dunst mischten sich dünne Rauchfähnchen aus den Schornsteinen auf den steilen Ziegeldächern.

Das Flusstal durchschnitt einen Regenwald mit üppig wachsendem Farndickicht, in der Stille ertönte immer wieder das melodische Geplapper des Chucao, eines kleinen Vogels mit langem Schwanz, dessen Trillern schon zur gewohnten Geräuschkulisse gehörte. Wir folgten dem Figueroa stromaufwärts, an Steilufern entlang, die riesige immergrüne Bäume trugen. Mark und Alex versuchten zu fischen, stießen aber nur auf winzige Bach- oder Steinforellen; sie waren beide davon überzeugt, dass wir noch weiter stromaufwärts mussten, also quälten wir uns auf der gesperrten Straße mühsam durch den Wald, bis wir schließlich etwas verwirrt vor einem unüberwindbaren Erdhaufen anhalten mussten. Eine Sprengung irgendwo weiter vorn ließ die Fenster erzittern. Die beiden Männer war bitter enttäuscht. Später machten wir uns an einem Feuer in der Nähe einer kleinen Brücke ein paar Würstchen warm und beobachteten einen schwarzen Nerz, der in einem Steinhaufen herumwühlte. Mark und Alex hassten Nerze; sie waren eine importierte Bedrohung und zerstörten das Ökosystem des Flussufers.

Die Pontonbetreiber bekamen schmale Augen, als sie uns wieder sahen. Wir setzten über, fuhren schnell weg und suchten weiter die nördlichen Flüsse ab, bis wir die obere Grenze der elften Region erreichten; die Berge schienen sogar noch höher zu werden. Meine Begleiter waren rastlos, weil sie gern angeln wollten; plötzlich fiel den beiden ein, dass sie zum Zelten keine Lust hatten. Sie waren es einfach leid, jetzt wo die Saison zu Ende war. Mark würde bald für ein halbes Jahr zurück nach England gehen. Sie standen sich sehr nah. Alex war das Ziel aller Scherze im Sheraton, aber das konnte nicht über die tiefe Freundschaft hinwegtäuschen, die die Bewohner miteinander verband, besonders die beiden, mit denen ich unterwegs war. Wenn Alex Englisch sprach, sprach er in Marks Tonfall und Dialekt.

Später hielten wir bei einigen Hütten, die eine Freundin von Alex vermietete, auf einer Lichtung an der Nordspitze des Risopatrón-Sees. Gegen Abend angelten die beiden ein paar Stunden von einem Ruderboot aus, während ich mich ins hohe Gras legte und las, und als sie wiederkamen, waren sie wie ausgewechselt; der Anblick von Regenbogenforellen an ihrer Angel hatte die Welt wieder heil werden lassen.

Sie hatten Fische gefunden, wir alle entspannten uns; und dazu kam noch, dass die Besitzerin der Hütten eine Feinschmeckerin war. Sie machte alles selbst, ob Butter oder knuspriges Käsebrot, Gänseleberpastete, Kompotte aus wilden Himbeeren oder Kokosnusskuchen, und sie räucherte ihren eigenen Lachs. Eine Abreise nach nur einem Tag kam überhaupt nicht in Frage.

Wir aßen eine Menge, tranken viel zu viel Wein, und wir angelten. Ich war ihre Jagdgehilfin, die sie kreuz und quer über den See rudern durfte. Meine Krätze verschwand. Den Holzofen in unserer Hütte ließen wir nie ausgehen, und genauso hielten wir es mit unserem Vorrat an Wein draußen vor der Tür. Ich setzte mich in den Wagen, um die Texte von Sylvio Rodriguez' Liedern aufzuschreiben, dabei beobachtete mich eine Herde fetter weißer Gänse, und am Ende war die Batterie leer. Oft schaute ich zu den Bergen hinauf und dachte daran, wie sehr ich sie vermissen würde.

Mark und Alex setzten mich in Puyuhuapi ab, einem erstaunlich wohlhabenden Dorf mit Holzschindelhäusern und einer Teppichfabrik. Sogar die Teppichfabrik befand sich in einem Schindelhaus, und ihre Erzeugnisse, auf enormen Webstühlen handgefertigt, waren berühmt. Viele Bewohner des Dorfes trugen deutsche Namen; es war 1935 von Deutschen gegründet worden und bis zur Ankunft der Carretera Austral in den 1980ern völlig abgeschnitten gewesen. In den anderen Orten der Gegend tuschelte man darüber, woher das Geld gekommen war, und ein Mann in Coyhaique erzählte mir eine lange Geschichte über einen Kriegsverbrecher, der versteckt am Ende eines weiter nördlich gelegenen Fjordes gewohnt hatte. Mein Informant behauptete auch, dass einer der älteren Bewohner von Puyuhuapi Hitlers Chauffeur gewesen sei, aber das hielt ich doch für unwahrscheinlich.

Nach einem letzten gemeinsamen Abendessen sagten wir uns »Auf Wiedersehen«, und ich winkte Mark und Alex mit gezwungenem Lächeln nach. Ich hatte eine Übernachtung in einem Hotel arrangiert, das einer in Santiago ansässigen Gesellschaft gehörte, die mich für den nächsten Tag auf ihren Katamaran eingeladen hatte, mit dem ich die San-Rafael-Lagune samt Gletscher, dem berühmtesten in Chile, besuchen sollte. Das Hotel befand sich jenseits einer Wasserrinne, und ich wurde mit einer Barkasse abgeholt; es war ein luxuriöser Komplex, der da um Thermalquellen herum entstanden war und von schmuckbehangenen Argentiniern bevölkert wurde. Ich versuchte, diesen abrupten Übergang zu verarbeiten, aber trotz des ganzen Komforts fühlte ich mich elend. Ich war müde, meine Knöchel waren blutig, weil ich Alex den ganzen Morgen gerudert hatte; meine Hautmilben waren wieder auferstanden wie Lazarus; ein Karton Wein, der in meinem Rucksack geplatzt war, hatte meine letzten anständigen Klamotten ruiniert, aber das Schlimmste war, dass ich Mark und Alex so sehr vermisste. Mit ihnen hatte ich einen meiner schönsten Ausflüge gemacht; es war schwer vorstellbar, dass ich die beiden erst seit ein paar Wochen kannte. In so guter Gesellschaft in einer der schönsten Gegenden der Welt herumzubummeln hatte alle meine Ängste verschwinden lassen.

Ich versuchte zu schlafen, aber es gelang mir nicht, also schwamm ich in einem der offenen Thermalbecken mit Blick auf Wasser und Wald. Das munterte mich wieder auf, bis ein Argentinier mir erzählte, dass Überanstrengung in heißem Wasser zu Herzattacken führt.

Um sieben am nächsten Morgen kreuzte ich wieder durch die Fjorde, diesmal in großem Stil an Bord eines luxuriösen Katamarans namens *Patagonia Express*. Ich war der einzige Gast mit Presseausweis: Die anderen Passagiere waren argentinische Touristen aus dem Hotel. Wir legten in Puerto Aguirre an, einem abgelegenen Fischerdorf, das ich vom Oberdeck der *Evangelista* aus erspäht hatte. Die Bewohner hatten ihre kleinen Grabhäuser auf die Hänge der gegenüberliegenden Insel gesetzt, sodass sie die Toten über ihren eigenen Styx rudern mussten.

Der Katamaran war herrlich. Es gab nichts weiter zu tun, als an zu sitzen und zu beobachten, wie die Landschaftsszenerie litt, und da es an der freien Bar eine Riesenauswahl an ls gab, lebte man äußerst angenehm. Der Barkeeper mixte die Drinks mit Hingabe. Seine Spezialität war eine Art chilenischer *cuba libre*; den Namen hatte ich schnell vergessen, aber irgendwie kam Patagonien darin vor. Die Argentinier setzten sich an Esstische, die Männer packten so viel Fotoausrüstung aus, dass man damit an Ort und Stelle einen Laden hätte aufmachen können, und die Frauen lasen *Die perfekte Hausfrau*. Der Barkeeper bot mir an, ihn Norman zu nennen. Er trug ein weißes Polyesterhemd und sah Douglas Hurd außergewöhnlich ähnlich, bis hin zur Schmalzlocke. Je näher wir den Gletschern kamen, desto stärker wurden die Cocktails, und in der fast gänzlich vom Meer abgeschlossenen Lagune selbst, die zu den insgesamt drei Plätzen auf der Welt zählt, wo drei Erdplatten aufeinander treffen, tauchten eigenartig geformte blaue Eisberge auf, was Norman dazu veranlasste, den Cocktailkrug mit Eis aufzufüllen. Es gab Eisberge so klein wie Straßenabflussdeckel, und andere waren so groß und spitz wie das Matterhorn. San Rafael, der berühmte Gletscher, wirkte zwischen den braun-grün gezackten Bergen wie eine in der Bewegung erstarrte stürmische blaue Flut. Er erstreckt sich mehr als 30 Kilometer weit ins Landesinnere, ist breiter als zwei Kilometer und wandert bis zu 60 Meter am Tag. Ich hatte mich richtiggehend in diese Gletscher verliebt. Ich glaube, Darwin mit seiner unterkühlten englischen Art ging es ähnlich: »... man könnte sie mit großen, gefrorenen Niagara-Fällen vergleichen, und vielleicht sind diese Katarakte von blauem Eise ebenso schön wie die sich bewegenden Wasserfälle.«*

Die *Patagonia Express* ging direkt gegenüber der Eisklippen vor Anker. Ich kann nicht sagen, es war wunderschön; es war viel mehr als das. Ich stand in der schmerzend kalten Luft an Deck

---

* Bearbeitet von Dr. I. Bühler nach der Ausg. von 1875 in der Übers. von J. V. Carus. Darwin, C., Reise eines Naturforschers um die Welt. Frankfurt a. M., 1962. – Anm. d. Übers.

und beobachtete, wie die Eisberge ins ruhige Wasser kalbten. Die herabstürzenden Eisblöcke krachten in der Stille wie Dynamitexplosionen auf einem entfernten Planeten. Unwillkürlich fielen mir Coleridges Eisvisionen aus dem »Alten Seemann« (»Das Eis zerbrach mit Donnerkrach«*) ein; selbst Normans Augen glänzten verdächtig.

Einige von uns legten Schwimmwesten an und kletterten auf ein Schlauchboot. Es stellte sich heraus, dass in den höchsten Eisklippen, die mindestens 60 Meter emporragten, tiefe blaue Höhlen klafften, durch die die kalte Luft bis ins Innerste der Erde vordringen konnte. Möwen mit schwarzen dürren Beinen landeten auf Eisschollen, und unter Wasser konnte ich die gespenstischen Umrisse verborgener Dinge sehen. Wir tuckerten drei Kilometer durch das Packeis am schimmernden Gletscher entlang. Er strahlte Kälte aus. Ein Besatzungsmitglied rief uns etwas zu und deutete hinter uns, und als wir uns umschauten, sahen wir einen Eisturm so groß wie ein mehrstöckiges Parkhaus in die Lagune stürzen; während die Spitze verschwand, erschienen die Fundamente aufreizend langsam an der Oberfläche.

Wieder an Bord, reichte Norman ein Tablett mit großen Whiskys auf Eis, das aus dem Gletscher gehauen war, den er auf ein Alter von 30 000 Jahren schätzte, und damit könnte er wohl Recht gehabt haben. Ein Argentinier mit zwei Nikons um den Hals hielt eine peinliche Dankesrede an die Crew, die uns zu diesem »unirdischen« Platz gebracht hatte, und drängte mich dann, es ihm nachzutun, »im Namen der Ausländer«. Offenbar gab es verschiedene Sorten von Ausländern, und mir gegenüber fühlten sich Argentinier und Chilenen wie Brüder. Die Begegnung mit dem Gletscher hatte mich sentimental gemacht, und da ich die einzige echte Ausländerin an Bord war und niemand Englisch verstand, rezitierte ich Yeats' »Had I the heavens« wie eine formale Rede, was dem Gedicht nicht son-

---

* Übers. von Wolfgang Breitwieser. William Wordsworth und Samuel Taylor Coleridge. Heidelberg, 1959. – Anm. d. Übers.

derlich bekam, aber immerhin klatschten alle. Während wir uns vom San Rafael entfernten, knipsten die Argentinier mich an Deck, als wäre ich eine ebenso seltene Erscheinung wie der Gletscher selbst. Ich hatte einige Zeit mit Norman verbracht und lehnte mit dunkler Brille unergründlich an der Reling, als wäre ich mein Lebtag von Touristen fotografiert worden.

Der Himmel verwandelte sich in ein blau-grau-weißes Miasma, aus dem, wie in einem Gemälde von Blake, gelbe Strahlen fielen, die sich an riesigen Eisbergen brachen. Es war schwer, diesen Ort zu verlassen, aber Norman half mir über den Schmerz hinweg. Als die Sterne hervorkamen, versuchte ein argentinischer Bankmanager Zeichen und Konstellationen zu erkennen. Viele Menschen taten das, und ich hasste es; ich brauchte keine dummen irdischen Etiketten, um die Sterne unter Kontrolle zu bringen. Indem man ihnen Formen aus unserer Welt zuschrieb (der Große Wagen; der Jäger), beraubte man sie ihrer Andersartigkeit. Sie gehörten ins Land der Phantasie, dem betörendsten von allen. Ich hatte viele Nächte allein mit den chilenischen Sternen verbracht, und ich würde nicht zulassen, dass ein Bankmanager sie zu landwirtschaftlichen Gerätschaften verkommen ließ.

Der Katamaran legte um Mitternacht in Chacabuco an, und die Argentinier strömten ins Hotel. Einige von ihnen versuchten, mich zum Mitkommen zu überreden, weil sie mich nicht so ganz allein in Patagonien lassen wollten, aber ich hatte mir vorgenommen, in der Nacht noch Coyhaique zu erreichen und Mark und Alex zu überraschen. Es war Zeit für mich, den tiefen Süden zu verlassen und in die Zivilisation von Puerto Montt zurückzukehren, denn ich musste mir langsam Gedanken darüber machen, wie ich wieder nach Santiago kommen sollte. Von Balmaceda aus war es leicht, ein Flugzeug nach Puerto Montt zu finden, und Coyhaique lag auf dem Weg nach Balmaceda.

Schließlich nahm ich mir ein Taxi nach Coyhaique, und um halb zwei Uhr morgens kletterte ich durch das Fenster des Sheraton.

Alex sah sich gerade die Oscar-Verleihung im Fernsehen an, und Mark lag schlafend im Bett, mit einem Bein steckte er noch in seiner Jeans, die halb auf dem Boden baumelte (er hatte es nicht mehr geschafft, den einen Schuh auszuziehen). Es war ein berauschendes Wiedersehen, das mit mehreren Kartons Wein begossen wurde, obwohl es ja erst zwei Tage her war, dass wir uns getrennt hatten. Ich träumte, dass Douglas Hurd mit einem Cocktailshaker in der Hand auf einem Eisberg stand, und am nächsten Morgen verschwand ich endgültig in einem Bus nach Balmaceda, von wo ein Flugzeug mich nach Puerto Montt brachte. Es flog niedrig, und die späte Nachmittagssonne verwandelte die zahlreichen Flüsse in goldene Bänder zwischen braunen runzligen Bergen. Die Gletscher wirkten wie die Falten eines schimmernden Stoffes, und weiter hinten im Westen, am bernsteinfarben glühenden Horizont, wiegte sich die Inselwelt.

Unfähig, in den drei Tagen, die ich mir bis zur Rückreise nach Santiago noch zugestanden hatte, einem allerletzten kleinen Ausflug zu widerstehen, verbrachte ich die Nacht in Puerto Montt in derselben Pension wie immer und ging früh am nächsten Morgen zum Bahnhof, weil ich hoffte, einen Bus nach Río Negro zu erwischen, einem Dorf, das allgemein eher unter dem Namen des benachbarten Vulkans, Hornopirén, bekannt ist. Ich fand sofort die richtige Schlange: Je weiter weg von der Stadt der Endhaltepunkt des Busses, desto rauer das Aussehen der Leute, die auf ihn warten. Zähne sind ein besonders gutes Kriterium. (In Japan werden die Menschen immer kleiner, je weiter man sich von Tokio entfernt.) Ich stieg jedenfalls ein. Busse werden, je nach Straßentauglichkeit und Komfort, entsprechend den Anforderungen der geplanten Route eingesetzt, und aus dem Aussehen des verbeulten Metallhaufens mit dem Schild »Hornopirén« schloss ich, dass ich eine lange, harte Reise vor mir hatte.

Die Straße war außergewöhnlich schlecht, aber die Sonne beschien die alten Zypressen, und als der Bus auf eine Fähre fuhr, verteilte ein verschwitzter Mann mit einer Kochmütze von einer schmierigen telefonhäuschengroßen Kombüse aus an alle auf Deck angeschlagene Becher mit Nescafé.

Fünf Stunden nach der Abfahrt aus Puerto Montt hielt der Bus mit müde knirschenden Bremsen in einem kleinen Dorf an einer Bucht zu Füßen des Hornopirén. Die Menschen in Puerto Montt sprachen oft von diesem Vulkan – besitzergreifend, als wären sie von allen Vulkanen des Landes diesem speziellen ganz besonders eng verbunden. Ich mietete mich in einem Hotel gleich neben einer der Sägemühlen ein. Es war genauso, wie ich es gern hatte: blanker Holzfußboden, Bretterwände, leuchtend bunte Fensterrahmen, unberechenbare Stromversorgung, ein Holzofen, der in der geräumigen Küche bullerte, und von meinem Zimmer aus ein Blick auf am Strand angepflockte Ochsen, deren Silhouetten sich gegen die bewaldeten Inseln in der Bucht abzeichneten. Es gab keine anderen Gäste, und das gefiel mir auch.

Ich verbrachte den Nachmittag damit, zum Vulkan zu wandern; hin und zurück dauerte das ungefähr sechs Stunden. Es war ein klarer, sonniger Tag, und die Luft war wunderbar rein. Auf den grauen Bergen lag Schnee, aber der legendäre Vulkan im Vordergrund war grün. Er war niedrig für chilenische Begriffe, und er glühte kaum wahrnehmbar, wie von innen heraus schwach beleuchtet. Ich kam an zwei oder drei Holzhäusern vorbei. Ein kleines Mädchen mit einem bestickten Kleid kam aus einem herausgelaufen und fragte mich, ob ich *küchen* kaufen wollte. Aus irgendeinem seltsamen Grund war es ihr Gesichtchen, das mir plötzlich bewusst machte, dass die Reise bald zu Ende war und dass das ländliche Chile mir entglitt. Am liebsten hätte ich meine Erinnerungen mit Sprühkleber fixiert.

Als ich wieder zurück ins Dorf kam, hatte das Meer sich aus der Bucht zurückgezogen, und der Besitzer des Hotels lud mich ein, zusammen mit der vielköpfigen Familie in der großen Küche zu essen. Während des Essens wurde ich in ein Geheimnis des chilenischen Spanisch eingeweiht.

»Die Drähte im Sicherungskasten sind alle verrostet«, sagte Mrs. Hotel zu ihrem Mann. »Wir müssen mal den *Gasmann* kommen lassen.«

»Wie«, fragte ich, »kümmert sich hier der Gasmann um die Elektrik?«

»Nein«, antwortete sie, »ich spreche vom Elektriker-Gasmann.«

»Also«, überlegte ich, »holen Sie, wenn der Abfluss verstopft ist, den Klempner-Gasmann.«

»Genau.«

»Und wenn das Gas …«

Aber ich kannte die Antwort schon.

Später saß ich auf der Mole und las im Schein meiner Taschenlampe. Ich las über Hayek, den konservativen Volkswirt, dessen Buch die chilenische Verfassung ihren Namen verdankt. Er argumentierte, dass die Wahrung der wirtschaftlichen Freiheit, logisch und philosophisch betrachtet, wichtiger sei als die Wahrung demokratischer Institutionen. Viele ausländische Regierungen billigten die Diktatur, indem sie so taten, als sei die eiserne Faust, mit der die Militärs regierten, eine Sache von geringerer oder zumindest zweitrangiger Bedeutung. Während eines offiziellen Besuchs in Chile im Oktober 1980 sagte Cecil Parkinson, damaliger britischer Handelsminister: »Es gibt viele Gemeinsamkeiten zwischen der Wirtschaftspolitik Chiles und der Englands.«

Erst als er später von einem Journalisten gefragt wurde, was die Hauptunterschiede seien, kommentierte er: »Wir machen unsere Erfahrungen in einem demokratischen Kontext, und Chile wurden sie von einem autoritären Regime aufgezwungen.«

Nach zwei asketischen Tagen in Hornopirén kehrte ich nach Puerto Montt zurück, immer noch nicht bereit für einen noch abrupteren Wechsel der Umgebung: Santiago, wo ich fünf Wochen bleiben wollte. Ich ging direkt zum Bahnhof, um mir eine Fahrkarte für den Nachtzug nach Santiago zu kaufen. Die Eröffnung der Zugverbindung Puerto Montt–Santiago im zweiten Jahrzehnt des letzten Jahrhunderts wurde als ein Ereignis von großer historischer Bedeutung gefeiert, und bis heute ist diese Linie die einzige, mit der Personen statt quer durchs Land auch in Längsrichtung fahren können. Sie ist in all den Jahren nicht sehr viel schneller geworden, da sie immer noch 24 Stunden bis Santiago braucht, was, in Anbetracht der Tatsache, dass die Trasse durchgehend gut ist, eine ziemlich reife Leistung für eine 1000 Kilometer lange Strecke darstellt. Ich glaube, diese berühmte alte Zugstrecke würde meiner Odyssee ein ruhiges und geruhsames Ende bescheren. Allerdings kamen noch zwei Faktoren ins Spiel, die alles ein bisschen durcheinander brachten.

Zum einen war Chris Sainsbury beauftragt worden, für ein Buch, das in England unter dem Titel »Train Journeys of the World« erscheinen sollte, einen Artikel über diesen Zug beizusteuern, also schlug er mir vor, gemeinsam zu fahren. Die Aussicht auf seine Begleitung stimmte mich fröhlich, obwohl das bedeutete, dass die Reise nicht sehr ruhig verlaufen würde. Zum Zweiten war eines der Faxe, die im öffentlichen Faxbüro von Puerto Montt auf mich warteten, von Mr. Alleskönner aus Santiago. Er schlug mir vor, die Rückfahrt für eine Abendgesellschaft in Los Lingues zu unterbrechen, und wie der Zufall spielte, sollte diese Party am nächsten Tag stattfinden. Ich telefonierte mit ihm und richtete es so ein, dass ich den Zug in San Fernando, ungefähr zwei Stunden vor Santiago und zehn Minuten von Los Lingues, verlassen konnte. So weit, so gut, nur stellte sich heraus, dass wir um halb fünf morgens in San Fernando ankommen würden.

Wenn ich schon den Fauxpas beging, zu früh zu einer Gesellschaft zu erscheinen, dann wenigstens mit Stil.

Die Werbeabteilung der chilenischen Eisenbahn, die aus dem glänzenden Ruf ihrer ältesten und längsten Strecke möglichst viel herausschlagen will, behauptet, in Puerto Montt sei der südlichste Bahnhof der Welt; aber Chris erzählte mir, dass weiter südlich in Argentinien noch eine kleine Strecke von einer Dampflok befahren wurde.

Als ich auf dem Bahnhof ankam, wartete der Zug schon. Er sah schrecklich aus. Die Waggons, blau und gelb bemalt und verwirrend schwedisch im Aussehen, waren verrostet und passten nicht zusammen. Ich fragte einen Schaffner auf dem Bahnsteig, wie alt der Zug sei.

»Muchos años, muchos.«

Das Innere war ermutigender. Unser Waggon, zwischen den Kriegen in Deutschland gebaut, war aus dunklem, poliertem Holz mit schweren Silberbeschlägen und gepolstert mit dickem, kotzgrünem Samt. Wir hatten ein Abteil für uns allein, mit einem in Teakholz eingelassenen kupfernen Waschbecken, einem rehfarbenen Teppich und einer eckigen Beleuchtung aus den 30er-Jahren, bei der zwei von vier Lampenschirmen fehlten. Die Fenster waren klein, und es gab einen Ventilator.

Es fuhr kaum jemand mit dem Zug, und das Personal spielte schon in der Bar Karten, bevor wir überhaupt aus dem Bahnhof waren. Viele der Originalwaggons waren ersetzt worden (dafür hatten schon die regelmäßigen Entgleisungen gesorgt), aber der Zug hatte immer noch Charme; er repräsentierte einen ganz bestimmten Zeitgeist. Das Bad war schwach beleuchtet und hatte eine imposante Dusche und Korkwände. Die Verbindungen zwischen den Waggons waren locker und wackelten bedenklich, sodass die Türen immer wieder aufflogen.

Wir machten es uns gemütlich und verteilten unsere Sachen im Abteil. Es dauerte eine ganze Stunde, bis wir den Hügel vor Puerto Montt erklommen hatten. Ich sehnte mich schon nach den Gletschern zurück, und doch wusste ich in meinem Herzen, dass ich sie wahrscheinlich nie wieder sehen würde, was mich tieftraurig machte; bedrückt schlich ich durch die leeren Gänge wie eine Romanfigur von Agatha Christie. Wir erreichten die Ufer des Llanquihue-Sees, und nach der Gegend um die Carretera Austral wirkte die Szenerie friedlich; ich kam mir wie gezähmt vor, und das gefiel mir gar nicht.

Ich saß mitten am Nachmittag mit hochgelegten Füßen im Abteil und las »The Road to Oxiana«. Wir hielten so häufig und so lange, dass mir gar nicht aufgefallen war, dass der Zug sich – selbst für seine eigenen erstaunlichen Verhältnisse – schon eine ganze Weile nicht mehr bewegt hatte. Plötzlich kam Chris von der Bar her angelaufen.

»Wo ist meine Kamera? Wir haben eine Kuh überfahren.«

Ich ging zur Tür und sah, dass das Personal vorn zwischen den Gleisen herumstocherte. Teile der Kuh lagen auf dem Bahndamm. Chris stieg aus und widmete sich mit Feuereifer seiner Aufgabe. Ich gab zu bedenken, dass eventuelle Leser von »Train Journeys of the World« keinen Gefallen an Fotos von verstreuten tierischen Eingeweiden finden könnten; aber er ließ sich nicht beirren.

Die Reise ging weiter. Wenn der Zug anhielt, kam er nicht langsam zum Stehen, sondern bremste abrupt, sodass alles nach vorn schoss. Von einem Waggon zum anderen bis zu Bar zu gehen war lebensgefährlich, und Chris löste das Problem, indem er die ganze Zeit in der Bar blieb.

Gegen Mittag hatte sich die Fahrgastzahl verdoppelt, aber das Personal war immer noch zahlreicher als wir, und es verharrte unter der Führung eines beeindruckenden Küchenchefs mit einer hohen weißen Mütze trotzig in der Bar, die gleichzeitig auch der Speisewagen war. Wer sonst noch im Restaurant beschäftigt war, trug ein weißes Jackett mit schwarzem Schnürsenkelschlips, und das gesamte Team verbrachte einen Großteil der Reise mit essen. Kurz nachdem der Fahrkartenkontrolleur und ein Kellner sich über eine Riesenschüssel Muscheln hergemacht hatten, hielt der Zug in Antilhue, wo Frauen auf dem Bahnsteig blumige Grabkränze verkauften. Sechs Angestellte stiegen aus und ergingen sich in langwierigen Erörterungen. Der Zug schien ausschließlich zum Nutzen des Personals zu verkehren.

Mit uns fuhr noch ein anderer *gringo*, den wir zu einem Drink einluden. Es war ein holländischer Chemielehrer, und er befand sich in einem fürchterlichen Zustand, denn das Hotel in Puerto

Montt, in dem er abgestiegen war, war abgebrannt. Beim Postkartenschreiben in seinem Zimmer war ihm der Brandgeruch aufgefallen, und als er die Tür öffnete, stand er schon vor einer Feuerwand.

In Temuco (340 Kilometer in zehn Stunden) stieg der Küchenchef aus, um auf Pferde zu wetten, und der Zug tauschte die Diesellok gegen eine elektrische.

Als wir in San Fernando ankamen, hatten wir zwei Stunden Verspätung, und ich rief Germán an, der tapfererweise kurz darauf erschien; aus den Lautsprechern seines Autos dröhnte Musik. Wir gingen in ein Café und tranken literweise Kaffee; es war schön, ihn wieder zu sehen. Bei unserer Ankunft in Los Lingues schleppten Angestellte Tische und Blumenkörbe über die Gartenwege; im Hof drängten sich Lieferanten mit Verstärkern und Austern; in stillen Winkeln probten kleine Gesangs- und Musikgruppen; Stalljungen striegelten Pferde; und in den Küchen waren ganze Heerscharen von Köchen und Küchenhelfern damit beschäftigt, Teig für *empanadas* zu kneten, Schweinebraten mit Fett zu begießen und säckeweise Zitronen für Pisco Sours auszupressen. Abgesehen davon, dass ich mich wegen Schlafmangels ein bisschen schwindelig fühlte, hatte der scharfe Kontrast zwischen diesem exzessiven Luxus und meinem Leben in den vergangenen zwei Monaten einen eigenartigen Effekt. Ich kam mir vor, als stünde ich neben mir und sähe mich selbst über die Hazienda spazieren.

Sie gaben mir mein altes Zimmer. Don Germán und Doña Marie Elena umarmten mich, als wir ihnen auf einem Gartenweg begegneten; sie waren viel zu höflich, um etwas zu meinem allgemeinen Aufzug zu sagen. Mir fiel auf, dass niemand nach Fisch roch. Ich stieg in die Badewanne, überlegte, ob meine Sachen den Raum wohl verseuchen würden, und blieb liegen, bis das Wasser kalt war. Ich war auf die ganze Angelegenheit kaum vorbereitet, weder seelisch noch körperlich. Rowenas Cocktailkleid schlummerte seit meinem letzten Besuch in Los Lingues in eine Mülltüte gehüllt auf dem Boden meiner Reisetasche, also nahm ich es heraus und schüttelte es auf. Als sie es mir gab, hatte es erheblich besser ausgesehen.

Alles, was in Santiago Rang und Namen hatte, kam zu dieser Gesellschaft, im allerfeinsten Designer-Outfit. Zuerst kam ich mir vor wie Alice im Wunderland, aber bald gewann der Genussmensch in mir die Oberhand über den letzten Rest von Zurückhaltung. Die Pisco Sours schmeckten gut. Während wir auf dem Rasen unsere Cocktails schlürften, unterhielt uns ein berühmter chilenischer Saxofonist. Das war etwas ganz anderes als ein nasses Zelt in Patagonien.

Als ich aufwachte, ausgeruht, aber mit leichten Kopfschmerzen, fand ich mich zwischen üppigen Seidenkissen in einem Bett aus dem 18. Jahrhundert. Durch die Spalten der Fensterläden fiel das Sonnenlicht in gelben Streifen, und über das Rieseln des Springbrunnens hinweg hörte ich, wie sich die Menschen zur Messe in der Kapelle der Hazienda versammelten. Ich stand auf, um auch zur Kirche zu gehen, und setzte mich auf eine dunkle Holzbank ganz hinten neben das Mädchen, das sich um mein Zimmer kümmerte. Seine Mutter war verantwortlich für die Wäsche, und seine drei Brüder pflegten die Pferde. Generationen ein und derselben Familie hatten auf dem Besitz gearbeitet und waren in dieser Kapelle getauft, verheiratet und betrauert worden; die Turbulenzen der modernen chilenischen Geschichte hatten nichts geändert am Geist der zyklischen Permanenz, der die Hazienda durchwehte so wie der unverbesserliche Feudalismus à la Tolstoi.

Kapitel fünfzehn

> Liebe viele, wenigen vertrau – und immer aufs eigene
> Kanu schau.
>
> Billy Zwei Flüsse, kanadischer Mohawk-Häuptling

Ich kam gerade noch rechtzeitig in Santiago an, um Simon und Rowena zum Abendessen einladen zu können, denn ihr Abflug nach London zum zweimonatigen Heimaturlaub stand kurz bevor; sie wollten heiraten. In einem schicken Restaurant in der Stadt zu sitzen gab mir das Gefühl, wieder in der Wirklichkeit gelandet zu sein, und das war traurig. Trotzdem tat es gut, Simon und Rowena wieder zu sehen. Sie hatten großzügigerweise darauf bestanden, dass ich in ihrer Abwesenheit ihre Wohnung nutzte. Beatriz würde dreimal die Woche zum Saubermachen kommen, also war ausgezeichnet für mich gesorgt. Aber an den ersten ein, zwei Tagen nach ihrer Abreise wanderte ich trübsinnig in der riesigen, leeren Wohnung umher und starrte durch die übergroßen Spiegelglasfenster auf den Verkehr und den Smog.

Ich breitete alles, was ich zusammengetragen hatte, auf dem Küchenboden aus. Es kam nicht viel zusammen. Das Außergewöhnlichste war wohl eine hübsche Sammlung von Kinderzeichnungen. Ich hatte mich oft mit Kindern angefreundet, und sie hatten mir regelmäßig angeboten, mir als Abschiedsgeschenk etwas Besonderes zu malen; ich wünschte mir immer ein Bild von ihrem Dorf oder ihrer Stadt. Da ich jedes Kind gebeten hatte, den Entstehungsort in einer Ecke zu vermerken, konnte ich die Bilder in geografischer Reihenfolge aneinander legen, das ergab eine Reihe junger chilenischer Selbstbildnisse. Ihre Zeichnungen zeigten ein Lama mit einem dreieckigen Körper; etwas, das Ähnlichkeit mit einer Salzwüste hatte; einen mit Trauben voll behangenen Busch; ein Bett mit vier schlafenden Strichmännchen darin (das war aus Santiago); einen Angler; einen ehrgeizigen Versuch, *chochayuyo* (ledrige Tangriemen) zu machen; einen Mann mit einem Poncho und einem breitkrempigen Hut auf einem Pferd; einen Eisberg (den erkannte ich nur, weil er blau war) – und auf jedem befand sich eine Reihe umgekehrter Vs mit einem bunten Punkt auf der Spitze, der Schnee sein sollte. Das kollektive Porträt der Kinder zeigte also das gleiche Leitmotiv wie die Landkarten mit ihren farbigen Höhenmarkierungen.

Ich fing damit an, Leute anzurufen, die mir empfohlen worden waren, und alte Bekanntschaften wieder aufzufrischen, um einen Plan für die kommenden fünf Wochen machen zu können. Eine Einladung hatte bei meiner Ankunft in Santiago in der Wohnung schon auf mich gewartet. Sie war von Paul Mylrea, dem Chef des Nachrichtenbüros Reuter, und seiner Frau Frances Lowndes, die ich bei einem Abendessen zu Beginn meines Aufenthalts kennen gelernt hatte. Sie luden mich zu einer Party ein, die am Abend der allgemeinen Wahlen in Großbritannien in ihrem Haus in Santiago stattfinden sollte. Das freute mich sehr, denn wie viele andere neigte ich zu der Ansicht, dass die Briten die erste Labour-Regierung seit 13 Jahren wählen würden, und das wollte ich mit Menschen feiern, die nicht nur wussten, wo England lag, sondern die Bedeutung dieses großen Sieges auch würdigen konnten.

Ein Reuter-Telex im Haus würde uns die Ergebnisse präsentieren, sobald sie bekannt wurden, und die Zeitdifferenz machte es möglich, die ersten Nachrichten gegen acht Uhr zu bekommen. Ich backte einen Kuchen, auf den ich mit Mandeln »Labour« schrieb, und als ich um sieben Uhr ankam, waren alle bester Stimmung, und es ging schon recht lebhaft zu.

Um neun waren wir ruhig. Um zehn deprimiert. Um halb zwölf verließ ich das Begräbnis, das eine Party hätte werden sollen, und nahm ein Taxi nach Hause. Wenigstens schickte Gott uns in dieser Nacht ein kleines Erdbeben, aus Sympathie. Mein Bett fing an zu zittern, und ich träumte, ich sei im Hotel Valdivia. Die Schwestern vom St.-Columban-Orden, die ich im Norden getroffen hatte, hatten mir die Telefonnummer ihrer Mitschwestern in den Slums der Hauptstadt gegeben, und als ich dort anrief, stellte ich fest, dass sie bereits informiert waren.

»Wir haben Sie schon erwartet«, sagte eine fröhliche irische Stimme. »Kommen Sie nur her, Sie können so lange bleiben, wie Sie wollen.«

Ich musste dreimal umsteigen und landete schließlich in einem Stadtteil, in dem alle Häuser baufällig aussahen, und das schien endlos so weiterzugehen, kilometerlang immer dasselbe Elend. Zwei Stunden nachdem ich die Tür meines neu bezogenen Penthouses hinter mir geschlossen hatte, läutete ich die Glocke am Eisentor eines hohen Gitters, das ein sauberes und ordentliches zweistöckiges Backsteinhaus umgab.

»Willkommen«, begrüßte mich eine weißhaarige Nonne, die herauskam, um das Tor aufzuschließen. Wir tranken schnell eine Tasse Tee mit den anderen Nonnen und machten uns dann eilig davon, denn es war Palmsonntag, und die Messe musste jeden Augenblick beginnen.

An einem Tisch im Innenhof der Kirche kauften wir Kreuze, die aus Blättern gebunden waren; in dem modernen Gebäude dufteten zarte blaue Frauenblätter. Es war sehr voll, und der Priester ging herum und sprenkelte mit Wasser aus einer orangefarbenen Plastikspülschüssel. Es überraschte mich, eine Gruppe Gitarrenspieler zu sehen und in den meisten der Hymnen spanische Übersetzungen von Chören zu erkennen, die ich in Kirchen der Pfingstler in Großbritannien gehört hatte. Die Gemeinde schwenkte begeistert ihre Kreuze, und wir machten eine Prozession um den Block, vorneweg die Gitarristen, die sich in den Hüften wiegten wie Troubadoure und inmitten der leeren Klebetuben auf den kaputten Straßen »Jesus Christ Superstar« schmetterten.

Ich blieb zehn Tage in den Slums, zog von Haus zu Haus, wo immer man mich dazu einlud, meinen Schlafsack auszubreiten. Ich war nicht überrascht, als ich in den schäbigen Läden (es gab keine Supermärkte) Leute sah, die Zigaretten einzeln kauften; diese Praxis war mir in Südeuropa sehr häufig begegnet. Aber ich staunte doch, als sie ihre Pesomünzen abzählten, um einen Teebeutel und drei Streichhölzer zu erstehen. Viel später erfuhr ich, dass die Angewohnheit mit dem einzelnen Teebeutel von den Oppositionsparteien beim Wahlkampf 1988 benutzt worden war. Sie hatten eine Werbespot gedreht, in dem eine chilenische Frau in einem Eckladen einen Teebeutel kaufte.

Niemand lebte in einer Pappschachtel. Alle Häuser, die ich besuchte, hatten sanitäre Einrichtungen. Akute Not fällt in den Städten Chiles weniger auf als in den Armensiedlungen Brasiliens und Perus – aber sie ist genauso tödlich. Chronische Arbeitslosigkeit und chronische Überbevölkerung führten hier zum Zusammenbruch des sozialen Netzes und zum allgegenwärtigen Elend; ich musste mich nicht besonders anstrengen, um das zu erkennen. Drogenmissbrauch, Alkoholmissbrauch, Drogenkriminalität und schlagende Ehemänner waren an der Tagesordnung. Kleinere Delikte zur Suchtfinanzierung gehörten schlicht zum täglichen Leben. Die Nonnen erzählten mir, dass in einer der Kapellen die Toiletten schon dreimal gestohlen worden waren und dass sie die Hähne vom Waschbecken schrauben mussten, wenn sie abschlossen. Der lokale Drogenkönig war im Gefängnis, weil ihm wegen Mordes an einem Trauergast bei einer Beerdigungsfeier der Prozess gemacht wurde, so verlief das Leben wenigstens etwas ruhiger; die Nonnen hatten gelernt, für solche Kleinigkeiten dankbar zu sein.

Nach Angaben der Vereinten Nationen leben fünf Millionen Chilenen (fast 40 Prozent der Bevölkerung) in Armut, und 1,7 Millionen in »absoluter Armut«. In jenem Stadtteil gab es kein Krankenhaus, und ein Apotheker versorgte tausende von Menschen. Es existierte keine Schule für Kinder über 14; die Wissbegierigen mussten lange Busfahrten ins Stadtzentrum in Kauf nehmen.

Was es im Überfluss gab, waren Spirituosenläden, und die blieben bis drei Uhr morgens geöffnet (der Apotheker machte um halb zehn abends zu). Außerdem gab es viele Kneipen, obwohl nur wenige legal waren: Die meisten Leute tranken in Schuppen, die *clandestinos* genannt wurden. Zwei- oder dreimal wurde ich in eine dieser Höhlen eingeladen, die nach Wein und Marihuana rochen. Ich habe dort nie eine Frau gesehen; Frauen waren ein Teil dessen, was die Männer so verzweifelt zu vergessen suchten. Obwohl man mich immer freundlich behandelte, fühlte ich mich in den *clandestinos* nicht wohl, als hätte ich mich in diesem Strudel der Armut zu weit vorgewagt.

Ich sprach einige jüngere Leute auf die Politik an, aber das interessierte sie nicht; sie hatten bereits resigniert. Ein oder zwei Jahrzehnte früher waren diese Gegenden Kraftherde politischer Energie. Niemand hatte mehr Vertrauen zu den Politikern; das Depolitisierungsprogramm der Junta war vielleicht in letzter Konsequenz gescheitert, aber es war ihm bis zu einem gewissen Grad gelungen, den allgemeinen Widerstandsgeist zu schwächen, und gemeinsam mit der in Chile übernommenen Wegwerfkultur hatte es die Phantasie der unzufriedenen Jugend erstickt.

Drei Tage blieb ich bei einer jungen Frau namens Evelyn. Eine der Nonnen hatte uns miteinander bekannt gemacht. Evelyn war ein engagiertes Mitglied der örtlichen Kirche, und sie war offen, freundlich und immer fröhlich; die letzte Charaktereigenschaft wirkte besonders beschämend, wenn man bedachte, dass das jüngste ihrer drei Kinder mit einem Jahr erblindet war. Pablito war jetzt drei und immer an ihrer Seite. Sie hatte kein Geld, denn ihr Mann war schon seit sechs Jahren arbeitslos. Er schlich den ganzen Tag durchs Haus und »werkelte herum«, wie Evelyn es nannte, aber für mich sah es wie Nichtstun aus. Die Familie lebte in einem Anbau am kleinen Backsteinhaus von Evelyns Schwiegerfamilie. Eines Tages nahm sie mich mit in ihre Kirche, ich sollte den Priester kennen lernen.

»Er ist wie du – Australier oder Nordamerikaner, ich weiß es nicht mehr ganz genau. Die meisten Priester, die man uns schickt, sind Ausländer. Chilenen arbeiten hier nicht gern. Die Ausländer helfen uns sehr, weißt du, sie kümmern sich nicht nur um die Kirche, sondern teilen unser Leben und unsere Probleme. Darüber ärgern sich dann wieder die Bischöfe – sie halten uns für zu politisch. Was gehen mich die Bischöfe an?«

Der Priester war ein Australier Mitte 30, der wie ein Teddy aussah. Ich fragte ihn, warum es so viele ausländische Priester gebe.

»Aus einer Vielzahl von Gründen. Nach Kuba bat der Papst ausländische Orden in einer formellen Anfrage darum, zehn Prozent ihrer Priester nach Lateinamerika zu entsenden. Das hat viel Unruhe gegeben – Verdächtigungen und so etwas. Auch wird schon seit Jahren darüber spekuliert, wo die Kirche das fremde Geld herbekommt. Das heißt, abgesehen davon, dass man es hier mit einer Institution in äußerst prekärer Lage zu tun hat, gab es auch noch CIA-Organisationen, die an vorderster Front offen mit innerkirchlichen Gruppen zusammenarbeiteten.«

»Also liegt es an der Politik – die Linken mögen euch nicht?«

»Nein, es ist noch viel komplizierter. Offen gesagt ist niemand begeistert von den ausländischen Priestern. Die Rechten hassen uns auch. Die Militärregierung widmete sich ebenfalls dem in Südamerika bei Linken, Rechten und Gemäßigten gleichermaßen beliebten Zeitvertreib, uns davonzujagen. Einfach den Job weitermachen, solange es geht, das ist meine Maxime.«

Evelyn staubte den provisorischen Altar ab. Wir hatten den kleinen Pablito in seinem viel zu großen Buggy mitgebracht, und er amüsierte sich in einer Ecke. Vater Tony stellte die Tische für den Katechismusunterricht auf.

»Kommt es Ihnen nicht manchmal so vor, als hätten Sie eine unlösbare Aufgabe übernommen, ich meine, wenn man all das Elend hier sieht?«

»Über die großen Zusammenhänge denke ich nicht nach. Ich spiele einfach meine kleine Rolle. Ich würde sie jetzt nicht mehr verlassen. Was, Evelyn?« Er wechselte ins Spanische. »Wir kommen zurecht, nicht wahr?«

Ich bot ihr an, mit den Kindern in den Park zu gehen. Sie war ganz aus dem Häuschen. Sie hatte die Wäsche der vergangenen Woche zu waschen, mit der Hand und in kaltem Wasser. Um zum Park zu kommen, mussten wir mit dem Bus fahren, und sie versuchte, mir das Fahrgeld für die Kinder aufzudrängen. Der Park bestand aus einem kümmerlichen Stückchen Land mit ein paar gelben Grasbüscheln darauf. Ein paar alte Reifen lagen herum, auf denen andere Kinder spielten, und Pablitos Geschwister schlossen sich sofort an, während ich versuchte, ihn mit »Fuchs, du hast die Gans gestohlen« bei Laune zu halten, wobei ich einige Mühe hatte, eine passende Übersetzung für Gänsebraten zu finden.

Auf der Rückfahrt schliefen alle drei im Bus ein. Unter der Last ihrer Körper bewegungsunfähig, versuchte ich herauszufinden, was das Leben im Slum eigentlich für mich bedeutete. Zunächst einmal fühlte ich mich fremd; ich glaube, das lag an der Verachtung, die ich für mein reiches und privilegiertes Leben empfand. Außerdem war ich verzweifelt. Niemand, außer Leuten wie Vater Tony, würde je etwas für diese Menschen tun – und es gab nur wenige wie ihn. Ihr Leben würde niemals leichter werden oder weniger angstvoll oder bequemer. Wie viel Elend es zu lindern gab, wurde mir auf dieser Busfahrt erst voll bewusst.

Als dann die beiden älteren Kinder vorausrannten, weil sie es kaum abwarten konnten, ihrer Mutter zu erzählen, was sie alles erlebt hatten, dachte ich, dass das Leben mit Evelyn mir auf der anderen Seite auch Hoffnung für die Menschheit gegeben hatte. Heute vermute ich, dass meine Hoffnung ein bürgerlicher Luxus war.

Ostern ging ich wieder zu den Schwestern, aber in ein anderes Haus in einem anderen Stadtteil. Am Samstagabend, nach den Vigilien und der Prozession, zündete die Gemeinde vor der Kirche ein Feuer an und stellte sich mit Kerzen in der Hand darum herum. Zur Messe zwängten wir uns in das winzige Gebäude, in dem die Stimme des Priesters gegen den Krach aus der benachbarten Disco ankämpfen musste. Drei Babys wurden getauft, und nachher gab es neben dem Altar Biskuitkuchen und Fanta. Ein Elternpaar lud einige Leute zum Essen nach Hause ein – es hatte sicher das ganze Jahr dafür gespart –, und nachdem wir gegessen hatten, wurden die Tische zur Seite gerückt, und wir tanzten, bis der Himmel hell wurde.

Bevor ich mich am Ostersonntag verabschiedete, nahm ich an einer privaten Abendmahlsfeier in einem Missionshaus teil. Der Priester war aus Irland, genau wie die drei anwesenden Schwestern, also wurde die Messe in Englisch gelesen. Der Mann bot mir Anglikanerin die Hostie nicht an.

In den Wochen in Santiago, in denen ich mich wieder in meiner fußballfeldgroßen Wohnung einrichtete, verbrachte ich viel Zeit mit Germán, oft zusammen mit seinem Cousin Felipe und meinen Freunden Ken Forder und Sylvie Bujon, die ich während meiner ersten paar Tage in Chile kennen gelernt hatte, nachdem ein gemeinsamer Freund in London uns in Kontakt gebracht hatte. Sylvie war Französin und arbeitete als Journalistin, ihr Mann Ken gehörte zum Stab der US-Botschaft. Sie waren ungefähr so alt wie ich, unkompliziert, und es machte Spaß, mit ihnen zusammen zu sein. Sylvie war sehr intelligent, sehr elegant und hatte typisch französische Angewohnheiten, aber Ken war überhaupt nicht typisch für sein Land – er gehörte zu den Menschen, die keiner Nation zuzuordnen sind. Er war ein ungewöhnlicher Diplomat, denn er war ehrlich, offen und entspannt und verteidigte die Vereinigten Staaten nicht mit dem Pawlowschen Eifer, den einige seiner Kollegen an den Tag legten. Die beiden hatten einen gut entwickelten Sinn für Humor, waren feinfühlige, großzügige Gastgeber, und wir verbrachten eine sehr schöne Zeit zusammen.

Oft gingen wir ins Spandex, meinen Lieblingsnachtclub in Santiago, der nur freitags aufhatte und sich in einem höhlenartigen alten Theater im Stadtzentrum befand. Es war ein großartiger Ort, den man zum Abschluss der nächtlichen Aktivitäten um ein oder zwei Uhr morgens aufsuchte, und wie in allen Nachtclubs war es vollkommen in Ordnung, auf einem der vielen Sofas ein Nickerchen zu machen, wenn man sich danach fühlte. Spandex stand für die Gegenkultur und war voller Exzentriker; ich fragte mich oft, wo sich diese Leute eigentlich tagsüber aufhielten, weil ich Typen wie sie nur selten auf den Straßen sah.

»Wahrscheinlich arbeiten sie als kleine Beamte oder Buchhalterinnen«, mutmaßte Ken.

Die meisten Nachtclubs der Stadt befanden sich im *barrio alto*, dem Revier der Reichen, und waren Treffpunkte der Schickeria und derer, die gern dazugehört hätten. Das Neureichensyndrom in Santiago war abstoßend. Besonders unschön erschien es bei den Jungen: Männern und Frauen um die 20, die fast ihr ganzes Leben unter Pinochet verbracht hatten und sich nichts anderes wünschten, als einen Landrover zu besitzen und bei »Pizza Hut« zu essen; das Funktelefon immer griffbereit, huldigten sie dem doppelköpfigen Götzen des Konformismus und der Protzerei. Spandex war jedenfalls ganz anders. Es gab kleine Podeste, falls irgendjemand den Drang zu einer Solotanzeinlage verspüren sollte, und die gelegentliche Bühnenshow zählte zu den Höhepunkten eines Abends. Das Grundmuster dieser Shows bestand offenbar darin, so viele Tabus wie nur möglich in einer Aufführung zu brechen. Einmal sahen wir als Nonnen verkleidete Männer, die einen rituellen Tanz inklusive simuliertem Oralsex und Ejakulation (nicht gleichzeitig) vorführten, und später einen bizarren Tanz dreier Menschen im Häschenkostüm, die mit den Zähnen Kondome lang zogen. Diese Vorführungen interessierten mich nicht besonders; ich mochte das Spandex so sehr, weil es eine entspannte Atmosphäre hatte und einem das Gefühl gab, dass man tun und lassen konnte, was man wollte, ohne beobachtet zu werden, was für einen Nachtclub recht ungewöhnliche Eigenschaften sind.

Allerdings habe ich es nie bis zum Schluss ausgehalten; einmal schaffte ich es bis fünf Uhr morgens, aber da ging es noch hoch her. Eines Abends trafen wir dort zufällig ein paar Franzosen, die ich kannte; sie waren Botaniker und hatten acht Monate in Chile gearbeitet. Zum ersten Mal waren sie mir im Norden über den Weg gelaufen, und in der Hauptstadt war ich ihnen auf gesellschaftlichem Parkett zwei- oder dreimal begegnet. Sie wollten am nächsten Morgen nach Paris abreisen und hatten einen Privatbus gemietet, der sie und ihre Freunde von zu Hause abholen und zum Flughafen bringen sollte, damit die Party so lange wie möglich weitergehen konnte.

Nach dem Spandex gingen wir in ihre Wohnung und tranken zum Frühstück Pisco Sours; selbstverständlich tauchte der Bus nicht auf. Unbeeindruckt stellte sich einer der Botaniker auf die Apoquindo, eine der Hauptstraßen Santiagos (es war mittlerweile Hauptverkehrszeit), sprang auf einen Bus und drückte dem Fahrer 50 Mark in die Hand, damit er die Partygäste abholte und zum Flughafen brachte. »Alles aussteigen!«, rief der Fahrer, ohne auch nur einen Augenblick zu zögern, und die verärgerten Fahrgäste, die auf dem Weg zur Arbeit waren, verschwanden in der verschmutzten Morgenluft.

Die Busse von Santiago sind ein Albtraum. In Hochzeiten fahren pro Stunde über 1000 in beiden Richtungen über die Hauptverkehrsader der Stadt. Es ist schwer vorstellbar, was Pinochets Ausnahmezustand für diese Stadt bedeutet hat. Ein Verkehrswissenschaftler an der katholischen Universität erklärte mir, dass Busdienstbetreiber im Durchschnitt zwei Fahrzeuge besitzen, was, da es mehrere große Busflotten gibt, bedeutet, dass vielen nur ein einziger ausgedienter Bus gehört, den sie an einen glücklosen Fahrer vermieten, der auf Kommission arbeitet. Es überrascht nicht, dass sowohl Verstopfung als auch Verschmutzung Rekordmarken erreichen. Mit Herbstbeginn wurden die Geschichten über Luftverschmutzung in den Zeitungen wieder zahlreicher. Die Winter sind am schlimmsten, und nach meiner Rückkehr aus Chile war in fast jedem Brief, den ich aus Santiago bekam, ein Absatz den

Atembeschwerden oder anderen Problemen gewidmet, auf die mörderische Luft zurückgeführt werden konn während der paar Monate meines Aufenthalts überst messene Verschmutzung an 50 Tagen die von der Weltgesundheitsorganisation gesetzten Grenzen, manchmal war sie sogar zehnmal höher als die Werte von Städten wie Los Angeles, und ein prominenter Biochemiker, den ich kennen gelernt hatte, schrieb mir, dass die aufgenommenen Schmutzpartikel dem Rauch von 60 bis 80 Zigaretten täglich entsprächen, dass man Details aber unterdrücke, um eine allgemeine Panik zu vermeiden.

Ken hatte die Schlüssel zu einer Wohnung in Viña del Mar, größtes Seebad Chiles und eine typische Spielwiese der Reichen und Berühmten, und wir drei verbrachten dort ein Wochenende. Die Stadt lag nicht einmal zwei Stunden von Santiago entfernt, wir schliefen dort aber nur, denn wir verbrachten unsere Zeit im benachbarten Valparaíso, ganz anders als die meisten normalen Menschen in Chile, die Viña so anziehend finden, dass sie, wenn sie sich die dortigen horrenden Preise nicht leisten können, im schäbigen Valpo übernachten und in die andere Richtung pendeln.

In Valparaíso gab es ein paar tolle Bars, die sich anscheinend in den letzten 30 Jahren nicht verändert hatten. In unserer Lieblingsbar sang eine Mittfünfzigerin in einer Häkelweste wie eine südamerikanische Edith Piaf, begleitet von einem pomadigen Pianisten in einem Nylonhemd und einem Akkordeonspieler mit einem Holzbein. Zwischen den Nummern blickten alle drei grämlich ins Publikum. Sie hassten uns. Später wurde die Frau von einem Mann in einem schlecht sitzenden grauen Anzug ersetzt, der wie Einstein aussah. Während er seine angstbesetzten Lieder sang, drückte er das Mikrofon krampfhaft an die Lippen, schloss die Augen und verschwand ständig durch eine Tür nach draußen, um durch eine andere wieder zurückzukehren. Außer zehn kleinen runden Tischen gab es eine unendlich lange Zinkbar, an der eine kunterbunte Mischung von Exzentrikern herumlungerte, die von ndurchschaubarem Personal in Dinnerjacketts mit speckigen Ellbogen bedient wurde, das wie die angelaufenen vergoldeten Spiegel schon zum Inventar gehörte. Es war ein für Valparaíso typischer Stil, der an Schmarotzer, harte Zeiten und die Gesellschaft der südamerikanischen städtischen Unterschicht vor Ankunft der elektronischen Superkultur erinnerte.

Als wir zum Wagen zurückkamen, war unser Parkwächter nirgends zu erblicken. (Die Qualität dieser »Arbeit« lässt häufig zu wünschen übrig. Als ich einmal mit einem britischen Diplomaten aus war, nahm der Wächter bei unserer Rückkehr zum Auto sein Trinkgeld mit einem fröhlichen »*Está bien!*« –Alles in Ordnung! – entgegen. Erst als wir davonfuhren, bemerkten wir, dass der Außenspiegel nur noch an einem dünnen Draht hing.) Es war ungewöhnlich, dass der Mann seinen Posten verlassen hatte, denn normalerweise tauchen die Wächter bei der Aussicht auf Trinkgeld aus dem Nichts auf. Wir fuhren Richtung Viña, und nach drei Kilometern sahen wir unseren Mann; er schlängelte sich zwischen den Autos hindurch und ging einfach jeden Vorbeifahrenden um Geld an.

Es gelang mir, noch ein letztes Mal hinauf in die Anden zu kommen. Ich machte von Santiago aus einen Tagesausflug. Die Pappeln leuchteten gelb vor den immergrünen Bäumen – mein erstes herbstliches Ostern. Dabei kam es mir gar nicht wie Herbst vor: Wie Darwin in einem seiner poetischen Augenblicke schrieb, als er sich an einem Platz ganz in der Nähe befand: »Ich vermisse aber jene nachdenkliche Stille, welche den Herbst in England in der Tat zum Abend des Jahres macht.«*

Der Bus folgte dem Flusslauf des Maipo, und die Landschaft änderte sich abrupt, jetzt bestand sie aus nacktem Fels, durchzogen

---

* Bearbeitet von Dr. I. Bühler nach der Ausg. von 1875 in der Übers. von J. V. Carus. Darwin, C., Reise eines Naturforschers um die Welt. Frankfurt a. M., 1962. – Anm. d. Übers.

von Mineralablagerungen. Um einen Fahrgast aussteigen zu lassen, hielten wir neben einem Gedenkstein, der daran erinnerte, dass Pinochet an dieser Stelle 1976 einen auf ihn gezielten Anschlag überlebt hatte. Terroristen der Patriotischen Front Manuel Rodriguez hatten sich hinter den Felsen versteckt und dem General und seiner Begleitung aufgelauert, aber die Kugeln trafen die Falschen. In gewisser Weise hatte Pinochet von dem Attentat sogar profitiert, denn es schwächte die Opposition, deren verschiedene Flügel schon in Streitigkeiten verwickelt waren, die den United Accord bedrohten, den sie bei dem Versuch unterschrieben hatten, eine einzige demokratische Alternative zur Junta zu präsentieren. Trotzdem ließ er die Menschen dafür bezahlen.

Vor uns lag sogar ein Gletscher. Die meiste Zeit war es dort oben wunderschön, aber ab und zu ließen Schlackenflächen oder Wasserkraftwerke es auch sehr hässlich erscheinen – so hässlich, wie es schön war. Der Busfahrer war ein sehr geselliger Typ, und als er herausfand, dass ich Engländerin war, rief er: »Die Malvinen!«; das war ich wirklich langsam leid. Natürlich wurde von der königlichen Familie gesprochen, und nach einem Blick in meinen Pass, in dem mein Taufname Sara Diana stand, wurde spekuliert, dass alle britischen Bürger nach ihren Königen benannt werden.

Später saß ich in einem Thermalbecken. Es überblickte die weißen Fluten des Flusses Volcán und wurde selbst wieder überragt von vielfarbigen Bergen und einer Reihe hochgelegener Schneelandschaften. Das Wasser war trüb ockergelb, und ein Dutzend Chilenen ließ es sich darin gut gehen.

Die Tage vergingen wie im Flug. Immer häufiger wurde ich aus London angerufen und gefragt: »Wann kommst du nach Hause?«, und bekannte Gesichter schlichen sich wieder in meine Träume. An meinem letzten Freitag kletterte ich am Spätnachmittag auf den Santa-Lucía-Hügel im Zentrum der Stadt, um die etwa 30 Minuten zu erleben, in denen der Himmel sich lachsrosa färbte. Ich achtete immer darauf, mir für dieses Schauspiel Zeit zu nehmen:

Der halbe Horizont verfärbte sich in zarten Farbabstufungen von dunkel bis hell, und vor diesem glühenden Himmel erhoben sich die schwarzen Hügel. Wenn es Wolken gab, bildeten sie einen üppigen Rahmen aus Blau- und Pinktönen.

Am nächsten Abend gab ich eine Gesellschaft für vier Personen, die mir besonders geholfen hatten. Sie gingen auf die 40 zu und waren aus altem Geldadel. Und sie wussten, wie man Feste feiert: Der erste Gast verabschiedete sich um Viertel vor fünf, trotz der Tatsache, dass es um drei ein Erdbeben gegeben hatte. Da wir uns im 13. Stock befanden, konnte man es ganz gut merken (jedenfalls schlugen die Gläser zusammen), aber sie machten nur eine wegwerfende Handbewegung: »Das ist nur ein ganz kleines!« Einer von ihnen brachte mir als Geschenk ein Briefchen Kokain, das er stolz als »das beste« bezeichnete, als ob er eine Jahrgangsflasche Krug dabeigehabt hätte.

Ken und Sylvie gaben eine Abschiedsparty für mich. Partys am Vorabend einer großen Reise hatten bei mir eine lange Tradition und entpuppten sich immer wieder als Fehler, also beschlossen wir, diese Party auf meine vorletzte Nacht zu legen, um vernünftig zu sein. Germán und sein Cousin Felipe waren die ersten Gäste. Sie erschienen tadellos gekleidet in Anzug und Krawatte. Ken, Sylvie und ich trugen Jeans.

»Warum hast du mir nicht gesagt, dass saloppe Kleidung erwünscht war?«, zischte Germán mir später zu.

»Wir erwähnen es eigentlich nur, wenn dem nicht so ist«, entgegnete ich.

Aber es war schon in Ordnung. Die Party war ein voller Erfolg. Felipe hielt eine Rede auf Spanisch, ich antwortete in Englisch, und Germán, in überschwänglicher Spendierlaune, hatte das Schlusswort.

»Und zur Feier ihrer letzten Nacht«, kündigte er an, »lade ich euch für morgen alle zu Champagner und Austern in mein Haus ein.«

Vernünftig zu sein hatte seine Vorteile.

Am nächsten Tag – meinem letzten – war Tag der Arbeit fuhren Ken, Sylvie und ich nach Zapallar, der Sommerresidenz der wirklich Reichen. Alle wichtigen Politiker verschwinden am Wochenende in ihre raffinierten Häuser an der nordwestlich der Stadt gelegenen Küste; selbst der Führer der chilenischen Kommunisten hat ein Haus in Zapallar. Den Straßen sah man den Reichtum, die Klasse und die Exklusivität an. Ich hatte gehört, dass man Zapallar »das Southampton von Chile« nannte, ein erstaunlicher Vergleich (offenbar war mir in Hampshire etwas entgangen), bis ich entdeckte, dass mit Southampton dasjenige oben in New York gemeint war. Wir aßen Schwertfisch und pflegten am Strand unseren Kater. Während ich so dalag, fiel mir ein, dass wir ja ein langes Wochenende hatten, und ich fragte mich, wo Mr. Alleskönner wohl Austern und Champagner auftreiben wollte. Glücklicherweise war das nicht mein Problem, und ich schlief ein.

Als ich am Abend sein Haus betrat, arrangierten zwei Diener am Esstisch auf großen Platten hunderte von Austern, und der Kühlschrank war voller Champagner.

»Wo hast du das alles her?«, fragte ich ihn.

»Ich habe die Lieferanten, die die Hazienda versorgen, zu Hause angerufen und ihnen gesagt, dass ich nicht mehr bei ihnen kaufe, wenn sie mich hängen lassen.«

Das Flugzeug nach Rio hatte drei Stunden Verspätung, was bedeutete, dass ich meine zwei Anschlussflüge verpassen würde. Ich fühlte mich erschöpft, elend, verkatert und verzweifelt, und ich war noch nicht einmal fort. Der Flughafen war hell erleuchtet, selbst so früh am Morgen, was Schmutz und Dreck in den Hallen nur noch betonte, genauso wie Nervosität und Müdigkeit der Passagiere, die trübsinnig an der Kaffeebar hingen, an der es keinen Kaffee mehr gab.

Ich ergatterte einen roten Plastiksitz und setzte mich darauf, meine Beine ruhten auf den Reisetaschen. Es gab nichts, was ich mir weniger wünschte, als Chile zu verlassen. Mit geschlossenen

Augen, um dem elend traurigen Augenblick zu entgehen, rief ich die Erinnerung an ein Geburtstagsfest an den Ufern eines leuchtend blauen Sees wach – eine Flasche warmer Champagner; die frische, klare Luft; die safrangelbe Steppe und der purpurfarbene Nebel von Patagonien; der Entenzug, der das Wasser durchpflügte; die gemächlichen Rauchkringel, die aus dem Vulkankrater stiegen; das Trillern des Chucao und der süße Geschmack der Berberitze; die Schatten eines Zuges Schwarzhalsschwäne vor einem Andengipfel – und nach ein paar Minuten verspürte ich wieder die ruhige Freude jenes Tages, und ich wusste, dass ich sie mir noch oft vergegenwärtigen würde in den Monaten und Jahren, die »nach Chile« kommen sollten, also ging ich in Wirklichkeit gar nicht fort.

Dank

Ich schulde vielen Menschen großen Dank, sowohl in Chile als auch in England. In Chile muss ich zunächst einmal Germán Claro Lyon hervorheben, der mich auf seine liebenswerte und unberechenbare Art freigebig unterstützte und mir viele Türen öffnete, im wörtlichen und im übertragenen Sinn. Simon Milner und Rowena Brown boten mir eine Heimatbasis in Santiago und ihre kostbare Freundschaft; Ken Forder und Sylvie Bujon öffneten mir ihre Wohnung und ihre weiten Herzen. José (Pepe) Gomez war ein anregender Begleiter und ein echter Lehrer. Die Schwestern vom Columban-Orden schenkten mir Gastfreundschaft, Weisheit und Einsicht in einen Bereich Chiles, den ich sonst nicht entdeckt hätte. Eugenio Yunis und seine Kollegen bei Sernatur, der staatlichen Tourismusbehörde, hatten immer ein offenes Ohr für mich und lösten mehrere meiner schwerwiegenderen Probleme, besonders in Magallanes. Roberto Olivos und sein Team bei Hertz versorgten mich mit einem Jeep, wann immer ich einen brauchen konnte, und sahen mich, ohne mit der Wimper zu zucken, über kaum befahrene Andenpässe verschwinden. Die chilenische Luftwaffe flog mich in einer Herkules in die Antarktis: Es war eines meiner größten Erlebnisse, und ich werde es nie vergessen. Ich danke der in Santiago ansässigen Patagonia Connection, dass sie mich in großem Stil zum San-Rafael-Gletscher brachte. Chris Sainsbury machte den Aufenthalt in Chiloé mehr als doppelt so schön. Unten in der Wildnis sorgten Mark Surtees und Alex Prior für ein unvergleichliches Basislager, moralische Unterstützung, Ratschläge und viele unvergessliche Kater.

An dieser Stelle möchte ich meinem Verleger, Alan Samson, danken, der mir Selbstvertrauen gab, und Gillon Aitken, einem Literaturagenten, der genau der Richtige ist für ein Buch über Chile und der Einzige, dessen Vertrauen mich wirklich inspiriert.

Die Firma Timberland war sehr großzügig mit ihrer unschlagbaren Outdoor-Ausrüstung, und die Firma Damart hielt mich in der Antarktis warm. Linguaphone brachte mir südamerikanisches Spanisch bei, und Andy Rattue besorgte vergleichendes historisches Material zum viktorianischen England.

Ich brauchte ungefähr ein Jahr zur Niederschrift von *Unterwegs in einem schmalen Land*, und in der Zeit floh ich Mornington Crescent dreimal, um in Ruhe zu arbeiten: Jane Walker und Lyn Parker überließen mir ein altes Bauernhaus im Herzen der Auvergne, Chris Coles richtete mir in einer mittelalterlichen Hügelfeste in Roccatederighi, Toskana, ein Büro ein, und Bruce Clark lud mich auf »The Lookout« in Fahan, Grafschaft Donegal, ein, wo wir beide den ganzen Tag lang schrieben und versuchten, nachher nicht zu trinken, und es uns trotzdem gelang, einigermaßen normal zu bleiben. Diese drei Orte sind etwas ganz Besonderes, und ich bin sehr dankbar, dass ich das Privileg genießen durfte, dort zu arbeiten.

Was meine Lektoren angeht, so hatte ich außergewöhnliches Glück. Professor Victor Bulmer-Thomas betrachtete mein Werk in größerem Zusammenhang, und Professor Robin Humphreys studierte es in allen Einzelheiten: Beide ermutigten mich bei meiner Arbeit. Jane Walker las Teile des Manuskripts und gab wertvolle Ratschläge. Sabine Gardener korrigierte den Text ebenfalls. Zwei Menschen halfen mir ganz besonders bei meiner Aufgabe. Phil Kolvin, der mit unerschöpflicher Geduld sämtliche Fassungen studierte, ist ein brillanter Kritiker. Cindy Riches las viele Entwürfe. Was sie beisteuerte, während sie zwischen den Kontinenten pendelte, war von schier unschätzbarem Wert.

Ausgewählte Literatur

Kenneth R. Andrews, *Drake's Voyages: A Reassessment of their Place in Elizabethan Maritime Expansion*, London 1967
Michael Alford Andrews, *The Flight of the Condor*, London 1982
Harold Blakemore, »Chile«, in *Latin America: Geographical Perspectives*, Harold Blakemore & Clifford T. Smith (Hrsg.), London 1971, 1983
–, *British Nitrates and Chilean Politics: 1886–1896*, London 1974
E. Lucas Bridges, *The Uttermost Part of the Earth*, London 1948
Sheila Cassidy, *Audacity to Believe*, London 1977
Elsa M. Chaney, »Old and New Feminists in Latin America: the Case of Peru and Chile«, in *Journal of Marriage and the Family*, Bd. 35, Nr. 2 (1973)
Pamela Constable und Arturo Valenzuela, *A Nation of Enemies*, New York 1991
William V. D'Antonio und Frederick B. Pike (Hrsg.), *Religion, Revolution and Reform*, London 1964
Charles Darwin, *Voyage of the Beagle*, London 1839 [Charles Darwin, *Reise eines Naturforschers um die Welt*, Frankfurt/Main 1962]
Nathaniel Davis, *The Last Two Years of Salvador Allende*, Ithaca 1985
Alonso de Ercilla, *La Araucana*, Santiago 1969
José Donoso, *The Boom in Spanish American Literature: A Personal History*, New York 1977
Judith Laikin Elkin, *Jews of the Latin American Republics*, Chapel Hill 1980

Seymour M. Hersh, *Kissinger: the Price of Power*, New York & London 1983

Alistair Horne, *Small Earthquake in Chile*, London 1972, 1990

Brian Loveman, »Military Dictatorship and Political Opposition in Chile 1973–86«, in *Journal of Inter-American Studies*, Bd. 28, Nr. 3 (1986)

–, *Chile: The Legacy of Hispanic Capitalism*, New York 1979, 1988

Gabriel García Márquez, *Clandestine in Chile*, Cambridge 1989 [Gabriel García Márquez, *Das Abenteuer des Miguel Littín. Illegal in Chile*, München 1995]

R. L. Mégroz, *The Real Robinson Crusoe*, London 1939

Andrea T. Merrill (Hrsg.), *Chile, A Country Study*, Washington, DC, 1982

Gabriela Mistral, *Antología Poética*, Santiago 1974

Theodore H. Moran, *Multinational Corporations and the Politics of Dependence*, Princeton 1974

David E. Mutchler, *The Church as a Political Factor in Latin America, with Particular Reference to Colombia and Chile*, New York 1971

Pablo Neruda, *Confieso que he vivido: Memorias*, 1974 [Pablo Neruda, *Ich bekenne, ich habe gelebt*, München 1993]

Jan Read, *Chilean Wine*, London 1987

Eric Shipton, *Tierra del Fuego: the Fatal Lodestone*, London 1973

Brian H. Smith, *The Church and Politics in Chile*, Princeton 1982

Julian H. Steward (Hrsg.), *Handbook of South American Indians*, Bd. I und II, New York 1957

Jacobo Timerman, *Chile: Death in the South*, London 1987

Arturo und J. Samuel Valenzuela, *Chile: Politics and Society*, New Brunswick 1976

**NATIONAL GEOGRAPHIC TASCHENBÜCHER
VON FREDERKING & THALER**

NATURGEWALTEN

REISEN · MENSCHEN · ABENTEUER

William Stone / Barbara am Ende
Höhlenrausch
Eine spektakuläre Expedition unter der Erde
ISBN 3-89405-216-3

Riskante Kletterpartien, gefährliche Tauchgänge ins Ungewisse, wochenlanges Leben unter der Erde – William Stone und sein Team erforschen eine der größten Höhlen der Welt. Die atemberaubende Schilderung einer Expedition der Superlative.

Hauke Trinks
Leben im Eis
Tagebuch einer Forschungsreise in die Polarnacht
ISBN 3-89405-232-5

Könnte es sein, dass das Leben auf der Erde im Eis entstanden ist? Dieser Frage ist der Physiker Hauke Trinks mit seiner Expedition in den Norden Spitzbergens nachgegangen. Ein einjähriges Abenteuer in der Polarnacht, nur in der Gesellschaft zweier Hunde – und zahlreicher Eisbären.

Carla Perrotti
Die Wüstenfrau
An den Grenzen des Lebens
ISBN 3-89405-197-3

Warum riskiert eine Frau ihr Leben in der Wüste? Carla Perrotti durchwandert allein die Kalahari und die größte Salzwüste der Erde in Bolivien, als erste Frau begleitet sie eine Tuaregkarawane durch die Ténéré. Unter den überwältigenden Eindrücken der Natur findet sie zu sich selbst.

So spannend wie die Welt.

NATIONAL GEOGRAPHIC
FREDERKING & THALER
www.frederking-thaler.de

NATIONAL GEOGRAPHIC TASCHENBÜCHER
VON FREDERKING & THALER

ABENTEUER IM GEPÄCK

REISEN · MENSCHEN · ABENTEUER · ABENTEUER

Oss Kröher
Das Morgenland ist weit
Die erste Motorradreise vom Rhein zum Ganges
ISBN 3-89405-165-5

Deutschland, 1951: Zwei junge, wagemutige Männer wollen raus aus dem Nachkriegsmuff. Mit einem Beiwagengespann machen sie sich auf den Weg nach Indien. Ein spritziger Bericht voll mitreißender Aufbruchsfreude.

Wickliffe W. Walker
Tragödie am Tsangpo
Wildwasserexpedition auf Tibets verbotenem Fluss
ISBN 3-89405-177-9

Unfassbare 2.700 Höhenmeter stürzt sich der Tsangpo in Tibet durch eine der wildesten Schluchten der Welt. Die Erstbefahrung gelang nur um den Preis eines Toten. Ein ungemein packender Expeditionsbericht.

Christian E. Hannig
Unter den Schwingen des Condor
Rad-Abenteuer zwischen Anden und Pazifik
ISBN 3-89405-133-7

Mit dem Fahrrad ins Abenteuer: Auf seiner Fahrt von Bolivien über die Anden bis nach Lima schließt der Autor Freundschaft mit Indios, gerät in einen Rebellenaufstand und begibt sich auf die geheimnisvollen Spuren der Inka.

So spannend wie die Welt.

NATIONAL GEOGRAPHIC
FREDERKING & THALER
www.frederking-thaler.de

NATIONAL GEOGRAPHIC TASCHENBÜCHER
VON FREDERKING & THALER

ÜBER ALLE BERGE

REISEN · MENSCHEN · ABENTEUER

Evelyne Binsack/
Verfasst von Gabriella Baumann-von Arx
Schritte an der Grenze
Die erste Schweizerin auf dem Mount Everest
ISBN 3-89405-221-X

Am 23. Mai 2001 stand die erste Schweizerin auf dem Mount Everest: Evelyne Binsack. In ihrem Buch führt sie uns die hart errungenen 8850 m hinauf bis in die eisigen Höhen ihres Erfolges und gibt Einblicke in ihre Visionen und ihren Lebensweg.

Peter Habeler
Der einsame Sieg
Erstbesteigung des Mount Everest ohne Sauerstoffgerät
ISBN 3-89405-098-5

Der Gipfel des Mount Everest liegt weit in jenem Bereich, in dem Leben nicht mehr möglich ist. Peter Habeler und Reinhold Messner vollbrachten am 8. Mai 1978 eine einzigartige Leistung: Sie bezwangen den Mount Everest ohne Sauerstoffgerät.

Heidi Howkins
Herausforderung K2
Eine Frau auf dem Weg zum Gipfel
ISBN 3-89405-192-2

Die erste Amerikanerin auf dem K2: Heidi Howkins bezwingt den berüchtigten Achttausender im klassischen alpinen Stil – ohne Träger, ohne aufwändiges Basislager, ohne modernes Equipment. Ein mitreißender Bericht über den Kampf einer Bergsteigerin gegen Fels und Eis.

So spannend wie die Welt.

NATIONAL GEOGRAPHIC
FREDERKING & THALER
www.frederking-thaler.de

**NATIONAL GEOGRAPHIC TASCHENBÜCHER
VON FREDERKING & THALER**

AUF ALTEN PFADEN

REISEN · MENSCHEN · ABENTEUER

Karin Muller
Entlang der Inka-Straße
Eine Frau bereist ein ehemaliges Weltreich
ISBN 3-89405-164-7

Das Straßennetz der Inka, mit dessen Hilfe sie ihr Riesenreich kontrollierten, ist legendär – und wenig bekannt. Zu Fuß erkundet Karin Muller die alten Routen von Ecuador bis nach Chile. Ein Forschungs- und Reisebericht zugleich, packend und humorvoll geschrieben.

Eberhard Neubronner
Das Schwarze Tal
Unterwegs in den Bergen des Piemont
Mit einem Vorwort von Reinhold Messner
ISBN 3-89405-178-7

Nur eine Autostunde von Turin scheint die Welt eine andere zu sein: aufgegebene Dörfer, verlassene Täler in den piemontesischen Alpen. Unsentimental und doch poetisch schildert Neubronner die wildromantische Landschaft und die Menschen, die in ihr leben.

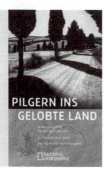

Jean Lescuyer
Pilgern ins Gelobte Land
Zu Fuß und ohne Geld von Frankreich nach Jerusalem
ISBN 3-89405-167-1

Eine Pilgerreise, die kaum zu überbieten ist: Zu Fuß von Lourdes nach Jerusalem, ohne Geld und mit viel Gottvertrauen.
Acht Monate Zweifel und Gefahren, aber auch beglückende Erfahrungen und berührende Begegnungen.

So spannend wie die Welt.

**NATIONAL GEOGRAPHIC
FREDERKING & THALER**
www.frederking-thaler.de

**NATIONAL GEOGRAPHIC TASCHENBÜCHER
VON FREDERKING & THALER**

Begegnungen in freier Wildbahn

Jack Becklund
Bärenjahre
Das Erlebnis einer ungewöhnlichen
Freundschaft
ISBN 3-89405-131-0

Das Ehepaar Becklund lebt abgelegen am
Elbow Creek in Minnesota. Eines Tages sucht
eine junge Bärin ihre Gesellschaft. Schon bald
folgen ihr weitere Artgenossen. Die anfängliche Scheu weicht wachsendem Vertrauen.

John Hare
Auf den Spuren der letzten wilden Kamele
Eine Expedition ins verbotene China
Mit einem Vorwort von Jane Goodall
ISBN 3-89405-191-4

Wüstenabenteuer, internationale Diplomatie
und eines der seltensten Tiere der Erde – eine
spannende Mixtur und ein mitreißender
Bericht über die letzten wild lebenden baktrischen Kamele in der mongolischen Wüste,
gewürzt mit einer Prise britischem Humor.

Peter Matthiessen
Tiger im Schnee
Ein Plädoyer für den Sibirischen Tiger
ISBN 3-89405-201-5

Werden Tigerspuren im Schnee schon bald der
Vergangenheit angehören? Der Autor lässt den
Leser teilhaben an einem gefahrvollen und oft
vergeblichen Kampf für den vom Aussterben
bedrohten Sibirischen Tiger im fernen Osten
Russlands.

So spannend wie die Welt.

NATIONAL GEOGRAPHIC
FREDERKING & THALER
www.frederking-thaler.de

**NATIONAL GEOGRAPHIC TASCHENBÜCHER
VON FREDERKING & THALER**

GLAUBENSWELTEN

REISEN · MENSCHEN · ABENTEUER

Hajo Bergmann
Das Fest der Derwische
Unterwegs zu den Wurzeln islamischer Mystik
Mit einem Vorwort von Annemarie Schimmel
ISBN 3-89405-202-3

Ein Derwischfest im unzugänglichen Südwesten Pakistans zieht den Filmautor Hajo Bergmann in seinen Bann. Er folgt den Spuren des Sufismus und erfährt die leidenschaftliche, undogmatische Welt islamischer Mystik.

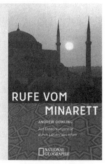

Andrew Dowling
Rufe vom Minarett
Auf Entdeckungsreise durch Länder des Islam
ISBN 3-89405-185-X

Im fundamentalistisch geprägten Iran, in den Republiken der ehemaligen Sowjetunion, in Pakistan und Bangladesch – neun Monate lang sucht Dowling die Begegnung mit den Menschen vor Ort, um die Religion und Kultur des Islam kennen zu lernen.

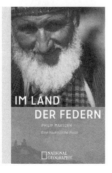

Philip Marsden
Im Land der Federn
Eine kaukasische Reise
ISBN 3-89405-188-4

Skythen, Kosaken, Molokanen und Adygier – klangvolle Namen aus der fremden Welt des Kaukasus. Auf der Suche nach uralten Volksstämmen im "Land der Federn" begegnet der Autor Menschen, die sich trotz härtester Existenzbedingungen ihren Glauben an die Zukunft bewahrt haben.

So spannend wie die Welt.

**NATIONAL GEOGRAPHIC
FREDERKING & THALER**
www.frederking-thaler.de